JN207222

アメリカ人の物語4

建国の父
ジョージ・ワシントン（上）

George Washington : Father of His Country

西川秀和
Hidekazu Nishikawa

悠書館

歴史とは、すなわち人間である。
なぜアメリカは超大国になれたのか。
ここに本当のアメリカ史がある。
アメリカ人の魂がある。

史実に基づく物語。

第4巻『建国の父　ジョージ・ワシントン（上）』

第1章

西方のキンキナートゥス

Jean L. G. Ferris, “The American Cincinnatus, 1783” (Circa 1919)

物語の舞台

独立戦争終結後、ワシントンはポトマック川のほとりの一市民に戻り、静かな生活を送る。そして、アメリカを発展させるために新時代の計画を練り始める。それはフロンティアと沿岸部を結ぶ運河の建設計画である。どのような想いを抱いてワシントンは運河の建設を推進したのか。独立を達成したアメリカは、国造りの舵を取るべき連邦政府が弱体なせいで新たな進路を見いだせないでいた。このままアメリカは混乱の淵に陥って衰退してしまうのか。アメリカをヨーロッパ列強に対抗できる国家にするためにはどうすればよいか。ワシントンは憂国の情を抱く。

篤農家

総司令官の大任を終えた後、ワシントンは平穏な暮らしに入る。青春期はすでに過ぎ去ってしまったが、老年期はまだ訪れて来ないという希望に似た哀惜の時期である。これから多くの余暇を楽しめるとワシントンは考えたようだ。この頃の帳簿を見ると、大量の書籍購入が記録されている。その中には旅行記が含まれている。どうやらラファイエットの勧めに従って各地を訪問しようと思い描いていたらしい。

世人はマウント・ヴァーノンの農園主に戻ったワシントンを「西方のキンキナートゥス」と親しみをこめて呼んだ。後にイギリスのロマン派詩人であるバイロン卿は「ナポレオン・ボナパルトに捧げる抒情詩」で次のように歌っている。

いずこでこの疲れし目を憩わせようか。偉大な者を見つめた時、罪深い栄光が輝くことなく、卑しむべきではない国家などどこにあろうか。否、一つだけある。最初にして最後、そして、最高の西方のキンキナートゥスたる者、悪意に満ちた者ですら敢えて憎まなかった者。後世まで伝えよ、ワシントンの名を。彼の者を赤面させせる唯一の存在なのだから。

ここで言う「西方」とは、ヨーロッパ世界から見て西方、すなわち新大陸を指す。そして、キンキナートゥスとは、独裁官に就任してローマに迫る外敵を撃退した後、すぐに権力の座を手放した古代ローマ人である。バイロンは皇帝に登極したナポレオンを非難するためにこの詩を書いた。最後に出てくる「彼の者」とはナポレオンのことだ。したがって、王になることを拒んだワシントンの功績を語り継ぐことによって、自らの野心を叶えるために皇帝になったナポレオンを糾弾せよということである。後に自らもギリシア独立戦争に身を投じることになるバイロン卿は、詩作でしばしばワシントンの「曇りなき栄光」を賞賛している。バイロン卿にとってワシントンは理想的な自由の擁護者であった。

「西方のキンキナートゥス」と呼ばれた男は、古代のキンキナートゥスと同じく自分の農園に帰った。喫緊の課題はマウント・ヴァーノンの立て直しであった。戦争中、マウント・ヴァーノンは遠縁のルンド・ワシントンの手に預けられていたが、管理が十分に行き届いていなかった。ワシントンは「わが家に滞在していれば避けられたかもしれない損失を補填するのに一万ポンド［一億二、〇〇〇万円相当］でも足りないかもしれない」と嘆いている。

戦争終結後の経済情勢は農園主にとって厳しいものであった。イギリスは、西インド諸島の市場からアメリカの産物を締め出した。それはアメリカの農園主にとって大きな痛手となった。これまでアメリカの農園主は、船で農産物を輸出して西インド諸島の需要に応えてきたからだ。

当時のアメリカ人にとって西インド諸島との交易がどれほど重要であったのか。イギリスの旅行家であるアンドリュー・バーナビーは、「アメリカの富と力の源泉は漁場と西インド諸島との交易にある。アメリカはそれらなしで存続できない」と断言している。バーナビーによれば、フィラデルフィアに寄港する船の三分の二が西インド諸島から渡来した船だったという。

ワシントンをはじめアメリカの農園主を苦しめたのは交易の途絶だけではない。紙幣価値の下落が追い打ちをかけた。ワシントンによれば、紙幣価値は一ポンド（二万二、〇〇〇円相当）が一シリング（六〇〇円相当）になってしまったという。紙幣価値が下落すればどうなるか。以前に借金をしていた者は得をするが、今、借金を返してもらう者は損をする。多額のお金を貸し付けていたワシントンは手痛い損失を被っている。

なんとか経営状態を軌道に戻そうと、ワシントンはマウント・ヴァーノンを構成する五つの農園を自ら監督するようになった。ワシントンは自分を何よりもまず農園主だと思っていたし、その考えは生涯にわたって変わらなかった。奴隷の監督人に宛てて次のような手紙を書いている。

私の農園の改善や手入れに役立つのであれば、費用を出ししぶるつもりはありません。というのは農園が秩序ある状態にあり、すべてが手入れされ、整頓され、繁栄しているのを見ること以上に私を喜ばせることはないからです。もし農園がそういう状態でなければ、それ以上に私を傷つけることは何もありません。

五つの農園を巡回すると、およそ十五マイル（約二四㎞）の行程になる。もちろん巡回しているだけではない。ワシントンは毎週、各農園から寄せられる報告を熱心に精査している。ワシントンの管理方法は軍隊さながらであった。その様子を見たある者は次のように記している。

毎週金曜日に監督人、言うなれば将軍が利益を上げるために任命される。誰がどこで何をしたのか記録されずに一日の仕事が済むことはなく、記録されずに雌牛が子牛を産み、雌羊が子羊を産むこともない。［中略］。軍隊の作法や規律が農場でも保たれているようだ。

マウント・ヴァーノンでは先進的な農法が採用されている。例えば漁場の廃棄物が肥料に利用され、輪作が導入された。こうした知識はどこから得られたのだろうか。ワシントンは、農業に関する著述で知られるイギリス人のアーサー・ヤングと書簡を交わして先進的な農法について助言を仰いでいる。

農業は私の人生の中で最大の楽しみでしたが、私はそれほど巧みな技術を知っているわけではなく、九年間、農業に注意を払えなかったので、実践によって得られる知識を何ら得ていません。

ヤングが住むイギリスでは農業革命が起きていた。単位面積当たりの生産量をいかに増やすかという課題が追究されるようになり、農業用機械が次々に発明され、品種改良が盛んにおこなわれた。農業にも科学的手法を導入する時代の幕開けである。そのような時代精神を感じたワシントンは、ヤングに宛てた手紙の中で以下のように述べている。

農事について知れば知るほど私の喜びは増します。こうした純粋で有用な追究のほかにより大きな満足を得られることはありません。こうした感情に身を委ねれば、絶えることのない征服の歴史によって大地を荒廃させることで得られる無益なすべての栄光よりも、大地に改良を施すという仕事は、節度ある精神にとって非常に喜ばしいものだと考えるようになりました。

ワシントンは、アメリカの農園主が天候不順や市場価格の下落などに対応できる知識や経験を持っていないことが問題だと考えた。国家全体の農業政策が失敗すれば、最悪の場合、飢饉になりかねない。しかし、この当時、農業政策を主導する国家機関は存在しない。ではどうすればよいか。ワシントンは大農園主が農業の刷新を成功させて模範を示すべきだと考えていた。

ワシントンが学んだヤングの先進的な農業とはどのようなものだったのか。連作障害の改善を主題に据えた新農法は、肥沃な土壌の保全を主目的とする。長年のタバコ栽培で衰えた地味を回復させるには最も望ましい農法である。多種多様な作物を使って六年から七年の期間で輪作をおこなう。さらに肥料を効果的に使用し、植え付けの前に農地を深く耕す。農作業に家畜を使用し、堆肥を肥料として活用する。そして、最も重要なのは、土壌がどのような作物に適しているか根気よく調べることだ。

ヤングに倣ってワシントンは、土壌と作物の生育の関係を調べている。馬糞、羊糞、牛糞、砂、粘土、貝殻、川底の腐葉土などを混ぜてさまざまな土壌を作る。それぞれの土壌に種を植えて二週間にわたって観察する。その結果、ワシントンは、川底の腐葉土を混ぜた土壌が作物に最適であると結論づけた。その他にもワシントンはさまざまな実験を試みている。種子の生育に最も適している畝の間隔はどの程度か、種蒔きの時期はいつがよいかなど詳細な記録が日記に残っている。

さらにワシントンはイギリスから種子や苗、農具などを輸入している。新農法を実践するための家畜も飼育している。マウント・ヴァーノンでは、実に三〇頭の馬、二八三頭の羊、三三六頭の牛、その他、多数の豚が飼われていた。そうした家畜は、農作業や運搬に使うことができ、糞を肥料として活用できるだけではなく、さらに食肉、牛乳、羊毛、皮革などの生産に繋がるので農園の重要な収入源となった。こうした新農法はワシントンにとってアメリカがこれから農業で長く成功を収めるための手掛かりであった。ワシントンは手紙の中で次のように述べている。

農業におけるあらゆる改良が快く受け入れられ、この国で実践されるようになれば、農夫の利益を増やせるだけではなく、農夫の労苦を減らせ、諸国の中で我々の名声を高められ、土地を耕すことによって

Hidekazu Nishikawa, Bowling green in front of Mount Vernon (2016)

Hidekazu Nishikawa, The Mount Vernon mansion (2016)

我々の幸福と繁栄を達成でき、産物を最善の利益に活かせるようになるでしょう。

訪問客

マウント・ヴァーノンを訪れる者はまず小高い丘に建つ邸宅を目にする。白い壁に赤茶色の屋根が青い空によく映える。邸宅に至る道は蛇行しているので、木々の合間から白い壁が見えたかと思うと、すぐに見えなくなる。それを何度も繰り返しながら訪問客は邸宅に近づいて行く。道の脇には庭園があり、通る者を逍遥に誘っている。

道の終着点はロータリーになっている。訪問者の正面に邸宅の全景が現れる。右手に広がる道には調理場と倉庫などが建ち並び、左手に延びる道には庭師の小屋や召使い用の建物などが続いている。ハーブ園、果樹園、そして、種苗場もある。マウント・ヴァーノンで供される料理には、ハーブ園で収穫されたハーブがふんだんに使われた。果樹園で収穫されるリンゴ、梨、プラム、

Jean L. G. Ferris, “Washington’s Silver Wedding Anniversary, 1784” (Circa 1913)

桃、チェリー、葡萄などが食卓を飾った。種苗場では、農場で使うさまざまな種子が試された。マウント・ヴァーノンの様子を一言で表せば小さな集落である。

邸宅に目を転じると、屋根の中央から聳える八角形のキューポラが目につく。キューポラの先端には大きな風見が取り付けられている。それは平和の象徴である鳩を模したものであり、ワシントンが静かに平和を願っていることを示している。

邸宅の一階は中央の通路で左右に分けられる。まず左側には大食堂と二つの客間がある。大食堂は最も大きな部屋であり、客人たちをもてなすために使われた。二〇人以上が一堂に会して食事を楽しめる。浅い緑色の壁に何点かの風景画が飾られている。パラディオ様式の窓から外の光が柔らかく差し込む。パラディオ様式は、ヴェネツィアのルネサンス期の代表的建築家アンドレア・パラディオに倣った様式であり、十八世紀のイギリスで流行した。その特徴は、左右対称を基本として古代ギリシア・ローマの神殿を模範とした点である。

大食堂に入った者は華麗なマントルピースに目を奪われるだろう。イタリア製大理石で作られたマントルピースには、農園の動物、鋤、農夫たちが丹念に彫り込まれている。それはキンキナートゥスを象徴している。ワシントンを賛美するイギリス人からの贈り物である。

大食堂ではどのような料理が供せられたのだろうか。海に近いマウント・ヴァーノンのテーブルには、多くの海産物が並ぶ。歯が悪かったせいでワシントンは肉よりも魚を好んだ。特に塩漬けのタラは、日曜日の食卓に必ず並べられたという。ワシントンの好物を挙げると、マッシュルームを添えたサヤエンドウ、クリーム仕立てのピーナッツ・スープ、ココナッツを添えたマッシュ・ポテト、蜂蜜、アイス・クリームなどである。アイス・クリームは少なくとも一七四〇年代からアメリカで賞味されていた。

Jean L. G. Ferris, "The Day's Beginning, 1786" (Circa 1919)

東側の客間には、ネリーが楽しんだスピネットが置かれている。この当時、音楽家が富裕な家から家へ演奏して回ることがよくあり、マウント・ヴァーノンも例外ではない。ワシントン自身は何も楽器を弾けなかったが、音楽家や子供たちの演奏を聞くのを楽しみにしていた。

西側の客間は、東側の客間よりも大きく、置かれている調度品も豪奢である。主人によれば「わが家で最高の場所」であった。この部屋は、紅茶やコーヒーを飲みながらくつろいだり、新聞を読み聞かせたりする一家団欒の場となっている。

一階の右側には寝室、小食堂、書斎が配置されている。寝室は古い建物の一部であり、一七三五年頃に作られたものである。来客用寝室として使われていたらしい。小食堂も寝室と同じく古い建物の一部である。訪問客が少ない時に家族で食事する時に使われた。

二階は五つの寝室によって占められている。中央の通路から見て右側に主寝室がある。ちょうど一階の書斎の真上に当たる。主寝室はマーサが最も多くの時間を過ごした部屋であり、手紙を書いたり、聖書を読んだりしていた。壁には孫たちの肖像画が飾られている。

右側にはネリーの部屋がある。幼少期から結婚して家を出るまでネリーはそこで過ごした。

中央の通路から見て左側に「ラファイエットの寝室」と呼ばれる部屋がある。窓からポトマック川を見わたせる。ラファイエットがマウント・ヴァーノンを訪問した時にこの部屋を使ったことから命名された。

三階の中央はキューポラによって占められている。夏にはキューポラの窓から入る風を邸宅内に循環させて涼をとった。キューポラのほかには屋根裏部屋がある。

邸宅の南に回り込むと、八本の角柱で支えられた柱廊に至る。まっすぐな柱が並ぶ様子は見る者に整然とした美しさを感じさせる。地面は板石で覆われている。当時、こうした柱廊はアメリカでは新しいデザインであった。

柱廊からポトマック川が一望できる。ある訪問客は、「驚くべき数の帆船が絶えず川を上ったり下ったりしている」と記している。天気が良い日には、川を渡る風や鳥の囀りを楽しみながら柱廊で食事を摂ることもできた。

マウント・ヴァーノンでは訪問客の列が絶えず、接待のために使われた費用は毎年莫大な額にのぼった。一七八七年、ワシントンは「私の地所はここ十一年間、帳尻を合わせられないでいます」と記している。マウント・ヴァーノンはまるで無料の宿屋のようなものであった。十八世紀のヴァージニアでは街道沿いに宿屋はほとんどなく、一夜の宿と食事を求める旅行者が突然、家の扉を叩いても温かく迎え入れるのが当然のことだとされていた。また当時、ちょっとした社会的地位を持つ者であれば、有力な農園主のご機嫌うかがいをするために邸宅に立ち寄るのはごく普通のおこないであった。時には一つの家族が揃って遠路はるばる友人の家を訪問して一週間の滞在を終えた後、今度はその友人をともなって家に帰るといったことも珍しくなかった。

ワシントンは「公的歩みからの引退は期待したほど休息と安楽をもたらしませんでした」とフランクリンに書き送っている。するとフランクリンは「名声は時に虚栄心を満足させますが、その効果は厄介なものです」と返信している。フランスから帰国した後、ペンシルヴェニア政界に復帰したフランクリンならではの言葉だ。

好奇心だけで訪れる見ず知らずの客を遠ざけるために、マウント・ヴァーノンへの道程を示す標識にはちょっとした細工が施されていた。最寄りの町のアレクサンドリアからマウント・ヴァーノンまでの距離は九マイル（約十四㎞）だが、もし標識通りに進めば、旅人は厄介な沼地や鬱蒼とした森林を通る曲がりくねった経路をたどらなければならなかった。

ワシントンの日記には、道中の苦労にもかかわらずやって来た見知らぬ客に関する記述に溢れている。ある日、「チェーザ・ダルタニャン伯爵」と名乗る人物から次のようなフランス語の手紙が届いた。

チェーザ・ダルタニャン伯爵は、アレクサンドリアに四日前に到着したことを光栄にもあなたに伝えます。サン・ドマングのケープ・フランソワ［現カパイシアン］からやって来ました。あなたの地位と優れた業績に慎ましやかな敬意を払うことが義務だと考えて、閣下に敬意を表して、その愛顧を得たいと考えています。

「チェーザ・ダルタニャン伯爵」なる名前をワシントンはこれまで聞いたこともなく、誰もその人物を知らなかった。ワシントンの日記には次のように記されている。

チェーザ・ダルタニャン伯爵と自称するフランス軍士官がやって来て食事をした。私はどのように彼を迎えて扱えばよいのか途方に暮れた。彼は食事をして一晩泊まっていった。

翌朝、伯爵は、ワシントン家の馬車を借りてアレクサンドリアに戻って行った。伯爵が本物なのか、そして、どのような意図でやって来たのか誰にもわからなかった。たとえ正体が不明であろうと、マウント・ヴァーノンを訪れた旅人は手厚いもてなしを受けた。しかもワシントンは、紹介状がなくても訪問者を追い返すようなことはしなかった。ある旅人は、「我々が到着するとすぐに我々の馬はあらゆる世話を受け、ベッドが準備され、そして、すばらしい夕食が振る舞われた」と記している。

マウント・ヴァーノンを訪れた多くの者は、まるで何年も前からそこにいたかのような気安さを覚えたという。しかし、訪問客がワシントンの姿を見る機会はほとんどなかった。訪問客がマウント・ヴァーノンを訪れると、たいていワシントンは扉の前で一礼しただけで後事を奴隷に任せて書斎に引きこもるか、馬に乗って農園の見回りに出て行った。見ず知らずの訪問客が煩わしかったのかもしれない。誰でも邸宅に迎え入れたワシントンであったが、その鑑識眼に適う人物は少なかった。「すべての人びとに礼儀正しくせよ。しかし、親密になるのは少数にせよ」と甥に忠告しているようにワシントンは、友人を選ぶ時は慎重にその人物が信頼できるかどうかを確かめようとした。

この頃、マウント・ヴァーノンを訪れた客の中にロバート・ハンターというイギリス商人がいる。ハンターはワシントンの様子を「将軍は約六フィート〔約一八三㎝〕の身長で、完全に背筋はまっすぐで健康というより頑健である。彼の瞳は大きく青く、威厳を漂わせているようだった」と記している。ハンターがワシントンを最初に目にした時、ワシントンは簡素な青い外套に白いカシミアのベスト、黒いズボン、そして、ブーツといういでたちであった。

農園の巡回から戻ったワシントンはいったんその場を離れた。それからしばらく後、髪粉をつけて茶色の外套にシャツ、そして、白いベストに着替えて再び姿を現した。当時、髪粉をつけた鬘を被るのが一般的であったが、ワシントンは自毛に髪粉を直接つけていた。髪粉は小麦粉や米粉でできた白い粉である。それをパフで髪にまぶして使用する。ワシントンの髪はリボンによって後ろで束ねられていた。それはこの当時の男性の標準的な髪型である。

書斎に招かれたハンターはその時の感想も記録に残している。書斎はワシントンにとって誰にも邪魔されない神聖な仕事場である。特別な許しを得なければ、誰も立ち入りを許されなかった。ガラスの扉がついた本棚には、数百冊の本が整然と並べられている。本の中でも特に目を引くのはヴォルテールの『書簡集』、ジョン・ロックの『人間知性論』、エドワード・ギボンの『ローマ帝国衰亡史』であった。中でも『ローマ帝国衰亡史』は当時の流行書であった。

その他にもスウェーデンのカール十二世の伝記、フランスのルイ十四世の伝記、そして、ロシアのピョートル大帝の伝記などが顔をのぞかせている。アダム・スミスの『国富論』やジャン＝ジャック・ルソーの『社会契約論』もある。ただ『社会契約論』はフランス語だったので、ワシントンはほとんど読めなかった

N. C. Wyeth, "First Farmer of the Land" (1945)

はずだ。誰かからの贈り物だろう。ワシントンが文芸や歴史に広く親しんでいたことは、ラファイエットに宛てた次のような手紙を読むとわかる。

英雄が詩人を作り、詩人が英雄を作るのです。アレキサンダー大王はホメロスの詩に魅了され、彼の行動を祝福してくれるようなホメロスに匹敵する詩人がいないことを嘆いたそうです。アウグストゥスは、詩の利点を評価して大きな報酬を与える人物で、その見返りとして彼の業績は、詩で歌われ不滅のものとなって残されました。詩的な洗練と詩作における卓越さでアウグストゥスの時代は知られていて、栄冠と名誉の報酬がみごとに混淆していました。あなたの国のルイ十四世の時代は、決して忘れ去られることはない多くの偉大な詩人と偉大な軍人を生み出しました。イギリスのアン女王の時代も同様の理由で王国の上に輝いた栄光が色褪せることはないでしょう。我々は国家としてまだ揺籃期にありますが、人間の精神を向上させようとする我々の努力は、あらゆるものがアメリカで退化すると主張する人びとの考え方を（明白な事実によって）論破するのに十分であると思います。

ワシントンはハンターを書斎だけでなく農園の各所に案内している。嬉々として説明に努める様子からワシントンが「アメリカ随一の農園主と思われることを最大の誇り」と思っていることがよくわかる。ワシントンは農園を巡回しながら、時に馬を下りて自ら作業を手伝うこともあったという。

ハンターは客人の中でも厚遇されたほうである。ハンターが驚いたことに、その夜、寝室に入った時にワシントンが客人のために自ら寝室の灯りをつけたという。ハンターが好意的にワシントンの様子を記録している一方、訪問客の中には悪い印象を抱く者もいた。そうした評判も紹介しておかなければ片手落ちだろう。あるオランダ人は、「私はあのように冷たく、あのように用心深く、あのように追従的な人物、すなわちワシントン将軍にまったく親しみを感じなかった」と述べている。また別のヨーロッパから来た客は、「ていねいな振る舞いの背後に何か異質な不愉快きわまる冷たさを感じた」と記している。

なぜ一部の人びとの目にはそのようにワシントンが映ったのか。同じくマウント・ヴァーノンを訪れた者の中に興味深いことを書いている人がいる。

彼は非常に思慮深いようであり、ゆっくりとしか自分の意見を示せない。彼は自分のことを見せたがらないと誰かが結論づけるのであれば、それはむしろ熟慮と自省によるものだと私は思う。というのは、私の目からすると、彼は非常に愛想が良く面倒見が良いように思えたからだ。

ワシントンはいろいろ考え込んでしまって、なかなか知らない人に打ち解けることができなかった。ハンターもワシントンの二面性について次のように記している。

将軍はシャンパンを二、三杯傾けるとたちまちご機嫌になって、ごく親しい友人たちと笑い合って楽しそうに会話に興じていた。見知らぬ人の前では彼は自分を抑えてしまって、ほとんど何も口にしなかった。幸運にも私は彼がごく親しい知人と一緒に居合わせることができた。

誰に対しても態度がまったく変わらない人などいないだろうし、また人によって感じ方が変わるのは当然である。ワシントンについて悪い印象を抱いた者は、本当の姿を見られなかっただけだろう。

訪問客と並んでワシントンを悩ませたのが手紙である。推薦状を求める手紙や独立戦争に関する事項に回答を求める手紙など多くの手紙がマウント・ヴァーノンに殺到した。さらにワシントンに送られる手紙の郵便代を無料にするという連合会議の決定が拍車をかけた。ある訪問客は「世界各地からワシントン氏に宛てて毎日届く手紙の束は実に驚くほど膨大である」と記している。ワシントン自身もノックスに宛てて次のように手紙に記している。手紙に関する不満をこれまた手紙で述べなければならないというのは何とも因果なことであるが。

友人たちから届く手紙は私に苦痛を与えるものではありませんし、困惑をもたらすものでもありません。友人たちの手紙は私に喜びを与えるものので、仕事の余裕がある限り十分な注意を払おうと思っています。しかし、私とまったく無関係の古い出来事について照会を求める手紙が届きます。要請にしばしば応じられないことがあります。照会を満足させるためには歴史家のペンが必要でしょう。無意味で厄介な称賛の手紙にも注意を払わなければなりません。そして、私のペンと時間をいつもの仕事に使わなければなりません。時には不快に感じることもあります。これらがまとまって私から運動の機会を奪っています。もし私が何らかの救済策を見つけられなければ、不愉快な結果が生じるでしょう。すでに私はそうした徴候を感じ始めています。頭が重く圧迫されているようで苦痛を感じます。その他にも不快な感覚がしばしば私を苦しめます。

戦時中であればワシントンは有能な副官の手を借りられた。しかし、マウント・ヴァーノンに退隠した今はすべて自分の手で返信を書かなければならない。あまりに手紙の返信に没頭したためにワシントンは頭痛に悩まされるようになった。医師はしばらく書きものを控えるように助言した。しかし、ワシントンは「毎日、膨大な通信が私をうんざりさせます」と書きながらも、友人に非常に長い手紙を返している。それでは頭痛は悪化する一方だっただろう。弁解を交えてワシントンは友人に次のように書き送っている。

この手紙の長さを見返した時に、私は自分でも非常に驚いてしまったので、きちんと訂正するために注意深く読み直そうとはとうてい思えません。したがって、あなたは私の手紙を不完全な形で受け取るわけですが、手紙の中に間違いがあったとしても、友情にいささかも欠けるところはないのだと私は保証します。

このように書いているものの、ワシントンは決して手紙を軽々しく書いていたわけではない。監督人に送られた農園の管理に関する手紙は綿密に書かれている。まず監督人の報告を何度も何度も読む。重要事項があればいったん読むのを止めてメモを取る。それが終われば読むのを再開して、また重要事項があればメモを取る。それの繰り返しである。そうして報告を十分に理解したうえでワシントンは返信を書く。メモを見ながら自分が言うべきことを漏らさず順番に書いていく。一つが終われば次、それも終わればまた次と繰り返して全体を仕上げる。こうした几帳面な性格による過度の緊張が頭痛をさらに悪化させたのだろう。

ワシントンを頭痛から救ったのは有能な個人秘書である。ワシントンによれば、それはトバイアス・リアという「優しくて行儀が良い若者」であった。リアは、年俸八〇〇ドル（一二〇万円相当）の契約でマウン

Jennie A. Brownscombe, "Washington Greeting Lafayette at Mount Vernon, 1784" (Before 1936)

ト・ヴァーノンに住み込みで子供たちの家庭教師を務めた。まるで本当の家族の中にいるように感じたリアは、マーサを「第二の母」と呼んで慕ったという。

残照

ワシントンが迎えた訪問客の中で最も歓迎した人物はラファイエットであった。フランスに帰国後もラファイエットの胸の中で独立革命に対する情熱は色褪せていない。ラファイエットの邸宅には、ワシントンの肖像画が麗々しく飾られ、アメリカ国旗が高々と誇らしげに掲げられている。ラファイエットにとってワシントンは、「祖国の救世主、人類の恩人、自由の守護天使、アメリカの誇り、そして、両半球の賞賛の的」であった。

独立戦争終結後、ルイ十六世はワシントンと面会したいと望んでいた。それを聞いて喜んだラファイエットはワシントンに渡仏を促す。しかし、ワシントンはラファイエットの申し出を断っている。もしフランスを訪問することになればマーサも同行する。しかし、マーサは息子が亡くなった後に引き取った孫たちと離れたくないと思っていた。ましてや孫たちを連れて危険な航海に出るのは論外である。そこでワシントンはラファイエットをアメリカに招待した。

一七八四年八月四日、三四日かけて大西洋を渡ったラファイエットは、ニュー・ヨークの地を踏む。アメリカに到着したラファイエットは、さっそくワシントンに手紙を送っている。

日曜日か月曜日までに、ついに私はわが親愛なる将軍に会える喜びを享受できそうです。私はマウント・ヴァーノンに到着するまで休息するつもりはありません。わが親愛なる将軍、私はあなたを抱き締められる喜びを心から求めています。そして、あなたに会えるという喜びがあまりに大きいので、言葉では表せないくらいです。さようなら、わが親愛なる将軍。二、三日もすれ

Jean L. G. Ferris, “Mount Vernon and Peace, 1784” (Circa 1930)

ば、私はマウント・ヴァーノンに到着するでしょう。

そして、この魅惑的な見通しでもうすでに私は喜びでいっぱいです。


ラファイエットがワシントンに宛てた手紙は、まるで今まで遠く離れていた恋人とようやく再会できると知った時の手紙のようだ。紹介する私が気恥ずかしいくらいである。

ヨークタウンとウィリアムズバーグを再訪したラファイエットは、次にリッチモンドに向かう。そこにはワシントンが待っていた。はるばる大西洋を渡って来た友人を待ち切れなくなってわざわざ迎えに来たのだ。

八月十七日から二九日までと十一月二五日から二九日の二度にわたってラファイエットはマウント・ヴァーノンに滞在する。ラファイエットの手から妻が刺繍したフリーメイソンのエプロンがワシントンに贈られる。ラファイエットは、その滞在を次のように妻に書き送っている。


我々の再会は、非常に愛情のこもった互いに満足できるものであり、私は彼が地所で日常生活を送っている

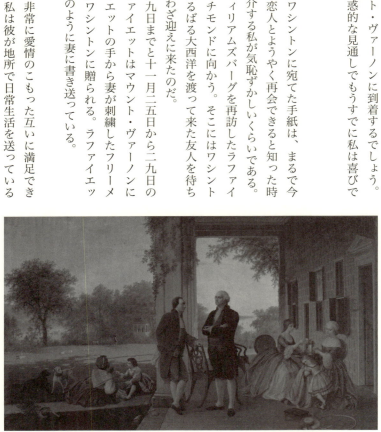

Thomas Pritchard Rossiter, “Washington and Lafayette at Mount Vernon, 1784” (1859)

様子を見ました。革命期よりもワシントン将軍は引退期においてもっと偉大です。それを言葉では十分に説明できないほどです。彼の純粋さはまことに崇高であり、まるで彼はずっとここに住んでいたかのように彼の土地と家についてすべて詳細に把握しています。

ラファイエットは、マウント・ヴァーノンの朝が朝食と会話で始まると述べている。ラファイエットとワシントンは「過去、現在、そして、未来について徹底的に論じた」という。夕食時には近隣から訪問者が集まり、食卓では「戦争の出来事や我々が思い出したいと思う挿話」が語られる。それは非常に珍しいことであった。なぜならワシントンが自分の意見、ましてや独立戦争の話を訪問客に語ることは稀であったからだ。会話に飽くとワシントンは、ラファイエットを外に連れ出して庭園に咲くヨーロッパの花々の名前を問うたという。

おそらくワシントンとラファイエットは、かねてより手紙で話し合っていた奴隷を解放する計画について話し合ったはずだ。しかし、残念なことにどのようなことを話し合ったかはわからない。ただ大部分の土地を賃貸して奴隷解放を試みるという後の実験に繋がったのは確かなことだ。

ラファイエットが帰途につく時、ワシントンはニュー・ヨークまで同行を申し出た。それは戦争終結以来、ニュー・ヨークを訪れる初めての機会であった。ワシントンがどれだけラファイエットに親しみを感じていたかがわかる。アナポリスまでやって来た二人は数多くの歓迎会に招かれて困惑した。当時の記録によれば、メリーランド邦議会は「彼らを歓待するために豪勢な舞踏会」を開催するように命じたという。そして、舞踏会の夜は「最高の喜びとお祭り騒ぎに包まれ、専制と抑圧からアメリカを救った恩義がある最も敬愛すべき優れた二人の人物を前にしてすべての人びとが幸福であった」という。ニュー・ヨークでも同様の事態になることを嫌ったワシントンは、アナポリスでラファイエットと別れることにした。ラファイエットを見送ったワシントンは次のような手紙を送っている。

我々の馬車が進む間、私はこれがあなたに会える最後の機会ではないのかと何度も自問していました。私は否と答えたいのですが、私の心の中に宿る恐れは然りと答えます。若い頃の日々を思い出すと、そうした日々はすでに過ぎ去ってもう戻って来ないのだと悟らされました。私は今、五二年間、登ってきた丘を下っている最中です。私は健康に恵まれていますが、短命な家系なので私の父祖たちが眠る侘しい場所にもうすぐ葬られることになるでしょう。心を翳らせる残照のせいで私はあなたに再会できるとは思えません。しかし、私は残された日々に不満を抱くことはないでしょう。

この手紙を受け取った時、ラファイエットは、ニュー・ヨークでフランスに向かうニンフ号に乗り込んでいた。新大陸から船出する時が迫る中、ラファイエットはワシントンへの返信を綴っている。これほど美しい友情に溢れた手紙は他にはない。

いいえ、わが愛する将軍、我々の今回の別離が最後に会える機会では決してありません。私は全身全霊でそうした［再会できないという］考えを否定したいと思います。それは私を惨めな気分にさせるからです。［中略］。私はあなたのもとへ、そして、マウント・ヴァーノンの壁の中へまた戻るつもりです。まだ話していない古き良き思い出を話しましょう。大西洋のこちら側［アメリカ］の友人を今後も訪ねると私は心に決めています。そして、私がこれまであらゆる場所で持ったすべての友人の中で最も愛すべき友人のために戻って来たいという気持ちが強いので、時間さえあれば喜びに溢れながらマウント・ヴァーノンを再訪したいという気持ちを抑えられません。［中略］。さようなら、さようなら、わが親愛なる将軍。大西洋によってあなたと隔てられることは、筆舌に尽くし難い苦しみを私に与えます。尊敬、敬意、感謝、友情、そして、誠実な愛情のすべてを私の真情溢れる心とともに最も愛情のこもった形であなたに捧げます。あなたとの友情で私は言葉で表せないような喜びを味わいました。さよなら、わが親愛なる将軍。このような言葉を綴っていると感慨を捨て切れなくなりますが、私はきっとすぐにあなたを訪問することになります。お元気で。あなたからの手紙を毎月待っています。さようなら、さようなら。

こうしてラファイエットはワシントンに再会を約したが、もう二度と会えないだろうというワシントンの危惧は残念ながら現実になった。後に老ラファイエットが再三、アメリカを訪れた時にワシントンはすでに亡くなっていたからである。

回想

独立戦争が勃発する前にアメリカを離れたフェアファックス夫妻は結局、戻って来ることはなかった。戦前、ワシントンは、夫妻の住居であったベルヴォアの売却を代行し、自らも地所の一部を購入している。他にも家具を幾つか購入している。その中にはサリーが個人的に使っていたものも含まれていた。それを知ったうえでワシントンは購入したのだろうか。

ベルヴァアでの思い出は、若い頃の記憶の中でも特別に楽しいものであったようだ。ワシントンは、久しぶりに邸宅周辺を散策して物思いに耽る。残念なことにベルヴァアは焼失していた。炎の舌で舐め尽くされた建物は壊れ、木立と霧の中で朽ち果てている。かつてベルヴァアの誇りであったマントルピースの残骸がかろうじてその余光を保っている。雨が廃墟を濡らし、黒ずんだ壁面はまるで泣いているかのように水滴がつたい落ちている。悲しい気分に浸りながら帰宅したワシントンは手紙を書いた。

ああ、何ということでしょうか、ベルヴァアはもうないのです。先日、私は馬に乗って廃墟を訪れました。本当にそこは廃墟なのです。邸宅と正面の二つの煉瓦の建物は火事で瓦礫になっていました。その壁は非常に傷ついていました。その他の家屋は時間の経過と手入れが行き届かないことで劣化していて、今や修理する価値はほとんどないと思われます。つまり、すべてがすぐに瓦礫の山になってしまうでしょう。もう過ぎ去ってしまった人生の最高に幸福な時期に思いを馳せながら(今や大部分が瓦礫と化した)屋敷の部屋の跡をたどると、私は愉快な情景を思い起こさずにいられませんでした。私は瓦礫の山に背を向けて、苦痛に満ちた感情とあまりに変わり果てたことへの悲しみを抱いて家に帰るしかありませんでした。

人間は、目の前に今ある物よりも過ぎ去った物、もしくはすでに失われた物にあやしいまでの愛着を持つ。この手紙はジョージ・フェアファックスに送られた手紙だが、不可解な点がある。ワシントンはベルヴァアで過ごした時間が「人生の最高に幸福な時期」だと言っているが、それはもしかするとサリーとの思い出を示しているのだろうか。ただこれはサリー本人ではなくその夫に宛てた手紙である。したがって、普通に読めば、「人生の最高に幸福な時期」がサリーとの思い出を示していると解釈することはできない。しかし、単に友情を示す言葉として「人生の最高に幸福な時期」という言葉はいかにも大袈裟すぎる。

証拠は何もないが、ワシントンはフェアファックスが妻と一緒に手紙を読むと考えてこの言葉を挿入したのではなかろうか。彼が最高の友情を示す言葉として解釈する一方で、サリーは最高の慕情を示す言葉として解釈したかもしれない。同じ言葉でも抱く思いが違えば、まったく異なった解釈をもたらす。

ジョージ・フェアファックスは、返書の中で「火事のことを最初に聞いた時は何も衝撃を受けていなかったにもかかわらず、ベルヴォアの瓦礫に関する痛ましい記述は元女主人［サリー］に多くの涙と溜息をもたらしました」とワシントンに書き送っている。

ベルヴォアの喪失は、ワシントンの心の中で古き良き植民地時代と完全に別れを告げる出来事であった。どんなに一生懸命、心に留めておこうとしても、細かな事柄は記憶からどんどんこぼれ落ちていく。ワシントンの青年時代は、今やはるか彼方に遠ざかり、どんなに頑張っても時の流れを止めることは誰にもできない。

自分の思い出の場所が瓦礫となってしまうのを見るのは悲しいことである。私にも似たような経験がある。私は進学のために故郷をしばらく離れていたが、卒業して久し振りに郷里に帰った。私はかつて通った道をたどって市立図書館に行ってみた。子供の頃、あんなに長く思えた道は実はとても短いことに驚いた。そして、市立図書館の前に着いた私は呆然とした。建物は荒れ放題で壁はくすみ、人が訪れた形跡すらない。話によると、市立図書館は移転したという。私は何か大切な物を失ったような気がした。でも気づいたことがあった。まるで今、ここで見ているかのようにありありと思い出せるのだ。あの日の出来事を。在りし日の図書館の姿を。きっとワシントンも同じような思いを抱いたのだろう。

運河熱

ワシントン以上に広くアメリカの各地を巡った者はその当時、他にいなかった。例えば大陸会議や連合会議の代表たちは会議に出席するまで、そのほとんどが自邦の外にさえ出たことがなかった。それに比べてワシントンは、若い頃、フロンティアの防衛に従事し、長じて大陸軍の総司令官として各地を転戦した。ワシントンは、地理的な距離が経済や社会生活に及ぼす影響に関心を抱き、交通の改善こそアメリカの今後の発展に必要だと考えた。特に南部や内陸部の交通網の整備は遅れていた。そのため南北を往来する人びとは主に船で移動していた。

一七八四年九月一日、ワシントンは六八〇マイル（約一、一〇〇㎞）に及ぶ視察旅行に出発する。「アパラチア山系の西側にある私の土地を訪問する必要性」を感じたからである。それは西部の土地で起きた問題を解決するためであった。戦争中、無断居住者が管理者の目を盗んで西部の土地を占拠する一方、正当に土地を賃借している人びとは賃料を滞納しがちになっていた。戦争が終わってようやく自らの経済状態を顧みる余裕ができたワシントンは、手に負えない無断居住者や賃借人に対して何らかの処置を下さなければならないと考えた。経済的苦境を脱するために、西部の土地から収益を確保しなければならない。

アパラチア山地を横断する旅の中でワシントンは、若い頃と同じく、雨が激しく降る夜に外套だけを身に纏って眠りに就いた。日記には、疲れを訴える言葉が多く綴られている。ようやく目的地にたどり着いたワシントンは、自分の土地に居座っている家族に会う。すでにワシントンの代理人がその土地を測量していたが、無断居住者はそれより前に土地を専有していたと主張する。ひとしきり主張を終えた後、無断居住者は土地を買い取ろうと申し出たが、値段が高すぎると不平を言う。苛立ったワシントンは、赤い絹のハンカチを握り締めて席から立ち上がった。

「諸君、私が今、このハンカチを持っているように私は確かにこの土地を所有しているのです」

話し合いは決裂して裁判になった。ワシントンが裁判で勝利を収めるまで二年もかかった。勝訴したワシントンであったが、無断居住者を追い出す代わりに適切な値段で土地を貸し出した。

この視察旅行によってワシントンは西部に関する認識を改めた。不安定な西部は外国勢力の影響を受けやすい。もし西部の住民が海岸部への輸送手段を持たなければ、イギリス領やスペイン領に生産物を売りに行くようになるかもしれない。そうなれば西部と海岸部の経済的連携が損なわれ、政治的紐帯も失われてしまうだろう。外国政府の陰謀に唆（そそのか）された西部の住民がアメリカからの分離を企てるかもしれない。

どうすれば西部の住民をアメリカに繋ぎ止めておけるのか。ワシントンは、後にマニフェスト・デスティニーと呼ばれる信念、すなわちアメリカが西へ西へと拡大して最終的に大西洋にまで到達するという信念とともに運河網の整備を提唱している。

私の一番の願いは［戦争という］人類の災厄が地上から消え、この世界の息子たちと娘たちが、人類を滅ぼすための手段を準備して行使するよりも、喜ばしく無邪気な気晴らしを楽しむのを見ることです。そして、領土をめぐって争うよりも、貧者や地上の抑圧され困窮している者、そして、土地を求める者を我々の西部の肥沃な平原、すなわち第二の約束の地に赴かせ、彼らを平和に住まわせ、［『産めよ、増えよ、地に満ちよ』という］第一の偉大な戒律が実現されるのを見ることです。［中略］。わが国の河川の内陸航行を拡大することによって、大西洋岸諸州と西部で組織されていく諸州を短く容易な陸上運輸で緊密に連結させせられます。もしそれが実現できなければ、西部の住民が［大西洋岸諸州の住民と］異なった考え方を抱き、違った利害を持つようになり、他の繋がりを求めるようになると容易に想像できます。

なぜ運河網の整備が重要なのか。もう少し考えてみよう。西部の住民が生産物を輸出しようとすれば、ミシシッピ川を利用するのが最も便利である。ミシシッピ川を船で下れば、小麦、亜麻、タバコ、鉄、灰汁などの生産物をニュー・オーリンズまで容易に運べる。そうした生産物はニュー・オーリンズで売却され、ヨーロッパや西インド諸島に向けて再輸出される。

ミシシッピ川は西部の住民の生命線である。したがって、ミシシッピ川の自由航行権の獲得は彼らにとって最重要課題である。彼らはミシシッピ川の自由航行権をまだ完全に獲得していない。しかし、いずれ獲得することは間違いない。それはアメリカ全体にとって良いことか。一概にそうとは言えない。現在、ニュー・オーリンズはスペインの支配下に置かれている。西部の住民がミシシッピ川を自由に往来するようになれば、スペインと繋がりを深めることになる。ついには西部の住民はスペイン政府の傘下に入ろうとするかもしれない。

そうした事態を避けるにはどうすればよいか。輸出の代替ルートを準備すればよい。運河を建設すれば輸送の利便性が格段に向上する。西部の住民は喜んでヴァージニア、メリーランド、そして、ペンシルヴェニアといった海岸部の市場に生産物を売りに行くようになるだろう。さらにインディアンとの交易で手に入る毛皮もニュー・オーリンズやケベックではなくニュー・ヨークに持ち込まれるようになるはずだ。そうなればニュー・ヨークは毛皮の一大集積地となって莫大な利潤を上げるようになる。十九世紀の蒸気機関、二〇世紀の自動車と航空機のように、運河は十八世紀における交通革命であった。運河による交通革命の実現は、西部の住民を繋ぎ止めて国家の統一性を保てるだけではなく、アメリカの国富を増やせる一石二鳥の方針であった。

このような構想を抱いてワシントンは、マウント・ヴァーノンを立て直すかたわら、ポトマック川の航路開拓を計画し始める。運河を整備してポトマック川を上流まで遡れるようにすれば、海岸部と西部の交通が飛躍的に改善される。

ワシントンの計画に協力を申し出た人物がいる。ヴァージニア邦議会議員を努めるジェームズ・マディソンだ。連合会議を体制内から何とか改革しようと志していたマディソンであったが、その試みはことごとく失敗に終わっていた。そこでワシントンの運河整備計画に目をつけた。運河整備をきっかけに諸邦の垣根を越えた協力関係が築けるかもしれない。一七八四年六月、マディソンはポトマック川の航路開拓計画を検討する委員会を設立する決議をヴァージニア邦議会に提出した。視察旅行から帰ったワシントンもポトマック川の航路開拓を推進する会社を創設するようにヴァージニア邦知事に呼びかけた。

十一月十四日、ワシントンはヴァージニアの首府リッチモンドに赴いた。マディソンのほか四人の議員たちがワシントンを出迎えた。それからワシントンと議員たちは、航路開拓計画について話し合った。マディソンによれば、「議会が開会されている間、リッチモンドに滞在していた［ワシントン］将軍の会話は、その話題の重要性を多くの議員たちに感じさせた」という。ロビー活動を終えたワシントンは、マウント・ヴァーノンに帰って行った。

いったん帰宅した後、ワシントンはアナポリスに向かう。そして、今度はメリーランド邦議会の指導者たちと航路開拓計画について話し合った。ポトマック川はヴァージニアとメリーランドにまたがっているので、計画を進めるためにメリーランドの協力を仰がなければならない。しかし、困ったことが起きた。自分たちの商圏が脅かされると思ったボルティモアの商人たちがポトマック川の航路開拓計画に強く反対した。結局、メリーランド邦議会は、航路開拓計画を公共事業ではなく民間事業として認可するという妥協策を決定する。

十二月二日、アナポリスから帰ったワシントンはさっそくマディソンと相談する。航路開拓計画を推進するポトマック川会社を創設する法案を起草しなければならない。それにメリーランド邦議会の代表と協議するヴァージニア邦議会の代表を決める必要がある。

マディソンの働き掛けのもと、ヴァージニア邦議会はメリーランドと航路開拓計画を協議するための代表を指名した。代表の一人に選ばれたワシントンは、再びアナポリスに赴いてメリーランドの代表たちと協議して法案を起草した。協議の結果、まとめられた報告と法案は急使でリッチモンドにいるマディソンのもとに届けられた。

法案を受け取ったマディソンはすぐに行動を開始した。邦議会の閉会まで時間がない。もしこの機会を逃せば法案の成立が大幅に遅れてしまう。法案が邦議会に提出され議論が始まった。マディソンは状況をワシントンに逐一報告している。

[法案が]流産する危険性は、議員たちが[会期を終えて]早く[リッチモンドから]出発しようとしていること、そして、今いる議員たちにほとんど能力がないことから生じます。

幸いにもマディソンの尽力のおかげで法案は会期が終了する直前に可決された。株式会社の設立を認可して航路開拓計画を推進するという法案は特に反対を受けなかった。なぜなら株式を発行して民間から資金を集める事業形態であれば、投資家がリスクを負うことになるからだ。ただ邦も一部の株式を取得することになったので、まったくリスクを負っていなかったわけではない。

同様の法案がメリーランド邦議会にも提出され、すでに可決されていた。ワシントンは、可決されたばかりのポトマック川会社法の写しを一七八五年一月十七日にマディソンから受け取っている。航路開拓計画の実現が近いと確信したワシントンはすっかり夢中になった。この頃、マウント・ヴァーノンを訪れた著述家のエルケイナ・ワトソンは、「二日間、この偉大な人物の説得力のある舌から他の話題はほとんど出ず、私は完全に運河熱に感染してしまった」と記している。

ポトマック川の航路開拓計画を成功させるためには解決すべき問題が一つあった。ヴァージニアとメリーランドの間で起きた通商、漁業、航行権をめぐる紛争である。ポトマック川は両邦の境界となっている。紛争を解決しなければ、運河網の整備を進められない。そこで協議の席が設けられることになった。

後にマウント・ヴァーノン会議と呼ばれる話し合いは、ジョージ・メイソンに届いた一通の手紙から始まった。それはメリーランドの代表団による面談の要請であった。先に通告したように、通商、漁業、航行権についてヴァージニアの代表団とアレクサンドリアで話し合いたいという。それはメイソンにとって寝耳に水の内容であった。なぜなら自分がヴァージニアの代表団の一人に選ばれたことをまだ知らされていなかったからだ。どうやら邦の垣根を越えて交渉することに気乗り薄なパトリック・ヘンリー邦知事が連絡を怠ったようだ。

メイソンはほかの代表たちに急行するように求める手紙を送ると、メリーランドの代表団とアレクサンドリアのギャッツビー亭で合流した。それから三日経ったが、駆けつけた者はいなかった。状況を見るに見かねたワシントンは、メイソンをマウント・ヴァーノンに迎えるためにアレクサンドリアに馬車を送った。

マウント・ヴァーノンで二人は話し合った。ほかの代表たちはまだ到着していないが、このままだとメリーランドの代表団は待ち切れなくなって帰ってしまうだろう。会議を進めるしかない。迎えの馬車がまたアレクサンドリアに送られた。乗客はメリーランドの代表団である。

一七八五年三月二五日、マウント・ヴァーノンにおいてメイソンとメリーランドの代表団の間で協議が始まった。ワシントンはなぜ会議の場を提供したのか。会議の開催を支持していることを示すためだ。そうすれば単独で代表を務めざるを得なくなったメイソンも心強いはずである。

それにしてもワシントンは思い切ったことをしたものだ。なぜなら連合規約によれば、邦間で協定を交わすことは禁じられていたからだ。とはいえ通商、漁業、航行権をめぐる紛争が邦間で起きても、連合会議は実質的な解決策を提示できない。もし邦間の紛争を調停できる力を持った連邦政府を樹立できなければ、不安定な共和国はいずれ破綻するとワシントンは考えていた。マウント・ヴァーノン会議は、体制外からの改革を目指す小さな挑戦だったと言える。

雪が降りしきる中、四日間にわたって協議が続けられた。協議の末、ポトマック川やチェサピーク湾の漁業権や航行権、通商、海運など多岐にわたる分野で合意が成立した。その結果、ポトマック川の航路開拓計画を妨げる障害は取り除かれた。

五月十七日、ワシントンはポトマック川会社の社長に選ばれた。さらに同様の目的で設立されたジェームズ川会社の社長も兼任した。運河網の整備はなかなか進捗しなかった。資金不足が主な原因である。さらに運河開削に長けた技術者の不足が工事の遅れに拍車をかけた。未経験な工事監督は失敗を繰り返して資金を浪費し続けた。ワシントンの死後もポトマック川会社は存続したが、過重負債に陥って工事を継続できなくなってしまった。事業を引き継いだチェサピーク・アンド・オハイオ運河会社もボルティモア・アンド・オハイオ鉄道という強力な競争相手の出現で事業継続を断念した。したがって、ポトマック川を西部への通路にするというワシントンの夢はいまだに実現していない。

ただジェームズ川会社の運命は、ポトマック川会社よりもはるかに恵まれていた。着実に工事を進めたジェームズ川会社は、十九世紀に入る頃に若干ながら利益を出すようになり、国内開発事業の成功例として見なされるようになった。しかし、ジェームズ川会社が利益を出すようになると、出資者は配当を増やすように要求した。過剰な配当の支払いによって会社の経営が圧迫されれば事業の存続が難しくなる。そこでヴァージニア州は、ジェームズ川会社の全株式を買い取って完全に官営化した。事業はそのまま継続され、海岸部とオハイオ川を繋いで西部に至るというワシントンの運河熱はジェームズ川会社によって実現された。

奴隷解放運動の高まり

独立戦争を契機に奴隷制度の廃止を目指す動きが高まりつつあった。ラファイエットと話し合ったように、ワシントンも奴隷解放について真剣に考えるようになった。奴隷制度廃止論者に向かってワシントンは、「奴隷制度の国を樹立することを知りながらアメリカの大義のために剣を抜いたつもりはありません」と断言している。ワシントンと同様に人間が人間を所有することがはたして正しいことなのか疑問に思う人びとが現れ始める。ロード・アイランドとペンシルヴェニアは奴隷制度自体をすでに非合法としていた。ニュー・ハンプシャー、コネティカット、そして、マサチューセッツも奴隷制度の漸減的廃止を促進する法を制定している。ペンシルヴェニアを除けば、奴隷制度廃止を推進している邦はいずれもニュー・イングランドに属している。ニュー・イングランドではもともと奴隷の数が少なく、奴隷制度の廃止にともなう社会的影響は小さい。

南部に比べると少ないものの、ニュー・ヨークとニュー・ジャージーには、ニュー・イングランドより多くの奴隷がいた。特にニュー・ヨーク市は、奴隷を使って砂糖を生産している西インド諸島と強い繋がりを持っていたせいで奴隷所有が浸透していた。実際、市内の多くの邸宅では奴隷が召使いとして働いていた。ニュー・ヨーク市内の黒人人口は三、〇〇〇人程度であり、実にその五分の四が奴隷であった。独立戦争によって高まった平等意識によって、召使いとして働く者は奴隷以外にほとんどいなくなった。召使いを侍らすことは富の象徴であったから容易に止められる慣習ではなかった。

さらに南部では、奴隷が農園や家庭内の労働力として完全に社会制度に組み込まれていた。ヴァージニアでは、人口の四割を奴隷が占め、サウス・カロライナに至っては、白人人口よりも奴隷人口のほうが多かった。それでも楽観的な者は、南部でも奴隷制度が徐々に衰退に向かうと思っていた。ただ多くの奴隷主、特にタバコ農園主は、奴隷労働なしで農園を運営する方法を思いつけなかった。それに奴隷が解放されれば、きっと厄介の種になるに違いないと彼らは考えていた。社会の中でどのような地位や役割を解放奴隷に与えればよいのか。反乱を起こさないようにどこかに隔離するのか、それとも完全に追放してしまうのか。

ワシントンは、あくまで合法的に奴隷解放を進める必要があると信じていた。すなわち、議会が法を整備したうえで奴隷解放を実施するべきだという考え方である。ロバート・モリスに宛てた手紙の中でワシントンは自分の立場を明らかにしている。

奴隷制度を廃止するための計画が採用されるのを見たいと私よりも真摯に望んでいる者はいません。しかし、それを成し遂げるためには、議会の権威による実施が唯一の適切で効果的な方策でしょう。

これはあくまで個人的な見解である。ワシントンは、たとえ議会の権威にもとづいたとしても無条件で奴隷解放を実施するべきだと言っていたわけではない。続けて次のようにモリスに述べている。

しかし、現在の主人に満足している幸福な奴隷がみだりに奴隷主のもとを去るように唆される場合、奴隷主がこうした措置を十分に理解していない場合、こうした措置が一方の側に不満を与え、もう一方の側に怒りを抱かせる場合、そして、自分の利益と社会が得る利益が釣り合わず財産を守る手段を失ってしまう者がいる場合、奴隷解放は抑圧であって、まったく人道的ではありません。なぜならそれは回復できないような悪弊をもたらすからです。

ワシントンは奴隷制度の廃止を真摯に望んでいたが、その実現の見込みについては慎重な見解を示している。ヴァージニア邦議会に奴隷解放の請願を送った奴隷制度廃止論者が支持を求めてマウント・ヴァーノンを訪れたことがある。しかし、ワシントンは何の是認も与えようとしなかった。結局、ヴァージニア邦議会は、奴隷制度廃止を求める請願を却下している。

奴隷制度の撤廃を望む人は少なくなかったが、逆に奴隷制度の存続を望む人はそれ以上に多くいた。奴隷制度廃止を訴えた人びとは評価するべきかもしれないが、奴隷制度が厳然と存続した以上、それは免罪符にはならない。例えば会社で組織ぐるみの不祥事があって、勇敢にも内部告発する社員がいたとしても、会社全体の罪は許されるわけではないだろう。

憂国の情

十八世紀から十九世紀に活躍した歴史家デイヴィッド・ラムジーは『アメリカ革命史』で次のようにアメリカの将来の展望について語っている。

今度はあなた達が地上に出て世界の年代記に登場する番である。あなた達の国は、一世紀も経たないうちにおそらく五、〇〇〇万人の人口を擁するようになるだろう。あなた達は、多くの血と財を犠牲にして、自分自身だけではなく子孫たちをもヨーロッパの支配から救い出した。あなた達が始めた事業は、あなた達が勝ち取った恩恵を現世代と将来の世代に確保しようと努める組織や制度を樹立することによって完全なる善となる。

アメリカは独立戦争という試練を乗り越えて輝かしい将来に向けて第一歩を踏み出したように見える。しかし、それは楽観主義者の目にのみ映った姿である。「完全なる善」とはとうてい言えない。

独立戦争の間、差し迫る軍事的・政治的危機が諸邦を結ぶ絆となっていた。危機が去った今、その絆は急速に綻びようとしていた。さらなる自由と独立を求める各邦の声が高まっている。このまま連邦が崩壊してしまうのか、それともアメリカは統一国家として新たな道をたどるのか。それが独立戦争後のアメリカ人に突きつけられた最大の課題である。

ワシントンは現状を憂えていた。もし連邦が崩壊すれば、イギリスはアメリカの再征服を企むかもしれない。そうなればアメリカは独立と自由を失う。ではどうすればアメリカの独立と自由を守れるのか。ワシントンの心の中では、現行制度の欠陥を是正する新たな国家構想がしだいに固まりつつあった。アレグザンダー・ハミルトンに宛てた手紙を見てみよう。

合衆国の中で私よりも現在の連邦を改革する必要性を強く感じているか、または感じ得る人物はいないでしょう。連合会議の悪い影響を私よりもよくわかっている者はおそらくいないでしょう。というのは連合会議の欠陥と権限の欠如がまさに戦争の長期化の原因であり、その結果、莫大な費用が必要になりました。私が軍を指揮する間に経験した困難の半分以上と軍の苦難と困難のほぼすべてはそれに起因します。

また別の人物に宛てた手紙でワシントンは次のように述べている。

わが国が偉大で幸福で尊敬される国になるか、それとも卑小な国、さらに悪いことに無秩序で混乱に満ちた国になるかは、連合会議がその権限でおこなおうとしている一連の行動しだいです。というのは、もし連合会議に連邦全体の目的のために行使できる適切な権限が与えられなければ、我々は朽ち果てて塵になってしまい、ヨーロッパから嘲りの目を向けられると私は確信しているからです。［中略］。連合会議とはいったい何者でしょうか。人民の創造物ではないのでしょうか。その行動において人民の意見を素直に受け入れ、毎日毎日、人民の息遣いに左右されるものではないでしょうか。政府が樹立された大きな目的と連邦全体の目的を達成するために適切な権限を連合会議に与えることにどこに危険があるでしょうか。もし連合会議がそうした権限を持たなければ、どのような結果がもたらされるか私にはわかりません。我々は今、政治という偉大な天秤で何とか均衡を保っていますが、わずかな時間で軽蔑されるようになるでしょう。そして、連邦の紐帯が破壊されてしまえば、我々の未来の展望はすべて破滅に向かうでしょう。

強大な権力を恐れる者もいるが、そもそも権力自体には善も悪もない。したがって、政府が持つ権力が強くなれば人民の自由が侵害される恐れも高まるが、同時に多くの人びとの共通の幸福を実現するためにより大きな善をなすこともできる。

ワシントンは、強力な権限を持つ中央政府はすなわち悪であるという考え方、言い換えれば、各邦の自由と独立こそ神聖で犯すべからざる大義なのだという信念で凝り固まった人びとからそうした考え方を払拭したいと思っていた。権力は中庸が肝心である。強すぎる権力は専制をもたらすので有害だが、弱すぎる権力も無秩序をもたらすので有害である。ワシントンは、弱体な連合会議が条約を遵守し、公債を償還し、将兵に約束した待遇を本当に実現できるのか疑わしく思っていた。

連合規約のもと、結成された連邦政府には具体的にどのような欠陥があるのか。まず実質的に行政府が存在しない。少数の準行政機関が今にも破綻しそうな連合会議に付属しているだけである。アメリカは統一国家ではなく、連合会議を頭に戴(いただ)いて緩やかに結び付いた諸邦の連盟にすぎない。しかも連合会議は、その決定を諸邦に強制できない。権力の本質は強制力であり、それなくして権力は存在し得ない。このまま諸邦が連合会議に権限を頑として譲渡しようとせず、中央政府が強化されなければ、どのような事態に陥るのか。徐々に力を蓄えた諸邦は、ささいなきっかけで反目し合って内戦状態になるだろう。

では具体的にどのような措置を講じるべきか。ラファイエットに宛てた手紙でワシントンは、「連邦に一貫性と安定、そして尊厳をもたらす憲法」が必要であると明言している。そうした憲法にもとづいてより強力な中央政府を樹立することによってアメリカが無秩序に陥らないようにするべきだ。連邦政府が強力な権限を持てば、諸邦間の利害が調整できるだけではなく国家の信用も保てる。

ヨーロッパの投資家は、アメリカが国家として存続できないと見切りをつけて、額面価格を大きく割り込む価格で公債を売買していた。国家の信用がなければ、アメリカ政府が資金を調達する必要に迫られた場合、高い利子を提示しなければならなくなる。国家の信用を高めるためには独立戦争中に累積した公債を確実に償還しなければならない。そのための財源を確保するために連邦政府は課税権を持たなければならない。外国からの輸入に依存しなくても済むように、国内製造業を政府の手で育成することも緊急の課題である。

他にも諸邦の愚行を阻止できる強制力が必要だ。諸邦は国家の信用を低落させるような政策を実施していた。戦後の景気低迷にともなって諸邦の中には、強まる人民の圧力に耐えかねて税の支払い猶予を宣告する邦もあった。税収が見込めなくなれば、諸邦が負っている公債の支払いがとどこおる。その他にも債権者が借金を回収するのを妨げる法律や紙幣を濫発する法律を諸邦は次々と制定した。そうした法律の多くは後先を考えずに制定されたものである。国家の信用を損なうような諸邦の行動を止めさせなければならない。

国家の信用の問題に加えて、各邦が個別に関税を決定する状況は通商に混乱をもたらしている。例えばある邦が自邦内の産業を保護するために他邦からの輸入品に高い関税を課したとしよう。そうすれば他邦も対抗して高い関税を課す。すると際限のない関税の引き上げ合戦が起きる。そうなると物品の流動性が失われ、産業の停滞を招く。もし連合会議に通商を統制する権限を与えれば、そうした事態を回避できる。それに通商を統制する権限があれば、国際的な貿易交渉にも対応できる。もし連合会議が通商を統制する権限を持っていなければ、イギリス政府が西インド諸島の市場からアメリカ人を締め出しても報復する手段がなく、交渉のテーブルに着くことさえできない。

ワシントンはこのように抜本的な改革を望んでいた。もし改革が実行されなければ「多数の頭を持った怪物が生まれるだろう」と警告している。現時点でアメリカは統一国家とはお世辞にも言えない状態である。主権の所在が明確にされなければ、統一国家は存在し得ない。ワシントンは統一国家の不在を次のように嘆いている。

我々の採るべき方針は、諸邦が連合して一つの国民となるか、あるいは連邦を解体して分離するかの二つだけです。もし前者を採るのであれば、我々は国家全体に関する事業において一つの国民として活動して単一の国民性を確立すべきです。またもし後者を採るのであれば、我々は敢えて狂言を演じて連邦国家を装うことを止めるべきでしょう。

安全保障の課題も山積している。イギリス領とスペイン領に境を接しているにもかかわらず、連邦軍の規模は今や一、〇〇〇人にも満たなかった。桁の間違いではない。そんな少数の部隊で国家の安全が保てるだろうか。それにアメリカの商船が北アフリカ沿岸のバーバリ諸国の海賊によって次々に襲撃されていた。連合会議に適切な財源と権限がなければ、国土を防衛する陸軍と通商を保護する海軍を満足に揃えられない。強力な中央政府とそれを支える十分な常備軍が必要なことは、ワシントンにとって火を見るよりも明らかであった。

心配事はまだある。中央政府が弱体であれば、人民を扇動する者に容易に乗っ取られてしまうかもしれない。それは独裁制へとすぐに姿を変える。扇動者は「人民の意思」という口実を利用して一手に権力を掌握できるからだ。それに反対する者は「人民の敵」というレッテルを貼られ容易に失脚させられてしまう。

強力な中央政府を君主制に至る道だと心配する者がいる一方、ワシントンは、むしろ強力な中央政府こそ独裁制や君主制を防止する有効な手段だと考えた。なぜなら中央政府が十分に強力であれば、扇動者が簡単に乗っ取れなくなる。また強力な中央政府によって共和制が有効に機能すれば、君主制に変わる危険性は低まりこそすれ高まることはない。

さらにミシシッピ川をめぐる問題がアメリカの将来に暗雲を投げ掛ける。連合会議のジョン・ジェイ外務長官は、通商条約を結ぶ見返りに、アメリカが二五年間、もしくは三〇年間、ミシシッピ川の通行を差し控えるとスペインに提案した。商工業を産業の柱とする北部諸邦はジェイの提案を支持する。イギリスが西インド諸島の交易からアメリカを締め出したせいで経済が低迷していた。もしスペインと通商条約を結べれば、窮状を打破できると北部諸邦は期待を抱く。その一方で農業を産業の柱とする南部と西部の諸邦はジェイの提案に強く反発する。連合会議で問題が討議された時、南部の代表たちは、北部の利己的な考えが連邦の共通の利益を損なうと激しく糾弾した。ミシシッピ川の航行権を放棄すれば、西部の土地価格が下落するだけではなく、西部の住民の忠誠心が外国に移る恐れがある。

結局、ミシシッピ川の航行禁止を見返りにスペインと通商条約を結ぶというジェイの提案は、条約の批准に必要な票数を集められずに否決された。交易の拡大によって経済を立て直そうと考えていた北部諸邦は、連邦からの脱退を仄めかす。事態の推移を不安とともに追っていたワシントンのもとにジェイから手紙が届く。

何かしら危機が近づいています。私は、戦時よりももっと不安に満ちた日夜を送っています。あの当時、我々は確固たる目標を抱いていました。そして、その目標を達成するための手段や時間がはたして十分にあるかどうか疑わしい場合でも、私はきっと成果を獲得できると確信していました。しかし、時勢は変わりました。我々は間違った方向に進み、間違ったことをしようとしています。

ジェイと危機感を共有していたワシントンはさっそく返信を書く。

わが国の状況が急速に危機に瀕しているというあなたの見解は私の見解と一致します。私が予想だにしない出来事が何か起こるかもしれません。我々には正すべき過ちがあります。［中略］。経験が我々に教えるところでは、強制的な権力の介入なしに人間が彼ら自身の善意に最も適した方策を採択して実行に移すことはありません。諸邦政府の権限が互いに干渉し合っているので、連邦全体に及ぶ権力をどこかに委託することなく我々は統一国家として長く存続できるとは思えません。国家の目的に資するために十分な権限を持った連合会議を組織することを恐れるのは、愚かさと狂気の極みのように私には思えます。［中略］。この二、三年で何と驚くべき変化が生じたでしょうか。尊敬すべき人物でさえも恐れることなく君主制について話しています。話が進んで考えが行動に移るには、たいていはわずか一歩しかありません。何と取り返しがつかず、途方もないことでしょうか。専制政治を唱導する者の勝利によって、我々が我々自身を統治できないこと、そして、平等な自由にもとづく制度は単なる空想であり、まやかしであったことが証明されるでしょう。［中略］。私は幸運にも船を支えて港につけ、安全に陸揚げさせましたが、荒海に再び乗り出すことは私の仕事ではありません。私の見解と意見が国民の心に大きな影響を与えるとも思われません。

第2章

暗雲と光明

Howard Pyle, Illustration from “Howard Pyle’s Book of the American Spirit” (1923)

物語の舞台

独立戦争中に批准された連合規約のもと、アメリカは統治されていた。しかし、連合会議は諸邦を束ねていくにはあまりに頼りない存在であった。諸邦間の紛争は絶えない。困窮した農民たちが借金の棒引きを求めて蜂起しても連合会議はなす術もなく縮こまっているしかない。連邦が機能不全に陥っているのはなぜか。そして、どのようにすれば危機を解決できるのか。アメリカを新たな時代に導こうとする者たちが動き始める。その試みは成功するのだろうか。

Charles Wilson Peale, "James Madison" (1783)

アナポリス会議

一七八五年九月三日夕刻、マディソンがマウント・ヴァーノンにやって来た。その日は曇りがちで肌寒かったが、マディソンが到着した頃には雲間から姿を現した太陽が木立を穏やかに照らしていた。いったいマディソンはマウント・ヴァーノンに何をしに来たのか。アメリカの国家構想についてワシントンと話し合うためだ。

この学者然とした小柄な男は、諸邦の無責任な行動について憂慮していた。まだ三四歳にもかかわらず、マディソンは老成して見え、「合衆国憲法の父」としての片鱗をすでに現している。その禁欲的で物静かな態度はまるで中世の修道士のようであり、見知らぬ人から「陰鬱で堅苦しい人間」に思われていた。しかし、親しく話し合ってみるとマディソン以上に楽しい相手はほとんどいない。マディソンの会話は、挿話や話題に富み、教養が溢れている。

青白い顔に低身長というさえない風貌のゆえにマディソンを軽んじる者もいたが、それは大きな間違いであった。なぜならマディソンは、用心深く勤勉なうえにあらゆることを正確に計算する巧妙な策士だからだ。最も敵に回したくない種類の人物である。

ワシントン以上にマディソンは、連合会議が直面している危機が深刻なものだと認識していた。通商や土地をめぐる諸邦間の争いを放置すれば連邦の解体を招きかねない。それにミシシッピ川の自由航行権や奴隷制度をめぐる北部と南部の対立も看過できない。しかし、連合会議は諸問題を解決する手段を何も持っていない。

従来、マディソンは連合会議の改革について穏健な姿勢を保っていた。ワシントンは、連邦全体の目的を実現するのに必要な権限をすべて連合会議に与える必要があると思っていた。その一方でマディソンは、共和政体と連邦を維持するのに必要な権限さえ連合会議に与えれば十分だと考えていた。またワシントンは、連合会議に必要なすべての権限を与える「人民の総会」、すなわち憲法制定会議を開催すればよいと早い段階から考えるようになっていたが、マディソンは連合会議の体制内で漸進的に改革を進めればよいと考えていた。しかし、全邦が同意しなければ連合規約を改正できないという規定によって改革が阻まれる。体制内の改革は実現できそうにない。ワシントンはそうした状況を十分に理解している。

私には連邦が実体のない影にすぎないように思えます。そして、無意味な組織である連合会議の命令はほとんど顧みられません。［中略］。そのような方針によって、政府の車輪は動かなくなり、我々の最も輝かしい未来と世界が我々に対して抱いている強い期待は覆されることになります。そして、我々は、今、立っている高みから混乱と闇の狭間に引きずり下ろされることになるでしょう。しかし、我々が地球上で最も尊敬される国家の一つになれることは、私の控えめな意見でも間違いないことです。もし我々が賢明で公正、かつ自由な政策を追求すれば、世界の諸国から信用されるようになるでしょう。

アメリカ人の将来に暗雲が垂れ込めている。誰も暗雲の先を見通すことができない。そのような時に指導者たる者は何をなすべきか。

夜明け前、高峰の頂に登った人びとは、ご来光を仰ごうと等しく同じ方向を見つめている。それは太陽がどこから昇るか知っているからだ。しかし、未来はそうではない。どこに未来を照らす曙光が射すか見通せる者はほとんどいない。政治家の重要な役割は、高峰の頂に登った人びとがご来光を仰ごうと等しく同じ方向を見つめるように、未来を照らす曙光が射す方向にできるだけ多くの人びとの目を向けさせることである。

ワシントンの心の中には、未来を照らす光となる新しい国家構想と改革への意志が宿っていた。連合会議という「無意味な組織」に頼れなければ、体制外に別の枠組みを作って解決策を考えればよい。体制内の改革が不可能であれば、体制外の改革しか道は残されていない。強く願う心があれば道はきっと開ける。

将来の国家構想を確認し合った後、マディソンはマウント・ヴァーノンを発つ。その時、ワシントンの手からマディソンに一冊のパンフレットが手渡された。パンフレットの題名は『アメリカ政策綱要』である。作者はノア・ウェブスターという二〇代の若者だ。後にウェブスターは、アメリカの英語辞書編纂者として、そして、「アメリカの学問と教育の父」として名を残すことになる。

一七八五年に発表された『アメリカ政策綱要』は、「政府の理論」、「東方大陸の諸政府」、「アメリカの諸邦」、そして、「利点を改善してアメリカの諸邦の連帯を永続させるための政策案」の四項目から構成されている。その中でも重要な項目は最後の項目である。

　アメリカの諸邦は、内政に関して一つにまとまっていない。諸邦の上部には最高権力が存在しない。諸邦は互いに完全に独立した状態にある。各邦は隣邦と自由に戦うことさえできる。紛争を鎮めたり侵略者を処罰したりするために全土から軍隊を結集できる主権が存在しない。連合会議にはそうした力がない。連合会議は諸邦の民兵を指揮できない。各邦がそれぞれ自邦の民兵を指揮する。もしある邦が内戦を起こせば、剣が争いを決定することになって、最も弱い者が最も強い者の犠牲になる。

ウェブスターの指摘は、ワシントンとマディソンが感じていた連合規約の欠陥とほぼ同じである。つまり、連合規約の欠陥は見識がある者であれば誰にでも容易に理解できるものであった。では連合規約の欠陥を是正するためにはどうすればよいか。ウェブスターは、「諸邦は、全邦から選ばれた代表によって構成される連邦政府にその決定を全土に強制できる権限を与えなければならない」と断言している。

次の言葉は、ウェブスターの生涯を貫く思想を端的に示している。つまり、ウェブスターによる辞書の編纂は、アメリカ人は独自の英語辞書を持つべきだという一種の国粋主義にもとづいている。そもそも「アメリカ英語」という表現自体がウェブスターの発案によるものだ。

アメリカは独自の帝国であり、統一国家の形態を採択するべきである。外国の作法、言語、そして、悪徳を盲目的に模倣すること以上にばかげたことはない。

パンフレットの最後はアメリカ人一般への呼び掛けになっている。ワシントンがヴァージニア人として育ったように、独立戦争が起きる前、アメリカ人は自分たちが「アメリカ人である」という意識をほとんど持っていなかった。イギリス本国に対する抵抗運動を経て国民意識が高まったとはいえ、多くの人びとは個々の邦の市民であるという意識をいまだに強く持っていた。

我々は、我々自身を特定の邦の住民として考えるだけではなく、アメリカ人として、偉大な帝国の一般国民として考えるべきである。我々は、地域的な観点や愛着を完全に脱ぎ捨てるだけではなく、そうした観点や愛着を連邦全体の利益に従属させるべきである。

マディソンもウェブスターと同様の考えであった。ただマディソンはウェブスターと違って考えを実行に移せる立場にある。二年前に連合会議で試みた改革は途中で頓挫していた。しかし、マディソンは諦めていない。再び連合会議の改革を目指して動き出す。

今回、マディソンが目をつけたのは通商を統制する権限である。連邦全体で統一された通商政策を実施しなければ、アメリカは諸外国と交易で太刀打ちできない。事実、北部諸邦は通商でイギリスに後塵を拝しつつあり、連合会議に通商を統制する権限を与えてもよいと考えるようになっていた。しかし、地域的な利害対立が改革の動きを阻む。南部諸邦は、通商の統制が北部諸邦の海運業を利するだけであり、その結果、南部を北部に従属させることになると警戒心を抱く。

この当時、マディソンは連合会議の代表から外れていた。そこで邦議会議員の立場を利用してヴァージニアを動かそうと考える。もしヴァージニアが北部に対する警戒心を解けば、残りの南部諸邦もそれに倣うはずだ。そう考えたマディソンは、通商を統制する権限を連合会議に与える法案をヴァージニア邦議会に提出した。マディソンの法案は可決されなかったものの、ヴァージニア邦議会は通商を統制する権限を連合会議に与えるか否か検討する会議を招集するように他邦に呼びかける決議を採択した。こうして後の憲法制定会議の前座となるアナポリス会議の開催が諸邦に通達された。

アナポリス会議の開催を知ったジェイからワシントンに手紙が届く。ジェイ自身はアナポリス会議にも憲法制定会議にも参加していないが、後に「合衆国憲法最高の注釈書」と謳われる『フェデラリスト』を執筆して、ハミルトンとマディソンとともに憲法案を擁護する論陣を張ることになる。ジェイの手紙は、憲法制定会議の開催を予見させる内容である。

我々の連邦政府に欠陥があることを経験は教えています。修正が必要です。さもなければ「自由の木」の実りを台無しにしてしまう恐れがあります。ヴァージニアによって提案された［アナポリス］会議は多少の改善をもたらすでしょうが、もしさらなる目的があればもっと改善が見込めるでしょう。連合規約の改正を目的とする全邦の会議を開催するように求める意見が広まり始めています。人民がそのような措置を受け入れるのに十分に成熟しているのか、提案される制度が実現できるものになるのか、災厄や騒動しか期待できないのか予見することは難しいことです。我々は慎重に振る舞うべきだと思いますし、さまざまな考えが私に不安を与えます。それでも全邦による会議を開催すべきだと考えています。

ジェイの手紙に対してワシントンは、連合会議に欠陥があることには同意したが、憲法制定会議の開催についてはためらいを示す。

我々の連邦政府の欠陥を是正する必要があるというあなたの見解に全面的に同意します。［中略］。全邦による会議でどのような意見が出るか予想できません。ただ私は連合規約の改正が必要だと思っています。しかし、そのような試みの結果がどうなるかは不確かです。しかし、何か手を打たなければ連邦制度は崩壊するでしょう。確かに連邦制度はぐらついています。無知と陰謀は抗し難いものです。共和政体で避けるべき狭量、不適切な警戒、そして、一連の悪弊が生じています。

連合会議の欠陥を外部から強制的に改革しようとすれば人民は何と言うだろうか。権力の簒奪だと見なすのではないか。そもそも連合規約は、強力な中央政府の存在を認めていない。諸邦の権限を守ることが基本原理である。そうした基本原理から逸脱するような改革を試みれば、諸邦はきっと激しく抵抗するだろう。

　こうした考えからワシントンは、改革への意志を抱きながらも、憲法制定会議を開催せよというジェイの提言に首を縦を振れなかった。それはなぜか。マウント・ヴァーノン会議という体制外の改革を試みたものの、体制内から改革を進める希望を捨て切れなかったからだ。角を矯めて牛を殺すという諺があるが、抵抗を無視して改革を断行すれば何が起きるか。新しい制度に移行するどころか、現行制度さえ崩壊しかねない。いつの時代でも改革には必ず抵抗と困難をともなう。改革を実行するためにはどうすればよいか。新しい制度の有効性を示して支持者を徐々に増やしていくしかない。それを怠れば改革は単なる暴挙である。そのことを十分に知っていたワシントンは事を急ごうとはしなかった。声高に改革を叫ぶ者だけが改革者ではない。

　ワシントンが改革の方途を探っていた一方、マディソンは古今の連邦制度についてまとめる仕事に取りかかっていた。滞欧中のトマス・ジェファソンに研究用の資料を買い集めるようにわざわざ依頼している。「書籍の荷物」はトランク二本分にもなったという。考察の対象は、リキア、古代ギリシアの隣保同盟、アカイア同盟、神聖ローマ帝国、スイス連邦、そして、ネーデルラント連合など非常に幅広い。研究の結果、マディソンが導き出した答えは単純なものである。連邦解体の危機を回避するためには連邦を束ねる積極的な方策を採用しなければならない。それ以外に道はない。


　一七八六年九月四日、マディソンはアナポリスのマンズ亭に入った。驚いたことに、先に到着していた代表はわずか二人しかいなかった。すっかり落胆したマディソンは、「連邦の問題についてこれ以上、悪い見通しはない」と弟に書き送っている。数日後、ニュー・ヨークからハミルトンが到着した。旅の途中、体調を崩したハミルトンは少し青白い顔をしていた。結局、アナポリスに集まった代表は、ヴァージニア、ニュー・ヨーク、ペンシルヴェニア、ニュー・ジャージー、デラウエアの五邦から派遣された十二人だけである。十二人の中には、『ペンシルヴェニアの農夫からの手紙』を発表したことで「革命の文士」として知られるジョン・ディキンソンや「ヴァージニア随一の紳士」という異名を持つエドモンド・ランドルフが含まれている。

なぜ他の諸邦は代表を送らなかったのか。会議が失敗するだろうと思っていたからだ。ミシシッピ川の自由航行権をめぐる対立の余燼がまだくすぶっている。通商の統制について話し合っても対立が再燃するだけだ。北部諸邦を利するだけだと南部諸邦が反感を抱くことが予想される。そうなれば会議は何も決められず流会するだろう。

実際、アナポリスに集まった代表たちの中から何も協議せずに解散しようという意見が出た。しかし、対立の再燃を恐れる気持ちよりも何とか事態を好転させたいという希望のほうが強かった。九月十一日に始まった会議では、諸邦間の通商摩擦について幅広く話し合われた。結局、通商摩擦の解決策は見つからなかった。ただ会議はそれで終わったわけではない。代表たちは諸問題を解決するためには連合規約を改正するしかないという結論に至る。少人数しか集まらなかったのが幸いした。連邦政府の強化に賛成している者ばかりが顔を揃えることになったからだ。ハミルトンが中心となって以下の決議が起草された。

連邦政府の制度に重大な欠陥があることは、この会議に集まったすべての邦の決議によって認識された。その欠陥について綿密に検討すれば、決議によって示された欠陥よりももっと大きく、そして、より多くの欠陥がきっと見つかるだろう。我々の国事における現在の状況を特徴づける国内外の難局は、慎重かつ率直な議論を要するものであり、そうした議論は全邦の統一見解となるだろう。[中略]。こうした考えから代表たちは、もし諸邦が合衆国の状況を検討して連邦の緊急事態に対応できる連邦政府の構成に必要な追加条項を考案するために翌年五月の第二月曜日にフィラデルフィアで開催される会議に代表を指名して送り出せば、連邦の利益をきっと増進させられるという全会一致の信念を真摯に述べたい。

この決議を読むとハミルトンの狙いがよくわかる。最初からハミルトンは、アナポリス会議を単なる通商問題を話し合うだけの席にするつもりはなかった。諸邦間の衝突を解決できるように連邦を抜本的に改革する道筋を作る。それこそハミルトンがアナポリス会議に出席した最大の動機であった。新たな扉がここに開かれようとしている。

会議が終わって二日後のことである。マウント・ヴァーノンに立ち寄ったランドルフは、会議で採択された決議をワシントンに伝えた。ワシントンはまだ迷いを残しながらも賛意を示す。十月下旬、今度はマディソンとジェームズ・モンローがマウント・ヴァーノンにやって来て三日間滞在した。彼らはなぜワシントンに会いに来たのか。目的は一つである。ワシントンを担ぎ出して連合規約改正の機運を高めることだ。

ワシントン自身は疑念を払拭できないでいる。新たに会議を招集して問題を議論しても現行制度の欠陥を正せるのだろうか。人民はそうした改正を受け入れる準備がまだできていないのではないか。

ワシントンの疑念はもっともなことである。なぜなら強力な中央政府を樹立しなければ連邦が崩壊するという危機意識は一部の人びとの間で共有されていただけである。多くの人びとにはそうした危機意識はなかった。イギリス本国政府の抑圧からようやく自由になったと思っている人びとは、強力な中央政府を樹立すれば新たな圧政を招くだけだと信じている。連合規約改正を支持するはずがない。人びとの認識を改める危機が必要であった。

シェイズの反乱

ダニエル・シェイズ。もしシェイズの反乱という事件が起きなければ、その名前は歴史の陰に埋もれて誰も耳にする機会がなかったかもしれない。いったい彼はどんな男であり、何をしたのか。

シェイズはアイルランド移民の家に生まれた。その当時の貧しい家ではよくあるように、働ける年齢になるとシェイズは家を出て農作業を手伝いながら生計を立てた。シェイズは短軀ながらも強健な体に恵まれていた。そして、何よりも野心に溢れていた。稼ぎも悪くなかったらしい。西部に移住したシェイズは、町の有力者の娘と結婚して小さな農場を持つまでになった。

やがて独立戦争が勃発する。独立戦争はシェイズにとって名を上げるまたとない機会だった。なかなか巧妙な男だったらしい。多くの民兵を集めたシェイズはそれを手土産に大尉の階級を手に入れた。戦場でも活躍している。サーベルで切られて負った頬傷は一生、シェイズについて回った。

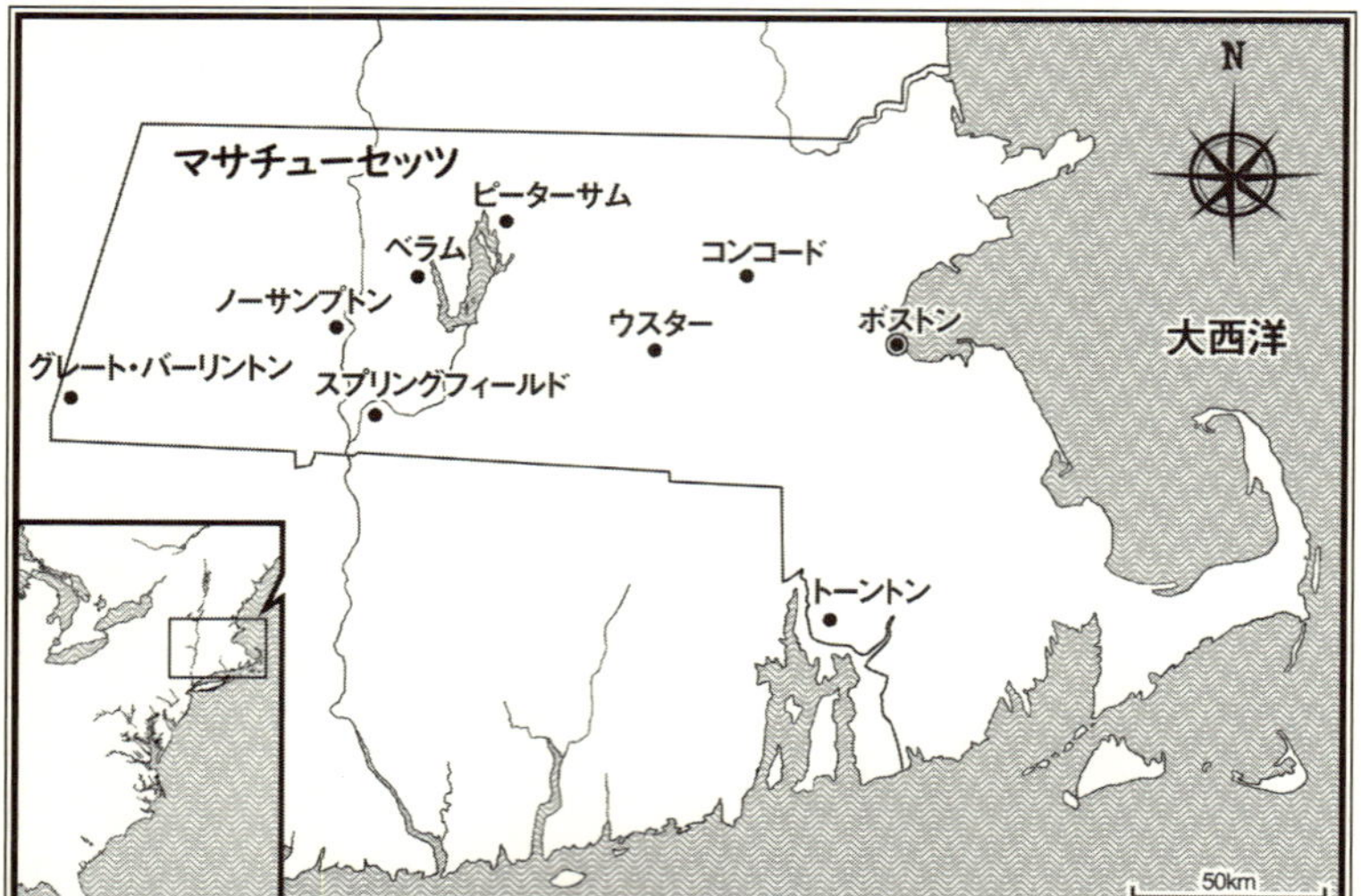

順風満帆の軍隊生活を送っていたシェイズであったが、金回りはあまり良くなかった。ただそれはシェイズに限ったことではない。俸給を紙幣で受け取っていた兵士であれば、誰にでも共通することであった。紙幣の価値が暴落して靴一足も買えないありさまだ。あまりに困窮したシェイズは、ラファイエットから拝領した剣を売り払ってしまい、士官たちから咎められた。ただ士官たちも咎められるような立場にいたわけではない。俸給がとどこおるのに耐えかねて軍を去る者が相次いだからだ。シェイズも軍に見切りをつけて自分の農園に帰った。

一七八〇年、マサチューセッツ邦ではジョン・アダムズが起草した憲法をもとに新制度が発足した。なおマサチューセッツ邦憲法は、現在も機能している憲法の中で最も古い成文憲法と言われる。新制度のもと、邦議会は財政の立て直しのために税制を刷新した。マサチューセッツ邦は連合会議への拠出金を負担するだけではなく、自邦から大陸軍に派遣した部隊の維持費も賄わなければならない。公債の利子も支払わなければならない。財政基盤を強化しなければ邦は信用を失う。そこで人頭税、財産税、所得税などから構成される直接税が導入された。その総額はイギリス統治下の数倍に達したという。

当時はどのように税金を集めていたのか。邦議会の委任状を持った査定人が町に赴く。そして、町の集会で世帯人数と財産をまとめた一覧表を提出するように住民に求める。その一覧表をもとに各世帯の課税額が査定人の匙加減で決定される。その後、査定人に代わって徴税人が税金を集める。もし税金の支払いを拒む者がいれば、徴税人は財産を差し押さえる権限を持つ。大きな権限を与えられていた徴税人だが責任も重かった。もし定められた課税額をきっちり納入できなければ自分の財産を差し押さえられたり、債務者監房に収監されたりする。したがって、徴税人の中には苛斂誅求をきわめる者もいた。

シェイズは邦議会が打ち出した政策に反感を抱く。厳しい税の取り立てに対する不満だけではない。もともとボストンを中心にする東部の商人への不信感がある。シェイズからすれば、邦知事のジョン・ハンコックは貪欲な商人の最たるものだ。なにしろ公債の大部分を所有しているのは商人たちだ。西部の農民たちが収めた税金は利子として商人の懐に入ることになる。それに税金の一部を正貨で支払わなければならないという決まりも西部の農民たちにとって不利である。西部ではほとんど正貨が流通していないので入手が難しい。

さらに西部の農民たちは商人から借金をしていた。自給自足の生活でも土地や家畜、農機具などを購入する場合にお金が必要である。しかし、戦争中の混乱による不況のせいで借金が返済できなくなる。そうなれば貸し手から告訴され、財産を差し押さえられたり、牢獄に収監されたりした。農民たちの中には兵士として戦ってきた者もいる。独立と自由のために戦ってきたのに郷里に帰れば重税と借金が待っていて、下手をすれば牢屋に放り込まれる。それは祖国のために血を流した者への正当な仕打ちと言えるのか。

困窮した西部の農民たちは、邦議会に救済策を実施するように求めた。農民たちが求めた救済策は、不足している正貨を補うために紙幣を増刷して法定通貨に指定することだ。法定通貨とは、額面通りに受け取らなければならないと法律で定められた通貨である。少し前まで紙幣も法定通貨に指定されていたが、実質的な価値があまりに下落したせいで指定から除外されていた。もし紙幣が再び法定通貨になれば、西部の農民たちは借金を返すのも税金を収めるのも格段に楽になる。

救済策はほとんど何も実施されなかった。なぜだろうか。邦政府には邦政府なりの考えがある。紙幣を法定通貨にしても信用を維持できないのはすでにわかっている。邦政府が償還を保証した公債を軸に堅実な通貨政策を継続したほうが信用が維持できる。短期的な救済策に走るよりも長期的な視野で経済を安定させる策を講じるべきだ。

邦政府の論理には一理ある。しかし、西部の農民たちからすれば、商人たちが私腹を肥やすために考えたことだ。シェイズの心の中にも激しい怒りが沸き立っていた。先日、負債が払えなかったせいで家財道具をすべて競売にかけられた未亡人を見たばかりだ。弱者を救済しようとしない現政府の政策を正さなければならない。

「天使ガブリエルでも欠点を見つけられないような憲法が私のポケットの中にある」と農民たちに言って回る説教師が現れた。サミュエル・イーリーという男だ。イーリーは言葉だけの男ではない。農民たちに行動を呼びかけた。

「勇敢な諸君よ、さあ行こう。薪の山から棍棒を調達せよ。それで奴ら［判事たち］の灰色の鬘を叩き落としてすぐに追い出そう」

イーリーと農民たちが向かった先は法廷であった。しかし、法廷の前には五人の男たちが立ちはだかっていた。それは元兵士のルーク・デイとその仲間たちだった。棍棒を手にして行進している農民たちを見かけたデイは、仲間とともに判事たちの警護役を買って出たのである。農民たちはおとなく引き下がった。なぜか。デイたちも自分たちと同じような境遇に置かれているからだ。憎しみをぶつけるべき相手ではない。

首謀者のイーリーはほどなく逮捕された。農民たちはイーリーを見捨てたわけではない。すぐに牢獄に駆けつけてイーリーを解放した。イーリーはヴァーモントに行方をくらまして法の手から逃れた。

事の重大さを認識した邦議会は、サミュエル・アダムズ、アーテマス・ウォード、ナサニエル・ゴーラムの三人を現地に派遣した。三人ともマサチューセッツ政界の重鎮である。三人は四〇以上の町から集まった代表と四日間にわたって不満を聞き取った。しかし、それで何かが変わったわけではなかった。アダムズの報告を読んだ邦議会は、不満は誤解にもとづくものであり、誤解がなくなったのでもう解消されたと安心してしまった。

　正式に講和が成立した後、マサチューセッツ邦の状況はますます悪化した。ボストンの商人たちは独立戦争のせいで途絶していた西インド諸島との交易が再開されると期待したが、イギリスは西インド諸島からアメリカ船を締め出した。さらにイギリス製品が流入し始めたせいでマサチューセッツの商工業は振るわない。資金繰りに困った商人は、農民から借金をさらに厳しく取り立てるようになった。邦議会は重税を課し続けていたが、十分な税収を得られず国庫は空になった。

　マサチューセッツ邦憲法成立後、ずっと邦知事を務めていたハンコックは痛風が悪化したことを理由に辞職した。表向きの理由は病気だが、いっこうに解決の糸口が見えない邦内の対立に半ば嫌気が差したのだろう。代わって邦知事に選ばれたのはジェームズ・ボードンであった。ボードンもハンコックと同じく富裕な商人である。結局、邦政府の方針は変わらず、西部の農民たちの不満は無視される形になった。

　西部の各地で不満の解消を求める会議が相次いで開催された。シェイズもそのいくつかに参加している。法廷を農民たちから守ったデイの姿もその中にあった。借金が返済できずに二ヶ月も収監されたせいで、デイは自分がどうすべきか思い悩むようになっていた。邦政府の権威は本当に守るべきものなのか。答えを求めて聖書を開いたデイの目に次の一節が飛び込んできた。

「見よ、虐げられる者の涙を。彼らを慰める者はいない。虐げる者の手には権力がある」

　町に出たデイは男たちを集めて教練を施し始めた。いったい何をするつもりなのか。

　一七八六年八月二九日、ボストンから遥か西方にあるノーサンプトンで法廷が開かれることになっていた。保安官は居酒屋まで判事たちを迎えに行った。判事たちはそこから法廷まで列をなして向かう。いつもであれば通りには多くの人が出て行列を見物する。しかし、今日は路上に出ている者は一人もいなかった。その代わりに法廷の前にはデイ率いる五〇〇人の男たちがいた。男たちはそれぞれ帽子にヘムロック（ヨーロッパ原産のセリ科の毒草）の枝を挿していた。それは社会の不正を正すという意思表示である。

煌めく銃剣の中、デイは法廷の階段に傲然と立っていた。その手には請願書がある。ようやく到着した判事たちの手に請願書が渡される。その文書には、邦議会が西部の農民たちの要望を受け入れるまで開廷を延期してほしいと書かれていた。周りの男たちは鼓笛の調べに合わせて喝采を上げた。

居酒屋に引き返した判事たちは、デイの請願書にどう返答するか相談した。そして、一人の判事が保安官に命じた。

「開廷を無期限に延期すると彼らに伝えるように」

外に出た保安官は驚いた。武装した男たちの数が増えている。最初に見た数の少なくとも三倍はいるだろう。男たちの前に立った保安官は申しわたした。

「判事たちは法廷を再び開く日を指定しなかった」

言い方が少し悪かった。なぜなら保安官は判事が使ったラテン語の法律用語を直訳して伝えたからだ。男たちの中には判事たちの言葉が信用できず、真夜中まで法廷を見張っていた者もいた。しかし、夜が明けると、最後までとどまっていた男たちも平穏な生活に戻った。これで騒動は終わりなのだろうか。

ノーサンプトンに続いてウスターでも法廷が開かれる日が来た。九月五日朝、町の通りを険しい顔をした男たちが鼓笛のリズムに合わせて行進し始めた。その数はおよそ二〇〇人。男たちの手には棍棒や銃が握られている。やがて一団は法廷の前にやって来た。そして、静かにその場で待った。

彼らはいったい何を待っていたのか。しばらくすると、判事たちが姿を現した。これから裁判を開くためだ。判事たちの中からアーテマス・ウォードが進み出て男たちに命令した。

「武器を収めよ」

元将軍の厳しい叱声を浴びた男たちは左右に別れて判事たちを通した。しかし、判事たちの先には銃剣を構えた者たちが立っていた。法廷の扉は固く閉ざされている。これでは裁判を開けない。再びウォードが前に出て命じた。

「扉を開けよ」

命令に応じる者は誰もいなかった。ウォードは男たちに詰め寄った。今にも胸が銃剣に触れそうだ。

「君たちの首謀者は誰だ」

答えはなかった。

「どのような権限で何の目的で武装して集まっているのか」

やはり答えはなかった。

「誰が指導者だ」

しばらく沈黙が続いた後、一人の男がようやく答えた。

「私は指導者ではありませんが、我々がここに来た理由を説明できます。我々はこの地方の窮状を救いたいのです。我々の不満が解消されるまで、いかなる法廷にも判決を下させないつもりです」

その男の言葉はもっともなことだ。なにしろ牢獄を見れば、数年前に七人しかいなかった囚人が八四人にも増えている。そのほとんどが借金が払えずに投獄された者たちだ。この地方の人口は五万人程度だが、訴訟件数は実に四、〇〇〇件近くに達していた。

ここでウォードは作戦を変えることにした。道理を説けば耳を貸してくれるかもしれない。

「君たちの不満を聞かせてくれ。そうすれば、そうした不満には正当な根拠などないと君たちに説明できるだろう」

「それを文書として示してください」

「いいや、それはできない。私は銃剣など気にかけない。もし君たちが私の心臓に銃剣を突き立てても、私は心臓が動いている限り自分の義務を果たすだろう」

銃剣の先が黒い絹の判事服に食い込む。

「銃剣を引け。君たちは騙されているだけだと私が証明しよう」

それから二時間にわたってウォードは説得を続けた。男たちは黙って聞いていたわけではない。野次で説得を中断させようとした。ウォードは、最初に問いに答えた男に向き直って言った。

「一団を解散させよ。諸君は戦争を起こそうとしている。それは反逆だ。君たちは最後には」

ここでウォードは言葉を切った。そして、一言付け加えた。

「縛り首だ」

雨が降り始めた。ウォードは判事たちを連れて居酒屋に移って善後策を協議した。判事たちの結論は最初から決まっていた。脅迫に応じて法を曲げるわけにはいかない。そこで民兵隊に出動を要請する。しかし、いくら待っても民兵隊は姿を見せなかった。当然である。民兵たちの大半は借金で苦労している人びとに同情していたからだ。結局、ウォードたちはしぶしぶ開廷の延期に応じざるを得なかった。

こうした騒擾はノーサンプトンやウスターだけではなくマサチューセッツ邦の至る所、さらにはアメリカ全土で頻発した。かつて一七七六年の精神が人びとを独立戦争に駆り立てたように、今度は一七八六年の精神が内乱へと人びとを扇動しているかのようだった。これまで穏健な立場を保っていたシェイズも困窮する農夫たちの懇請を受けて決起した。その向かう先は法廷が開かれるスプリングフィールドである。

この地方の民兵を統括するウィリアム・シェパード将軍は暴徒の動きを予測していた。スプリングフィールドには法廷と武器庫がある。何としても守らなければならない。シェパードは武器庫から四〇〇挺のマスケット銃と一門の大砲を運び出した。そして、大砲を法廷の前に配置すると、その周囲を民兵隊で固めた。

九月二六日、シェイズは、赤や黄に塗られた家々が建ち並ぶスプリングフィールドの中央通りを馬に乗って進んでいた。その後には七〇〇人もの男たちが続く。ノーサンプトンで決起した男たちと同じように帽子に挿したヘムロックの枝が目印だ。まともな武器を持っている者は少なかった。それにもかかわらず、男たちは砲門を目にして「政府のおもちゃ」と嘲笑った。

法廷の前に立ったシェイズはシェパードに挨拶した。そして、男たちを行進させる許可を求めた。シェパードにはどうすることもできなかった。民兵たちが次々に政府軍の証である白い紙切れを帽子から剥ぎ取ってシェイズの一団に身を投じてしまったからだ。民兵たちから見れば男たちは仲間であって敵ではない。

行進を終えた男たちは、シェイズを中心に協議して請願書を書き上げた。すなわち、今回の件を罪に問わず、債務者と債権者の合意が成立するまで訴訟を停止すると判事たちが誓約するならおとなしく引き下がると約束する。

翌日、判事たちの回答が示された。回答は否であった。男たちが怒ったのは言うまでもない。協力しようとしない判事を拉致してしまえと息巻く者さえいた。騒動の間、町の住民はどうしていたか。ずっと家に閉じこもっているわけにはいかない。そこで外に出る者は、どちらの陣営に誰何(すいか)されてもうまく切り抜けられるようにヘムロックの枝と白い紙切れを携行したという。

結局、衝突は起きなかった。法廷を守りきれないと判断したシェパードが残りの民兵を武器庫に移動させてしまったからだ。法廷はシェイズの一団によって静かに占拠された。

　西部の動乱を耳にしたボードン邦知事がまず相談した相手はサミュエル・アダムズである。アダムズは暴徒に厳しい処罰を下すように邦知事に勧めた。独立前夜、イギリス本国の圧政を最前列に立って糾弾していたアダムズが今度は抑圧する側に回ったのだろうか。自由と独立の理想を忘れてしまったのだろうか。そうではない。アダムズにとって重要なことは共和政体を維持することだ。国王による圧政は悪である。したがって、それに反抗することは善である。しかし、人民によって選ばれたマサチューセッツ邦政府を覆そうとする者は善ではない。

　アダムズは、清教徒革命の後、「イギリス共和国」がわずか十二年しか存続しなかったことを思い起こしていた。アメリカも同じ道をたどるのではないだろうか。まだ基盤が脆弱な共和政体を守るためには人民が節度を持たなければならない。すなわち、暴動を起こすのではなく、邦憲法で認められた正当な方法で不満を訴えるべきだ。今こそアメリカが共和国として独立と自由を保てるか否かを決定する運命の岐路である。もしマサチューセッツ邦が暴徒に屈すれば、健全な共和政体は終わりを迎えて暴政が取って代わるだろう。

　邦議会上院は動乱法を可決した。動乱法は、もし武装して集合している者たちが警告から一時間以内に解散しなければ財産の没収や公開鞭打ち刑など厳罰に処すという法律である。ただ西部の農民たちに同情する議員が多い下院ではなかなか審議が進まなかった。その一方、邦議会が動乱法の施行を検討していると聞いた西部の農民たちは、武装して集合するように呼びかける布告を各地に配った。それを知った下院は、上院に倣って動乱法を可決した。

　十一月二一日、ウスターで農民たちはウォード率いる判事たちと再び対峙した。ウォードは動乱法を読み上げるように保安官に命じた。農民たちはそれを阻止しようと保安官に詰め寄った。動乱法を適用するためには条文を最後まで読み上げる必要がある。妨害に怒った保安官は言った。

「もし犯罪の処罰に必要な私の俸給が不当なものだとおまえ達が考えるなら、不満が解消されるまでそんなに待つことはないぞ。私が喜んで無料でおまえ達全員を絞首刑にしてやるからな」

農民たちの一人が保安官の背後にこっそり回り込むと帽子にヘムロックの枝を挿した。他の者たちは喝采を上げて喜んだ。判事たちはまたもや引き下がるしかなかった。農民たちの勝利である。ウスターをはじめノーサンプトン、スプリングフィールド、コンコード、トーントン、グレート・バリントンなど各地で法廷が閉鎖された。

ボードン邦知事はケンブリッジで次に開かれる法廷を死守しなければならないと決意した。当時、ハーバード大学の学生であったジョン・クインジー・アダムズは、法廷を守るための兵士たちが到着したことを日記に書いている。アダムズによれば、シェイズは「社会の中で最も軽蔑すべき人物」であった。

結局、暴徒の指導者は逮捕されてボストンの牢獄に繋がれた。それがかえって事態を悪化させた。指導者は農民たちにとって受難者となった。捕らえられた仲間を救おうという機運が高まる中、シェイズは布告を出した。

今、戦争の種は蒔かれた。[中略]。我々はここで我々の主張を押し通す決意を固めた。我々の主張はあなた達の主張でもある。無為に過ごして我々をここで死なせないでほしい。我々はみな同胞なのだから。

さまざまな流言が飛び交う。流言の中にはシェイズが五、〇〇〇人の暴徒を率いてボストンに殺到するという荒唐無稽な噂もあった。実際にシェイズが向かった先は、再び法廷が開かれることになったウスターである。

十二月四日朝、一七〇人の民兵がウスターの大通りを固めていた。そこへシェイズ率いる三五〇人の男たちがやって来た。民兵隊の隊長は一人の士官を派遣して男たちの来意を尋ねようとした。すると男たちは「自分でこっちまで確かめに来いよ」と野次を飛ばした。隊長は民兵たちに銃剣を構えて攻撃するように命じた。それを見た男たちは恐れをなして後退した。

午後までに暴徒の数は一、〇〇〇人に膨らんだ。日没頃、雪が降り始めた。しだいに風が激しくなり、雪は嵐になった。暴徒たちは食べ物を買うお金もなく、身を寄せる場所もなく寒さに震えていた。たとえ一、〇〇〇人が集まろうとも、飢えて凍えた男たちがボストンに押し寄せて何になるだろうか。主だった者たちと協議した末、シェイズは請願書を邦議会に送ることにした。すなわち、収監されている指導者を解放し、今回の件は罪に問わないように求めた。男たちはただ借金の困窮から逃れたいだけであり、邦政府を打倒しようとは思っていない。

数日間、ウスターで邦議会からの回答が届くのを待った後、男たちは雪の中を郷里に向かって戻り始めた。指に凍傷を負ったくらいで済んだ者は幸いである。倒れてそのまま眠り込んで凍死する者が相次いだ。

一七八七年一月四日、一連の報告を受けたボードン邦知事は、何も早急な対策を打ち出そうとしない邦議会に業を煮やして、四、四〇〇人を邦政府軍として召集するように命じた。ボードンからすれば、暴徒は「幸福な現行制度を倒壊させようとする」邪悪な存在である。邦政府軍を率いるのは独立戦争で活躍したベンジャミン・リンカン将軍である。任命を受けたリンカンがまず向かった先はボストンの商人が集まる会所であった。軍資金を募るためだ。現在、邦議会は休会中なので予算を組めないからだ。一三〇人の商人が資金の拠出に喜んで同意した。誰もが混乱が早期に収拾されることを望んでいた。遠征に出発する前にリンカンはワシントンに手紙を送って近況を知らせている。

「あなたの邦［マサチューセッツ］の人民は気が狂ってしまったのでしょうか」というあなたの質問について、我々の現行憲法を廃止して現政府を解体しようとする試みが狂気を証明するものであれば、彼らの多くはきっと狂っているのでしょう。［中略］。「［今回の騒動が］いつ、そしてどのように終わる」のか私に決めることはできません。騒乱がすぐに終わりを迎えたり、血を流すことなく政府の尊厳が維持されたりする可能性はほとんどないと私は思っています。もし一滴でも血が流されれば、最も優れた予言者でも、いつその流れが止まるか予測できないでしょう。

実はワシントンの出馬を求める声も上がっていた。もしそうした声が大きくなれば、ワシントンは苦渋の選択を迫られることになる。秩序を乱すような暴挙を放置することはできない。さりとて、窮地にある農民たちに剣を向けることが正しい使命だと言えるだろうか。農民たちの中にはかつて大陸軍で戦った者も多い。板挟みになったワシントンは手紙で友人に苦悩を吐露している。

決断が求められています。暴徒が何を求めているか正確に知らなければなりません。もし彼らが正当な不満を持っていれば、できるだけそれを是正しましょう。すぐに是正できなくても不満が正当なものだと認めましょう。もし彼らが正当な不満を持っていなければ、すぐに彼らに対して政府の権力を行使しましょう。もし権力の行使が不適切だと見なされるのであれば、上部構造［連邦政府］がうまくできていないせいで十分な支持を得ていないとすべての人びとが納得してしまうでしょう。

C. Kendrick, "Shay's Insurrection" (1905)

ワシントンの心配をよそにリンカン率いる邦政府軍は一路、ウスターに向かった。今、マサチューセッツだけではなく連合会議が岐路に立たされている。もし暴徒によってマサチューセッツ邦政府が打倒されれば、連合会議はどのような措置を講じればよいのか。諸邦から軍隊を召集して暴徒を粉砕するのか。それとも暴徒が樹立した新政府を承認するのか。その問いに答えられる者は誰もいない。

邦政府軍が進軍を開始した一方、シェイズは二、〇〇〇人の男たちを率いて武器庫があるスプリングフィールドに向かっていた。厳しい寒さにもかかわらず、男たちは意気軒昂であった。それは武器庫の前に配置されている民兵隊と大砲を見てもまったく変わらなかった。男たちが恐れ知らずだったからではない。きっと民兵隊は攻撃してこないはずだと高をくくっていたからだ。そう思うのも無理のないことである。確かに民兵隊を指揮するシェパード将軍は暴徒を攻撃したくなかった。暴徒の中にはかつての戦友たちもいるからだ。武器を向けたくないのは当然の心情である。そこでシェパードは使者を派遣してシェイズの要求を聞いた。「兵営、そして、蓄えてある武器弾薬」という短い言葉が回答だった。

二人目の使者がシェイズのもとに赴いた。今度の使者は、肩を並べて独立戦争を戦った旧友だ。

「シェパードは発砲を命じるつもりだぞ」

旧友の言葉にシェイズは静かに答えた。

「我々が求めているのはそれで全部だ」

「祖国を守るためにともに戦ったじゃないか」

「その時、我々は同じ側にいた。しかし、今日は敵と味方だ。武器庫がある丘を奪うつもりだ」

「そんなことをしようとすれば、おまえは今夜にも天国か地獄に行くことになるぞ。どちらに行くことになるかは知らないが、天国に行ければいいな」

交渉は決裂した。シェイズは男たちに戦列を組んで前進するように命じた。シェパードは大砲を発射するように命じた。最初の二発は男たちの頭上を通り越した。威嚇のためだ。男たちが武器庫まで一〇〇ヤード（約九〇m）に迫る。三発目の砲弾は戦列の中に落ちた。

「殺人だ」

男たちは悲鳴を上げながら蜘蛛の子を散らすように走り去った。後には三人の遺体と一人の重傷者が残されていた。民兵たちは遺体と負傷者を武器庫の向かい側にある教会に運び込んだ。

さて逃げ散った男たちはどこへ行ったのか。スプリングフィールドから五マイル（約八km）ほど離れた場所に再集結していた。翌朝、シェイズが点呼を実施すると、二〇〇人以上も姿を消していた。夜の闇に紛れて逃亡してしまったのだろう。シェイズはペラムまで後退して態勢を立て直そうとした。そこへ休戦旗を掲げた使者がやって来て、暴徒を解散せよと告げるリンカンの命令を伝えた。命令には男たちの罪を問わないと書かれてあったが、指導者たちの処遇については何も書かれていなかった。

シェイズは、全員に対する赦免を求めるとともに邦議会が先の請願書に返答するまで休戦したいとリンカンに書き送った。しかし、リンカンはそのような申し出を受け入れる権限はないと断った。こうして交渉が進んでいる間にも脱走者は増える一方であった。そこでシェイズは三〇マイル（約四八km）北東のピーターサムに移動することにした。ピーターサムのほうが防御に適しているうえに補給も容易であり、郷里から遠く離れれば脱走者の数が減るはずだ。

二月三日、シェイズの一団は夜陰を隠れ蓑にしてピーターサムに至る道をたどった。楽な道中ではなかった。吹雪が猛威をふるっていたからだ。未明に町に到着した男たちは家々に分散して朝食にありついた。しかし、男たちに与えられたのは束の間の休息であった。

太陽が昇る頃、邦政府軍がやって来た。男たちがいなくなったことに気づいてすぐに追ってきたのだ。まさか追ってくるとは男たちの誰一人思ってもみなかった。なにしろ積雪は十八インチ（約四六cm）に達している。大砲を引きずって狭い道を急行するのは至難の業だ。ペラムとピーターサムの間には身を寄せられる町は一つもなく、嵐の中、兵士たちは夜を徹して歩き通した。兵士たちの一人によれば、厳しい寒さのせいで「進軍は筆舌に尽くしがたいほど」過酷なものであったという。

リンカンは男たちが勢揃いしたのを見ると、動乱法を読み上げるように命じた。男たちはそれに耳を貸さず、邦政府軍に向かって殺到した。命令のもと、砲撃と一斉射撃が放たれた。すると男たちは踵を返して逃げ始めた。邦政府軍はすぐに追撃に移る。一五〇人が捕虜になった。

事態ここに至って邦議会はようやく動き始めた。反逆者の指導者たちに賞金が懸けられた。その一方、武器を放棄して邦政府に忠誠を誓う暴徒に赦免を与えることが布告された。この布告が決定打となった。一時は一、〇〇〇人に迫る勢いであったシェイズの一団であったが、ピーターサムを逃げ出した時には三〇〇人に減っていた。そして、二月五日、シェイズは男たちの指揮を執ることを止めた。それから各地を放浪した後、シェイズはヴァーモントで収監された。ただ反逆罪で逮捕されたのではなく、地元の農夫に負っていた借金を返済しなかったせいで投獄された。それから各地で小競り合いが散発したものの、実質的にシェイズの反乱は終息した。

一七八七年四月、邦知事選挙が実施され、ジョン・ハンコックが当選した。邦知事に返り咲いたハンコックは、反逆罪を宣告された者たちを赦免し、債務者の投獄を違法とし、税金を引き下げた。そして、不足する税収を補うために商人たちにさらなる負担を求めた。ハンコック自身も邦知事の報酬を一部返納して範を示した。

シェイズの反乱で得られた教訓は何か。絶対主権を持つ政府は、無秩序に対抗する有効な手段であるということだ。ワシントンはホッブズの『リヴァイアサン』についてハミルトンから聞き知っていた。ホッブズによれば、人間は自然状態では万人の万人に対する闘争、すなわち無政府状態であり、それに秩序をもたらすためには人為的な巨人、すなわち政府に人間の自然権を譲渡しなければならない。ただ自身の安全が脅かされる場合は、臣民が主権者に「服従しない自由」をホッブズが認めている点は追記しておくべきだろう。

そうした考えにもとづいてワシントンはどのような政府の構想を持ったのか。本来、共和政体の維持にとって最も重要なものは人民の美徳である。しかし、人民が十分な美徳を備えていない場合はどうすればよいか。政府は秩序を保つために絶対主権を持たなければならない。そして、絶対主権を行使するために強制力をともなわなければならない。強制力とは軍隊である。軍隊を養うために課税が必要不可欠である。こうした構想は後にワシントン政権で活かされることになる。

シェイズの反乱によって国家の将来に憂慮を深めたワシントンであったが、今回の事件が良い契機になるのではないかという希望も抱いている。どのような契機か。連邦政府の欠陥の是正を促す契機である。シェイズの反乱が起きる前、ワシントンは、人民が強力な連邦政府の必要性をしだいに認識するようになるだろうと期待していた。しかし、もはやそのような悠長なことは言っていられない。ワシントンの考えでは、シェイズの反乱によって人民が不完全な連邦政府によってもたらされる弊害を悟れば、連邦政府を強化する必要性をきっと理解できるようになる。今こそ連邦政府を強化する措置を採択するように多くの人びとに呼びかける好機である。新しい連邦制度を構築する会議こそ共和政体を混沌から救う「最後の平和的手段」である。それが成功するか否かでアメリカの命運が決まる。ワシントンは以下のように述べている。

連邦権限の拡大は、わが国を地球上でかつて存在した最も幸福で豊かで強力な国家の一つとするでしょう。憲法による権限の拡大がなければ、あらゆることがすぐに逆に向かってしまうでしょう。半ば飢えてよろめいた政府が杖で一歩一歩よたよた歩くことで生じる最悪の結果を私は憂慮しています。

さらにワシントンはマディソンに向かって次のように綴っている。

「［イギリス政府から］アメリカ人自身に［統治権を］委ねても、アメリカ人の政府はすぐに解体してしまうだろう」という大西洋の向こう側の敵［イギリス］の予測を非常に短い時間で実現するべく、我々が大きな一歩を踏み出すことになろうとは、いかに憂鬱なことでしょうか。こうした悪弊を避けるために賢明で十分な努力がおこなわれなかったのでしょうか。［中略］。こうした混乱よりも我々の政府に活力が不足しているという強い証拠を示すものが他に何かあるでしょうか。混乱を抑制する権力が存在しなければ、人間の生命、自由、もしくは財産の安全をどのように守ればよいのでしょうか。この問題に関してあなたに改めて何かを伝える必要はないかもしれません。弛緩した非効率な政府がもたらす結果は自明の理です。十三の主権が互いに足を引っ張り合うだけではなく、頭である連邦の足を引っ張れば、すぐに全体の破滅がもたらされるでしょう。しかし、自由で活力に富み、簒奪を防止するために十分に工夫された憲法は、我々に敬意と最善の展望をもたらすでしょう。

ワシントンから手紙を受け取ったマディソンはすぐに返信を送る。

もしシェイズの反乱がアメリカ人に適切な教訓を与えなければ、我々の試みは絶望的です。［ヴァージニア邦］議会の現在の動静と明白な見解から判断して、いくばくかの希望があるのではないかと私は期待しています。［中略］。連邦制度に全体的な修正を加えるというアナポリス会議の提言に応じると全会一致で合意に至りました。［中略］。この問題［憲法制定会議の開催］に厳粛な装いを与え、一つの邦［ヴァージニア］が重い責任を担うことは賢明なことだと思われます。［憲法制定］会議でヴァージニア邦を代表する人物を選出するにあたって、そうした考えを勘案する必要があります。その点について、我々があなたの名前を代表の頭に戴きたいと真剣に考慮していることを推察していただけるでしょう。

ここでマディソンは、ワシントンの代表選出が確実だと示唆している。指名が既成事実になっていると知ればワシントンも容易に断れないだろうとマディソンは踏んでいた。しかし、ワシントンの態度は煮え切らない。マディソンに宛てた返信には次のように書かれている。

私は公的な人生の歩みにすでに別れを告げていますし、その領域に二度と足を踏み入れないと決意しています。もし連邦全体の幸福のために連邦制度を改革する事業に私が参加するべきだというのが［ヴァージニア邦］議会の希望であれば、お役に立てるかどうかわかりませんが、何度も寄せられた信頼に応じることが私の義務でしょう。しかし、信頼に応じようにも私の力の及ばないことがあります。

躊躇と期待

一七八六年十二月四日、ヴァージニア邦会議は憲法制定会議に代表を送り出す決議を可決した。実はこの時は「フィラデルフィア会議」という呼び方が使われていたが、ここではわかりやすいように「憲法制定会議」という名称を一貫して使っている。ヴァージニア代表は全部で七人である。ワシントンがその一人に選ばれたことは言うまでもない。邦議会で決議が採択された二日後、エドモンド・ランドルフ邦知事は代表選出について正式にワシントンに通知した。

同封した決議によって、「ヴァージニア邦」議会が合衆国を脅かす嵐に警戒感を抱いていることをあなたは容易に理解できるでしょう。「連邦が崩壊するという」我々の敵が予言したことがその実現を早めているように見えます。そして、連邦政府の友人たちの間で真摯で確実な絆をすばやく築くことによってのみそれを覆せます。我々が直面している現在の危機をあなたに伝える必要はないでしょう。あなたが公職にある間、連合会議の非効率性をしばしば感じてきたはずです。我々の連合共和国がしだいに衰弱しているのをあなたは見ているはずです。そして、もしそれが崩壊すればあなたがきっと無念に思うことを私は知っています。「ヴァージニア邦」議会は、フィラデルフィアで開催される会議への代表にあなたを全会一致で選びました。それを受け入れるように懇願します。革命を始め、実行し、完遂させた人物「ワシントン」がアメリカを差し迫る破滅から救うという一筋の希望の光が陰鬱な見通しの中に差すでしょう。

邦知事の懇願にもかかわらず、ワシントンは出席を辞退する。そもそも再び公職に就かないと誓約した。その約束を破ることはできない。それにもし憲法制定会議が失敗に終われば、連邦全体にとって致命的な打撃になるだけではなく、自らの評判に傷がつく恐れがある。そもそも憲法制定会議にすべての邦が参加するかどうかさえわからない。そうしたワシントンの危惧はあながち間違いではない。実際にロード・アイランド邦は、最後まで憲法制定会議に代表を送っていない。

さらにジェイから憲法制定会議の成功に関して不安を訴える手紙が届く。もちろんジェイも連合会議の欠陥を認識していたが、それを今度の会議でどの程度まで是正できるのか疑問に思っていた。

今、考慮されている「憲法制定」会議について、予定されている参加者の中にあなたの名前を見つけられて嬉しく思います。しかし、私はこの会議の進路を疑いの目で見ています。［中略］。おそらくこの会議は何も決められず、せいぜい勧告できるくらいでしょう。もしそうなれば、勧告が際限のない議論、警戒、そして、党派を生み出す危険があります。

ジェイへの返信の中でワシントンは憲法制定会議への参加をためらう気持ちを吐露している。憲法制定会議の成功を危ぶむ姿勢はジェイと共通しているが、それでもワシントンは一縷の望みを託そうとしている。

アメリカ人の誇るべき美徳にもかかわらず、国家主権が強制手段をともなわなければ人類は自治政府を運営する能力を持たないことを憂鬱にも我々が最も決定的に証明してしまうでしょう。しかし、私は、今度の会議の結果、叡智と協議によって生まれる提案を喜んで試してみるつもりです。それは、差し迫る危機を前にして長い時間を費やすことなく、現行制度の実用性を試す最後の平和的な方法になるでしょう。［中略］。フィラデルフィア会議［憲法制定会議］の代表の中に私の名前がありますが、希望に反して私の名前はそこに入れられました。そして、私の要望に反してそこに残っています。

躊躇するワシントンの背中を押したのがマディソンとランドルフである。まずワシントンの名前をヴァージニア代表の筆頭に据えたのは他ならぬマディソンだ。もちろんマディソンは、ワシントンが選出を固辞する理由を知っていた。しかし、説得を断念するわけにはいかない。もし代表の中にワシントンの名前があれば「ヴァージニア邦の真剣さの証」となる。それを知った諸邦は、ヴァージニア邦に負けじと有力者を憲法制定会議に送り出すだろう。

こうしたマディソンの説得に加えてランドルフは、独立の実現に貢献した者のみが現在の危機的状況から国家を救済できると指摘する。さらにマディソンとランドルフは一緒になって、憲法制定会議が国難を救う重大な歴史的機会であるとワシントンに説く。憲法制定会議が成功するか否かはワシントンの去就しだいである。

マディソンとランドルフが説得に努めている間に連合会議は、連合規約を修正するための会議をフィラデルフィアで開催することを承認した。ここに憲法制定会議への道が開かれた。

今こそワシントンは進退を決めなければならない。このまま憲法制定会議への参加を拒み続けるか。それとも誓約を破って政界に復帰するか。ワシントンの心の中で迷いが生じる。そこでワシントンはヘンリー・ノックスに相談する。ノックスであれば第三者の立場から公正な判断を示してくれるだろうと期待したうえでのことだ。ワシントンの切実な想いが読み取れる。

もし私が［憲法制定］会議に参加しなければ、共和主義を放棄したと見なされるのでしょうか。それとも今回の会議を支持しなければ、私が何らかの他の悪意ある動機を持っていると思われるのでしょうか。こうした状況のもと、人民がどのような期待を抱いているのか親愛なるあなたから内密に聞いておきたいのです。つまり、私は会議に参加すべきでしょうか、それとも参加すべきではないのでしょうか。

ノックスの返信が届く前にランドルフから説得の手紙が再び届く。おそらく今度が最後の機会になるだろう。

私は、あなたの友情をあてにしてフィラデルフィア会議［憲法制定会議］について再び言及したいと思います。今、置かれている状況を徹底的に検討したうえであなたは決意を固めたようです。しかし、たとえ私が再び要望を述べることによってあなたに邪魔者のように思われても、是非ともあなたに代表団に加わってほしいのです。日々、新しい危機が起きているので、フィラデルフィア会議は我々の最後の希望の拠り所になるでしょう。

この手紙にどう返答するかで憲法制定会議に参加するか否かが決まる。ワシントンはそのことを十分に理解していた。ランドルフに回答を送る前にノックスの返信を待つ。ようやく届いたノックスの返信には次のように書かれていた。

［憲法制定］会議はきっと連邦全体のものになるでしょう。ロード・アイランド邦とコネティカット邦を除くすべての邦が会議に出席する代表をすでに選んでいるので、［強力な連邦政府を樹立するという］適切な選択がなされることはほとんど間違いありません。［中略］。あなたの署名のもと、活発で賢明な［連邦］制度が提案されれば、現在、そして、未来において、あなたの名声に大いなる栄誉が加えられるでしょう。そうなれば、あなたは共和政体の栄光ある異名、すなわち国家の父の称号を与えられるでしょう。

ノックスの説得を受けたワシントンは考えを改めた。公職に再び就かないという誓約を固守して憲法制定会議への出席を固辞すればどうなるか。きっと人民は共和主義を放棄したとして自分を非難するだろう。

アメリカの将来を危惧する人びとの間では、ワシントンが総司令官を退任する前に公表した「諸邦知事への回状」が再び読まれていた。それは、なぜアメリカが混迷を深めているのか考える手掛かりを彼らに与えた。一七八七年三月十五日の『ユナイテッド・ステイツ・クロニクル紙』は、「諸邦知事への回状」の全文を掲載するとともに次のような紹介文を載せている。

連邦を覆う困難に直面して、あらゆるアメリカの友人の憂慮が掻き立てられているまさにこの時に、憲法修正会議［憲法制定会議］が開かれるまさにこの時に、アメリカの最善の友人の一人［ワシントン］からの回状を再掲載することは理に適ったことである。もしわが国民が回状による忠告に耳を傾ければ、今、我々が幸福な一つの人民として連帯できる可能性はますます高まるだろう。連邦政府に十分な活力を与える適切な措置を採用すれば、「人間は自由ではいられない」という暴君の格言に根拠など無いことを世界に納得させられるだろう。

ワシントンの政界復帰に希望を託す人びとがいた。野心を抱かないワシントンが憲法制定会議に参加すれば、君主制や貴族制を樹立しようとするあらゆる試みをきっと挫いてくれるだろう。彼らはそう信じている。自身に課した誓約を守ることは小義である。そうした小義を捨ててワシントンは国家の将来を構想するという大義を選択した。新たなる国家の枠組み作りに協力を呼び掛ける朋友の声に、そして、何よりも祖国への献身を求める人民の声にワシントンは抗えなかった。ワシントンからランドルフへ決意を伝える回答が送られる。

家を離れることが私にとって不都合であるだけではなく、［公職に就かないという］誓約に背いて公的な場に姿を現せば、行動が首尾一貫していないと非難されるだろうと私は思っていました。そして、隠棲と安逸が私にとって非常に好ましいものであるにもかかわらず、政治の激動に引き戻されることを私は恐れていました。［中略］。最近、私は肩のリューマチに苦しめられていて、頭まで手を伸ばすことさえほとんどできず、ベッドで寝返りも打てないほどです。その結果、私は出席できなくなるかもしれませんし、邦の代表を務められなくなるかもしれません。それは体調不良よりも私を苦しめることになるでしょう。もしこのような見解を述べた後でも邦知事が私を代表の一人に指名したいとお考えであれば、閣下の推薦に感謝します。なぜなら私は万難を排してフィラデルフィアに行くべきだからです。

憲法制定会議に出席する決意を伝えたワシントンであったが、三日後にマディソンに向かってその展望を書き送っている。文面を見ると不安と希望が綯(な)い交ぜになった気持ちがよく表現されている。それだけ憲法制定会議にかける期待が大きかったからだろう。

現行制度の抜本的な改革が必要だということは判断力を持つ者であれば誰もが否定できないでしょう。そして、そうした改革が［憲法制定］会議で完全に試みられることを私は心から願っています。［中略］。人民の美徳に関する私の意見は非常に変化しました。したがって、私は、いかなる制度であれ、主権者が強制手段、すなわち連邦政府の命令を遵守させる手段を持たない制度はすべて失敗に終わると考えています。遵守されないか、もしくは不公平に適用される法や命令はないほうがましです。なぜなら第一にそれは無価値であり、第二に多くの警戒と不満を生むからです。［中略］。諸邦が完全な［権限を持つ］

代表を会議に送ることになったと聞いて私は非常に喜んでいます。しかし、もし代表たちに何らかの足枷が嵌められれば、私の考えでは、提案された有益な目的が大いに阻害されることになるか、場合によっては完全に損なわれることになるでしょう。

アメリカ人の前に山積する問題を解決するためには連邦の強化が不可欠である。いったいどのような問題があるのか。いまだに北西部に居座っているイギリス軍をどうにかしなければならない。膨大な公債を償還しなければならない。諸外国とできるだけ有利な通商条約を結ばなければならない。アメリカの産業を保護しなければならない。ミシシッピ川の自由航行権の問題を解決しなければならない。そして、国内を静穏に保たなければならない。

憲法制定会議は、国家的課題を解決する道筋をつける試みである。このまま諸邦の地域的な利害に連邦政府が左右され続ければ、「この偉大な国家は脆弱で非効率で恥ずべき存在」になってしまう。統一的な国策を遂行できるように、そして、シェイズの反乱のような暴動が全国規模で起きても迅速に対処できるように連邦政府を強化しなければならない。

ワシントンが憲法制定会議への出席に関して遅疑逡巡したのは、ある種の政治的戦略であったとも言える。まず自ら決断を下す前にそうした姿勢を示すことによって多くの人びとからさまざまな意見を引き出せる。その結果、ワシントンが判断を下す頃には、重要な人びとの間で意見の一致が形成されている。ワシントンは新たな国家構想を一人で考えたわけではない。多様な人びとと意見を交わす間にそうした国家構想は形成された。

最も大きな影響を与えたのがマディソンであることは間違いない。事実、ワシントンは、マディソンがまとめた古今の連邦制度に関する研究をわざわざ写し取って自分の見解をたくさん書き込んでいる。それはアナポリス会議のためにまとめられたものだが、使われることなく終わっていた。

ワシントンが目にしたマディソンの研究にはどのようなことが書かれていたのか。マディソンが言いたいことはただ一つである。すなわち、「古代の連邦制度にとって致命的であり近代の連邦制度にとって宿痾の病」になった欠陥は、適切な権限を持った中央政府の不在である。もし現行制度をこのまま放置すれば、アメリカは古今の連邦制度と同じく衰退と混乱の運命をたどることになる。

ワシントンは、マディソンの結論に全面的に賛同している。それはマディソンに語った次のような言葉からわかる。

妥協的な弥縫策を採用するのではなく、認められるかどうかわかりませんが、連合規約の根本的な欠陥を明らかにして急進的な解決策を採択できるか否か本当に知りたいと私は切望しています。

ワシントンの求めに応じてマディソンはさっそく長い返信を送る。

[憲法制定]会議が追求すべき改革に関するあなたの見解が私の抱く見解と一致しているのを知って喜ばしく思います。一時的な措置を提案するだけでは、会議にとって不名誉なことになるだけではなく、内憂を助長することになり、虚仮威し（こけおど）の緩和策にしかなりません。たとえ成功の見込みが薄くても抜本的な改革こそ構想者を正当化するでしょう。会議で論じられると思われる議題についてかねてより思案し

ていました。私の心中にある新しい制度の概要をご覧に入れたいと思います。

ここからマディソンは新しい国家構想について述べる。合衆国憲法の基本原理がすでに盛り込まれている。「合衆国憲法の父」という異名にふさわしい内容である。

各邦が個々に独立していることは一体的な主権と相容れないと考えられますが、その一方で全邦を単一の共和国に統合することは実現不可能です。それゆえ私は中道を模索したいと思います。［中略］。連邦政府は、現在、持っている権限に加えて、統一性が必要とされるすべての問題に対して統制的かつ完全な権限を付与されるべきです。例えば、通商の統制、輸出入品に対する課税、帰化の条件や形式を定める権限などです。［中略］。そのような広範な権限を与えられて構成される連邦政府は、権力の均衡を保てるように巧みに組織されなければなりません。立法院を二院に分割します。一方［下院］は、［空欄］年ごとに人民、もしくは邦議会によって選ばれます。もう一方［上院］は、少数で構成して任期を長くして古い議員が大勢去ることになるような入れ替え方式を採用します。［中略］。国家行政首長［大統領］も必要です。［中略］。新しい制度に適切な効力と活力を与えるためには、単に各邦の議会による通常の権限にもとづいて批准を得るのではなく、人民から批准を得なければなりません。

ワシントンのもとにはマディソンのほかにも各地の指導者たちから手紙が届いた。几帳面なワシントンはそうした手紙を入念に管理して覚書を作っている。徐々に新しい国家構想がはっきりとした像を結び始める。憲法制定会議が始まる前からワシントンは指導者たちの考えをまとめる役割を果たしていたと言える。

確執

一七八七年三月七日、ワシントンは、母メアリに会いにフレデリックスバーグに足を運んだ。ワシントンにとってそれは「個人的な義務の最後の行動」であった。おそらく年老いた母にもう二度と会うことはないと思ったのだろう。ワシントンにとって老母に会うことは愛情のゆえではなく、あくまで息子としての義務であった。

ワシントンは母と折り合いが悪かった。戦争中は弟ジョンが母の面倒を見てくれたので困ることは何もなかった。しかし、ジョンは一七八七年一月に亡くなり、メアリは誰からも見放されていると不満をこぼすようになった。ワシントンは「世間から不正で義務を尽くさない息子だと思われる」ので不平を言うのを止めてほしいと懇願している。言葉だけではない。ワシントンは母に十分な経済的支援をしていた。ただマウント・ヴァーノンに移りたいというメアリに次のように返信している。

私は弟のジョンとよく話し合って、ジョンがあなたを迎え入れて一緒に住むようにすると決めていました。ジョンは、悲しいことにもう亡くなりましたし、我々兄弟で残っているのは三人だけです。私の家もあなたの役に立ちます。あなたを私の家に迎え入れたいと心から懇願したいと思いますが、私の家はいかなる形であれ、決してあなたの目的に合わないと率直に言わなければなりません。というのは実際、私の家はよく人が集まる旅館のようなものです。北から南へ、そして南から北へ向かう旅行者が私の家で数日を過ごさずにすませることはほとんどありません。[中略]。私の家にはあなたが閉じこもれるような部屋はありません。というのは多くの客人によって私の家は占拠されているからです。召使いたちの騒音もあります。あなたがこれまでの人生についていろいろ回想に耽ろうとしても心の静謐や平穏を楽しめる環境ではありません。

この文面を見ると、ワシントンが母を迎え入れたくないのでさまざまな遁辞を構えているように思える。メアリに対するワシントンの態度は、義母に対して示した歓迎の態度と対照的である。やはり親子の間に確執があったと考えるのが自然だろう。

四月二六日午後四時、フィラデルフィアに発つ準備をしていたワシントンのもとに、メアリと妹のエリザベスが危篤だという報せが届いた。リューマチの痛みをこらえながらワシントンは二人が住むフレデリックスバーグに急行した。フレデリックスバーグに着くと、驚いたことに二人の様子はいつもと何も変わるところはなかった。誤報だったのである。ワシントンは憲法制定会議に向かう準備を再開した。

出発の日の朝、太陽が壮麗なマウント・ヴァーノンを赤々と照らし出していた。邸宅の前には憂鬱な顔をしたワシントンの姿がある。頭痛と胃の不調が続いている。これから赴く先で待っている重大な責務を思えば気が休まる時がない。

孫たちの手を引いたマーサが立っている。今回、マーサは夫に同行しない。可愛い孫たちを置いてマウント・ヴァーノンを離れるつもりはないからだ。マーサにとってマウント・ヴァーノンこそ幸福が宿る場所である。

夫を見送るマーサの表情には少し固さがある。再び公務に戻るという夫の決断を歓迎していなかったからだ。独立戦争でもう十分に祖国に貢献した。引退生活を心から楽しむべきではないか。そう思いながらもマーサは表立って反対を唱えなかった。

マーサのかたわらには甥のジョージ・オーガスティン・ワシントンがいる。ジョージは叔父が留守の間、代わりにマウント・ヴァーノンを管理する。愛する甥に何か言葉を掛けた後、ワシントンは馬上の人になった。いつしか日は完全に昇り、初夏の日差しが埃っぽい南部の道を染めている。向かう先はフィラデルフィア。これからどのような運命がワシントンを待ち受けているのだろうか。

第3章

憲法制定会議

Ferdinand Richardt, "Independence Hall in Philadelphia" (Circa 1858-1863)

物語の舞台

人間が人間を支配する。それはこの世に人間が存在する限り、決して消えることのない真理である。その真理から人間は一つの問いを生む。ではより良い統治とは何か。

フィラデルフィア、1787年夏。その年の夏、独立後、山積する国家の課題を解決するために、アメリカ全土から各邦の代表たちが一堂に会した。今、連邦は崩壊しようとしている。誰もが危機感を抱いていた。国家の命運を変えようという使命感に燃える者たちがいた。

そして、フィラデルフィアの一夏で世界は変わった。なぜならこれまでにない革新的な政体が考案されたからだ。それは男たちの試行錯誤を経て生み出された。そして、近代憲法の精髄となって現代にまで脈々と受け継がれている。

憲法制定会議代表一覧

凡例
所属邦
氏名（憲法制定会議開催時の年齢）
※は憲法案の署名者

ニュー・ハンプシャー邦
※ジョン・ランドン（四五）
※ニコラス・ギルマン（三一）
マサチューセッツ邦
※ナサニエル・ゴーラム（四八）
※ルーファス・キング（三二）
エルブリッジ・ゲリー（四二）
ケイレブ・ストロング（四二）
コネティカット邦
※ウィリアム・サミュエル・ジョンソン（五九）
※ロジャー・シャーマン（六六）

　オリバー・エルズワース（四二）
ニュー・ヨーク邦
※アレグザンダー・ハミルトン（三二）
　ロバート・イエーツ（四九）
　ジョン・ランシング（三三）
ニュー・ジャージー邦
※ウィリアム・リヴィングストン（六三）
※デイヴィッド・ブリアリー（四一）
※ウィリアム・パターソン（五二）
※ジョナサン・デイトン（二六）
　ウィリアム・チャーチル・ヒューストン（四七）
ペンシルヴェニア邦
※ベンジャミン・フランクリン（八一）
※トマス・ミフリン（四三）
※ロバート・モリス（四三）
※ジョージ・クライマー（四八）
※トマス・フィッツシモンズ（四六）
※ジャレッド・インガーソル（三八）
※ジェームズ・ウィルソン（四四）

※ガヴァニア・モリス（三五）
デラウェア邦
※ジョージ・リード（四三）
※ガニング・ベドフォード（四〇）
※ジョン・ディキンソン（四四）
※リチャード・バセット（四二）
※ジェイコブ・ブルーム（三五）
メリーランド邦
※ジェームズ・マッケンリー（三三）
※ダニエル・キャロル（四六）
ジョン・フランシス・マーサー（二七）
ルーサー・マーティン（三九）
※ダニエル＝オブ＝セント＝トマス・ジェニファー（六四）
ヴァージニア邦
※ジョージ・ワシントン（五五）
エドモンド・ランドルフ（三三）
※ジョン・ブレア（五五）
※ジェームズ・マディソン（三六）
ジョージ・メイソン（六二）

ジョージ・ウィス（六一）
ジェームズ・マクラーグ（四〇）
ノース・カロライナ邦
※ウィリアム・ブラウント（三八）
※リチャード・ドブズ・スペイト（三九）
※ヒュー・ウィリアムソン（四一）
アレグザンダー・マーティン（四七）
ウィリアム・リチャードソン・デイヴィー（四〇）
サウス・カロライナ邦
※ジョン・ラトレッジ（四八）
※チャールズ・コーツワース・ピンクニー（四一）
※チャールズ・ピンクニー（二九）
※ピアース・バトラー（四二）
ジョージア邦
※ウィリアム・フュー（三八）
※エイブラハム・ボールドウィン（四二）
ウィリアム・ピアース（四七）
ウィリアム・ハウストン（四一）

開かれた扉

＊会議が始まるまで

一七八七年五月五日、フィラデルフィアのマーケット通りを黒づくめの小柄な男が足早に歩いていた。雨が降っているせいで路上の物売りはどこかに姿を消している。きっと屋根のある市場に行ってしまったのだろう。農夫が玉石を弾き飛ばしながら荷馬車を駆って家路を急いでいる。農産物を売りに来た帰りだろうか。それにしてもひどい雷雨だ。ずぶ濡れになった男は一軒の家の前で足を止めた。

煉瓦造りの瀟洒な家はメアリ・ハウスの下宿屋だ。家に駆け込んだ男の顔を見ると、少しくたびれた様子が見て取れる。実は一日半かけてニュー・ヨークから駅馬車でフィラデルフィアに到着したばかりである。この当時、駅馬車はようやく普及し始めた交通機関だった。主要都市を結ぶ路線が開設されたという新聞広告が掲載されていたが、まだ「路線網」と言えるようなものではない。運賃も決して安くはない。誰もが気軽に使えるものではなかった。

玄関でしずくを拭った後、男はまるで勝手知ったるわが家のように室内に入って行った。無理もない話だ。なにしろ男は一七八〇年に大陸会議の代表として招集されて以来、事あるごとにここを定宿にしている。家の住人とは家族も同然である。挨拶もそこそこに男は一室に籠もって灯りのもとで猛然と羽ペンを走らせ始めた。いったい何を書いているのか。紙上には「連合規約」や「連邦」、「共和主義」といった文字が踊っている。どうやら今回、開かれることになった会議に関連する文書のようだ。

五月十三日夕刻、フィラデルフィアの街は悪天候にもかかわらず活気に溢れていた。教会の鐘が高らかに鳴っている。通りに群衆が出ている。このような熱気は、二年前にベンジャミン・フランクリンがヨーロッパから帰還して以来のことだ。やがて騎兵隊に誘導された馬車がやって来た。そして、マディソンが逗留しているメアリ・ハウスの下宿屋の前で停まった。馬車から降り立ったのは、ほかでもないワシントンその人であった。ワシントンも下宿屋に泊まる予定のようだ。そこへロバート・モリスが顔を見せて豪奢な自宅に招く。ワシントンは厚意を受け入れてモリス邸に荷物を移す。

五月十四日は会議の開始日として指定されていた日であった。霧雨の中、ヴァージニアの代表団はブユを払いのけながらインディペンデンス・ホールに向かった。ホールのすぐ横を通るチェスナット通りの舗装に土が被せられていた。馬車の騒音が議事を妨げないようにするためだ。議場に入ったヴァージニアの代表団であったが、残念なことに定足数を満たせるだけの代表がいなかった。そのため会議の開始は先送りされた。マディソンによれば「近頃の悪天候」のせいである。多量の降雨によって道路が泥濘に覆われたり、河川が増水したりしたせいで遅参が目立つのは珍しいことではない。ただワシントンはかなり苛立っていたようだ。知人に送った手紙には、遅参が「時間を無駄にしたくない几帳面な代表たちの気分を害しています」と書かれている。

会議の開始を待つ間、ヴァージニア邦の代表たちは、ジョージ・メイソンに言わせれば「適切な見解の交換」をおこなった。マディソン、ランドルフ、メイソンの三人を中心に毎日午後三時から数時間にわたってメアリ・ハウスの下宿屋で協議がおこなわれた。

各地の指導者たちと連絡を取り合って国家構想を温めていたマディソンにとって、これは最終確認をおこなう良い機会であった。マディソンの手元には、まとめられたばかりの「合衆国の政治制度の欠陥」と題する覚書があった。それは憲法制定会議の青写真とも言える文書であり、十二点にわたって連合規約の欠点が列挙されている。

マディソンによれば、連合規約の最大の欠点は、諸邦が強大な権限を持つ一方、中央政府が強制力を持たない点である。もし諸邦が自邦の利益のために争い合う状況を放置すれば、やがて共和政体が崩壊する危険がある。「連邦を永続させること」、そして、「共和主義という名の栄誉を取り戻すこと」をマディソンは目指していた。もし憲法制定会議が失敗に終われば、アメリカは君主制に逆戻りするか、もしくは国内で分裂するだろう。

ヴァージニアの代表たちは、マディソンが指摘する連合規約の欠点を認め、連邦政府の強化が必要である点で合意した。晩年、マディソンは、「ヴァージニアの代表たちがフィラデルフィアに到着した時、彼らは憲法制定会議に何らかの革新的な措置をもたらすために同邦が早い段階から指導的な役割を果たすことを期待した」と回想している。彼らが協議した案は、いわゆるヴァージニア案として結実し、実質的に新しい憲法案の土台になった。

ワシントンはヴァージニアの代表たちとともにずっと一室に籠もっていたわけではない。フィラデルフィアはアメリカで最大の人口を誇る華やかな都市だ。社交界に顔を出すのも大事な仕事である。

ワシントンがまず挨拶したのはもちろんフランクリンである。フィラデルフィアに到着した日に表敬訪問している。八〇歳を越えたフランクリンは痛風と腎石を患っていた。苦痛を和らげるためにアヘン剤が用いられていたことは広く知られている。アヘン剤は、ローマ時代の博物学者プリニウスが「甘美な快楽の後に苦痛と破壊が来る」と警告した危険な代物である。それでもフランクリンは、「私が恐れているのは病気よりも薬なのだから「アヘン剤を使えるくらいなら」病気はそこまでひどくない」と冗談を言うのを忘れていない。ただ足が弱ったせいで、パリから持ち帰った輿がなければ外出できなくなっていた。

ワシントンが最も足繁く通った先はポーウェル夫人のサロンである。ポーウェル夫人は元フィラデルフィア市長の妻である。サロンは十七世紀から十八世紀に欧米で隆盛した慣習であり、著述家に発表の舞台を与え、世論を形成する公論の場であった。

夫人の瞳は、息子の死によって憂いを帯びているようだった。ワシントンはその瞳を見て何を思ったのか。二人の仲が親密だったことは確かだが、それが単なる友情だったのか、それともそれ以上の愛情だったのか二人以外に知る者は誰もいない。彼女に送られた手紙には「最大の敬意と愛情で」と記されている。夫人の返信を見ると、「私の親愛なるあなたへ」という言葉で始

Hidekazu Nishikawa, Assembly Room of Independence Hall (2016)

まり、「あなたの真摯で愛情ある友人」という言葉で終わっている。

＊会議初日

五月二五日、定足数を満たして憲法制定会議がようやく始動した。インディペンデンス・ホールの東側にある会議室に二九人が顔を揃えた。会議室は約四〇フィート（十二m）四方、テニスコートの半分程度の広さだ。高さは二〇フィート（六・一m）。緑色の粗い羅紗が掛けられたテーブルが半円状に並べられている。テーブルは全部で十三卓あり、それぞれ何脚かの椅子が置かれている。代表たちの中には、この同じ部屋で独立宣言に署名した者もいる。それから十一年が経ち、アメリカは独立に続いて新国家への歩みを踏み出そうとしている。

会議の冒頭でペンシルヴェニア代表のロバート・モリスがフランクリンに代わってワシントンを議長に指名した。マディソンによれば、「博士自身がワシントン将軍を指名する予定だったが、天候と健康状態によって自宅から出られなかった」という。広い額に黒みがかった鋭い瞳を持つ男がすぐに立ち上がり、「ワシントン将軍の存在がこの場にふさわしくないような発言を控えさせることになるでしょう」と早口で賛同の意を表明した。サウス・カロライナ代表のジョン・ラトレッジだ。異論を挟む者は一人も出ず、満場一致でワシントンが議長に選出された。

新国家の枠組み作りを導くことになったワシントンはどのように思ったのか。その日の日記には、定足数が満たされて開会に至ったことやその他の手続きが決定されたことに加えて「全会一致で私は会議の議長に選ばれた」と記されているだけである。ただ会議が始まる直前、ワシントンはペンシルヴェニア代表のガヴァニア・モリスに次のように語ったという。

我々が提案する案が採択されない可能性もあります。おそらく、さらなるひどい衝突が続くかもしれません。もし我々自身が承認できない案を提出すれば、人民を喜ばせることができるかもしれませんが、以後、どのように我々の業績を擁護できるでしょうか。後に賢明で実直な者が修正できる基準を打ち立てましょう。成り行きは神の御手の中にあります。

このガヴァニア・モリスという男は、事故に遭ったせいで片足が義足だった。右腕にも大きな火傷の跡がある。しかし、かえってそれがモリスの存在に独特の味とでも言うべきものを加えていた。その弁舌は憲法制定会議の期間中、休みなく回転した。発言回数は実に一七三回に達する。「生まれながらに楽しいことが好き」と公言するひょうきんな男であり、流した浮名は数知れなかった。コンウェイの陰謀を挫くことにも貢献したことがあり、一貫してワシントンの忠実な友人であった。

憲法制定会議の中でモリスは有名な逸話を残している。代表たちの間でワシントンが昔と違ってお高くとまっている感じがするという話題が出た。そんなことはないとモリスは否定した。しかし、ハミルトンはモリスの言葉を信じなかった。そこでモリスがワシントンの肩を叩いて挨拶できるかどうか賭けをすることになった。

モリスは、ワシントンが暖炉のかたわらに立っているのを見つけた。そのまま進み出たモリスは、ワシントンと握手した。それから左手で肩を叩きながら「親愛なる将軍、ご機嫌麗しいようで幸いです」と言った。するとワシントンは手を引っ込めて後退した。それから非難めいた眼差しでじっとモリスを見据えた。モリスは賭けにのったことを後悔する。

幸いにもワシントンはモリスの振る舞いを根に持たず、その気の利いた冗談を聞いては笑っていたという。モリスはハミルトンからまんまと賭けの報酬である夕食を手に入れたが、その席で「賭けには勝ったが、おかげでずいぶんとやきもきしましたよ。このようなことはもう二度としたくないものです」と冷や汗をかきながら白状したという。

議長に選ばれたワシントンをロバート・モリスとラトレッジが正面の演壇に据えられた議長席まで導く。議長席には太陽の意匠があしらわれている。着席したワシントンが身に纏っていたのは古い軍服である。なぜワシントンはわざわざ古い軍服を引っ張り出したのか。それは代表たちに独立の苦難を思い出させ、もし今回の試みに失敗すればそうした苦難が水泡に帰すと無言で示したかったからだ。

ワシントンは議長として手短な演説をおこなった。演説は、自分の能力が議長職を務めるには及ばないこと、そして、もし失敗しても寛恕を与えてくれるように願うという形式であった。それはこれまでワシントンが公職に就く時に示してきたお馴染みの形式であった。

さてワシントンはなぜ議長に選ばれたのか。その理由は、ハワード・クリスティーが描いた『合衆国憲法署名の情景』を見ると一目でわかる。誰もが演壇に立つワシントンの姿に目を奪われる。部屋に差し込む光がその姿を明るく照らし出している。それと同時にまるでワシントンから光が放射されているように見え、周囲の人びとを浮かび上がらせている。

代表たちの中でワシントンは、直立不動の姿勢を保って屹立している。そして、その視線は将来を見定めるかのように天上に向けられている。まるで下界の争いから超越した姿を示しているかのようだ。クリスティーの絵は、ワシントンが憲法制定会議に及ぼした影響力を象徴的に表現している。そうした影響力は憲

Howard C. Christy, "Scene at the Signing of the Constitution" (1940)

法制定会議に正統性を与えただけではなく、人民の支持を獲得する助けとなった。

＊出席者の顔ぶれ

ワシントンの目に映る代表たちはどのような人びとなのか。七四人が憲法制定会議の代表として選ばれたが、実際に出席したのは五五人である。ただ全員が一貫して八八日間にわたる全日程に出席したわけではない。出席者の数は平均して三〇人から四〇人程度である。フィラデルフィアに到着した時期もばらばらであり、八月になって初めて出席した者さえいる。その一方で途中でフィラデルフィアを離れてしまって戻らなかった者もいる。確実に皆勤と言えるのは六人だけである。最後まで残って憲法案に署名したのは三九人である。

代表たちの顔触れを見ると、アメリカ建国期の政界を牛耳った主要人物が綺羅星のごとく並んでいる。五五人の代表のうち七人が邦知事を務めた経験を持ち、四一人が大陸会議や連合会議の代表を務めた経験を持ち、二一人が軍に身を投じ、八人が独立宣言に、二人が連合規約に署名していた。一七六五年の印紙法会議に参加した者も三人いた。後に二人が大統領に、一人が副大統領になった。連邦最高裁判事になった者も二人含まれる。

すべてが男性であることも忘れてはならない。この当時、わずかな例外を除けば女性に参政権はなかった。合衆国憲法には性別に言及した点は特にない。それは政治を担うのは男性であるという意識が当然であり、疑問を抱く者がほとんどいなかったからだ。例えば憲法制定会議における大統領に関する議論を見ていると、代表たちが女性大統領の登場をまったく想定していなかったことがわかる。

その他にも共通点がある。全員が白人である。ほぼ全員が富裕層である。職業はどうか。ほぼ半数が弁護士である。大農園を所有している者も多い。その一方、人口の大半を占める小農園主はわずか二人だけである。また二人のカトリックを除いてほぼ全員がプロテスタントであった。大学への進学率がきわめて低い時代であるにもかかわらず、ほぼ半分が大卒者である。

代表たちの平均年齢は四三歳である。二〇代の若者も含まれていた一方で、六〇歳以上の者は六人しかいなかった。最高齢は八一歳のフランクリンである。

このように憲法制定会議の参加者は、全人民から均等に選ばれたわけではない。つまり、合衆国憲法は、現代の文脈からすれば「民主的」とは決して言えない。とはいえ当時の感覚からすれば十分に「民主的」であった。例えばヘンリー・ノックスは、憲法制定会議がようやく開催されたと聞いて、代表たちが「合衆国人民の大多数を代表していると確信しています」とワシントンに書き送っている。

時代背景を考えると、たとえ憲法制定会議が「民主的」でなかったとしても厳しい非難の矛先を向けるべきではない。ただ合衆国憲法が、持てる者の保身を目的とした現実的な打算の産物だと指摘する者もいる。

確かに代表たちの面々を見れば、その指摘にも一理ある。しかし、人間は現実的な打算だけで動くような単純な生き物ではない。理想と現実が同じ胸の中に混淆して存在するのが人間という生き物である。合衆国憲法は、権力の壟断(ろうだん)を防止して政府の抑圧から市民の自由を守るという理想とさまざまな利害が絡んだ末の現実的な妥協が合わさって創案された。

理想だけでは人を動かせない。さりとて現実だけでも多くの人を動かせない。理想と現実がうまく合わさることで初めて多くの人を動かせる。そうでなければ合衆国憲法は批准されなかっただろうし、現代まで存続しなかっただろう。理想と現実を巧妙に融合させることが政治的手腕の見せどころである。

憲法制定会議の一日目を終えたマディソンは、代表たちの交流の輪を抜け出して下宿に戻り、速記録をもとにその日の議事を整理してまとめる作業に没頭した。速記録は、マディソンが議場の最前列に陣取って代表たちの発言を漏らさず書き留めたものだ。この作業は非常に骨の折れる作業であり、マディソンによれば「ほとんど死ぬほど」大変だったという。それでもマディソンが記録を残したのは、憲法制定会議が「共和政体の運命を恒久的に決定する」機会だと思ったからだ。マディソンの羽ペンのおかげで現代を生きる我々は憲法制定会議で何が話し合われたか詳細を知ることができる。

休会中にマディソンは記録のほかに何通かの手紙を書いている。知人に宛てた手紙には、「代表たちは我々が置かれた状況が危機的であると認識して、一時的な方便のみを採用することにおおむね反対しているようです」と希望的観測が書かれている。その一方、家族に宛てた手紙には、「この実験の結果がどうなるか判断できません」と不安が綴られている。憲法制定会議が成功するか否か、マディソンは半信半疑だったようだ。しかし、会議はまだ始まったばかりである。

＊議事進行の取り決め

五月二八日午前十時、週末の休会を経て会議は再開された。出席者は三八人に増えていた。その中には初日に欠席したフランクリンの姿もある。この日は主に議事進行について話し合われた。最も重要な事項は、票決を実施する場合、各邦が一票ずつ投じる形式を採用したことである。

マディソンによれば、会議が正式に始まる前に票決の方式について話し合う機会があったという。ペンシルヴェニアの代表団は、各邦が一票ずつ投じる形式を採用するべきではないと主張した。もしそのような方式を採用すれば、小邦は連携して連邦制度の改革を阻もうとするだろう。その一方、ヴァージニアの代表団は、小邦も連邦制度の改革が必要不可欠だと理解しているはずだと答えた。したがって、小邦も連邦制度の改革を受け入れるはずなので対立を招くような主張は避けるべきである。結局、ヴァージニアの代表団の方針が採用されたわけだが、後に大邦と小邦の深刻な対立が生じたことから、ペンシルヴェニアの代表団の意見のほうが正しかったと言える。

翌日も議事進行に関する話し合いが続いた。ここで秘密規定が提案された。まず議事録の持ち出しが厳禁された。議事録を閲覧できるのは会議の出席者のみである。傍聴はいっさい認められず、議場の入り口には歩哨が配置され、関係者以外は立ち入りを禁じられた。代表たちは秘密厳守を誓約して、会議で論じた内容を誰にも口外しないことを約束した。さらに機密保持を徹底するためにブラインドが下ろされた。ブラインドで日差しを防げても室内はかなり蒸し暑くなっただろう。代表の一人は「私がこれまで経験した中でも最も暑かった」と記している。無理もない話だ。代表たちは紳士の体面を保つために正装していたからだ。

きっと上着も脱がずに汗だくになりながら討論に明け暮れていたのだろう。

この秘密規定がいかに重要なものであったのかを伝える逸話が残っている。議長のワシントンのもとに落とし物が届けられた。それは「極秘」という但し書きが記された文書であった。それを見たワシントンは勃然と立ち上がると、代表たちに激しい言葉を浴びせた。

「諸君、ある者が会議の秘密規定に注意を払わず、議事録を議場に落としたのを知って私は残念に思います。それは偶然に拾われ、今朝、私のもとに届けられました。我々の話し合いが新聞に暴露されて人民の安寧を余計な思惑で乱さないように、私は諸君にもっと慎重になるように求めなければなりません」

ワシントンは机の前に文書を投げ出してさらに言葉を続けた。

「これが誰の書類か私は知りません。しかし、現にここにあるのです。その所有者に持って行かせましょう」

そう言い放つとワシントンは帽子を被って険しい表情のまま議場から退室した。あわてて自分の書類がなくなっていないか確かめる者もいた。ある者は、ポケットに入れておいたはずの書類がなくなっているのに気づいて青くなった。そこで恐る恐る机に近寄って、はたして書類が自分のものかどうかを見分けようとした。確認してみると、どうやら他人のもののようであった。では自分の書類はどこか。その粗忽者の書類は、下宿に忘れてきた上着のポケットの中にあった。結局、机の上に置かれた書類が自分のものだと名乗り出る者は誰もいなかった。

そもそもなぜ議事は極秘にされたのか。議場の外にいる人びとはどう思うだろうか。代表たちが結託して何らかの陰謀を企んでいると誤解しないだろうか。そのように誤解される危険を冒してでも秘密主義を徹底

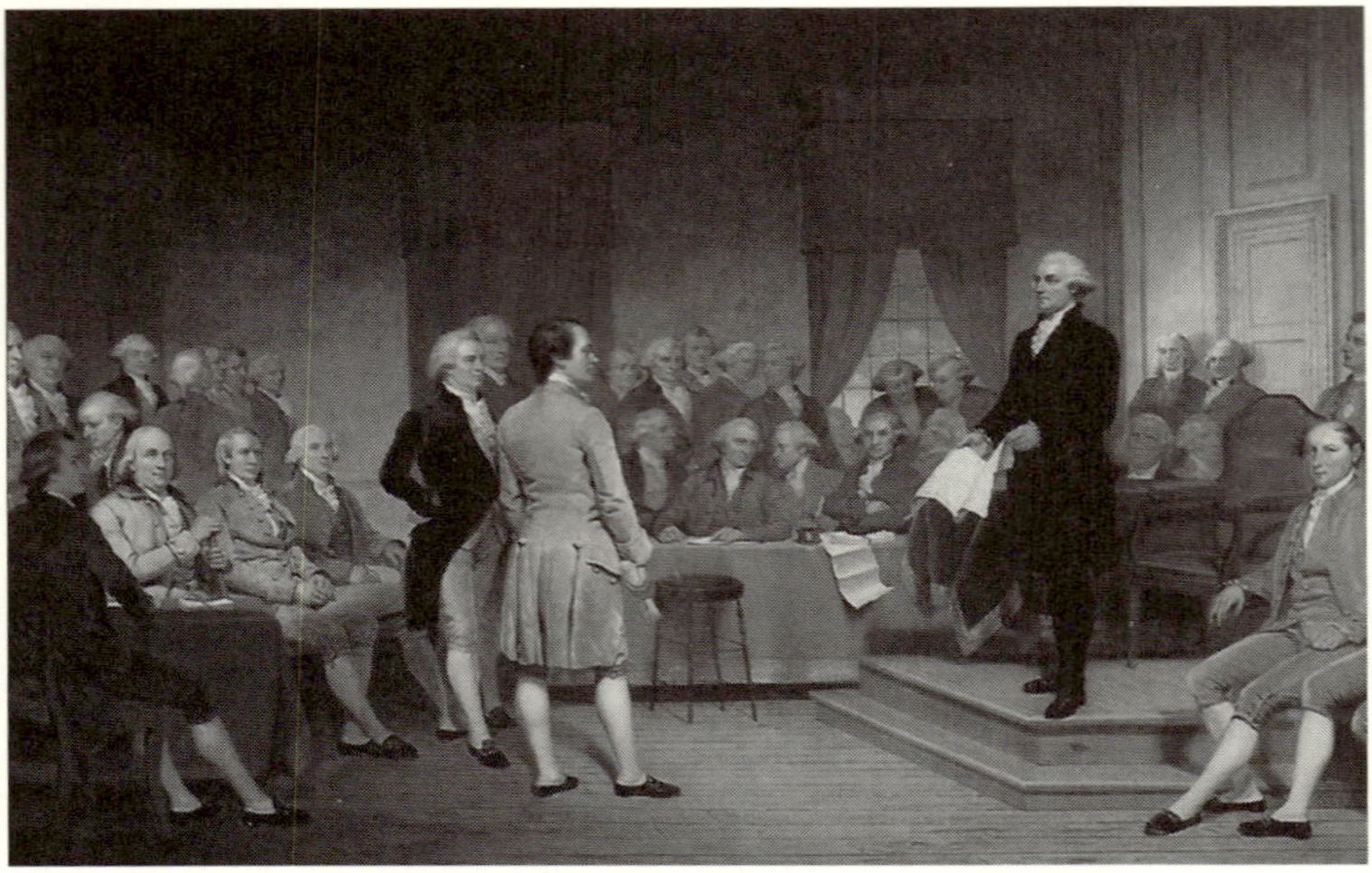

Junius B. Stearns, “Washington at Constitutional Convention of 1787” (1856)

する利点があった。

ハミルトンは、「もし議論が公開されていれば派閥の怒号に妨害されて満足な結果を出せなかっただろう」と述べている。またマディソンによれば、「憲法制定会議に対して敵意を持ち、連邦の分裂、または解体を願っている」者たちが外部にいた。つまり、秘密規定は、代表たちが外部からの影響を気にせずに意見を言えるようにするために採用された。それに公衆の面前に立たされれば、代表たちはいったん主張した意見を撤回し難くなる。外部から隔絶されていれば、代表たちは立場を変えたり妥協に応じたりしやすくなるはずだ。秘密規定は、活発で自由な議論と円滑な議事進行のために必要だった。

ワシントン自身も秘密規定を固く守り、ほとんど記録を残していない。独立戦争中の文書を後世に残すべき記録として大切に保管していたワシントンからすれば、それは異常なことであった。「何も漏らしてはならないのでこの日記にいかなる議事進行も書き入れない」という自ら定めた規則に従って、日記には「いつものように会議に出席した」という決まり文句が淡々と並べられている。わずかな例外を除けば、ワシントンの日記を読んでも憲法制定会議がどのように進んだのか具体的なことはほとんどわからない。

後世の我々は、代表たちが迷いもなく心を一つにして合衆国憲法の起草に邁進したと思いがちである。しかし、そうではない。メイソンは、「急がば回れ」という格言が会議の標語としてふさわしいと述べている。代表たちは激しい議論の末に何も決められずに問題を先送りしたり、たとえ何かをいったん決めても後からそれを覆し、また討論を繰り返すというまだるっこしい手順を延々と繰り返した。たとえ多数決で決定された事項でも蒸し返すことが認められていたからだ。いったん取り上げられたものの、途中で放置されて未決のまま終わった議題も多い。このような議事進行は非効率的なように思えるが、討論が紛糾した場合、妥協の余地がなければ多くの離脱者が出て会議が失敗に終わっていただろう。

代表たちの議論を見ていると、絶対に正しいと言い切れることはないのだと思えてくる。ある代表の意見を読んでなるほどその通りだと思った直後、別の代表の反論を読んでみる。すると今度は別の代表の反論が正しく思えてくる。結局、何が絶対に正しいかが重要ではなく、できるだけ多くの代表がそれぞれの理性と良心に従って何とか合意に至れる憲法案を起草することが重要だったのだとわかる。読者はそうした観点を持って、これから憲法案が完成するまでの紆余曲折を見守ってほしい。

ヴァージニア案

＊新しい国家構想の提唱

憲法制定会議の実質的な議論が始まったのは五月二九日であった。決然と席を立ったランドルフは、連合

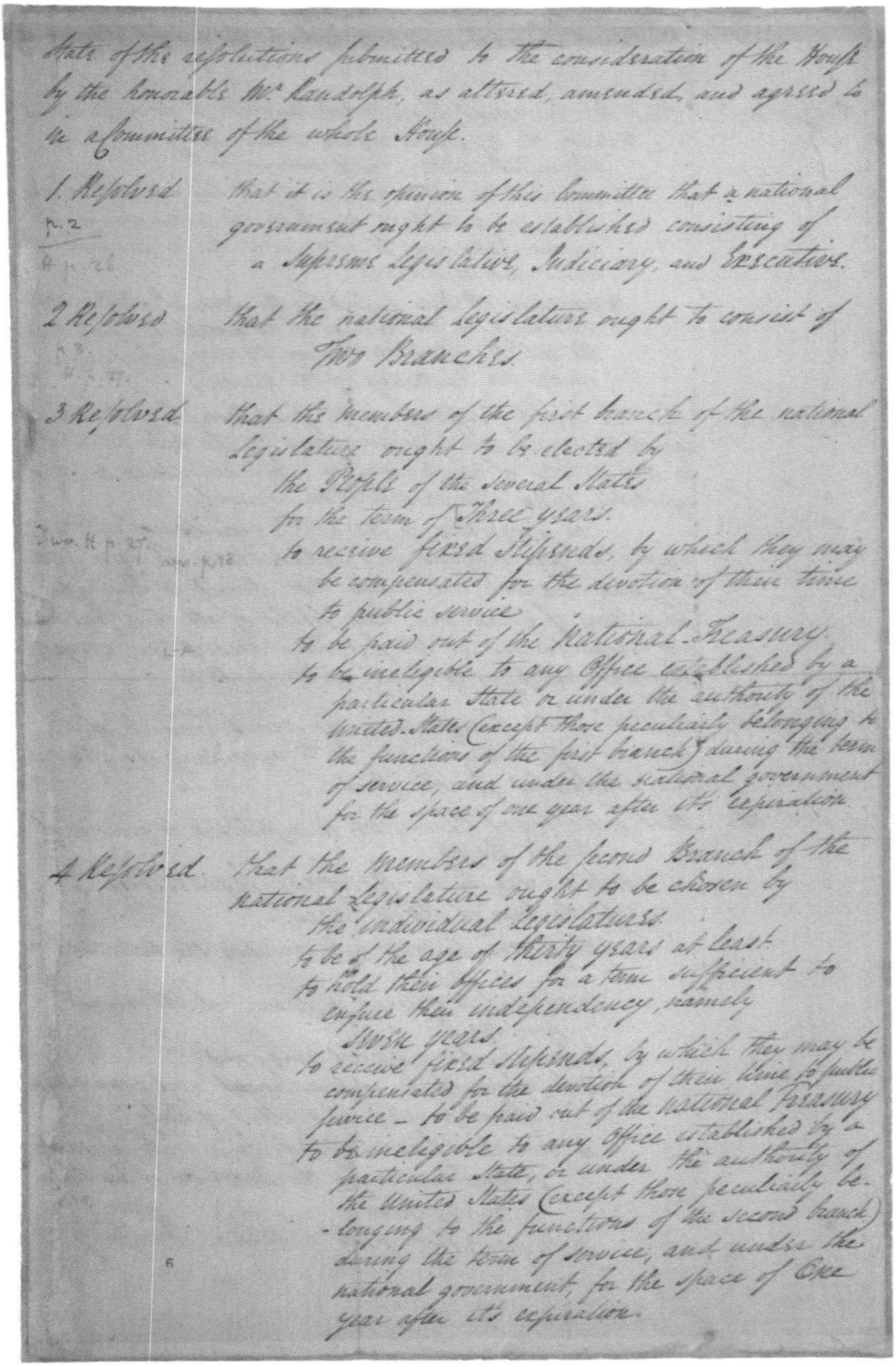
State of the resolutions submitted to the consideration of the House by the honorable Mr. Randolph, as altered, amended, and agreed to in a Committee of the whole House.

1. Resolved (p. 2) — that it is the opinion of this Committee that a national government ought to be established consisting of a Supreme Legislative, Judiciary, and Executive.

2. Resolved — that the national Legislature ought to consist of Two Branches.

3. Resolved — that the members of the first branch of the national Legislature ought to be elected by
the People of the several States
for the term of Three years.
to receive fixed stipends, by which they may be compensated for the devotion of their time to public service
to be paid out of the National Treasury.
to be ineligible to any Office established by a particular State or under the authority of the United States (except those peculiarly belonging to the functions of the first branch) during the term of service, and under the national government for the space of one year after its expiration.

4. Resolved. — that the members of the second Branch of the national Legislature ought to be chosen by
the individual Legislatures.
to be of the age of thirty years at least.
to hold their offices for a term sufficient to ensure their independency, namely
seven years.
to receive fixed stipends, by which they may be compensated for the devotion of their time to public service — to be paid out of the National Treasury
to be ineligible to any Office established by a particular State, or under the authority of the United States (except those peculiarly belonging to the functions of the second branch) during the term of service, and under the national government, for the space of One year after its expiration.

The Virginia Plan (1787)

規約の欠陥について舌鋒鋭く指摘した。

「危機は非常に困難です。我々は、アメリカが凋落するという予言の成就を何としてでも防止しなければなりません。第一に、連合規約は外国の侵略への対抗策を講じていません。第二に、連合規約は諸邦の調和を保障していません。第三に、連合規約は諸邦に何ら恩恵を与えていません。第四に、連合規約は連合会議を権限の侵害から守れていません。第五に、連合規約は邦憲法に優越していません。［中略］。もしある邦が国際法や条約に反して外国勢力に敵対行動を取った場合、連合規約はその邦を罰することもできず、条約に従うように強制することもできません。連合規約は、ある邦が別の邦に危害を加えても何もできません。したがって、連合規約は戦争を防止できません。ある邦が近隣諸国の領土を侵略しても、連合規約はそれを制止できません。［中略］。連合会議は、人員と資金を拠出するように邦議会に強要できません。［中略］。欠陥を指摘することによって、我々が直面している危機に、恐れずにしっかりと目を向けましょう。［中略］。我々は戦争の瀬戸際にいるわけではありませんが、戦争はこの会議から生じる希望だけでかろうじて防止されています。［中略］。あらゆる場所で政府の不注意のせいで無政府状態に陥る見通しがあるので、現行の連邦制度と異なる制度が必要です」

演説を終えたランドルフは、マディソンが起草したヴァージニア案を議場に提出する。ヴァージニア案の特徴は何か。人民の直接選挙による下院と間接選挙による上院にもとづく二院制の導入に加えて、諸邦に対して強制力を行使できる権限を連邦政府に与える点である。そして、議会によって七年の任期で選ばれた国家行政首長（大統領）が行政府を主宰する。また連邦最高裁判所を頂点とする司法府の設立も提言され、三権分立の原理が明示されている。

特に「国民国家的（ナショナル）」という新奇な概念がヴァージニア案に盛り込まれている点は特筆すべき

である。ランドルフは議場で次のように述べた。

「私は単なる連邦政府の樹立を目指しているわけではなく、強力な一体感のある連邦の樹立、すなわちその中では諸邦の枠組みがほとんど消えてしまうような連邦の樹立を目指しています。合衆国全体の平和、調和、幸福と自由を確立する好機を無駄にしないように願います」

国民国家的な概念は、連合規約にもとづく従来の「連邦的（フェデラル）」という概念とは対照的な概念であった。国民国家的な概念は、連邦政府が従来のように各邦を通じて間接的に人民に働き掛けるのではなく、直接的に人民に働き掛けることを意味している。ただヴァージニア案は、邦の権限を完全に奪取することを目指していたわけではない。連邦と諸邦が均衡を保てるように権限を配分することが大きな目標であった。すなわち、連邦と諸邦がそれぞれ人民に働き掛ける二元制度への移行を目指していた。

ヴァージニア案についてワシントンはどのように考えていたのか。議場でワシントンは何も発言していない。しかし、この頃、ジェファソンに送った手紙には以下のように書かれている。

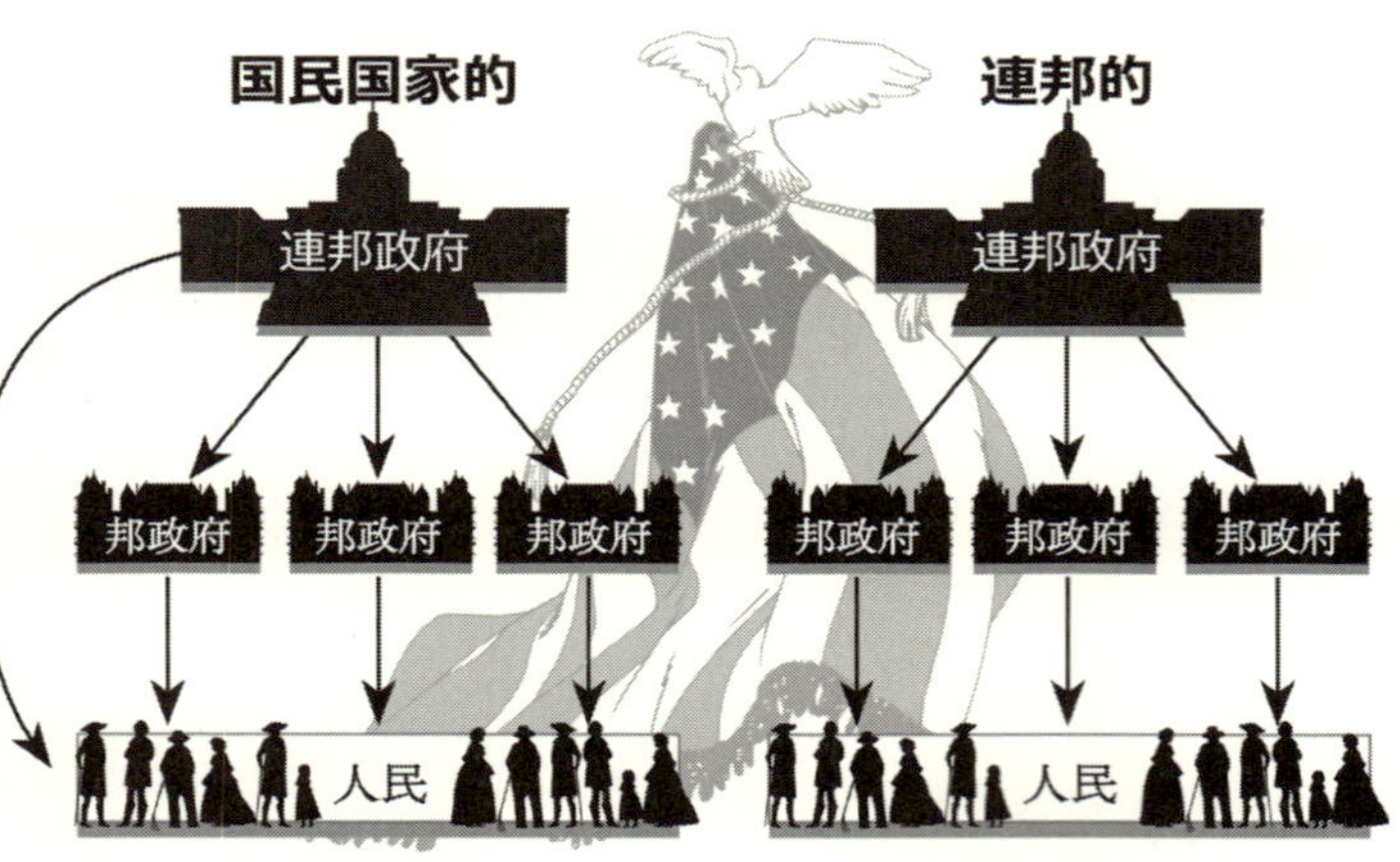

憲法制定会議の議事はまだ始まったばかりなので、どのような結末を迎えるかわかりません。非常に期待している者もいれば、ほとんど期待していない者もいます。まったく期待していない者も少数います。何か対策が必要なことは誰も否定できないでしょう。というのは、連邦政府―もしそれを政府と呼べるなら―は基礎からぐらついていて、どんな打撃を受けても覆りそうだからです。つまり、もし救済策が実行されなければ、連邦政府は終わりを迎えて、無秩序と混乱が生じるでしょう。

ワシントンが書いていることは、ランドルフの先の演説とほぼ同じである。ワシントンはヴァージニア案を強く支持していたと言えるだろう。

メリーランド代表のジェームズ・マッケンリーによれば、散会直前にハミルトンが起立して発言を求めたという。その発言は、会議の方向性を決定する質問であった。すなわち、アメリカは従来のような連邦国家を維持するのか、それとも完全な統合国家を樹立するのか。ハミルトン自身は、完全な統合国家こそアメリカ人が選ぶべき道だと信じていた。そうした考えは後ほど遺憾なく述べられることになる。

＊三権分立にもとづく連邦政府と連邦議会の議席配分

五月三〇日からヴァージニア案の本格的な検討が始まる。まずランドルフは、連合規約を撤廃して三権分立にもとづく統合国家を樹立すべきだと訴えた。ランドルフに対して、見るからに才気に溢れた若者が明朗な声で「諸邦政府を完全に撤廃しようとしているのでしょうか」と問い質した。サウス・カロライナ代表のチャールズ・ピンクニーだ。ランドルフはピンクニーの疑問にすぐに答えた。

「連邦政府に［諸邦の侵害から］自身を守れる権限を与えるだけです。したがって、この目的に沿った主権以外を諸邦から奪おうとは考えていません」

今度は洗練された物腰の壮年の男が立ち上がって抗言した。サウス・カロライナ代表のピアース・バトラーだ。

「いずれにせよ連合会議に強大な権限を与えることに反対します。なぜならすべての権限が一つの組織に授与されることになるからです。ただ三権分立の提案はそうした弊害を改善することになるので、その導入に労を惜しみません」

そこで恰幅が良い丸顔の男が口を挟んだ。サウス・カロライナ代表のチャールズ・コーツワース・ピンクニーである。チャールズ・コーツワース・ピンクニーは、チャールズ・ピンクニーと区別するために「将軍」と呼ばれている。ピンクニー将軍は、違った角度からヴァージニア案の問題点を突いた。

「そもそも憲法制定会議の開催を求める連合会議の決定、もしくは代表たちが携えている［諸邦議会の］信任状は、連合規約と異なる原理にもとづく制度を論じることを認めているのでしょうか」

ヴァージニア案は、単に連合規約を改正するだけにとどめるか、それともまったく新しい憲法を一から起草するかという選択肢を代表たちに突きつけた。そこで問題となったのは、ピンクニー将軍が指摘しているように、そもそも連合規約の改正を検討するために招集された代表たちに新憲法を起草する権限があるか否かである。

今度は線の細い学者然とした男が立ち上がった。ペンシルヴェニア代表のジョン・ディキンソンである。

「議事の進め方について、まず全員が連合規約に欠陥があると認めるべきです。次に連合規約を修正するべきだと全員が同意すべきです。我々は、諸邦から構成されていても一つの国家です。しかし、同時に我々は連合を維持しなければなりません」

　さらにどこか猛禽を思わせる痩身の男が発言した。マサチューセッツ代表のエルブリッジ・ゲリーである。

「マサチューセッツの信任状は、連合規約を改正するべきだという連合会議の提案を実現する権限を代表たちに与えています。それがこの会議の基盤です。もし我々がそうした権限を持っていれば、連合規約を廃止する権限も持っていることになります。したがって、この会議の見解として、まず立法府、司法府、そして、行政府を樹立するための基本的な原理を決めるべきです」

　続いてガヴァニア・モリスが強力な連邦政府の利点について力説した。

「諸邦は、『共同防衛、自由と公共の福祉の保障』が可能な最高政府の樹立を直接指示しています。二つの最高政府、すなわち連邦政府と諸邦政府が並び立つ政体など想像することすらできません。諸邦政府から権限を侵害されれば、連邦政府はその目的を達成できません。多くの最高政府が並び立つよりも最高政府が単一であるほうが戦争を防止できる可能性が高く、費用もかからず、流血も少なくなるでしょう。あらゆる社会には、唯一至高の最高権力がなければなりません。二〇年後に圧政が起きないようにするために、今こそ我々は単一の最高政府というより良い選択をおこなうべきです」

　モリスのように完全な統合国家を目指すべきだという急進的な論を展開する者は少なかったが、連合規約の欠陥を指摘する声は多かった。メイソンが「連合規約には不従順な諸邦に対して強制的に処罰を下せない欠陥があります」と説き起こした後、角張った顔をした男が発言を求めた。コネティカット代表のロジャー・シャーマンである。若い頃、靴職人として生計を立てていたシャーマンは高い教育を受けられなかったが、独学で鋭い洞察を身につけていた。政敵からは「悪魔のように狡猾」と評されている。

「連合規約は連合会議に十分な権限を与えていません。権限の追加、特に拠出金を強制的に徴収する権限が必要です」

メイソンとシャーマンの意見に対する賛同の声が相次ぐ。まず代表たちは、立法府、司法府、行政府がそれぞれ適切な権限を持って相互に抑制し合えば、人民の権利と自由は守られると考えた。ただ諸邦は中央政府に対する疑念が強く、代表たちもその思いは同じであった。その一方、諸邦の独立を外国の侵攻から守るだけではなく、権力の不在が招く無秩序を避けるために団結する必要があることも明らかであった。したがって、「優れた政府の機能を果たすのに必要不可欠な権限」を持った強力な連邦政府を三権分立の原理にもとづいて創設するという実験を試みるべきである。

こうして国家構想に関する基本的な合意を確認した後、代表たちは連邦議会の議席配分をめぐる議論に移った。議席配分はすなわち権力の分配である。簡単に妥協できる問題ではない。また連邦議会がどうあるべきかという理想は、代表それぞれで見解が異なる。たちまち議論は紛糾する。

連合規約のもとでは、各邦は連合会議で一票ずつ投票権を持っている。大邦であろうと小邦であろうと同じ一票である。大邦にとって不利であることは言うまでもない。なにしろ最大の邦であるヴァージニアの人口は、最も人口が少ないデラウェア邦の十倍以上である。それでも同じ一票しか与えられなければ不満を持って当然だ。ヴァージニア案で提案されている議席配分方式は、そうした大邦の不満を解消するものである。

華奢な体つきの男が細い声で発言を求めた。デラウェア代表のジョージ・リードだ。大邦の動きに警戒心を抱いたリードは先手を打った。

「議席配分の検討を先送りすべきです。デラウェア代表は、いかなる議席配分の変更にも同意してはならないという［デラウェア邦議会の］信任状の規約に縛られています。そのような変更が決定された場合、会議から退出するのが我々の義務なのです」

すかさずガヴァニア・モリスがリードの言葉に答えた。

「デラウェア代表の協力を失うわけにはいきません。もしある邦が退出すれば、憲法制定会議における不和が早くから露呈されます。それは非常に残念なことです。しかしながら、議席配分方式の決定は重要な問題なので先送りできません」

続いてマディソンが人口比にもとづく議席配分を切り出した。

「連邦があくまで諸邦の連合にすぎず、各邦が連邦議会で一票ずつ平等に与えられた場合、たとえ何か法律を制定しても大邦が不利だと判断すれば施行されない恐れがあります。その一方、人民を基盤にした国民国家的な政府を樹立すれば、法律は人民の意思となるので大邦も簡単に無視できません。邦議会が人口に応じて諸郡に議席を配分して邦民全体の意思を体現しているように、連邦議会も人口に応じて諸邦に議席を配分しなければ、人民全体の意思を体現することにはなりません。人民全体の意思を体現しなければ、［連邦政府は］大邦の勝手な行動を抑制できません」

議席配分に関する議論は先送りされた。もし協議が紛糾してデラウェアが早々に議場から去ってしまえば、憲法制定会議の成功自体が危ぶまれる。連邦議員をどのような方法で選出するべきかが代わりに談義されることになった。代表たちの間で激論が交わされる。マディソンを中心とする大邦の代表たちは、ヴァージニア案で提起されているように人口比にもとづいて人民が下院議員を選出するべきだと主張する。

＊下院議員の選出方法とその権限

五月三一日、前日に持ち越された議論が続行された。まず小邦の代表たちによる反駁がヴァージニア案に加えられた。もし人口比にもとづいて人民が下院議員を選出する方式が採用されれば、小邦が不利になるのは自明の理である。シャーマンが先頭に立って小邦の言い分を強弁した。

「人民による下院議員の選出に反対します。邦議会が下院議員を選出するべきです。人民は政治に関して無知です。人民は知識が欠如しているので、しばしば誤って導かれます。人民よりも邦議会のほうが議員を選出するのに適しています」

さらにゲリーがシャーマンに加勢した。

「行き過ぎた民主主義から我々が経験した悪弊を考えるべきです。人民は美徳を欠いているわけではありませんが、偽りの愛国者の傀儡になりやすいのです。マサチューセッツでは、悪意を持った人びとが巧妙に作り上げた偽情報によって、人民が最も卑しむべき意見に誤って導かれたことがありました」

シャーマンとゲリーが示した衆愚政への警戒は多くの代表たちの支持を得た。それに対してメイソンは抗論を試みた。

「人民による下院議員の選出を強く支持します。人民による選出こそ真に人民を代表することであり、もし邦議会によって選出されれば、下院は単なる虚像にすぎなくなります。下院は、政府において民主主義的な原理の偉大な受託者となるべきです。すなわち、下院は我々の庶民院となります。下院は、社会のあらゆる部分について熟知したうえで「人民に」共感を持たなければなりません。したがって、下院は共和国全体の異なった階層から議員を選出するだけではなく、例えばヴァージニアで実施されているように、異なる利害や意見を持つさまざまな地域から多くの議員を選出しなければなりません。我々はあまりに民主主義を恐れるがゆえに、極度の無思慮に走りすぎているのではないでしょうか。我々はすべての階層の人民の権利に注意を払うべきです」

赤ら顔に分厚いレンズの眼鏡をかけた小太りの男がメイソンを応援する論陣を張った。ペンシルヴェニア代表のジェームズ・ウィルソンである。

「人民が下院議員を直接選出するべきです。連邦政府は、できる限り幅広い支持基盤を持たなければなりません。人民の信任を得ない政府は決して長く存続できません。共和政体では人民の信任が絶対に不可欠です。また連邦議員の選出権を与えることによって邦議会の影響力を増大させるのは間違いです。連邦政府と邦政府の相互依存はできる限りなくすべきです」

さらにマディソンが席を立ってウィルソンを後押しした。

「人民による下院議員の選出は自由政府にとって不可欠です。下院は人民を代表すべきであり、民主主義的な部分を残さなければなりません。[中略]。それに大規模な共和政体を樹立する場合、邦議会の柱の上に共和政体を立てるよりも、人民という確固たる基礎の上に立てたほうが、きっと安定して存続させられます」

ここでウィルソンが口を挟む。

「我々は人民の信任を得られる方策を採択すべきであり、諸邦と連邦の競合を防止しなければなりません。人民が下院議員を選出すれば、諸邦と連邦の両方が直接人民にもとづくことになります」

マディソンが再び口を開いた。

「邦議会が下院議員を選出すれば、連邦政府を人民から隔絶させることになります」

いったい何を言ってるのか。人民から遠く隔たっている組織ほど持つ権限は弱くなると考えられていた。なぜなら人民こそすべての権限の源だからだ。邦議会が強い権限を持つのは、人民によって直接選ばれているからである。それと同じように、連邦下院が人民によって直接選ばれれば強い権限を持てる。しかし、連邦下院が邦議会によって選ばれればどうか。連邦下院は、人民の意思を間接的にしか反映できなくなる。したがって、強い権限を持てなくなる。そうなればマディソンが推奨する制度、すなわち連邦と諸邦がそれぞれ人民に働き掛ける二元制度の実現が難しくなる。

邦議会による下院議員の選出を支持する者たちはまだ諦めていない。ゲリーが「人民による下院議員の選出に反対します」と断言した後、バトラーがそれに続いた。

「人民による下院議員の選出は実行不可能な方式です。なぜなら最適な議員を十分に検討したうえで選べるのは邦議会しかないからです」

議論が出尽くした後、決が採られた。マディソン、メイソン、ウィルソンの三人の熱弁が功を奏して人民による下院議員の選出が認められた。ただこれはまだ最終決定ではない。

それから上院議員の選出方法に関する議論が始まった。ヴァージニア案では、上院議員は邦議会によって指名され連邦下院によって選出されることになっている。まず自信に満ちた表情を浮かべた男が発言を求めた。ノース・カロライナ代表のリチャード・スペイトである。スペイトは血気盛んで時に短慮なことがあり、ジェファソンから「愚かな若者」と評されたことがある。スペイトが提案したのは、邦議会が上院議員を選出する方式である。ヴァージニア案に関する質疑応答の中でランドルフは上院の役割について所信を表明した。

「合衆国が苦悶している悪弊に対して解決策をもたらすことが重要な目的です。こうした悪弊の源を探ると、誰もが衆愚政による騒乱と暴挙にたどり着くでしょう。したがって、我々の政府のそうした傾向に対する何らかの抑制が必要です。優れた上院はそうした目的に最も適っています」

次に表情豊かな瞳を持つ男が心地の良い高さの声で邦議会による選出の欠点について指摘した。マサチューセッツ代表のルーファス・キングである。

「スペイト氏が提案したように邦議会が上院議員を選出する場合、全体の数を非常に多くしなければ、諸邦間で議席を［人口にもとづいて］比例配分できません。もし比例配分が採用された場合、デラウェアに上院で一議席与えようとすれば、上院議員の総数は八〇人から一〇〇人にしなければなりません」

キングの主張を一言でまとめると、議員の総数があまりに多くなれば上院は少人数でじっくり検討するという本来の役割を果たせなくなるということだ。キングの主張を認めたスペイトは提案を撤回した。さらにウィルソンによって人民による上院議員の選出が提起され、意見が戦わされたが結論は出なかった。

上下両院の選出方法に関する議論が終わった後、連邦議会の権限に関する議論が始まった。まず上下両院に法案の発議権を与えることが全会一致で可決された。それから争点となったのは、連邦議会の権限が及ぶ範囲である。ヴァージニア案では、諸邦政府が権能を持つ範囲を除いてすべての領域に及ぶ立法権を連邦議会に与えると謳われている。まずラトレッジが口火を切る。

「曖昧な条文に反対します。その定義によって包含される立法権を正確に列挙して明確にしない限り、決を採るべきではありません」

ラトレッジの反駁を引き取ってバトラーが疑問を投げかけた。

「諸邦からあまりに多くの権限を取り上げようとしているのではないでしょうか。この点についてランドルフ氏の見解を確認したいと思います」

指名を受けてランドルフは答えた。

「連邦議会に無制限の権限を与える意図はありません。諸邦の管轄領域への侵害に絶対に反対します。たとえどのようなことがあろうとも、そのようなことは絶対に考えていません」

しばらく協議が続いた後、諸邦政府が権能を持つ範囲を除いてすべての領域に及ぶ立法権を連邦議会に与えるという規定は可決された。

次に議論の的になったのは、連邦が不従順な邦に対して強制力を行使することを認めた規定である。まずシャーマンが一石を投じた。

「連邦議会が諸邦のすべての法律に拒否権を行使するのは不適切です」

何人かの発言があった後、キングがシャーマンの見解に賛意を示した。

「人民から移譲されたすべての権限を連邦政府に与えるべきですが、それ以上の権限を与えるべきではありません」

ここで問題となったのは、連邦議会にどのような形で権限を与えるかである。条文を細かく定めずに包括的に権限を与えるのか。それとも一つひとつ権限を列挙して与えるのか。まずランドルフが切り出した。

「現時点で連邦議会に与えるべき権限と管轄領域を定義することは不可能です」

すぐにウィルソンはランドルフの言葉に賛同して、「連邦議会に与えるべき権限をすべて列挙することはできません」と述べた。ここでマディソンは、この問題に関する検討を先送りするように求めた。マディソンの提案は満場一致で可決された。

＊大統領の人数と任期

六月一日、大統領の選出方法に関する議論が始まった。決定しなければならない点は多い。大統領は単数にするべきか、それとも複数にするべきか。大統領にどのような行政権を与えるべきか。大統領の任期は何年にするべきか。大統領を誰がどのように選出するのか。最初に意見を述べたのはチャールズ・ピンクニーである。

「積極性を持つ大統領に賛成します。しかし、現行の連合会議が持つ行政権が宣戦布告と講和締結にも拡大されれば、最悪の場合、大統領が君主、すなわち選挙君主になってしまうのではないでしょうか」

ピンクニーの疑念をよそにウィルソンは大統領を単独にするべきだと提案した。ウィルソンの提案を聞いたフランクリンが一同に呼びかけた。

「それは非常に重要な問題なので採決の前に各人が十分に見解を示すように願います」

フランクリンの呼びかけに触発されたラトレッジが発言する。

「大統領が単数であれば非常に大きな責任を感じて最善を尽くして公務を遂行するでしょう」

続けてウィルソンが大統領単数論の利点を挙げた。

「単独の大統領は、職務に対して積極性かつ迅速さ、そして、責任を持ちます。[中略]。もし単独の大統領に官吏を任命させれば、大統領は官吏が適任か否かに責任を持つことになります。大統領を複数にすれば、そうした利点は生まれません」

甲論乙駁の後、ランドルフが大統領複数論を展開した。

「単独の大統領に強く反対します。それは君主制の萌芽です。たとえ諮問機関をともなっても、一人の野心的な人物の不適切な見解を抑制するには不十分です。もし大統領を三人にして行政権を行使させれば、そうした危険は生じません」

すかさずウィルソンが異見を開陳した。

「単独の大統領は君主制の萌芽になるどころか、専制に対する最善の安全策となるでしょう。むしろ大統領を複数にすれば、アテネやローマの寡頭制のように悪しき専制を生み出すことになるでしょう」

大統領を単独にするというウィルソンの提案は見送られた。そして、大統領を置くことだけが可決された。

続けてマディソンは、連邦法の執行権と官吏の任命権を大統領に授与するように提案した。若干の修正を経てマディソンの提案は可決された。

次の議題は大統領の任期である。ウィルソンが三年の任期を提案した一方、チャールズ・ピンクニーは七年の任期を主張した。シャーマンはウィルソンを支持する意見を表明する。

「大統領の任期は三年にするべきですが、責務を果たすのに最善の資質を持つ人びとの手から大統領職が離れてしまうので交代制に反対します」

今度はメイソンが発言を求めた。

「少なくとも七年の任期にするべきです。連邦議会が大統領にふさわしくない人物を支持しないようにするだけではなく、大統領が連邦議会と結託して再選を確実にしようとする誘惑に駆られないように防止する策が必要です。再選の禁止が最善の防止策となるでしょう」

二重顎が目立つ太った男が強硬な異議を申し立てた。デラウェア代表のガニング・ベドフォードだ。

「七年のような長い任期に強く反対します。長年にわたって［同じ］大統領が国家に君臨することになるからです。何か危機が起きた場合に大統領が適切な資質を持っていないことが初めてわかったり、もしくは就任後に資質を失ったりすれば、国家の命運はどうなってしまうのでしょうか。そうした悪弊に対して弾劾は救済策にはなりません。なぜなら弾劾は無能力ではなく不法行為にのみ適用されるからです。大統領の任期は三年とし、三期九年務めた後は再選を禁止するべきです」

票決の結果、大統領の任期は七年に定められ、再選は禁止された。それから大統領の選出方式が俎上に載せられた。最初に立ち上がって発言を求めたのはウィルソンである。

「人民による選出を推奨します。連邦議会の上下両院は、邦議会の干渉を排除するために人民によって選出されるべきです。それと同じく、できる限り諸邦から独立を保つために大統領も人民によって選出されるべきです」

結局、衆議は一決せず、大統領の選出方法に関する討論は翌日に持ち越された。

＊大統領の選出方法の決定と俸給無償化の提案

六月二日、大統領の選出方法に関する議論が再開された。連邦議会による選出を主張する者と選挙人による選出を主張する者の間で激論が戦わされた。まずチャールズ・ピンクニーが自説を唱えた。

「連邦議会が大統領を選出するべきです。行政府を統括するのに最もふさわしい人物に敬意が払われることになるでしょう」

ウィルソンがピンクニーに反駁した。

「大統領の選出に対する諸邦の干渉を排除しなければなりません。さらに連邦議会による選出よりも選挙人による選出のほうが、人民は大統領に対してより強い信頼を抱くようになります」

ここでゲリーがウィルソンに助勢した。

「連邦議会による大統領の選出に反対します。大統領は職にとどまろうとして絶えず陰謀を画策するに違いありません。連邦議会と大統領候補者は取引して互いの利益になるように行動するでしょう。職権を使って何か見返りを与えると大統領候補が約束すれば、連邦議員はその候補に票を投じるはずです。したがって、もし連邦議会が大統領を選出する方式を採用するなら、陰謀を防止する措置を講じなければなりません」

その一方、陽気な雰囲気を漂わせた男が選挙人による選出に異を唱えた。ノース・カロライナ代表のヒュー・ウィリアムソンである。

「人民によって選出される選挙人の導入に何も利点を見いだせません。［中略］。選挙人による選出は、大きな困難と費用を必要とします。その一方、連邦議会による選出は簡単ですし、強い反対を受けずに済むでしょう」

ウィルソンの提案は否決され、ひとまず連邦議会によって大統領が選出されることになった。ここでフランクリンが立ち上がって大統領の俸給に関して画期的な提案を示した。

「寄る年波のせいで記憶が曖昧になっているので、私の提案を書面でまとめてきました。演説する代わりにそれを読み上げてもらえないでしょうか」

フランクリンの要望を受けてウィルソンが書面を代読した。

「ヴァージニア案を提出したランドルフ氏に深く恩義を感じているので、ヴァージニア案の条項に異議を表明するために立ち上がるのは気が進まないことです。私はヴァージニア案の根底にある善意を感じ取り、その成功を願っていました。しかし、大統領の俸給に関して私は異見を抱くようになりました。俸給の無償化には何も不都合な点がないどころか大きな利点があります。人事に強力な影響を与える二つの情熱がありま す。野心と強欲です。すなわち、権力を愛する心とお金を愛する心です。どちらかだけでも人間を動かす強い原動力となりますが、もし両方が同時に作用すれば多くの人びとに強い影響を及ぼします。そのような人びとの目の前に、栄誉と富を同時に得られる地位を置けば、どのような手段を駆使してもそれを獲得しようとする者が出るでしょう。栄誉と富を同時に得られる多くの地位がイギリス政府を混乱に陥れました。地位をめぐる争いは、国家を永続的に分裂させ、議会を混乱させ、時に無益で有害な戦争に急がせ、さらにしばしば不名誉な講和条件に従うように強制するような派閥を形成する真因になります。どのような種類の人間が、陰謀の交錯、過熱する競争、際限のない党派のいがみ合いなどを通じて、この利権に繋がる顕職を手に入れようとするのでしょうか。平和と秩序の愛好者や信頼に足る人間にとって、そのような状況は賢明でもなく穏便でもありません。私利私欲を飽くことなく追求する強い情熱を持った人間にあるのは蛮勇と暴力だけです。そのような者たちがあなた達の政府を乗っ取り、あなた達の支配者になろうとするでしょう。［中略］。大統領の俸給の無償化はあまりに荒唐無稽なので、無報酬で行政府に奉仕する人物を見つけられるはずがないと思う者もいるかもしれません。それは間違いだと思います。［中略］。独立戦争で大陸軍を八年間にわたって統率したワシントン将軍のことを我々は忘れていないでしょうか。その労苦は勇敢な戦友たちや朋友たちによく知られています。大陸軍総司令官の地位に対して何か不安を感じた者がいるでしょうか。ならばそれと同じくらいの期間、法律が忠実に執行されるように監督できる公共の精神を持ち合わせた人物が合衆国全土で見つからないはずがありません。私はもっと強い期待を抱いています。無報酬でも大統領の職務を忠実に遂行してくれる賢明で善良な人物が必ず見つかるでしょう。俸給の節約が目的ではありません。俸給を提案すること自体が害悪であると考えています。したがって、私は大統領の俸給の無償化を提案します」

フランクリンはどのような思いで俸給の無償化を唱えたのか。それはフランクリンの人生を通じて培われた強い信念にもとづいている。自助努力で財を成したフランクリンは、早々に事業から手を引いて残りの人生を公務と学術に捧げた。フランクリンにとって公務は、市民の美徳と自己犠牲によって果たされるべき仕事であった。もし自分と同じように利害を超越した立場から純粋に公共の福祉を追求する者がいれば、己の栄達のみを求める野心家によって国家が破滅させられるのを防止できる。

ハミルトンがフランクリンの提案を支持したが、ほかに賛同を唱える者は出ず、検討は先送りされた。続いてディキンソンが、諸邦議会の要請に応じて連邦議会が大統領を罷免できるようにするべきだと提案する。

「大統領を罷免する権限を何者かに与える必要があります。そもそも国家の高官を弾劾することは好ましいことではありません。しかし、国家の高官を罷免するのに私が提案した方法以外に何か良い方法があるでしょうか」

シャーマンがディキンソンに賛意を示した一方、メイソンは異を唱えた。

「大統領を選出する者たちが間違いを犯す可能性があります。さらに大統領候補が買収を持ちかける可能性もあるので、不適格な大統領を罷免できる仕組みが必要不可欠です。しかし、大統領を立法府の単なる傀儡にしてしまえば、優れた政府の根本的な原理を侵害することになるので強く反対します」

さらにマディソンがディキンソンの見解に反駁を加えた。

「ディキンソン氏の提案は、小邦の力と大邦の力をまったく同等に扱っています。公正な多数者が有罪だと見なした官吏の罷免を少数者が防止できるようになります。[中略]。さらに大統領の政策が公正であるにもかかわらず、それに不満を抱いている諸邦が大統領に対して陰謀を企む扉を開くことになるでしょう。そうなれば、大統領は、多数派を構成する特定の諸邦の支持を得ようとするでしょう。諸邦政府を過度に連邦に関与させることは悪しき方針です」

マディソンの攻勢に対してディキンソンは反撃を試みた。

「諸邦を存続させるために十分な権限を諸邦に残しておかなければなりません。それは祖国の未来の運命に安定を与える基盤なのです。諸邦の連合が一つの偉大な共和国となる場合、そうした基盤がなければ、我々は小さな共和国の歴史と同じ運命をたどることになるでしょう。[中略]。しかし、我々は絶望してはなりません。たとえ古代の共和国が建国されてしばらく栄えた後、永遠に消滅したとしても、それがうまく構成されなかったことを示しているだけです。我々は、共和国の病弊に対してあらゆる救済策を求めるべきです。

わが国には幸いにも別個の独立した諸邦があります。しかし、諸邦を完全に撤廃しようとしている者たちがいます。私は、諸邦が合併されることを恐れています。私は、現在のように諸邦の独立を維持したまま、連邦政府を樹立することを望んでいます」

ディキンソンの強弁も虚しく、諸邦議会の要請に応じて連邦議会が大統領を罷免するという提案は否決された。ただ大統領が不法行為や職務怠慢で弾劾され、有罪が確定すれば罷免されるという提案は可決された。さらにラトレッジとチャールズ・ピンクニーが大統領を単独にするべきだと提案した。ランドルフは二人の提言に異論を唱える。

「もし行政府を一人の人物に委ねるという提案を黙認すれば、私を送り出したヴァージニア邦に申し訳が立ちません。私はそうした提案に強い反感を抱いています。世論に配慮しなければなりません。第一に、君主制に酷似している制度に反感を持つのは人民の恒久的な性質です。第二に、複数の大統領でも行政府のすべての目的を達成できるので大統領を単独にする必要はありません。第三に、人民が単独の大統領に信任を与えることは決してないでしょう。第四に、政庁所在地の近くに住む者たちに有利な任命がおこなわれるようになれば、遠隔地の人びとは平等な地位を得られません。諸邦を三つに分割して、それぞれから大統領を選ぶ仕組みを提唱します」

ランドルフの意見にバトラーが反論した。

「単独の大統領は、遠隔地の要請に機敏に反応できます。複数の大統領は決してそんなことはできません。もし一人の人物が大統領に任命されれば、その者は全体に対して責任を持つことになり、利害に公平になれます。もし複数の大統領がいくつかの地域から選出されれば、地域的利害をめぐる争いが続くでしょう」

その日は結論が出ず、議論は日曜日をまたいで翌週に持ち越された。

＊大統領の拒否権

六月四日、大統領を単独にするべきだというチャールズ・ピンクニーの提案が再び俎上に載せられた。先陣を切ったのはウィルソンである。

「ピンクニー氏の提案はランドルフ氏の反論を受けました。しかし、私はランドルフ氏の反論に納得できません。ランドルフ氏の反論は、大統領を単独にすることによって制度上の問題が生じるからではなく、単にそれが人民に受け入れられないだろうという推論にもとづいています。人民がそのような反感を示すという証拠は何もありません。それどころか人民の反感は存在しないと私は確信しています。単独の大統領が国王ではないことは誰もがわかるからです。［中略］。それに人民は単独の邦知事に慣れているので、単独の大統領に嫌悪感を覚えることはないでしょう。政府には積極性が必要ですが、静穏も必要です。三人の大統領が並び立てば、暴力的かつ制御不可能な敵対関係が絶えず続くでしょう。それは公務の妨げとなるだけではなく、害毒をその他の政府の部門、諸邦、そして、ついには人民にも広く撒き散らすことになるでしょう」

ウィルソンの意見が認められて大統領を単独にするという提案が可決された。次に議題に挙がったのは、連邦議会が可決した法案に対する大統領の拒否権である。ゲリーは、大統領に条件付き拒否権を与えるべきだと主張した。すなわち、大統領が拒否権を行使しても各院の三分の二の賛成票で法案は再可決される。ゲリーの主張に対してウィルソンは無条件の拒否権を大統領に与えるように力説した。

「もし立法府、行政府、そして、司法府が明確に独立するべきなら、大統領に絶対的な拒否権を与えるべきです。そのような自衛の手段がなければ、立法府はいつでも行政府を浮沈の瀬戸際に追いやってしまうでしょう。自然の成り行きとして立法府は行政府を併呑する傾向にあります。均衡を保つために権力を分割しなければなりません。さもなければ最強の権力がすべてを掌握してしまいます。行政府と司法府に共同で絶対的な拒否権を与える方式を採用するべきです。そうしなければ行政府と司法府は、立法府に対抗する影響力を保てません」

こうしたウィルソンの論の背景には、立法府こそ人民を代表する機関であり、最も強い影響力を持つという当時の考え方がある。ハミルトンがウィルソンを支持した一方、ゲリーは論駁を試みた。

「立法府を強く抑制する必要はありません。社会で最も優れた人物が立法府の両院に集まると考えられるからです」

フランクリンは、ペンシルヴェニアの歴史を引いてゲリーの弁明を擁護した。そして、最後に自説を付け加えた。

「もし提案されているように絶対的な拒否権が与えられれば、大統領はさらに強い権限とより多くの報酬を要求するようになるでしょう。そして、大統領は、立法府を完全に自分の意思に従わせるのに十分な影響力と賄賂を得るようになるに違いありません」

さらにシャーマンがフランクリンに助太刀した。

「一人の人物が全体の意思を阻止できるようにするべきではありません。ある者がほかのすべての者たちよりもはるかに優れた叡智を持つことがあり得るでしょうか。我々は大統領の叡智を法案の修正に利用するべきですが、立法府による冷静な決定を大統領に覆させるべきではありません」

マディソンは、強大な大統領制度を警戒する代表たちの疑念を解こうと努めた。

「もし強力な官僚制度がなければ、大統領が立法府に抵抗する強い意思を維持することはほとんどできないでしょう。強い権力を持つイギリス国王でさえ議会両院の全会一致の要望を抑えられません」

さらにウィルソンがマディソンに加勢した。

「拒否権はめったに行使されないでしょう。立法府は拒否権が存在することを知っていれば、拒否されるような法律の制定を必ず控えるようになるでしょう。したがって、そうした拒否権の暗黙的な運用は調和を保ち、災厄を防止します」

ここでバトラーが異を挟んだ。

「立法府の法案に対する絶対的な拒否権を与えれば、大統領はきっと異なったように行動するようになるでしょう。すべての国家において行政権は絶えず拡大する傾向にあります。これはイギリスの事例にも当てはまります。あなた方は、我々が行政権の濫用を何も心配しなくてもよいと考えているようです。しかし、わが国でも他の国のようにカティリナ［クーデターを起こして政権を奪取しようとしたが失敗して敗死した共和政ローマの政治家］やクロムウェルが決起しないと断言できるでしょうか」

次にベドフォードが起立して、大統領に拒否権を与える必要はないと断言した。

「立法府に対するあらゆる抑制に反対します。両院は互いに十分に抑制し合っています。行政府を転覆させる危険はありません。立法府の権限の領域を憲法で明確に定めるだけで十分です。そうすることによってその他の部門の権利を守れます。人民の代表である連邦議会は、何が人民の利益なのか最善の判断を下すことができ、いかなる外部の抑制のもとにも置かれるべきではありません」

さらにメイソンの熱弁によって大統領に拒否権を与える危険性が示された。

「官吏の任命権を大統領に与えることに我々は同意しました。さらに我々は、一人の人物にあらゆる場合の拒否権を与えようとしています。したがって、大統領は任命権だけではなく拒否権も持ちます。単独の大統領に拒否権を与えることは非常に危険なので、人民はそれを受け入れないでしょう。［中略］。我々はいまだに大統領の権限を決めかねています。私は強力な大統領が必要だと考えています。しかし、もし強大かつ広範な権限が単独の大統領に与えられれば、必ず君主制に退化するでしょう。あなた方は世襲君主制に至る道を敷こうとしているのでしょうか。人民がそのような変革に同意するとあなた方は過信しているのでしょうか。もしそうであれば、私は敢えてあなた方が間違っていると伝えます。我々は人民の精髄、すなわち共和主義に問いかけなければなりません。人民は決して君主制を受け入れないでしょう。そして、あなた方は、憲法案が人民によって永久に拒絶される危険性を考えないのでしょうか。我々が行き過ぎた民主主義による抑圧と不公正を経験したにもかかわらず、多くの人民は民主主義を支持しています。したがって、我々は世論に耳を傾けなければなりません。より良い連邦制度を考案するために憲法制定会議を招集することによって、実質的に現行の連邦制度は解体されたと考えるのが妥当です。ただあなた方は、旧制度の消滅と新政府の樹立の間の危険な空隙とそれに引き続く混乱を予期できないのでしょうか。わが国で君主制が決して試みられないように願います。君主制による抑圧への憎悪は、独立革命を通じて人民に広まっています。連邦議会が冷静になって有害な法案を自ら修正するまで、大統領がその法案を保留するだけで十分ではないでしょうか。人民に由来する多くの権限を単独の大統領に移譲することに決して同意できません。もし次から次へ権限が与えられれば、より強い権限が大統領に預託されることになるでしょう」

今度はフランクリンがバトラーに倣って歴史から教訓を引き出した後、「行政府はどこであろうと君主制になるまで肥大するでしょう」と警句を述べた。票決の結果、大統領に絶対的な拒否権を与える提案は否決された。さらにバトラーは、条件付き拒否権の代わりに法案の保留権を大統領に与えるように提案した。すかさずゲリーが反対を表明した。

「不公正で無思慮な法案を抑制するという明確な目的がなければ、保留権によって有益な法案も否定される恐れがあります」

最終的に大統領に法案の保留権を与えるという提案は否決された。その結果、各院の三分の二の賛成票で法案が再可決されるという条件付きの拒否権を大統領に与える提案が可決された。

続いて司法府の構成に関する議論が始まった。最高裁判所と下級裁判所で司法府を構成することはすぐに決まった。ただ時間がほとんど残されていなかったので、実質的な協議は翌日に持ち越された。

＊判事の任命方法

六月五日の議題は判事の任命方法である。ヴァージニア案では、連邦議会が判事を任命すると規定されている。まずウィルソンが所信を述べた。

「連邦議会による判事の任命に反対します。経験によれば、多人数の組織はそのような任命に不向きです。陰謀、贔屓、そして、隠蔽がともなうことになるでしょう。大統領を単独にしなければならない主な理由は、官吏が一人の責任ある人物によって任命されることになるからです」

すかさずラトレッジが異議を申し立てた。

「いかなる単独の人物にもそのような大きな権限を決して与えるべきではありません。人民は、我々が過度に君主制に傾いていると見なすでしょう」

ここでフランクリンが口を挟んだ。

「判事を選出する方法として二つの方法、すなわち立法府による選出と大統領による選出が今、検討されています。その他の方法も提案してください。これは非常に重要な問題だからです」

フランクリンの要請に応じてマディソンは第三の方法を提起した。

「立法府、もしくは多人数の組織による判事の選出に反対します。陰謀や贔屓といった問題に加えて、多くの議員は判事に必要な資質を判断できません。議員の資質は判事の資質とまったく違うので、議員は一般的に議会にとって都合の良い人物を推薦しがちです。その一方、大統領に判事の任命を委ねる案にも納得できません。熟慮にもとづく判断を下せる安定性と独立性を持つ少人数の上院に判事の任命権を与えるべきです」

マディソンに続けてハミルトンが折衷案を提示した。

「大統領が判事を指名して、上院が指名の是非を判断するべきです」

結局、判事の在職期間と俸給について決定されたものの、選出方法に関する議論は先送りされた。

＊下院議員の選出方法の再検討

六月六日、議場の外では激しい雨が降っていた。湿気がこもる室内では白熱した激論が交わされた。そのきっかけとなったのは、チャールズ・ピンクニーによる提案である。ピンクニーは、邦議会による下院議員の選出を提案した。それに対してゲリーが「人民の信任を得るために下院は人民によって選出されなければなりません」と強く抗弁した。さらにウィルソンがピンクニーの提案を激しく攻撃した。

「政府には活力がなければなりませんが、そうした積極的な権限はすべて人民という正統な法源から直接由来しなければなりません。政府は強制力だけではなく、人民一般の心情や良識もあわせ持つべきです。立法府は社会全体の最も正確な写しです。[中略]。もし人民の意思に直接もとづいて連邦政府を樹立すれば、人民は連邦政府を敬愛するようになるでしょう。そして、連邦政府は諸邦政府に優越するようになるでしょう」

すかさずシャーマンが切り返した。

「もし諸邦政府の廃止を視野に含めているのであれば、選挙は人民によっておこなわれるべきでしょう。もし諸邦政府を存続させるのであれば、連邦政府と諸邦政府の調和を保つために、諸邦政府が連邦議会を選出するべきです。人民が連邦政府に参画する権利は、諸邦議会選挙が人民によっておこなわれることで［間接的に］保障されます」

今度はメイソンがウィルソンを支持する論陣を張った。

「現行の連合会議は、人民を代表しているのではなく諸邦を代表しているだけです。連合会議の法律は、人民に作用するのではなく諸邦に作用しています。こうした状況は、新しい憲法案によって是正されるでしょう。連邦政府は人民を代表することになります。したがって、人民が代表を選ぶべきです」

さらにマディソンがウィルソンとメイソンの弁論を補強した。

「少なくとも立法府の一院を人民による直接選挙で選ぶべきです。それこそ自由な政府の明確な原理です。適切な規定のもとでそうした方式を採用すれば、より良い代表を選べるだけではなく、諸邦政府の影響力が連邦政府内で大きくなりすぎることを避けられます。［中略］。あらゆることから我々が引き出せる教訓は、共通の感情で結びついた多数者が存在した場合、少数者の権利は安全ではないということです。共和政体において多数派は、団結すれば常に［自分たちの要求を押し通す］機会を得られます。唯一の救済策は、政治に参加する者の領域を拡大して、さまざまな利害を持つ者たちの間で社会を分割することです。［中略］。そうした救済策を試みること、そして、すべての悪弊を制御できるような共和政体を樹立することこそ我々に課された責務なのです」

続けてディキンソンが立ち上がって意見を述べた。

「人民が立法府の一院を直接選出するようにしなければなりません。そして、諸邦議会がもう一院を選出することが適当だと考えられます。もしそうしなければ、今、検討しているような政府を樹立できません。それは構想の実現に不可欠です」

今度はリードが完全な統合国家の樹立を訴えた。

「我々は統合国家を実現しなければなりません。諸邦政府は撤廃されなければなりません。我々は声を大にしてそう言うべきです。旧制度を修復することに反対します。そのような考えは捨てるべきです。それは古着に新しい服を継ぎ合わせるようなものです。間に合わせの原理の上に築かれた連邦は永続できません。それを修復することもできません。もし我々が新しい原理にもとづく優れた政府を樹立できなければ、我々は破滅するか、もしくは再び今回のような作業に従事しなければならなくなるでしょう。広く人民が連邦政府に反対するのではないかと誤解されています。諸邦政府は同意しないかもしれませんが、人民は我々とともにあります」

リードの急進的な意見に警戒を抱いたピンクニー将軍は異見を開陳した。

「優れた連邦政府を樹立すると同時に諸邦政府に多くの権限を残しましょう。人民に両院議員のどちらかを選出させることは、多くの邦、特にサウス・カロライナでは実行できません。人民による選出は、諸邦議会による選出よりも専制に対する有効な防壁になるとは思えません。[中略]。諸邦議会は、もし連邦議会に深く関与できなければ、強い警戒心を抱くようになって連邦政府を転覆させようとするでしょう。諸邦議会が廃止されるのではないかという疑念は決して消えません」

ウィルソンはピンクニーの疑念を解こうと弁明に努めた。

「私は諸邦政府の存続に賛成しています。もし諸邦政府の役割が地域的な目的に限定されれば、連邦政府と諸邦政府は両立でき、諸邦政府が連邦政府によって併呑される可能性もありません。古今のすべての連邦制度において、正反対のことが起きています。連邦の構成員による絶え間ない権限簒奪のせいで連邦の統一性は破壊されがちです」

甲論乙駁の後、邦議会が下院議員を選出するという案は否決され、人民による選出が再び可決された。

＊上院議員の選出方法と連邦制度の理念

六月七日、下院議員の選出方法に続いて上院議員の選出方法に関する検討に入った。まずディキンソンは邦議会が上院議員を選出する方式を再び持ち出した。シャーマンがディキンソンの意見に賛意を表明した。

「上院議員を選出できるようになれば、諸邦政府は連邦政府をより強く支持するようになるでしょう。そして、両政府間で適切な調和が維持されるでしょう。両政府はそれぞれ明確に区分された管轄領域を持つべきですが、互いに支持し合うことで互いに利益がもたらされます」

続けてディキンソンが上院議員の総数について言及した。

「上院議員の総数は多くてもかまいません。八〇人、もしくは八〇人の二倍でも問題ありません。もし上院議員の総数が少なければ、下院と釣り合いを取れません。上院議員の数を二〇〇人以上にすべきです。上院議員の総数を増やすことによって上院の存在意義と影響力を強くできます。さらに貴族的な門閥と財力を結び合わせれば、衆愚政を抑制できる均衡を作り出せます」

その一方、ウィルソンは反論を唱えた。

「もし我々が統合国家的な政府を樹立するのであれば、政府は広く人民に由来するべきです。もし一院が諸邦議会によって選出され、もう一院が人民によって選出されれば、両院は異なる基盤に依拠することになり、必然的に両院の間で不和が生じるでしょう。上院は下院と同じく人民によって選出されるべきです」

続けてマディソンが席を立ってウィルソンに味方した。

「もし［邦議会が上院議員を選出するべきだという］ディキンソン氏の提案が可決されれば、我々は議席の比例配分の原理を放棄するか、もしくは非常に多人数で構成された上院を認めなければなりません。明らかに不公正なので比例配分の原理を放棄できません。しかも多人数の上院は不適切です。上院の有用性は、下院よりも冷静かつ体系的に、そして叡智をもって議事を進めることにあります。上院議員の総数を増やせば、上院が矯正しようとしている［下院の］悪弊を上院自体にもたらすことになります。人数を増やせば増やすほど組織の影響力が増すと主張するディキンソン氏の考えと私の考えは異なっています。それどころか影響力は人数に反比例します。ローマの護民官の例がまさにそうです。護民官は人数が増えるにつれてその影響力と権限を失いました。その理由は明らかです。護民官は、ローマの平民の利益と要求に配慮するために任命されました。平民はあまりに数が多いために団結して行動できず、派閥に分裂して、対抗勢力である貴族の餌食になってしまうからです。実際、護民官は少数であった時、元老院を抑制できたにもかかわらず、増員されると分裂して弱体化して、その制度に期待されていた平民の擁護者の役割を果たさなくなりました」

ウィルソンとマディソンの攻撃に対してディキンソンが自説を擁護した。

「ある程度、諸邦を存続させることは不可欠でしょう。互いに抑制し合うようにするために異なる権力の衝突は望ましいことです。諸邦を完全に撤廃することは、諸邦議会を貶めることであり、実行できないことであり、破滅的ですらあります。我々は、諸邦を撤廃して単一の政府に統合するべきではありません。もしそれが可能でも、私は反対します。我々の政体を太陽系と同じような制度にしましょう。連邦政府を太陽とし、諸邦政府を惑星とします。一つひとつの惑星は反発したり引き寄せられたりしますが、全体を俯瞰すると、すべての惑星は各軌道の中で規則正しく調和的に動いています。したがって、惑星が適切な軌道の中で自由に動ける余地を残すべきです。ウィルソン氏は惑星自体を消滅させようとしています。もし諸邦政府が連邦政府の中から完全に排除され、すべての権限が広く人民から由来するようになればどうなるでしょうか。連邦政府は、今、諸邦政府が向かっているのと同じ［衆愚政の］方向に進み、同様の災厄に見まわれるでしょう」

すぐにウィルソンが反撃を開始した。

「ディキンソン氏が示唆したように、私は惑星を消滅させようとしているわけではありませんが、惑星が太陽を暖めて輝かせることはできないと思っています。適切な軌道の中で惑星は、わが国の広大な領域の中で従属的に動かなければなりません。古来、あらゆる連合が、その構成員の成長と野心のせいで崩壊してきました。もし諸邦議会が上院議員を選出すれば、かつて古代の連合を破滅させた原理が、我々の樹立しようとしている政体にも蔓延するでしょう」

ディキンソンがウィルソンの意見に反駁した後、今度はメイソンが立ち上がった。

「構成員の過大な権限や無分別な野心によって古代の連合が瓦解したのは本当ですが、そうした状況は合衆国の状況と異なっています。連邦政府にどのような権限を与えようとも、一部の権限を諸邦政府に必ず残さなければなりません。単一の権力が合衆国の隅々まで等しく公正をもたらすことはできないからです。［中略］。連邦政府が諸邦議会を併呑してしまう危険があります。どのようにしてこの危険に対する合理的な防衛策を講じて、諸邦の権限を守ればよいのでしょうか。その答えは、諸邦議会に上院議員を選出させることです」

決が採られた結果、諸邦議会が上院議員を選出するという方式がいったん採用された。

＊連邦政府と諸邦政府の関係

六月八日、連邦議会にあらゆる法律に対する絶対的な拒否権を与えるか、それとも一定の条件が付けられた拒否権を与えるかが議論された。まずチャールズ・ピンクニーは、連邦議会が絶対的な拒否権を有するべきだと提案した。

「そのような普遍的な権限は、連邦議会に実行力を与えるために絶対に必要です。諸邦を国家に従属させなければなりません。したがって、連邦議会が効率的に統治できるように諸邦の権限を縮小する必要があります。もし独断で行動できる余地を諸邦に残せば、いかに広範な権限を連邦政府に与えても国家の主権を守れません。独断で行動できる余地を諸邦に残したせいで連合会議の法律は破られてきました。外国との条約も繰り返し破られてきました。広い範囲に及ぶ拒否権は、効率的な連邦政府の礎（いしずえ）になるでしょう」

ここでウィリアムソンが連邦議会に強大な権限を与えることに懸念を示した。

「連邦議会は、連邦政府の権限を侵害する法律に限って拒否権を行使するべきです」

すかさずマディソンがウィリアムソンに反駁した。

「諸邦の立法に対する無制限の拒否権は、完全な政体のために絶対に必要です。諸邦が連邦の権限を絶えず侵害し、外国との条約を破り、互いの権利や利益を損ない合い、各領域内のより弱い者を抑圧する傾向を持つことは、経験によって明らかです。拒否権は、こうした災厄を防止するために工夫できる最も穏当な手段です。もしそのような予防措置が設けられなければ、唯一の救済策は強制に訴えるしかありません。そのような救済策が望ましいでしょうか。実行可能でしょうか。［中略］。諸邦の違憲行為に対して実効性が疑わしい強制力しか行使できない合衆国政府は、連合会議と同じく虚偽で無益な存在にしかなりません。拒否権があれば、強制力を無用に行使せずに済むでしょう。拒否権に実効性を与えるために、諸邦によって制定されるすべての法律を拒否権の対象にしなければなりません。太陽系にたとえれば、連邦政府の拒否権は諸邦の遠心力を統御する一般的法則です。一般的法則がなければ、惑星は適切な軌道を外れて飛び去り、政治制度の秩序と調和は破壊されるでしょう」

なおもウィリアムソンは食い下がった。

「諸邦の内政決定権を制限するような権限を連邦議会に与えることに反対します」

さらにゲリーが議論に加わってウィリアムソンに助勢した。

「諸邦は異なる利害を持ち、互いの利害に無関心です。そのような状況下では、連邦議会が拒否権を濫用するでしょう」

ウィルソンは、社会と個人になぞらえて連邦と諸邦の関係を説明した。

「社会の成り立ちにおいて、すべての人間はその生命、自由、財産、そして、権利の一部を社会に移譲しています。個人がある法律に従いながらその他の法律から免除されるという例外規定はありません。[中略]。もし我々が連邦政府を樹立しようとしているのであれば、諸邦は個人のように連邦政府に従属しなければなりません。[中略]。我々が革命を始めた時の言葉を思い出してください。ヴァージニアはもうありません。マサチューセッツももうありません。我々は名実ともに一つになりましょう」

ウィルソンが紹介している言葉は、第一回大陸会議でパトリック・ヘンリーが語った言葉だ。憲法制定会議にはその言葉を直接聞いた者が何人もいる。あの時のヘンリーの熱弁はきっと耳朶に残っているだろう。ただウィルソン自身はその場にいなかったので、人伝(ひとづて)に聞いたようだ。さらにウィルソンの説明が続いた。

「我々は今、一つの国民です。我々はすべての地域的な利害を葬り去らなければなりません。連合会議が設立されると、諸邦政府はすぐに警戒心と野心を示し始めました。連合会議がばらばらになって現在のように無能な状態になるまで、各邦は共有のパンの塊から自分の分け前を絶えず削り取ろうとしました。憲法制定会議は、連合規約の欠陥を修正することを目的にしています。連合規約の大きな欠陥は、連邦が諸邦に対して効果的な統制力を持たない点にあります。連邦が諸邦を犠牲する危険があるかもしれません。しかし、逆もまた然りです。連邦を諸邦の思うがままに任せて、地方の利益のために国家全体の利益を犠牲にし続ければどうなるのでしょうか。もし拒否権を連邦政府に与えなければ、諸邦は外国勢力に傀儡として利用されて連邦に反抗するかもしれません。もし連邦政府が国家を騒乱と混沌に陥れるような諸邦の法律を抑制できなければ、外国に愛着を持つ住民から構成される新しい諸邦がすぐに形成されるでしょう」

ウィルソンの意見にディキンソンが異を唱えた。

「拒否権を行使するべきか否か適当な線引きを設けることは不可能です。我々は二つの選択肢の中から選ばなければなりません。連邦政府の権限によって諸邦政府が侵害される危険を冒すか、諸邦政府の権限によって連邦政府が侵害される危険を冒すか。諸邦政府が連邦政府を侵害する危険のほうが大きいでしょう。権限に関して疑問を残すことは新たな不和の源になり、そのような疑問をできる限りなくすべきです」

ベドフォードがディキンソンの主張を後押しした。

「連邦議会は、諸邦の法律に対してどのように拒否権を行使すればよいのでしょうか。緊急を要する場合、遠く離れた諸邦に法律を差し止める通達を送れるのでしょうか。それに連邦議会は、必ずしも法律の是非を妥当に判断できないかもしれません。諸邦議会は、そのような判断を受け入れられるのでしょうか。諸邦の法律を是正するために連邦議会がいちいち招集されることになるのでしょうか」

今度はマディソンが拒否権の有用性について説明したうえで現行制度の欠陥について指摘した。

「連合規約を修正することは不可能です。あまりに深刻な蹉跌をきたしているために改善すらできません。現行制度やそれと類似した制度では、もはや国家の安寧と調和を取り戻せません。連邦が解体すれば小邦にどのような運命が待ち受けるのかベドフォード氏に問いたい。もし欠陥を持つ現行制度に代わる実効的な制度を樹立できなければ、連邦は瓦解します。［中略］。大邦が強欲と野心に駆り立てられた場合、連邦政府の介入がなくても小邦は安心していられるのでしょうか」

マディソンの熱弁にもかかわらず、連邦政府の強大化を恐れた代表たちの疑念は氷解せず、連邦議会には条件付き拒否権が与えられることになった。

ニュー・ジャージー案

＊連邦議会の議席配分の再検討

六月九日、謹厳な顔をした短軀の男が発言を求めて、連邦議会の議席配分について検討するべきだと訴えた。ニュー・ジャージー代表のウィリアム・パターソンである。紆余曲折を経て邦議会による上院議員の選出と人民による下院議員の選出が決定したことは先述の通りである。では各邦にどれだけの数の議席をどのような基準で割り振るべきか。この問題を解決しなければ前に進めない。

パターソンに続いて、落ち着いた面持ちの男が控え目な声で小邦の見解を述べた。ニュー・ジャージー代表のデイヴィッド・ブリアリーである。

「議席配分の問題について考えると非常に残念な気持ちになります。連合規約を起草した時にその問題は連合会議で物議を醸して、主権を持つ各邦にそれぞれ一票ずつ与えることで解決されました。そうしなければ小邦は救済されるどころか、破滅させられたに違いありません。議席配分の変更は一見すると公正かもしれません。しかし、仔細に検討してみると不公正です。〔中略〕。三つの大邦と十の小邦があります。マサチューセッツ、ペンシルヴェニア、そして、ヴァージニアのような大邦は、小邦を無視してすべてを支配してしまうでしょう。〔中略〕。私は、連邦政府に積極性と安定性を与えたいと考えてこの会議に出席しました。平等な投票権を破棄するような提案に驚きと不安を感じています。〔中略〕。ただ各邦に平等に一票ずつ与える連合会議の規則は不公平だと認めます。ではどうすれば解決できるのでしょうか。解決策は一つしかありません。合衆国の地図を広げて、すべての境界線を消去して、十三の均等な部分になるように全体を新たに分割すればよいのです」

今度はパターソンが激しい口調で小邦の要求を突きつけた。

「我々は、独立した主権を持つ十三邦の代表として連邦政府を樹立する目的でここに集まりました。現行の連合規約が依拠する原理は、各邦が連合会議で同数の票を持つという原理です。我々は諸邦の主権を統合して一つの国家を樹立することはできませんし、本来、〔連合規約の改正という〕別の目的で我々をここに送り出した諸邦の主権を勝手に廃止できるのでしょうか。〔中略〕。小邦は議席の比例配分に決して同意しません。もし諸邦を存続させたままで連邦を形成するのであれば、諸邦は同等な存在として扱われなければなりません。〔中略〕。多くの拠出金を支払う大邦が少ない拠出金しか支払っていない小邦よりも多くの票数を持つべきだという論理は、豊かな市民が貧しい市民よりも多くの票数を持つべきだという論理と同じく非合理的です。〔中略〕。大邦にその大きさに準じて影響力を与えれば、その結果はどうなるでしょうか。大邦の野心は肥大するばかりで、小邦はすべてを恐れるようになるでしょう。〔中略〕。ニュー・ジャージー邦は、ヴァージニア案にもとづく連邦に決して加盟しません。もし連邦に加わればニュー・ジャージー邦は併呑されるでしょう。そのような運命を甘受するくらいであれば、君主や独裁者に屈服したほうがましです。すなわち、連合規約に従って主権を持つ各邦にそれぞれ同じ票数を与えるか、それとも自由の終焉か。私はこの会議でヴァージニア案に反対するだけではなく、帰郷してそれを廃絶するために全力を尽くすつもりです」

ウィルソンは、パターソンの激越な弁論に怯まず反論した。

「すべての権限は人民に由来するので同じ数の人民は同じ数の代表を持たなければならず、異なる数の人民は異なる数の代表を持たなければなりません。連合会議はこうした原理に反しています。［中略］。ペンシルヴェニアは、その人口にもとづいて十二票を持つ権利があります。同じ原理にもとづくと、ニュー・ジャージーには五票を持つ権利があります。連邦議会においてニュー・ジャージーは、ペンシルヴェニアと同等の権利と影響力を持つべきでしょうか。私は否と言います。それは不公正です。もし小邦がヴァージニア案にもとづく連邦に加盟しなければ、ペンシルヴェニアもほかの邦もどのような案が提示されても連邦に加盟しないでしょう。パターソン氏は率直に異議を唱えました。そうした態度に敬意を表して私も同じように率直に異議を唱えたいと思います。私は、パターソン氏が提唱する原理にもとづいた連邦に加盟できないと断言します」

議論は平行線をたどり、休会の時間を迎えた。

六月十一日、日曜日をまたいで議席配分をめぐる議論が再開された。シャーマンが折衷案を提唱した。

「下院の議席配分は、各邦の自由民の数に準ずるべきです。人民が下院議員を選出するべきです。その一方、邦の主権を守るために諸邦議会が上院を選出するべきです。各邦が自衛できるようにするために、諸邦がそれぞれ主権を保持できるようにするべきです。さもなければ少数の大邦が残りの諸邦を支配してしまうでしょう」

シャーマンの折衷案に関する談義がしばらく続いた後、フランクリンが書面にまとめた見解をウィルソンが代読した。

「この議席配分の問題が検討されるまで、我々の議論が冷静におこなわれてきたことを私は喜ばしく思います。しかし、残念なことに今はそうではありません。我々は、互いに争うためではなく協議するためにここへやって来ました。凝り固まった意見を互いに主張し合っても何も変わらず、全員が納得することはできません。一方が激昂すれば、もう一方も同じようになります。そして、はなはだしい不和と分裂をもたらします。この会議に意義を与えるためには調和と連帯が絶対に必要です。この会議を円滑に進めることで公共の善を推進できます。もしすべての連邦議員が特定の邦の利害を代表する者ではなく、全国民を代表する者だと自覚できれば最善です。そうすれば議席配分はあまり重要ではなくなり、彼らが諸邦の代表として投票するか、もしくは個人として投票するかは問題ではなくなります。しかし、残念ながらそう期待できないとわかりました。そこで何らかの比率にもとづいて議席を配分しなければなりません。諸邦の数ではなく、議員の数によって決定を下すべきです。大邦が小邦を併呑してしまうのではないかという不安から反対が起きるかもしれません。現時点で私は、大邦が小邦を併呑しようと企てることによって得られる利益を何も見つけられません。したがって、大邦がそのようなことをする恐れはありません。[中略]。小邦が自分たちの権利を大邦の意のままにされたくないように、大邦も自分たちの権利を小邦の意のままにされたくないのは当然です」

フランクリンの書面が読み上げられた後、何らかの公平な比率にもとづいて下院の議席を配分するという提案が可決された。続けてウィルソンとハミルトンは、下院と上院の議席配分方式を統一するべきだと提案した。両者の提案は承認された。ただ具体的にどうすれば大邦にとっても小邦にとっても公平と言えるのかは未解決のまま残された。それはこれから先の課題である。

＊ヴァージニア案の再検討と対抗案の提出

六月十三日、ヴァージニア案全体をまとめて再検討することが決定された。これまでに認められた重要な条項は以下の通りである。

連邦政府は立法府、司法府、行政府の三権分立を基本とする。そして、立法府は上下両院から構成される。下院議員は人民によって三年の任期で選ばれる。下院の議席は、何らかの公平な比率にもとづいて配分される。上院議員は諸邦議会によって七年の任期で選ばれる。上院の議席は下院と同じ方式で配分される。連邦議会は、もし諸邦が憲法や条約に違反して法律を制定した場合に限って拒否権を行使できる。大統領は連邦議会によって七年の任期で選ばれ、二度にわたって再選されず、俸給を受け取り、弾劾を受けて有罪が確定すれば罷免される。大統領には連邦議会の立法に対する拒否権が与えられ、各院の三分の二の賛成票がなければ再可決されない。司法府は最高裁判所と下級裁判所から構成され、判事は終身任期で上院によって選ばれる。連邦政府は、諸邦の共和政体の存続を保障する。憲法案は、人民によって特別に選ばれた会議による批准を受けて成立する。

六月十四日、パターソンは「今、構想されている制度と本質的に異なる連邦政府」を提案するために時間を与えてほしいと要望した。パターソンの要望を受けて会議は休会になった。

翌日、パターソンを中心とする小邦の代表たちは、ニュー・ジャージー案と呼ばれる対抗案を会議に提出した。ニュー・ジャージー案の骨子は次の通りである。

立法府は、各邦が同等の投票権を持つ一院制とする。現行の連合会議に終身の判事たちから構成される最高裁判所を付け加える。さらに関税と印紙税を課す権限、外国および邦間通商を規定する権限、邦から分担金を徴収する権限、そして、連邦法に従うように諸邦に強制できる権限を連合会議に与える。諸邦議会が憲法案を批准する。

骨子を見るとわかるようにニュー・ジャージー案は、連合規約の改正を求めているだけである。ヴァージニア案のように新たな憲法案を提示するものではない。すなわち、ヴァージニア案が国民国家的である一方、ニュー・ジャージー案は連邦的である。小邦の代表たちは、もしヴァージニア案がそのまま実現して新しい連邦政府が樹立されれば、小邦の権利が侵害されるのではないかと疑っていた。小邦からすれば、連合会議を温存してその権限を強化するだけにとどめたほうが得策である。

ニュー・ジャージー案が提示された後、マディソンは審議を明日まで延期するように提案した。マディソンによれば、「その猶予でパターソン氏によって提出された案の支持者はそれをうまく説明する準備ができ、全員が写しを取る機会を得られる」からだ。マディソンの提案が認められ、実質的な議論は翌日に持ち越された。

＊ニュー・ジャージー案とヴァージニア案の比較検討

六月十六日、ニュー・ジャージー案とヴァージニア案の比較が始まる。まず両案の条項が読み上げられた後、三〇代半ばの男が口ごもりながら相違点について述べた。ニュー・ヨーク代表のジョン・ランシングである。

「一方は連邦的であり、もう一方は国民国家的です。［中略］。我々が実現しようとしている目標にもとづいてどのような権限が行使できるか検討するために、各邦の信任状を思い出し、我々を送り出した者がどのような考えを持っているか確認しましょう。信任状の文言は明白です。現行の連合規約の改正を前提として、連邦にさらなる強さを与えるために欠陥部分を修正することです。［中略］。諸邦の承認を得やすい原理にもとづいて政府を樹立しましょう。大きな変革は徐々にしか導入できません。諸邦は、必要不可欠な権限を統合国家に決して引きわたさないでしょう。諸邦の権限を廃止するような新奇な案は決して承認されないでしょう」

ランシングに続いてパターソンがニュー・ジャージー案の目的を説明する。

「第一に、ニュー・ジャージー案は我々に与えられた権限に沿っています。第二に、ニュー・ジャージー案は世論に沿っています。もし連合規約が大いに間違っていたとしても我々は独断で事を進めず、いったん自邦に帰ってより大きな権限を委任されるように努めるべきです。私がここに来たのは私自身の意見を述べるためではなく、私を送り出した者たちの意見を代弁するためです。［中略］。広く人民は連合会議に不満を抱いているのでしょうか。否。人民が望んでいることは、連合会議がより強い権限を持つことです。もし今、提案されている権限が十分でなければ、今後、人民は連合会議の権限を強化しようとするでしょう。適切な権限を持つ連合会議は、今、提案されている連邦議会よりも積極性と叡知をもって行動するでしょう。［中略］。したがって、まず連合規約を修正できるか否か公正に試すべきです。もしそれが可能であれば我々は義務を果たしたことになり、人民はきっと満足するだろうと私は信じています」

今度はウィルソンが起立して、両案の相違点を指摘した後、ヴァージニア案の利点を挙げた。

「人民は現在の困窮した状態から救われたいと望んでいて、この全国的な会議に期待しています。そして、人民は国民国家を求めています。したがって、ヴァージニア案のほうがニュー・ジャージー案よりも好ましいでしょう。連合会議にさらなる権限を付与するだけでは十分ではありません。連合会議は人民によって選ばれた組織ではなく、一院から構成され、各邦が一票ずつ持つからです。不公平な議席配分はあらゆる政府を毒します」

何人かの代表が発言した後、ランドルフが熱を帯びた口調でまくし立てた。

「私は、国民国家を樹立しなければならないと確信しています。必要なことを何もせずに黙って見ていることは私にはできません。今こそ必要なことをなすべき唯一の好機です。本質的な問題は、我々が連邦的な案に拘泥するのか、それとも国民国家的な案を導入するかです。前者が非効率であることはすでに試練を経て十分に示されています。［中略］。今こそ国民国家を樹立する最後の機会です。この好機に実験を試みなければ、人民は失望するでしょう。公共の善のために権力を行使することこそ最も優れた権力の行使であると述べて締めくくります」

こうしてヴァージニア案とニュー・ジャージー案の是非をめぐって意見が衝突したが、解決の糸口は見えなかった。一見すると、ヴァージニア案を支持する者たちのほうが優勢に見える。しかし、そうではなかった。小邦の不満を反映して起草されたニュー・ジャージー案であったが、大邦の代表たちの中にも支持者がいたからである。なぜか。ニュー・ジャージー案は、ヴァージニア案よりも邦の権限を重視しているからだ。大邦の代表たちの中にも、連邦政府に与える権限を最小限に抑えて自邦の権限を温存したいと考えている者は数多くいる。

＊ハミルトン案の提唱

ニュー・ジャージー案の登場に対してマディソンは、ヴァージニア案にもとづいて成立した合意が覆されてしまうのではないかと危惧を抱いていた。しかし、口をつぐんで議論の推移を静かに見守っていた。六月十八日のマディソンの記録には、ハミルトンに関する説明が書かれている。いつも淡々と事実を記録するだけのマディソンが感想めいたことを書いているのは非常に珍しい。どうやらハミルトンの活躍に期待していたようだ。

ハミルトン氏は、能力、年齢、そして、経験で優っているほかの代表たちに敬意を抱いていたので、彼らの考えと異なる自分の考えを示すことに躊躇していただけではなく、自邦［ニュー・ヨーク］に関する複雑な状況から同僚が示す［邦政府重視の］意見に決して同意できなかったので、これまで議事に関して会議の前で沈黙を保ってきた。しかしながら、我々に危機が差し迫る中、公共の安全と福祉のために全力を尽くすという すべての人間に課される義務の遂行に躊躇している場合ではない。したがって、ハミルトン氏は、自分がどちらの案も支持していないと告げなければならなかった。ハミルトン氏は特にニュー・ジャージー案に反対して、諸邦に主権の保持を認めるような連合規約の修正はその目的を決して実現できないと確信していた。

その日はまさにハミルトンの独壇場だった。ハミルトンの大演説は五時間以上に及ぶ。議事妨害のための無益な長広舌ではない。憲法の理念について真摯に語った非常に密度の濃い演説だ。質量ともにこれだけ優れた演説ができる政治家は古今を通じて稀である。残念なことにハミルトン自身が概要を書いた草稿しか準備していなかったので詳細は残っていない。ただ何人かの代表が記録を残しているのでここに一部を再現できる。

「この緊急事態において我々はわが国の幸福に必要だと思えることを何でもする義務を負っているというラ

ンドルフ氏の意見に賛同します。諸邦は、連邦の緊急事態を解消するために我々を送り出しました。単に我々の権限の範疇を超えるという理由でこうした緊急事態に対応できないような案を提案すれば、目的を達成するための手段を犠牲にすることになるでしょう」

続けてハミルトンは現行制度の欠陥について述べた。ハミルトンの考えでは、諸邦政府が強大な一方、連邦政府があまりに弱小なのが問題であった。それにもかかわらず、諸邦政府は連邦政府に権限をなかなか移譲しようとしない。それでは緊急時に連邦政府が何も有効な対策を講じられず、その結果、連邦は崩壊してしまう。さらにハミルトンの演説は続いた。

「このようなすべての悪弊をどのようにしたら避けられるのでしょうか。[諸邦政府が持つ] すべての強力な原理や情念を覆せるような権限を連邦政府に与えることによってのみ可能です。ニュー・ジャージー案はそのような効果をもたらすのでしょうか。いかなる実質的な救済がもたらされるのでしょうか。それどころかその機能には大きな欠陥があります。[中略]。ニュー・ジャージー案の致命的な欠陥は、小邦が強く望んでいる同数の議席配分です。人間の本質からしてそれはヴァージニアをはじめとする大邦にとって同意できないものであり、もし同意できたとしてもすぐに撤回されるでしょう。[中略]。連合会議の権限は、その設立目的を実現するために十分であるとかつて考えられていました。その間違いは今、誰の目にも明らかです。[中略]。連邦は瓦解しようとしています。否、すでに瓦解しています。行き過ぎた民主主義を偏重することによって人民をなだめようとする悪弊が諸邦で蔓延しています。しかし、今、人心に大きな変化が起きています。人民は偏見からいずれ解放されるでしょう。そうなれば人民はヴァージニア案に満足できず、それよりさらに先に進もうとするでしょう」

ハミルトンは、ヴァージニア案とニュー・ジャージー案に代わる第三案を提示した。いわゆるハミルトン案である。それは終身制の大統領のもとで強力な連邦政府を樹立するという急進的な案である。どのような案なのか簡単にまとめておこう。

大統領は選挙人によって選ばれる。大統領には、恩赦権、条約締結権、官吏の任免権、法案拒否権などの権限が与えられる。上院議員も大統領と同じく終身であり、選挙人によって選ばれる。その一方、下院議員は三年の任期で人民の直接選挙によって選ばれる。その他に特徴的な条項は、邦知事が連邦政府によって任命される条項と諸邦に陸海軍の保持を禁止する条項である。

ハミルトン案はあまりに急進的であったので、賛同をほとんど集められず却下された。マディソンは、小邦の代表たちがハミルトン案に反感を抱いて憲法制定会議から脱落するのではないかと恐れた。しかし、ハミルトン案は、ヴァージニア案を穏健に見せるという思わぬ副産物をもたらした。

深まる亀裂

＊ヴァージニア案の採択

ハミルトンが演説を披露した翌日、マディソンはニュー・ジャージー案に対する反撃の狼煙(のろし)を上げた。まず現行制度を廃止するには諸邦の全会一致が必要であるというパターソンの意見を否定した。もしニュー・ジャージー案が通れば、抜本的な改革が頓挫する恐れがある。ニュー・ジャージー案の採択を絶対に阻止しなければならない。諸邦が連邦政府の権限を侵害するという悪弊は、「最大の国家的な災厄」であり、「全体に混乱と破滅をもたらす」ものだ。またニュー・ジャージー案は諸邦の誤った行動を抑制できず、内乱にもうまく対処できない。もし大邦が連合会議における投票方式に不満を持てば、連合会議の方針に従わなくなるだろう。その結果、連邦が崩壊すれば、小邦は大邦に併呑される恐れがある。それに諸邦議会が憲法案を批准するという提案も間違いである。人民が憲法案を批准するべきである。人民自身による批准を経て初めて連邦政府は人民に直接働き掛けられるようになるからだ。

甲論乙駁の後、ヴァージニア案とニュー・ジャージー案のどちらを採択するか票決が実施された。ニュー・ジャージー案を支持していたコネティカットがヴァージニア案の支持に転向した一方、メリーランドは代表たちの間で意見が割れた。その結果、ヴァージニア案が採択され、その各条項の再検討が始まった。再検討は七月二日まで続く。ニュー・ジャージー案を諦めきれない者たちがヴァージニア案に関する不満を述べる一方、マディソンやハミルトン、ウィルソンなどがそれに反論するという形でこれから議論が進む。

再検討の冒頭でウィルソンが所懐を開陳した。

「新たなる旅立ちにおいて我々がどの方向に航行すべきか、そして、我々の旅の最終目的はどこになるのか考えたいと私は望んでいます。［中略］。諸邦政府を完全に廃止してしまうことは、私にとって望ましい目的ではありません。その点において私はニュー・ヨークから来た誉れある紳士［アレグザンダー・ハミルトン］とは異なっています。あらゆる広大な帝国には権力の分割が必要です」

ウィルソンの指摘を受けたハミルトンが続いて発言した。

「昨日の演説において私は、諸邦政府を完全に撤廃する意図を持っていたわけではありません。ただ私が言いたかったことは、連邦政府は諸邦政府の支援や干渉なしで自立できるようにするべきであり、完全な主権を持つ必要があるということです」

それから何人かが立って自論を唱えたが、その日はそれ以上、特に何も決まらなかった。

＊二院制の採択と下院議員の任期の決定

六月二〇日、連邦議会を二院制とする条項が議題に挙がった。しかし、ランシングが連邦議会に立法権を与える条項を先に検討するように提案した。ランシングは、連邦政府に強大な権限を与えるような案に警戒心を抱いていた。

「真の問題は憲法制定会議が現在の連邦の基礎を守るか、それとも逸脱するかです。[中略]。諸邦政府を撤廃するような制度に同意する権限は私にはありません。私の見解によれば、ヴァージニア案は諸邦政府の撤廃を明言しています」

またランシングは、諸邦の法律に対する拒否権を連邦議会に与える条項について難色を示した。

「そのような仕事をする余裕があるでしょうか。最も甘めの見積もりでも一年の日数と同じくらいの数の法案が諸邦から送られてくるでしょう。連邦議会議員たちは有能な裁定者になれるのでしょうか。ジョージアから来た者が、ニュー・ハンプシャーで施行される法律の有効性を判断できるのでしょうか」

さらにランシングの言葉が続いた。

「連邦政府はその権限からして諸邦政府に大きな影響力を及ぼします。諸邦政府の存続は見かけだけのものになりかねません。連邦政府が諸邦政府を撤廃することはないと断言できるのでしょうか。もし諸邦政府の撤廃が目的であれば、そう言ってください。そして、すぐに諸邦政府を撤廃してください。しかし、忘れないでください。もし我々が支持者の承認を得られなければ、連邦は崩壊します。[中略]。あなた方は諍いの種を蒔こうとしています。それは破滅をもたらすに違いありません」

今度はメイソンが立ち上がって、「連邦政府は邦政府の警戒や紛争の原因になるのではなく、相互の安全を生み出すでしょう」とヴァージニア案を弁護した。メイソンの主張に対して、だらしない身なりに不敵な面構えをした男が反論を唱えた。メリーランド代表のルーサー・マーティンである。

「もし連邦政府と邦政府が対立した場合、私は連邦を犠牲にしてでも邦政府を支持します。というのは私は、今回提案されているような制度を隷属の制度だと考えているからです」

ここでウィルソンが連邦政府に強い権限を与える必要性を説いた。

「連邦国家は多くの場合、短命に終わっています。［中略］。連合会議は弱体だったとはいえ、何とか戦争中ずっと存続できました。連合会議の権限が不十分であったことは議長も痛感していたはずです。連合会議のおかげではなく、その他の要因によって成功しただけです。大邦が連邦に恭順を示していたこと、そして、危機が訪れた時に大邦が小邦のために自らの利益を犠牲にしたことは真実です」

さらにウィルソンはソロモン王の裁きの故事を引いて、大邦の主張を認めるように訴えた。それは、二人の女が一人の子供をめぐって互いに自分が母親だと言い張った事件をソロモン王が裁いた話である。ソロモン王は子供を二つに引き裂くように命じて女たちの反応を見た。そして、自分は諦めてもよいから子供の命だけは救ってほしいと願い出た女を母親だと認めた。

「子供に対して示された優しさからどちらが本当の母親か判断したソロモン王の叡智のように、大邦は四肢を失うことが連邦にとって致命的だとよくわかっていました。連邦を存続させるために大邦は温情をもって最も大事な権利を犠牲にしました。大邦の主張を公正に扱う時が今、訪れました。状況は危機を迎えています」

最後にランシングの提案が票決にかけられたが、否決された。この日の議論はここまでである。

六月二一日、まずコネティカット邦代表のウィリアム・ジョンソンが起立してヴァージニア案に対する懸念を示した。

「ヴァージニアとニュー・ジャージーが提案した二つの案を比較すると、後者の特徴は諸邦の個別性を保持することにあるようです。ヴァージニア案はそうした個別性を完全に破壊すると言っているわけではありませんが、そのような傾向を持つと非難されています。［中略］。諸邦の個別性が脅かされないとニュー・ジャージー案の支持者を納得させられるような根拠が示されれば、反対が少なくなるはずです」

ジョンソンの懸念を解消しようとウィルソンがヴァージニア案を擁護した。

「もし邦政府を保護する必要があるなら同じく連邦政府を保護する必要もあります。連邦政府はどのようにして諸邦から身を守ればよいのでしょうか。［中略］。連邦政府が邦政府と衝突した場合、邦政府が譲歩しなければなりません。個々の利益よりも全体の利益を守るほうが大事です。もしそれぞれの権限を明確に定めれば、何の危険も心配せずに済みますし、連邦政府は州の権限を侵害する野心を持たなくなるでしょう」

ここでマディソンがウィルソンに加勢した。

「私は、諸邦が連邦政府の権限を侵害することから最大の危険が生じると懸念しています。古代の連邦国家の経験を見れば、こうした懸念が正しい根拠にもとづいていることがわかります。我々自身の経験もそれを証明しています。諸邦の法律に対する拒否権を与えられなければ、連邦政府は身を守れません」

こうした議論の結果、とりあえず連邦議会を二院制にする条項は可決された。次にピンクニー将軍が下院の選出方法を人民による選挙から各邦が指定する方式に変更するように求めた。そうした提案に対して反論を唱える者が次々と現れた。ハミルトンやウィルソンは、人民によって直接選出される議会が絶対に必要だと断言した。またメイソンは、「平和と真の自由」を守るために民主的な要素を連邦政府に取り入れる必要があると主張した。さらにキングは、もし邦議会が連邦議会選挙を左右するようになれば邦議会にとって都合の良い者しか選ばれなくなると警告した。こうした反論の勢いは非常に強く、ピンクニーの提案は斥けられた。

その他にも議題に挙がったことがある。下院議員の任期である。まずランドルフが「三年」という文言を「二年」に差し替えるように提案した。それにディキンソンはすかさず反論して、任期を一年にするように示唆した。シャーマンはディキンソンの意見を支持して、任期が長くなればなるほど地元の有権者の意向を忘れてしまうので任期は一年に限るべきだと唱えた。その一方、メイソンは一年ではあまりに短すぎると反対した。最後にハミルトンは、議員自身が経験を積んで独自の判断力を持てるようにするためには三年でも短いくらいだと指摘した。決が採られた結果、ランドルフの提案が認められ、下院議員の任期は二年に改められた。

＊連邦議員の待遇

六月二二日、まず丈高く堂々とした押し出しの男が各邦が連邦議員の報酬を支払うように条項を修正するべきだと提案した。コネティカット代表のオリバー・エルズワースだ。賛否両論が出た後、ランドルフは「もし邦議会から俸給を受け取れば、連邦議員は邦議会の言いなりになって邦にとって都合が良い方策を追求するだけになるでしょう」と警告した。それでもシャーマンは「諸邦が連邦議員の俸給を支払うべきです」と言い張った。今度はウィルソンがランドルフを擁護した。

「もしそれ［エルズワースの提案］が連邦議会を諸邦の手中に収めることを意図しているなら私は強く反対します。諸邦が連邦を軽視するようになるかもしれず、そうなれば連邦政府が揺らぎかねません。連邦議員は国庫から俸給を受け取るべきです」

ウィルソンの弁論が終わると、マディソンが立ち上がって論陣を張った。

「わが連邦政府は全体の善のために行動しなければなりません。そして、全体の利益を考えて連邦制度を支えられるようにしなければなりません。もし連邦議員を諸邦政府に従属させて意のままに動かされるようにしてしまえば、制度全体が破綻します」

ここでウィルソンは妥協案を提起した。すなわち、各邦が報酬額を決定してそれを国庫から支給するという提案である。しかし、ウィルソンの妥協案は否決され、エルズワースの提案が再検討される。口火を切ったのはハミルトンである。

「連邦議会と諸邦議会の利害は同じであるとよく言われています。それは真実ではありません。支配される者の観点は、支配する者の観点としばしば異なっています。政治科学とは人間の本質に関する知識です。諸邦政府は、連邦政府と競合する権力となるでしょう。したがって、諸邦政府が連邦議員の俸給を支払うのは非常に不適切なことです」

最後にエルズワースが「諸邦の承認がなければ連邦政府案は砂上の楼閣でしかないことを忘れないでください」と警告した。それにもかかわらず、エルズワースの提案は否決された。

続けてメイソンが下院議員の年齢要件を二五歳にする修正を提案した。メイソンの提案はさしたる議論もなく可決された。激しい議論を招いたのは、愛想笑いがよく似合いそうな豊かな頬を持つ男の発言であった。マサチューセッツ代表のナサニエル・ゴーラムである。ゴーラムは連邦議員を務めた後、一定期間、公職に就くことを禁止する規定を削除するように求めた。すぐにキングがそのような規定は「蜘蛛の巣」のように頼りないものなので無意味だと賛意を示した。するとバトラーがキングに反駁した。

「我々は人間について経験以外に判断する術を持ちません。イギリス政府の歴史を顧みると、形だけの禁則がありました。それはイギリス政府を破滅させなかったのでしょうか。議席を占める者は、その者自身や友人たちのために官職を確保しました。それは買収と腐敗の大いなる温床になりました」

その一方、ウィルソンはゴーラムの提案を支持した。

「私は規定の削除に賛成します。優れた人物を官職から遠ざけずに済むからです。［中略］。我々は、能力ある人びとが公務に服するようにあらゆる栄誉ある動機を促進するべきです。それこそ真の共和主義の原理です」

続いてマディソンがイギリスで腐敗が広まった経緯を説明した後、強硬な抗弁を展開した。

「この条項こそ我々の自由が拠って立つべき礎石だと私は考えています。もしこの規定を削除してしまえば、我々はわざわざ破滅するために制度を樹立するようなものです」

ゴーラムが「腐敗は政府に安定性を与えます」と自ら弁護に務めた一方、ハミルトンは問題となっている条項の削除を違った観点から支持した。

「人間をありのままにとらえれば、人間は何によって支配されているのでしょうか。情念です。あらゆる政府においてより有意義な動機にもとづいて行動する者は、選ばれた少数でしかありません。大きな間違いは、我々が人間をその実態よりも誠実だと思っていることです。我々を支配する情念は野心と功利です。そうした情念をうまく利用するのが賢明な政府の責務でしょう。というのは、そうした情念こそ我々を行動に駆り立てるからです。愛国的な動機にもとづき、才能を示したいと考えたり、人民の喝采を浴びたいと思ったりして前に進み出る者が国中で数人はいるかもしれません。しかし、もし我々がその条項を採択すれば、そうした動機を損ないかねません。したがって、私はすべての禁則と制限に反対します」

票決が実施された結果、ゴーラムの提案は否決された。そのため連邦議員が一定期間、公職に就くことを禁止する規定が残された。

六月二三日、まずピンクニー将軍は、連邦議員職と邦政府が設けた公職の兼任を禁じる規定を削除するように求めた。ピンクニー将軍によれば、兼職を禁じられれば優秀な人物が邦にとどまろうとして連邦議員のなり手が確保できない恐れがある。賛否両論があったものの、ピンクニー将軍の提案は可決された。

次にマディソンは、条件付きで下院議員の兼職を禁じる規定を盛り込むように提案した。すなわち、任期中に新設されたり、俸給が引き上げられた公職に就くことを禁じようという折衷案である。

バトラーは、「提案された修正では不十分です。それでは簡単に抜け道を見つけられてしまうでしょう」と述べた。続けてランドルフは、「いかなる形であれ見返りを目当てに議員になるべきではありません」とマディソンの折衷案に反対した。その一方でメイソンは、「もし我々が腐敗に対する予防策を講じなければ、わが政府はすぐに終わりを迎えるでしょう」と警告を発した。

こうした否定的な意見に対してマディソンは自らの提案を擁護した。

「私の願いは連邦議会をできる限り腐敗させないことです。[中略]。議会は公的な栄誉を求める道にならなければなりません。いかなる不都合があったとしても私の提案を採択する利益のほうが大きいでしょう」

ゲリーが立ち上がってマディソンの提案に反発を示した。

「我々は絶えず三権を分立させるように努力してきました。もし我々がこの提案に同意すれば、議員が行政府に関与するようになるか、もしくは行政府から多大な影響を受けるようになったせいで三権分立が破壊されるでしょう」

票決が実施された結果、マディソンの提案は否決された。その他にも細かい文言に関して修正が討議されたが何も実を結ばなかった。

＊上院議員の選出方法の再検討

日曜日を挟んで六月二五日を迎えた。諸邦議会が上院議員を選出する条項に関する議論が進められた。冒頭でチャールズ・ピンクニーが条項の修正を求めた。

「市民的自由と信教の自由を守れるか否かは我々にかかっています。市民的自由と信教の自由を守れた場合、我々は幸福を生み出すのに必要なすべてを守れます。［中略］。ヴァージニア案に少し修正を加えれば人民を満足させられるでしょう。しかし、連邦政府を諸邦政府に過度に依存させるべきではありません」

何人かの発言が続いた後、ウィルソンは諸邦議会が上院議員を選出する条項に対して強い反感を示した。ウィルソンの弁論は、連邦政府と諸邦政府のあるべき関係にも及んだ。

「今、議題に挙げられている権限を諸邦議会に与えるべきではありません。アメリカ市民を二つの観点、すなわち連邦の市民という観点と各邦の市民という観点から捉えなければなりません。市民が連邦政府を樹立するにあたって、どのような性質を帯びるのか我々は考えなければなりません。私はペンシルヴェニア市民であり合衆国市民でもあります。したがって、私は邦との繋がりを脇に置いて全体の善のために行動しなければなりません。我々は地方の慣習と愛着を捨てなければなりません。連邦政府は諸邦政府に過度に依存するべきではありません。連邦政府と諸邦政府の間には明確な線引きが必要です。連邦政府を各邦政府の単なる集合体にしてはなりません。我々は連邦政府の樹立に全会一致で賛同しました。平和、戦争、条約、貨幣鋳造、そして、通商の統制に関する権限を連邦政府に帰属させなければなりません。［中略］。もし邦議会が上院議員を選出することになれば、公正な議席配分ができません。我々は、ずっと存続できるような建物の基礎を作っています。数百万人の人びとがそれがうまくできるかどうか関心を抱いています」

最後にウィルソンは、人民によって選ばれた選挙人が上院議員を選ぶ方式を提案した。それに対してエルズワースは、邦議会が上院議員を選ぶ方式の利点を述べた。

「邦議会は、広く人民よりも公正に選出できる能力を持ちます。人民による選出は不安定です。我々は上院に叡智と確実性を求めています。[中略]。諸邦の人民は、各邦政府に強い愛着を抱いています。もし各邦政府の権限を損なうような連邦政府の仕組みを作れば、彼らは反対するでしょう。[中略]。連邦政府を支えるためには、諸邦政府の上に連邦政府を接木するしかありません。こうした考えにもとづいて事を進めるのが最も安全です。その他のやり方は実行不可能だと思います。こうしたやり方でのみ我々は人民の信頼と支持を得られます」

投票の結果、ウィルソンの提案は否決され、邦議会が上院議員を選出する方式に落ち着いた。次に上院議員の年齢要件について議論が進められた。年齢要件を三〇歳にするという条項は特に異論もなく認められた。さらに上院議員の任期について意見が交わされる。意見は、四年の任期、六年の任期、終身の三つに分かれた。衆議は一決せず翌日に持ち越された。

＊上院議員の任期

六月二六日、上院議員の任期に関する議論が再開された。まずゴーラムが六年の任期を提案して、ウィルソンがすぐに賛同の意を示した。それに対してチャールズ・ピンクニーは反論を唱えた。

「私はあまりに長すぎる任期に反対します。そうした規定では議員は有権者からあまりに長く隔たってしまって、邦とはまったく異なる考えを抱いてしまうでしょう」

ピンクニーの反論にもかかわらず、リードは九年というさらに長い任期を提案した。ここでマディソンは上院がなぜ必要なのか独自の見解を示した。マディソンによれば、「恒久性と安定性」を持つ上院は、少数者である持てる者の利益を多数者である持たざる者から守る役割を果たさなければならない。任期を長くすれば長くするほど、上院議員は多数者の影響を受けなくなり、少数者を守りやすくなる。マディソンの弁舌が終わると、シャーマンがすかさず反論をくり出した。

「上院には二つの目的があります。すなわち、［政府に］恒久性を与える目的と被支配者たちに安全性をもたらす目的です。庸劣(ようれつ)な政府は長く存続すれば存続するほど悪くなる一方です。選挙の頻度を高くすれば、恒久性と安全性がもたらされます。コネティカットでは、毎年選挙で選ばれる政府が一三二年も続いています。［邦議員は］非行がなければ免職されません。上院議員の任期は四年で十分でしょう」

何人かの弁論が続いた後、ウィルソンは九年の任期を支持した。

「あらゆる国は外交、通商の促進、外国による陰謀の抑止、そして戦争と講和について配慮しなければなりません。我々の上院はこうした権限を持つことになるでしょう。したがって、上院には威厳と恒久性を与えるべきです。イギリスが我々と通商条約を締結しないのはなぜでしょうか。連合会議が条約を遵守する力を持たないからです。しかし、提案されているような権限と安定性を上院に与えればどうでしょうか。きっと君主制よりも強固な安定性を持つようになるでしょう」

議論の末に上院議員の任期は六年と定められた。次にエルズワースが上院議員の俸給を連邦政府ではなく各邦政府が支給する方式に改めるように提案した。特に目立った議論はなく、エルズワースの提案は否決された。続いて上院議員が諸邦の公職を兼任することを禁じるべきだという提案が出された。採決の結果、提案は否決された。さらに上下両院がそれぞれ法案の発議権を持つ規定が満場一致で認められた。

＊ヴァージニア案に対する非難

六月二七日、下院の選挙権に関する議論が始まった。ルーサー・マーティンが立ち上がって三時間にわたる演説を展開した。

「私は、連邦政府が諸邦政府を保護するべきだと思っています。しかし、異見をもってそうした原則を覆そうとしている者がいます。[中略]。連邦政府が諸邦政府を保護しなければならないと考えている多くの者たちは、両者が衝突しないように管轄領域をはっきり線引きするように望んでいます。[中略]。諸邦はその領域内の警察と地元の問題について配慮するでしょう。連邦政府は全体の安全以外に関心を持つべきではありません。それ以外の形態の政府は必ず失敗するでしょう。[中略]。連邦的な政府の礎石は、同等な投票にあります。諸邦がこうした権利を手放せば、諸邦の自由は失われます。[中略]。政府の第一の原則は、個人の自然権、すなわち完全な平等にもとづいています。[中略]。我々は、平等な人びとが社会を形成するに至った同じようなやり方で諸邦を互いに自由に扱わなければなりません。[中略]。不平等な連邦制度が良い効果を生むことはないでしょう。それはヴァージニア案に当てはまります。[もし人口比にもとづけば]九〇票の中でヴァージニアは十六票、マサチューセッツは十四票、ペンシルヴェニアは十二票を持ち、すべてで四二票になります。こうした邦が結託すれば、残りの九邦か十邦を支配できます。残りの邦の安全と独立は保たれるのでしょうか」

この日はマーティンの演説だけで大半の時間が占められ、特に重要な決定は下されなかった。

六月二八日、前日に続いてマーティンによるヴァージニア案に対する攻撃が加えられた。

「ヴァージニア案に屈服するぐらいであれば、私はほかの邦と個々に連合を組んだほうがましです。しかし、我々はすでに連邦を形成しています。契約を交わしたすべての者の同意がなければ、地上のいかなる力も［既存の］連邦制度を解体できません。この議場で四邦が解体にすでに反対しています。いくつかの邦が新しい連邦を形成したからといって、古い連邦を解体できるのでしょうか」

二日にわたって続いたマーティンの演説についてマディソンは「あまりに回りくどい」と評している。歴史家の中には、大酒飲みで知られるマーティンが酔いながら演説をしたのではないかと邪推する者さえいる。マーティンの長い演説がようやく終わった後、ランシングが連合規約の条項にもとづいて下院の議席配分を決めるように提案した。すなわち、下院の議席を各邦同数で配分するという提案である。機を逃さずマディソンはランシングの提案を否認した。

「私は不公平な連邦制度や不安定な連邦制度に反対します。メリーランドから来た紳士［マーティン］によって進められた議論には多くの間違いがあります」

マディソンは古今の例を引用して、大邦はそれぞれ異なる利害を持つので結託することはなく、小邦を脅かすことはないと指摘した。そして、最後に次のように厳しく糾弾した。

「連邦を弱くすればするほど、小邦の危険は大きくなります。小邦は強力な連邦政府によってのみ守られます。ヴァージニア案に反対する紳士たちは、問題について十分に分析していません。総じて彼らの意見は曖昧であり要領を得ません」

何人かが見解を表明した後、シャーマンがヴァージニア案への警戒をあらわにした。

「今我々の前に置かれている［ヴァージニア］案は、四邦に九邦を支配する力を与えるものです。彼らが財布を握り、軍隊を集められるようになれば、思うがままに王を立てることもできるでしょう」

議論の推移を見守っていたフランクリンは、対立を和らげる方策を示した。

「我々は四、五週間にわたって互いに膝を突き合わせて議論してきましたが、進展がほとんどありません。ほぼあらゆる問題について我々の意見は異なっています。残念なことに私は、賛否両論が生み出されたことによって、人間が互いに完全には理解し合えないのだと思い知らされました」

続けてフランクリンは次のような信念を明かした。

「我々は、『主御自身が建てて下さらなければ、家を建てる人の労苦は虚しい』という言葉が聖書にあるのを知っています。私はこの言葉を強く信じています。神の同意がなければ我々はバベルの塔よりも優れた政治的建造物を築けないと私は信じています。我々は、ちっぽけな地域的な利害で分裂しています。［このままでは］我々の企画は頓挫するでしょう。そして、我々は、非難と嘲りの言葉でもって将来の世代に迎えられるでしょう。さらに悪いことに、今後、人類はこの不幸な例から人間の叡智をもって政府を樹立できないと考え、戦争と征服しか政府を樹立する手段がないと思うようになるでしょう」

最後にフランクリンは、毎朝、会議を始める前に神の助力を願って祈祷を捧げようと提案した。フランクリンの提案は敬意をもって扱われたが実現しなかった。

＊半ば連邦的、半ば国民国家的な連邦政府

六月二九日、下院の議席を各邦同数で配分するというランシングの提案に関する討議が再開された。まずジョンソンが立ち上がってヴァージニア案に対して一撃を加えた。

「我々は誰のために政府を樹立するのでしょうか。人民のためでしょうか。もしくは彼らの共同体［である邦］のためでしょうか。明らかに後者のためです」

ジョンソンの考えによれば、ヴァージニア案はあまりに諸邦政府を蔑ろにしている。ジョンソンに続いて何人かが弁論を披露した後、強力な統合国家を目指すリードはジョンソンの意見に反駁した。

「もし［純粋な］国民国家的な連邦政府が樹立されるならば、私は反対しません。しかし、［ランシングの］提案は、国民国家的な要素と連邦的な要素を混じり合わせることになります。そのような案は完全に放棄するべきです。邦政府と連邦政府は相容れません。もし国民国家的な連邦政府が樹立されるならば、私は人口比にもとづく議席配分を支持します。ニュー・ヨークからやって来た紳士［ハミルトン］の案が最善です」

マディソンは小邦の代表たちを説得しようと努めた。

「明らかに不公正であり、決して認められないような方針を捨ててください。もしそれが認められれば、我々が永続させたいと願っている憲法に死の運命が注入されることになります。［中略］。私は、強力で活発な連邦政府が絶対に必要であり、そのような連邦政府は諸邦政府を保護するだけではなく活力を与えると確信しています」

さらにハミルトンは自然権にもとづいて強力な連邦政府を提唱した。

「人工的な存在、すなわち邦という存在を守るために個人の権利を犠牲にするような改正を連邦政府に加えることが我々の利益となるか否かが問題ではないでしょうか。共同体のあらゆる個人が等しく政府の庇護を受ける権利を持つという原理よりも正しい原理はありません。したがって、三邦の住民がアメリカの人口の大多数を占める場合、彼らは少数派によって支配されるべきでしょうか。大邦の住民はそれを容認できるでしょうか。もし小邦があくまで権利を守ろうと彼らの原理に固執すれば、大邦も同様の動機にもとづいて彼らの権利を守ろうとするのではないでしょうか。［中略］。小邦は彼らの危険を誇張しています。そして、そのような根拠にもとづいて、分不相応な権利を求めて争っています。しかし、もし大邦が譲歩しなければ、小邦の危険は増大します。［中略］。現在、我々は非常に重大な局面に置かれていると思います。我々は独立を打ち立てた戦争を終えたばかりです。我々には莫大な負債があります。我々には、共同の防衛のために連帯するあらゆる動機があります。わが人民は優れた政府を持ちたいと考えています。しかし、そうした考えが常に行きわたっているわけではありません。旧連邦を改善することは難しいことです。改善が試みられましたが無駄に終わっています。そして、我々が今こうして集まっているのはおそらく奇跡です。したがって、我々はこの機会を活かして、提案されている制度をできる限り完全なものにしなければなりません」

今度はバトラーが立ち上がってハミルトンの主張を擁護した。

「連邦的とはいかなる意味でしょうか。それは諸邦間の契約にすぎません。そして、これまで結ばれていた契約は不完全でした。我々は今そうした欠陥を正すために集まっています。困難は非常に大きいものですが克服できないものではないと思います」

前日に先送りされたランシングの提案に関する票決が実施され、僅差で否決された。続けてエルズワースが各邦同数の議席配分方式を上院で採用するように求めた。

「私はこの提案の目的が連邦政府を半ば連邦的、半ば国民国家的にすることだと考えています。もし大邦がこの提案を拒絶すれば、我々は永遠に［連邦から］離脱するでしょう。［中略］。もしすべての邦が存続することになれば、連邦議会においてすべての邦に同数の票を与えなければなりません。［中略］。共通の危険にさらされた時、我々は同じ資格で連帯しました。危険が去ったからといって、こうした原則を放棄するべきだと我々は言えるでしょうか。それぞれ自由で独立した邦として連帯できれば我々は満足できます」

ジョージア代表のエイブラハム・ボールドウィンはエルズワースの提案を支持した。

「我々は、積極性を持つ強力な政府を樹立するべきだという同意に至ったように思えます。しかし私は、政府があまりに強力になりすぎる危険を防止しなければならないと考えています。上院と下院を同じ方式で選出するべきではありません。我々はマサチューセッツ邦憲法を参考にするべきです。マサチューセッツ邦憲法では最善の案が示されています。すなわち、人民を代表する下院と財産を代表する上院で邦議会が構成されています」

ここでマディソンが憲法制定会議の内部にひそむ対立の図式をあらわにした。

「もし本当の危険があるとすれば、私は小邦に身を守る武器を与えたいと思います。しかし、小邦が心配するような危険などないのです。連邦政府に関する本当の大きな危険は、大陸において南部と北部の利害が互いに対立していることにあります。連合会議における投票を見ると、諸邦の大きさではなく地理的な要因によって票が割れています」

エルズワースの提案は未決のまま休会を迎えた。

同日、ハミルトンは先行きに不安を覚えながらも所用のためにフィラデルフィアを離れた。その五日後、ワシントンのもとにニュー・ヨークに帰ったハミルトンからの手紙が届いた。

昨日、私は平凡ですが見識のある者と話しました。その中で彼は次のように言いました。「すばらしい政体」と呼んできたものがその目的に合わなくなっていると人民は悟り始めた。そこで人民は、最後に放棄したものと大差ない政体に変えなければならないと思っていると。一見すると、人民には私の提案したような国家構想を受け入れる準備ができていないように思えます。しかし、もし憲法制定会議が適切だと思われる構想を提案すれば、人民が私の提案と同じような活力ある国家構想を受け入れるはずがないと諦めてしまう必要はありません。

こうした希望が語られる一方、手紙の後半では暗い見通しも述べられている。

フィラデルフィアを発った時、私は憲法制定会議の様相に非常に困惑させられていました。アメリカ帝国を分裂、無政府状態、そして、苦難から救う黄金の機会が我々の手からすり抜けるのではないかと私は恐れています。雑多で脆弱な方策では目的を達成できませんし、人民の支持を受けられないでしょう。

その一方、ワシントンはどのように感じていたのか。それはハミルトンに宛てた返信を読むとわかる。

私は会議の進展に何も好材料を見いだせずに絶望していて、このような事業を進める組織に加わったことを後悔しています。強力で活力ある政府に反対する者たちは、私の考えでは、偏狭な精神を持った政治家であるか、もしくは地域的な偏見の影響下にあります。

それからワシントンは、「あなたが行ってしまって残念に思います。あなたが戻って来てくれることを願います」とハミルトンに懇願した。ハミルトンが先の手紙で「フィラデルフィアでの時間が無駄にならないと確信できたら、しばらく後にまた会議に参加します」と言っていたからである。

＊上院の議席配分をめぐる対立の激化

ハミルトンが議場を離れた後も憲法制定会議は続く。六月三〇日、憲法制定会議は、ニュー・ハンプシャー邦知事に早急に代表を送るように要請することを決定した。ニュー・ハンプシャーは憲法制定会議に乗り気ではなく、代表に必要な経費を支払おうとしなかった。そのため代表の到着が遅れていた。結局、ニュー・ハンプシャーの代表団がフィラデルフィアに到着するのは七月下旬のことになる。

前日に続いて上院の議席配分に関する討論が再開される。憲法制定会議が成功するかどうかはこの問題にかかっていると言っても過言ではない。先陣を切ったのはウィルソンである。

「我々は誰のために憲法を起草するのでしょうか。人民、もしくは邦と呼ばれる想像上の存在でしょうか。邦は単なる抽象的な存在ではないでしょうか。邦の権限を尊重することによって人民の権利を犠牲にすることは正当化されるのでしょうか。もし我々が人民以外を基礎にすれば、我々の建物は堅固なものとはならず永続しないでしょう。影響力と人口のみが真の原理です。［中略］。悪しき政府には二つの種類しかありません。一方の政府はあまりに大きすぎて抑圧的な政府です。もう一方の政府はあまりに小さすぎて弱い政府です。連合会議は後者のような政府でした。今、俎上に載せられている提案は我々を同じような状況に置き、これまでのように我々は拘束されることになるでしょう。人民は弱体な連合会議を見てきたので、我々がそれを是正できないと知れば残念に思うでしょう」

ウィルソンの弁論に対してエルズワースは異見を開陳した。

「人間は一方の極端からもう一方の極端に走りがちです。連邦に欠陥があるからといって、もとの材料を残さずにまったく異なる新しい建物を建てるために制度全体を基礎から破壊する必要があるでしょうか。［中略］。もし大邦が権利の保障を求めるのであれば、連邦政府の下院で十分に保障されています。しかし、反対側から考えれば、小邦も同じく権利を保障されるべきではないでしょうか」

今度はマディソンがエルズワースに反駁した。

「経験によれば、連合会議が大きな欠陥を持つことは確かです。我々は新しい連邦政府を樹立して、そうした欠陥を是正しなければなりません」

数人が意見を述べた後、ノース・カロライナ代表のウィリアム・デイヴィーが人口比にもとづく議席配分の問題点を指摘した。

「私は、ヴァージニア案に示されているような上院の議席配分方式に強く反対しています。それは実行不可能です。さしあたってのところ、議員の数は二〇〇人から三〇〇人になってしまうでしょう。上院が構成される目的に沿うためにはあまりにも多すぎます。したがって、私は［上院で各邦に同数の議席を配分するという］修正に賛成します」

デイヴィーの発言の背景には、上院は熟慮の府であるという考え方がある。議員の数があまりに多いと意見がまとまらなくなり、熟慮の府であり続けることが難しくなる。そこでウィルソンやフランクリンが折衷案を提案したが、いずれも名案とは言えなかった。続けてキングがエルズワースの提案に強い反感を示した。

「［上院で各邦に同数の議席を配分するという］コネティカットの提案は、旧連邦の悪弊をすべて含んでいます。諸邦政府が隷属させられるというのは空想上の悪弊です。そして、もしこの会議がそのような提案を採択すれば、我々の責務はここで終わりを迎えてしまいます」

キングの言葉が終わると、最年少の代表であるジョナサン・デイトンが立ち上がって所信を述べた。

「我々は別個の共同体として契約を結びました。今、あなたはそうした契約を支える十三本の柱を破壊しようとしているのでしょうか」

マーティンがデイトンに加勢した。

「もし我々が公正な原理にもとづいて連邦を組織できなければ、私はそれ以外の方法で連邦を組織しようとは決して思いません」

小邦の代表たちによる攻撃に対してマディソンは反撃を試みた。

「現在、提案されているような案は、上院を諸邦に過度に従属させることになります。したがって、上院は連合会議の単なる焼き直しになってしまうでしょう」

マディソンが発言を終えると、ベドフォードが立ち上がってヴァージニア案を激しく糾弾した。

「大邦は、我々［小邦］が完全に盲目であるかのように議論を進めています。大邦の不公平さは論外です。ヴァージニア案は大邦の政治的信条なのです。正しくても間違っていても大邦はヴァージニア案を支持するでしょう。［中略］。大邦は、どこに危険があるのかと言います。大邦は、全体の善のために連邦政府の権限が増強されると主張しています。アメリカ人のほぼ過半数を占める三つの大邦が小邦を傷つけることは決してないと断言しています。紳士諸君、私はあなた方を信用できません。もしあなた方が権力を持てば、権力は抑制されず濫用されるでしょう。あなた方が権力を使って我々を破滅させようとしても、それを防止できるものは何もないでしょう。［中略］。小邦は決してヴァージニア案に同意しません。それなのに［大邦は］なぜヴァージニア案を推進しようとするのでしょうか。［中略］。もし我々がこの議場を去ってあなた方の新しい案を峻拒すれば、いったいどのような結果になるでしょうか。あなた方が連邦政府を倒壊させれば、破滅が目前に迫ることになります。我々に与えられた権限の範囲内のこと、すなわち［従来の］連邦制度を変えることなく修正して拡大するだけにとどめましょう。人民はそれを期待しているだけであり、それ以上を期待していません」

さらにエルズワースがベドフォードの主張を支持した。

「私は邦内の幸福を求めています。それと同じく全体の安全も求めています。しかし、連邦政府は私にそれらを与えてくれないでしょう。なぜなら連邦政府は私に不足しているものを知らず、私の悩みを解決して

Jennie A. Brownscombe, "The Great Convention" (Before 1936)

くれないからです。わが邦は十三邦の中の一つにすぎません。連邦政府は私の願いを汲み取ってくれるでしょうか。私の幸福は、新生児が母乳の栄養に頼っているように、わが邦政府がどれだけ存続できるかにかかっています。もしこれに答えてもらえなければ、私は何も譲歩したくありません」

険しい雰囲気のまま会議は休会を迎えた。

七月一日は日曜日だったので会議は開かれなかった。週が明ければ、上院における議席配分に関する決定が下されるだろう。それは今後の会議の道筋を作る重要な決定である。こうした状況についてワシントンはどのように思っていたのか。ワシントンの日記には、「食事して［ロバート・モリスの］家で夜を過ごした」としか書かれていない。しかし、知人に送られた手紙には次のように書かれている。

誰もが憲法制定会議から何かを望み何かを期待しています。しかし、議論の最終結果がどうなるかは運命の書によって開示されるまでわかりません。私は、あらゆる欠陥の大きな原因は各邦政府が権限に固執することにあると確信しています。別個の主権が公然と争い、地域的な見解や利害に支配される各邦がより大きな規模の連邦政府に譲歩せず、各邦の法律が互いに矛盾するだけではなく連邦法を無視しているせいで、この偉大な国家は弱体化し、非効率になり、軽侮されるでしょう。

こうした文言を見ると、ワシントンが諸邦の権限を保障するべきだと強硬に唱える者たちとは反対の意見を持っていたことがわかる。

＊決裂の危機とゲリー委員会の設置

日曜日を挟んで七月二日、上院で各邦に同数の議席を配分するように求めるエルズワースの提案が票決にかけられた。結果は賛成五票、反対五票、未決一票である。六月二〇日以来、議論がずっと続けられてきたが、議場ではしばしば怒号が飛び交うようになり、意見を違える者どうしの敵意は募るばかりで手がつけられない状態になった。そこでピンクニー将軍は、妥協案を検討する委員会を設立するように提案した。提案は受け入れられ、各邦の代表からなる委員会が設立された。ここでは委員長のゲリーの名前をとって「ゲリー委員会」と呼ぼう。

この時点で多くの代表たちは、憲法制定会議が完全に行き詰まったと思っていた。小邦の代表たちの中には分離独立を公然と口にする者もいた。もし議席配分に関して妥協が成立しなければ、憲法案自体の成立も危ぶまれる。マディソンさえ「［ゲリー］委員会は問題を先送りするだけだ」と懸念を示し、ランシングなどは「何の良い結果も生まないだろう」と断言している。またメイソンは「健全で効率的な制度が樹立されるかどうか疑わしくなった」と嘆いている。憲法制定会議が失敗に終わるか否かはゲリー委員会の判断に委ねられた。

大いなる妥協

＊ゲリー委員会の報告

七月三日、ゲリー委員会が開かれた。マディソンは参加していないので詳細な記録は委員の一人であったロバート・イエーツの記録しか残っていない。委員会によってまとめられた報告は簡潔である。すなわち、下院では人口比にもとづいて議席を配分する一方、上院では各邦に同数の議席を配分する。そして、下院は財政法案に関して独占的発議権を持つ。

このゲリー委員会の報告が「大いなる妥協」と呼ばれる妥協の基礎となる。すなわち、「部分的に国民国家的、部分的に連邦的」な原則にもとづく妥協である。人口比にもとづく下院が国民国家的な要素を持つ一方、各邦同数の議席を持つ上院が連邦的な要素を持つ。これから憲法制定会議の代表たちは少しでも妥協を有利なものにしようと鎬（しのぎ）を削ることになる。

独立記念日の祝祭のために七月四日は休会であった。フィラデルフィアでは教会の鐘が鳴らされ、祝砲が放たれ、花火が披露された。お祭り騒ぎに浮かれる人びとを横目で見ながら、マディソンは暗鬱な気分に浸っていた。ゲリー委員会がどのような話し合いを進めているかわからないが、きっと国民国家的な政府構想から遠ざかるような妥協案が提示されるだろう。なぜならゲリー委員会の顔触れを見ると、連邦的な政府構想を推進する者が多かったからだ。

七月五日、会議が再開される。委員長のゲリーが報告を提出した。書記によって報告が読み上げられた。まずゴーラムが報告がどのような意図でまとめられたのか質問した。それに対してゲリーは、報告はあくまで「妥協の叩き台を提案するためのもの」だと返答した。さらにゲリーと同じく委員を務めたルーサー・マーティンが「一方の議席配分の方式は、もう一方の議席配分の方式を採択するために便宜的に提案されました」と説明を付け加えた。二人の説明に対してウィルソンは、「委員会は与えられた権限を逸脱している」と責め立てた。その一方、マーティンは報告全体の可否を一括で問うべきだと提案した。すかさずウィルソンが、分割して一つひとつ議論するべきだと異を挟んだ。報告の内容に関する議論がすぐに始まり、まずマディソンがいくつかの問題点を指摘した。

「財政法案に対する下院の独占的発議権は、小邦側の譲歩とはとうてい見なせません。経験によれば、それには効果がないからです。もし上院で七邦がそうした法案を発議したければ、下院でそれを発議してくれる同邦の議員をきっと見つけられるでしょう。［中略］。諸邦間における不和を永続させるような条件にもとづいて憲法制定会議で妥協を成立させることは無益なことです。憲法制定会議は、厳しい審査に耐え、聡明で公正なアメリカ人によって支持され、そうした人びとが自ら守り育てようとするような構想を追求しなければなりません。当初は多くの人びとが、憲法制定会議に対する評価にもとづいて提案された制度の善悪を判断するかもしれません。しかし、最終的にすべての人びとが、制度自体に対する評価にもとづいて憲法制定会議の善悪を判断するようになるでしょう。［中略］。憲法制定会議における調和は確かに望ましいものです。

すべての邦を満足させることがより望ましいでしょう。しかし、もし合衆国の大多数の人民からなる主要な邦が公正で合理的な構想で同意できれば、その他の邦もきっとそれに同意できるはずだと私は確信しています」

続いてガヴァニア・モリスが小邦の代表たちに過度に譲歩を求めないように説得を試みた。

「私はアメリカの代表としてここにやって来ました。あるいは私は全人類の代表としてここにやって来たのです。というのは、この憲法制定会議の趨勢が全人類に影響を与えるからです。諸君、現状だけではなく、政治的地盤という偏狭な境界を越えて視野を広げてください。[中略]。我々は、我々が成し遂げたことによってどのような効果が生じるのか期待しなければなりません。それのみが我々の導き手になります。世論についてしばしば言及されています。世論はわかりません。世論を知ることはできません。しかし、もし我々が推奨する案が合理的で正しければ、理性的で健全な精神を持つ者は誰であれ、それを受け入れるはずだと我々は推測できます。もし大邦が同意する一方、小邦が同意しなければ、その結果はどうなるでしょうか。この制度に異を唱える小邦の反対者たちは、徒党を組み、しばらく騒いでいるでしょう。しかし、その他の諸邦を結びつけている利益や縁故、共通の慣習の繋がりは非常に強固なので簡単には壊されません。特にニュー・ジャージーでは、非常に多くの人びとがペンシルヴェニアとニュー・ヨークの動向に従うはずです。そうなればニュー・ジャージー邦は[大邦に]併合されるでしょう。もし説得で併合できなければ、剣によって併合されるでしょう。[中略]。強者は弱者を反逆者にしたてます。絞首台と絞首索が剣による仕事を完了させるでしょう」

もし当時のヨーロッパ人が「この憲法制定会議の趨勢が全人類に影響を与える」という言葉を聞いたら苦笑いしただろう。大部分のヨーロッパ人からすれば、アメリカは辺陬(へんすう)にある未開国にすぎない。どの国の市民であれ自国が世界の中心だと思いがちだが、アメリカ人はとりわけ自意識が強かったと言える。「剣によって併合される」という言葉に反感を抱いたベドフォードは、大邦に対する敵意をあらわにした。

「［ゲリー］委員会の提案に関して小邦は何らかの安全保障が必要だと考えています。［中略］。安全保障を得るために小邦は、下院の議席配分と財政法案について譲歩しました。もし上院について相応の譲歩が認められなければ、小邦がそのような提案に同意しようと思うでしょうか。もし何もしなければ、その結果はどうなってしまうでしょうか。合衆国の状況を見ると、すぐに何かをする必要があります。何も推奨できずに終わるよりも、たとえ欠陥がある提案でも採択するほうがましでしょう」

さらにエルズワースがゲリー委員会の報告を支持する旨を表明した。

「私は委員会の議事に参加していませんが、報告された妥協を受け入れる準備ができています。何らかの妥協が必要でしょう。ほかに適切かつ合理的な方策はありません」

何人かが席を立って意見を述べた後、ゲリーが委員会の報告を認めるように促した。

「もし何も妥協が成立しなければ、その結果はどうなるでしょうか。［議場から］離脱する者が出るでしょう。何人かの紳士たちがすでに離脱を決意しているようです。［中略］。もし我々が何らかの同意に至らなければ、おそらく外国の剣が我々に対してふるわれるでしょう」

メイソンが毅然と立ち上がってゲリーを応援した。

「何らかの妥協を成立させなければなりません。さもなければ、我々は仕事をほとんど進められません。委員会を任命した目的は妥協［を考案すること］でした。［中略］。何も成し遂げずに憲法制定会議を解散させるような醜態を郷里にさらすくらいなら、私はこの街に骨を埋めたほうがましです」

次に、下院において四万人につき一議席を配分する規定に関する議論が始まった。口火を切ったのはガヴァニア・モリスである。

「私はそのような配分方式に反対します。人口だけではなく財産も算定の考慮に含めるべきです。生命と自由は財産よりも貴重だとよく言われています。その問題について正確に考えれば、財産［権の保障］は社会の主要な目的であることがわかります」

さらにガヴァニア・モリスは、沿岸部の諸邦と内陸部の諸邦のあるべき関係について示唆した。

「議席配分は、大西洋岸の諸邦が連邦議会で優位を占められるように固定するべきです。新しい諸邦が大西洋岸の諸邦よりも全体の利益についてよくわかっていなければ、多くの点で異なる利害を持つようになり、ほとんど考えることもなく、沿岸部の諸邦に重い負担がかかるような戦争に全体を巻き込むことになるでしょう。したがって、沿岸部の諸邦が新しい諸邦に負けないようにする規定が必要です」

ガヴァニア・モリスの意見をラトレッジが補強した。

「もし人口を議席配分の基準に使えば、大西洋岸の諸邦はいずれ西部の諸邦に屈服してしまうでしょう」

このように述べた後、ラトレッジは各邦の住民が国庫に納入した税額を議席配分の基準として採用するように提案した。ラトレッジの提案は票決の結果、否決された。

*財政法案の独占的発議権

前日に続いて下院の議席配分の基準に関する討論が再開された。まずガヴァニア・モリスが問題の検討を五人からなる委員会に付託するように提案した。それから始まった議論は前日とほぼ同じである。すなわち、議席配分の基準に人口と財産の両方を含めるべきか否かという議論や新しく連邦に加入する西部の諸邦にどの程度の議席を配分するべきかという議論である。ガヴァニア・モリスの提案は認められ、下院の議席配分の基準の検討は五人委員会に付託された。委員長はガヴァニア・モリスである。「モリス委員会」と呼べばわかりやすいだろう。

続けて上院の議席配分について協議されたが、先送りが決定された。その代わりに財政法案の独占的発議権について意見が戦わされた。まずガヴァニア・モリスが下院に独占的発議権を与えるべきではないと主張した。

「上院が独自の予算法案を発議できなければ、人民は下院が発議した予算法案を［上院の予算法案と］比較して判断する有益な機会を失います」

さらにウィルソンがガヴァニア・モリスに倣って抗論を展開した。

「小邦側は何も譲歩していません。［中略］。もし［上下両院の］どちらも等しく発議権を持てるとすれば、報告とは逆にするほうが最適だと考えられます。なぜなら少数の組織は熟慮するのに最適である一方、多数の組織は決断するのに向いているという格言があるからです」

甲論乙駁の後、投票が実施され、財政法案の発議権は下院にのみ与えられることになった。根強い反対にもかかわらず、提案が可決されたのは主に小邦の代表たちの思惑による。下院の独占的発議権に関して小邦が譲歩したという既成事実を作っておけば、取引材料として使えると考えたからだ。上院で同数の議席を獲得することこそ小邦の最重要課題である。

＊上院の議席配分の再検討

七月七日、フィラデルフィア図書館協会から届けられた書状が議場で読み上げられた。いったいどのような用向きか。憲法制定会議の代表たちに蔵書を開放するという申し出である。憲法制定会議が謝辞とともに申し出を受け入れたことは言うまでもない。非常に残念なことに貸し出し記録が残っていないために、代表たちがどのような書籍を借りていたかは不明である。

図書館協会に感謝を捧げる決議を採択した後、代表たちは上院の議席配分に関する話し合いに入った。まずゲリーが重々しい声で言った。

「これは重要な問題です。ほかに打開策がなければ［ゲリー］委員会の報告を採択するしかありません。［中略］。昨日、任命したばかりの［モリス］委員会による報告が終わるまで問題の検討を控えたほうがよいと思います」

続けてシャーマンが各邦に同数の議席を与えるべきだと強弁した。

「［住民があまりに多い］大邦において真正かつ公平な人民の意見を集めることは難しいでしょう。不当な影響力が蔓延すると、不適格な者たちが公職をたやすく得るようになるでしょう。もし彼らが上院で投票しても各邦が同数の票を持っていれば、諸邦の大多数と人民の大多数は公共の利益となる方策を支持するでしょう。そうなれば連邦政府は決断力と効率性を持つようになります。もし上院がそのようにならなければ、諸邦の大多数は公共の利益となる方策に反対するでしょう。そして、全体の決定を遵守するように彼らに強要することは難しいので、連邦政府はこれまでよりも脆弱になるでしょう」

上院で各邦に同数の議席を与えるという条項を報告に含めるべきだという提案は可決された。次にゲリーが連邦政府に与えるべき権限について詳細に検討するべきだと提案した。それに対してマディソンは抗弁したうえで以下のように付け加えた。

「もし公正な議席配分が政府の基盤とならなければ、連合規約のようにあらゆる効果的な権限が撤回され、差し控えられるようになり、新政府は旧政府のように無能かつ短命に終わるでしょう」

ここでパターソンは小邦を代表して強硬論を展開した。

「小邦は、上院で同数の議席を与えられなければ自衛できません。妥協の余地はほかにありません。私の決意は強固です。私はそうした論拠で大邦に対抗するでしょう。その他の道はありません」

続けてガヴァニア・モリスも反論を唱えた。パターソンとは別の角度からの反論である。

「上院で不適切な議席配分方式を採用しようとする報告に反対します。それは新たな連合会議を作り出すだけであり、藁にすがるようなものです。新政府は部分的に国民国家的であり部分的に連邦的でなければならないとゲリー氏は言っています。新政府は第一に個人を守るべきです。そして、第二に諸邦を守るべきです。しかし、どのような場合であろうと全体の集合的な利益を守らなければなりません。［中略］。これまで多くの条項が提唱されてきましたが、アメリカ帝国の威厳を高める条項は一つも見当たりません。地域的な偏見によって国家の大きな目標が犠牲にされているのは最大の不幸の一つです。［中略］。独立宣言によって政府が樹立されました。無政府状態を防止する必要性を認識した小邦は、好機を活かして大邦から同数の議席配分を掠め取りました。今、そうした根拠にもとづいて小邦は、新しい制度のもと、大邦の同胞市民よりも広範な権利を要求しています。小邦に対する適切な回答は以下の通りです。すなわち、彼らが以前に利用した好機はもはや存在しないので、大邦は［小邦の］都合を気にせずに何が正しいか自由に考えられます」

さらなる検討はモリス員会の報告を待って進められることになった。

＊議席配分と奴隷制度の問題

週が明けて七月九日、ガヴァニア・モリスが委員会を代表して報告を読み上げた。モリス委員会の報告は、下院における各邦の議席数を具体的に指定したうえで、その後は人口と財産にもとづいて議席配分を変更する権限を連邦議会に与えるという内容であった。しばらく質疑応答があった後、議席配分の基準として人口と財産を併用するべきか否かが話し合われた。パターソンは両方を基準として用いる場合の欠点について注意を促した。

「人口と財産を合わせて［議席配分の基準として］算出するという方式はあまりに曖昧です。そういう理由でニュー・ジャージーは反対しました。奴隷は財産としか見なされません。奴隷は自由意志を持たず、身体の自由を持たず、財産を獲得できず、それどころか彼ら自身が完全に主人の意のままになる財産にすぎません。ヴァージニア人は、奴隷の数に応じて［邦議会で］議席を配分しているのでしょうか。もし奴隷がその邦で代表を持てなければ、どうして彼らが連邦政府で代表を持つべきなのでしょうか。真の代議制の原理とは何でしょうか。人民全体が集まるのが不便なために人民によって選ばれた者たちが代わりに集まることです。もし人民全体の集会が実際に催された場合、奴隷は投票できるのでしょうか。彼らは投票できないでしょう。それではなぜ彼らが代表を持てるのでしょうか」

パターソンは「財産」という言葉が「奴隷」という言葉の隠れ蓑にすぎないと指摘している。もし議席配分の基準として人口と財産が併用されれば、多くの財産、すなわち多くの奴隷を所有する南部諸邦が有利になるとパターソンは警戒した。パターソンに対してマディソンが論駁を試みた。

「私が考える議席配分の方式はその原理において真正なものであり、大邦と同数の議席を与えられるべきだという小邦の主張を永遠に沈黙させるものです。もしすべての邦の人民が集まれば、人民は同じ比率で投票権を与えられるべきです。下院で自由民の数にもとづいて議席を配分する一方、財産の保護を主要な目的とする上院で奴隷を含めた全人口にもとづいて議席を配分するのは当然ではないでしょうか」

キングがマディソンに加勢した。

「南部諸邦は最も豊かです。したがって、もしその財産に敬意が払われなければ、北部諸邦と連帯しようとはしないでしょう」

結局、問題の検討は各邦の代表からなる委員会に託された。委員長の名前から「キング委員会」と呼ぶ。

七月十日、キング委員会の報告が提出された。報告には、各邦に配分される議席数が示されていた。議席数の修正を求める声が次々に上がった。それは議席配分をめぐる地域的利害の衝突であった。全議席数を二倍にするという奇策も飛び出したが否決された。議席数は報告通りに認められた。

続いて議席配分を将来、どのような基準で変更するかという議題に移った。ランドルフが定期的に実施される国勢調査の結果にもとづいて議席配分を変更するべきだと提案したが未決に終わった。

七月十一日、前日の議論が再開された。最初にシャーマンとメイソンがそれぞれ意見を述べたが、白熱した議論の引き金となったのは、「自由民とその他の住民の五分の三」を議席配分の基準とするべきだというウィリアムソンの提案であった。「その他の住民の五分の三」とは実質的に奴隷を指していると言ってよい。では「五分の三」という数字はどこから出てきたのか。それはマディソンが一七八三年四月の改革で提唱した数字である。

各邦が連合議会に収める拠出金の分担割合は、当初、土地価格総額にもとづいて決定していた。しかし、各邦は負担額を減らそうと、土地価格総額を過少申告しようと躍起になる。それでは拠出金の額を公平に決定できない。そこで新たに人口を基準にする方式が提案された。

ただ奴隷を人口に含めるべきか否かという問題が新たに持ち上がった。現代に生きる我々は、たとえ奴隷であろうとも人間であるから人口に含めるのが当然だろうと考える。しかし、常識は時代によって異なる。奴隷主は奴隷を財産と考えていた。したがって、南部の代表たちは、奴隷を人口から除外して拠出金の負担額を減らそうとした。奴隷の数は北部よりも南部のほうが圧倒的に多い。もちろん北部の代表たちは強く反対する。奴隷を人口に数えなければ南部の負担額が大幅に減り、自分たちの負担額が増える。

南北対立のせいで連合会議の改革が頓挫することを恐れたマディソンは、奴隷の数に五分の三を乗じた数を人口として算定する妥協を提案する。こうしたマディソンの提案にもかかわらず、一七八三年四月の改革は失敗している。

ウィリアムソンが「五分の三」という数字を挙げたのは、そうした経緯を覚えていたからだ。面白いことに、連合会議において南部の代表たちは奴隷を人口から除外せよと主張していたにもかかわらず、憲法制定会議において逆に奴隷を人口に含めよと主張している。なぜか。奴隷に対する南部の代表たちの考えが変わったのだろうか。そうではない。数多くの奴隷を持つ南部は、議席配分の基準に奴隷を含めたほうがより多くの議席を占められる。その一方、奴隷の数が少ない北部は不利になる。北部が奴隷を人口に含めないように求めるのは当然だろう。しかし、もし北部の代表たちの主張に従えばどうなるか。今度は南部が不利になる。

機先を制したのは南部の代表たちであった。バトラーとピンクニー将軍は、奴隷を白人人口と同じように数えるために「五分の三」という数字を削除するように提案した。それに対してゲリーが強い嫌悪感を示した。

「五分の三という比率は控えめに言っても認められる最大限の数字です」

マサチューセッツ代表のゲリーからすれば、二分の一よりも大きい五分の三という比率でも大きな譲歩である。奴隷を白人人口と同じ比率で数えるなど言語道断である。

続けてゴーラムが「ほぼ公正な比率」として五分の三という比率を支持した後、バトラーは自らの提案を擁護した。

「サウス・カロライナにおける奴隷労働は、マサチューセッツにおける自由民の労働と同じくらい生産的であり、価値があるものです。財産であるだけではなく、国家に有用な防衛の担い手としても奴隷は自由民と同じくらいの価値を持ちます。したがって、同じ比率で議席配分の基準として認められるべきです」

バトラーが示した見解にメイソンが激しく食らいついた。

「［バトラーとピンクニー将軍による］提案には賛成できません。それは［私の出身邦である］ヴァージニアにとって有利ですが、不公正だと思います。確かに奴隷には価値があり、土地の価格を引き上げ、輸出入を促進し、歳入を増加させ、軍を養う手段を提供し、緊急時には奴隷を兵士にすることもできます。こうした重要な点において奴隷は社会全体にとって有用なので、議席配分の基準から除外するべきではないのかもしれません。しかしながら、私は奴隷を自由民と同等とは見なせません」

バトラーとピンクニー将軍の提案は否決され、「五分の三」という比率はとりあえず残された。それから別の問題に関する論争がおこなわれた後、「五分の三」という比率を認めるべきか否かが検討された。まずキングが北部諸邦を代表して力説した。

「奴隷を白人と並んで数えれば、奴隷を持たない諸邦の間で大きな不満を引き起こします」

またウィルソンは奴隷を五分の三という比率で人口に算定する矛盾を突いた。

「奴隷を五分の三の比率で算定する原理がどのようなものか私は理解できません。奴隷は市民として認められるでしょうか。それではなぜ奴隷は白人市民と同等に扱われないのでしょうか。奴隷は財産として認められるのでしょうか。それではなぜその他の財産は数に含められないのでしょうか」

さらにガヴァニア・モリスが自らが置かれた複雑な心境を吐露した。

「私は、[奴隷を五分の三の比率で人口に含めないことによって] 南部諸邦に対して不公正な行動を取るか、それとも[奴隷を五分の三の比率で人口に含めることによって] 人間性に対して不公正な行動を取るか板挟みになっています。私は前者を選択せざるを得ません。というのは、奴隷を議席配分の基準に含めることによって奴隷貿易を促進したくないからです」

「五分の三」という比率を認めるべきか否かが票決にかけられ、僅差で可決された。その他に国勢調査に関する詳細が決定された。


七月十二日、会議の冒頭でガヴァニア・モリスは、人口と財産に加えて納税額を議席配分の変更基準として採用するように提案した。バトラーは、モリスの提案を支持して「すべての奴隷を含む住民の総数」を議席配分の基準にすべきだと訴えた。続いてデイヴィーが起立して啖呵を切った。

「忌憚なく話すべき時です。ある紳士たちによって、奴隷の数に応じて配分されるべき議席が南部諸邦から奪われようとしています。ノース・カロライナは、少なくとも奴隷を五分の三の比率で人口に含めなければ、いかなる条件であれ連帯しようとは思いません。もし北部諸邦が奴隷を人口から完全に除外しようとすれば、交渉は終わりです」

デイヴィーに対してガヴァニア・モリスが鋭い口調で切り返した。

「忌憚なく話すべき時だと言われました。同じく私も率直に話しましょう。私はアメリカにとって良い契約を結ぶためにここにやって来ました。私はすべての邦とそうするつもりです。すべての邦がそうした契約を結んでほしいと私は願っています。もし契約を結べない邦があっても、私は契約を結びたいと考えている諸邦と契約を結ぶだけです」

今度はランドルフが立ち上がって南部諸邦の主張を弁護した。

「そのような種類の財産［奴隷］が存在することは残念なことです。しかし、それが存在する限り、それを所有する者たちには保障が必要です」

「五分の三」という比率をめぐる論争が再燃し、キングは奴隷を人口に含めることに強く反対した。

「共和国の一部だけに何であれ不公平な利点を与えようとはまったく思いません。もし公正が連帯の基礎とならなければ、それは長続きしないでしょう」

相次ぐ批判に危機感を覚えたチャールズ・ピンクニーは、奴隷を自由民と同じ比率で人口に数えるように再提案した。決が採られた結果、この提案に賛同したのはサウス・カロライナとジョージアだけであった。多くの奴隷を持つヴァージニアも反対票を投じている。チャールズ・ピンクニーの提案には妥協の余地がなく対立が悪化する恐れがあると判断したからだ。最終的に「五分の三」という比率は変更されずに残された。

＊カトラー牧師のフィラデルフィア訪問

陽が落ちた頃、マディソンは夕餉のためにインディアン・クイーン亭に入った。メアリ・ハウスの下宿屋から一区画しか離れておらず、歩いて三分の距離にある。インディアン・クイーン亭は高級酒場だ。無免許で酒を売る安酒場やビールやリンゴ酒を売る普通の酒場とは違う。免許を得てワインや蒸留酒を売っている。宿泊することもでき、客室が十六室あった。

しばらくして一人の牧師が夕食の席に加わった。牧師の名はマナセ・カトラー。カトラーはマサチューセッツ邦からニュー・ヨークを経てフィラデルフィアに到着したばかりだ。夕食の席にはマディソンのほかにもゴーラム、メイソン、ウィリアムソン、ラトレッジ、ハミルトン、チャールズ・ピンクニー、ケイレブ・ストロング、そして、アレグザンダー・マーティンといった憲法制定会議の代表たちが顔を揃えていた。どうやら彼らは奴隷制度に関する協議を進めていたようだ。夜が更けるにつれて退席する者が増え、ストロングとゴーラム、そして、カトラーが最後に残った。午前一時半まで三人はマサチューセッツ政界の話題で盛り上がった。

翌朝、カトラーはストロングと連れ立ってスプルース通りにあるゲリーの借家を訪ねた。ゲリーはそこに家族とともに逗留していた。五時半、ゲリー一家の朝食が始まった。ゲリー夫人によれば、朝食の時間は特に早いわけではなく、フィラデルフィアの上流階層ではごく普通の時間だという。朝食後、カトラーはいくつかの訪問先に立ち寄った後、肖像画家のチャールズ・ピールのアトリエを見学しに行った。ピールのアトリエには、ワシントンの等身大の肖像画がまるで革命の英雄たちを統率しているかのように置かれていたという。

＊西部に関する議論

七月十三日、国勢調査にもとづく議席配分に関する細目について協議が進められた。さらにランドルフが議席配分の基準から「財産」を削除して「人口」のみにするように提案した。この場合、「財産」というのは奴隷のことではなく一般的な資産という意味である。ランドルフの提案に対してガヴァニア・モリスは異論を唱えた。モリスによれば、北部諸邦が強い影響力を持つ南部諸邦とどのようにして政治的均衡を保つかが問題である。もし南部諸邦が西部と手を結んで権力を手中にすれば、ミシシッピ川の自由航行権を獲得するためにスペインに戦争を仕掛ける恐れがある。通商を主要産業とする北部諸邦は、そのような戦争で益することは何もない。したがって、人口と財産を議席配分の基準として併用することによって、北部諸邦と南部諸邦が政治的均衡を保てるように配慮しなければならない。

モリスの意見にウィルソンが異議を申し立てた。ウィルソンの考えでは、西部の発展に対して過度の警戒を抱くのは間違いである。北アメリカ植民地がイギリス本国から独立するに至った経緯を思い出すべきだ。イギリス本国が北アメリカ植民地に対して苛斂誅求をきわめたせいで独立戦争が勃発した。もし西部の人びとを同じような目に遭わせれば、彼らはアメリカから分離しようとするだろう。また「財産［権の保障］は社会の主要な目的」だとモリスが言っているが、社会の「最も高貴な目的」は「人心の啓蒙と改良」である。そして、人口こそ議席配分の「自然かつ間違いのない」基準である。

賛成派と反対派の意見が出尽くした後、採決が実施された。ランドルフの提案は賛成多数で可決され、議席配分の基準から「財産」という言葉が削除された。

＊カトラー牧師とフランクリン

会議が続いている間もカトラーは各所を回っていた。ピールのアトリエの次に向かった先はインディペンデンス・ホールである。カトラーは次のようにインディペンデンス・ホールについて記録している。

崇高な建物だった。建築様式は、私がこれまでに見たことがあるどの公共の建物よりも豪壮であった。一階は、この種の建物によくあるような吹き抜けになっていない。しかし、建物の中央で幅広い通廊が交差していて、上階は二列の柱で支えられている。［中略］。通廊の東にあるホールは公共の用途で使用されている。今、その部屋は憲法制定会議によって占められているが、誰も近づけないように歩哨が配置されている。

それからカトラーはいろいろな場所に立ち寄った後、ゲリーと一緒にフランクリン邸を訪ねた。大きなマルベリーの木の下にフランクリンが座っていた。かたわらには数人の紳士淑女がいた。「ヨーロッパの驚異にしてアメリカの栄光」であるフランクリンをいざ目の前にすると、カトラーは気後れしてしまった。どうやらフランクリンは周りにいる者たちの質問に答えているようだ。

ゲリーがカトラーを紹介すると、フランクリンは椅子から立ち上がって歓迎の言葉を述べた。マルベリーの木の下にお茶の席が準備された。紅茶を啜りながらフランクリンは双頭の蛇の逸話を紹介した。片方の頭がある方角に向かおうとする一方、もう片方の頭は別の方角に進もうとするのでまったく動けないという。どうやらそれは、憲法制定会議の現状

Henry Bacon, “Franklin and the Constitution” (Before 1913)

を伝えるたとえ話のようだ。しかし、議事進行を外部に漏らしてはならないと横から注意されたフランクリンは話を中断してしまった。

お茶の後、カトラーはフランクリンの書斎に招き入れられた。書斎には、人体の血液循環を模した器械、印刷機、高い場所にある本を取るための義手など数々の発明品が並んでいた。珍奇な発明品よりもカトラーが興味を引かれたのは『植物の体系』という大型本であった。『植物の体系』は、植物学者のカール・フォン・リンネが著した本である。植物学の造詣が深かったカトラーは、十時頃まで本をめくりながらフランクリンと意見を交わした。

カトラーがインディアン・クイーン亭に戻ると、ちょうど憲法制定会議の代表たちが食事のために集まっていた。その席でカトラーは、翌朝、馬車でバートラム庭園に行く約束をストロングと交わした。

未明に目覚めたカトラーは、馬車の準備が整うのを待つ間、街に散策に出た。驚くことに一〇〇人余りの商人が店を開く準備をしていた。商人たちの店は、幅一〇〇フィート（三〇m）もあるマーケット通りの中央に整然と並んでいて、その長さは実に半マイル（〇・八km）に及んだ。朝日が差す頃になると、その界隈は大勢の買い物客で賑わった。市場の様子をカトラーは次のように記している。


数人の露店の女が赤ん坊を腕に抱き、周りに子供を連れながら果物を売っていた。そうした光景はあらゆる国で見られるものだ。親しい者にしか見せないような服を着た淑女たちが主な買い物客だった。淑女たちには、バスケットを持った召使いが付き従っていた。このような時間に外に出ることになったら上品なボストンの女はどう思うだろうか。ただ私が思うに、フィラデルフィアにもボストンと同じく慎みというものがあるのだろう。［中略］。こうした光景があまりに目新しかったので、私はずっと見物していたいという誘惑に勝てなかった。私は市場の端から端まで忙しく歩いて、進行中のあらゆる物事を見て、目を転じるたびに視界に入る多くの見知らぬ顔を眺めた。

それからカトラーは、昨夜の約束通り憲法制定会議の代表たちとともに馬車でバートラム庭園を訪問した。バートラム庭園は、「世界で最も偉大な自然植物学者」と称されたジョン・バートラムが作った庭園である。灰色の石材で建てられた家には、「神のみが唯一の全能の主であり、私が信仰する唯一の聖なる存在である。ジョン・バートラム、一七七〇」と刻まれている。ジョン・バートラムはすでに亡くなっていて、息子のウィリアム・バートラムが後を継いでいた。

朝早くの訪問は、庭園の主を驚かせたようである。なぜならバートラムは普段着で靴も履かずに庭の手入れをしていたからだ。バートラムの顔に困惑の表情が浮かんでいるのを見たカトラーは、見学を希望する旨を伝えた。憲法制定会議の代表たちが自由に庭園を散策している間、バートラムとカトラーは植物学の談義に花を咲かせた。フィラデルフィアに戻る途中にあるグレイ亭で朝食を摂った後、代表たちは会議に出席するためにインディペンデンス・ホールに向かった。

＊上院の議席配分をめぐる対立の再燃

七月十四日、最初に席を立ったのはルーサー・マーティンであった。マーティンは、上院における各邦同数の議席配分と下院における財政法案の独占的発議権について検討するように求めた。それを遮ってゲリーは、前日にガヴァニア・モリスが言及した西部の問題を蒸し返した。

「私は、西部諸邦を寛大な条件で迎え入れることに賛成していますが、我々自身を彼らの手中に置きたくはありません。もし西部諸邦が権力を握れば、すべての人間と同じくそれを濫用するに違いありません。［北部諸邦の］通商は阻害され、富が西部に流出するでしょう。そうした事態が起きないように、西部諸邦の数が沿岸部の諸邦の数を上回らないようにするために、連邦に加入する新しい邦の数を制限する必要があります」

ゲリーが示した見解にシャーマンが抗弁を試みた。

「新しい邦の数が現存の邦の数を超える可能性は低いと思います。もしそのようなことが起きても、それは遠い将来のことであり、今、考慮に含める必要はないでしょう。さらに我々は、我々の子孫が古い諸邦の市民になるだけではなく、新しい西部諸邦の市民になる可能性について考えなければなりません」

シャーマンの抗弁にゲリーが答えた。

「もし我々の子供たちが移住することになっても残る者もいるでしょう。残る者たちの利益を考えることは我々の義務だと思います。東部諸邦から西部諸邦への移住が盛んになっています。私は、残る者たちを移住する者たちの意のままにしたくないのです。さらに外国人が西部に殺到すれば、どのようなことが起きるのか予測できません」

票決の結果、ゲリーの提案は僅差で否決された。ここでラトレッジはマーティンの最初の提案を引き取って、上院における各邦同数の議席配分と下院における財政法案の独占的発議権について再検討するように求めた。再検討の是非についてしばらく議論が交わされたが、強硬な反対を唱える者はいなかった。そこで再検討が開始されることになった。

まずチャールズ・ピンクニーが上院における議席配分の見直しを提案した。すなわち、各邦の大きさに応じて一議席から五議席を割り当てる案である。これは折衷案と言える。最も人口の多いヴァージニアは最も人口の少ない邦の十倍以上の人口を擁するが、最大でも五議席しか与えられないからだ。

ウィルソンがチャールズ・ピンクニーの提案に賛成した一方、デイトンは敵意を剥き出しにした。

「小邦は同数の議席配分を決して断念しません。小邦の権利に対する保障について私自身はいかなる譲歩もしません」

何人かが短い意見を述べた後、キングが起立して熱弁をふるった。

「私は、提案されている政府を本質的にアメリカ人民の上に置かれた国民国家だと考えています。提案されている政府が個々の市民ではなく諸邦に作用する連邦政府として行動する場合、それは国民国家とは言えません。自由な政府において政治の主体である者［人民］が政府の行動に影響を与えるべきなのは明白な原則ではないでしょうか。どのような理由で下院と同じ議席配分方式を上院にも導入しないのでしょうか。私はそのような理由を思いつきません。［中略］。公正な原理にもとづかない政府は存続できません。すべての邦に同数の議席を与えるくらいなら何もしないほうがましです。そのような悪弊を容認するくらいなら、ちょっとした混乱や停滞を受け入れたほうがましです。紳士諸君の意見の相違がどのようなものであるか言及することは難しいことです。諸邦の連合という広範な政府など樹立できないと考えている者たちがいます。その一方、我々が追求している目的と相容れない意見を持っている者たちもいます。もしそうなら紳士諸君は互いに理解できるように忌憚なく意見を述べるべきだと私は心から思います」

キングの言葉を受けてストロングが率直な見解を開陳した。

「憲法制定会議は意見の相違で大きく分裂してきました。そのような結果を避けるために、妥協が提案されました。同数の議席配分に反対する者たちがいたものの、［ゲリー］委員会の報告によって同数の議席配分が認められることになりました。下手をすれば憲法制定会議が終わりを迎えるという点について誰もが同意しています。もし妥協が成立しなければ、連邦はきっとすぐに解体してしまうに違いありません。もし我々が同意に至らなければ、大邦だけで政府を形成してしまうかもしれません。そのような場合、小邦はそれを容認できるでしょうか」

今度はマディソンが小邦の代表に非難の矛先を向けた。

「もし人口比にもとづく議席配分の代わりに同数の議席配分が導入されることによって政府の公正な基盤が破壊されれば、優れた上部構造を築けないでしょう。もし小邦が彼らの自由を守ろうとして大邦を従わせるために必要な権限を持つ政府を求めるなら、彼らの手段は大いに間違っていると断定せざるを得ません。不公正な原理の上に現行の連合会議を築いた結果がどうなったかを思い出してください。樹立に関わったすべての者たちが連合会議を束縛して台無しにした結果、連合会議に託された希望は裏切られました」

さらにマディソンは代表制の原理について言及した。

「政府はその機能において部分的に国民国家的、部分的に連邦的と言われています。すなわち、前者は人口比にもとづく人民の代表である一方、後者は諸邦の数にもとづく邦の代表です。もしこうした区別に確かな正当性があるなら私は喜んでそれを受け入れます。しかし、もし確かな正当性がなければ、それは撤廃されるべきでしょう。連邦政府が人民に直接作用する場合、人民は人口比にもとづいて代表を持つべきです。連邦政府が諸邦にのみ作用する場合、連合会議と同じく、諸邦は同数の議席を持つべきです。もし何らかの根拠があるとすれば、これが妥協の本質です。しかし、妥協には正当な根拠がないと私は思います」

ここでウィルソンがマディソンに加勢した。

「いかなる案であれ完全なものはありません。しかし、根本的な間違いがあれば、あらゆる手段を使ってそれを避けるべきです。代表制の原理における欠陥は薬の調合と同じようなものです。もし最初に調合を間違えば、病気になって、痙攣を起こして、最後には死んでしまうでしょう。［中略］。私が考える限り、同数の議席配分は必要ありませんし、いろいろな反対の中でも克服できない反対になるでしょう。現存の連合会議の大きな欠陥はその不活発さにあります。連合会議の権限が強すぎるという不満はありませんでした。その一方、連合会議の権限があまりに弱すぎるという不満はありました。こうした欠陥を是正するために我々はここに送り込まれたのです。提案されているような同数の議席配分を採用することによって、我々は有効な是正策を提案できるでしょうか。断じて否です」

票決の結果、上院における議席配分の見直しを求めるピンクニーの提案は否決され、会議は月曜日まで休会になった。

＊カトラー牧師の視察

代表たちと別れた後、カトラーは病院を訪問していた。病院を案内したのはベンジャミン・ラッシュ医師である。病院はどのような様子だったのか。カトラーの記録を見てみよう。

病院は高い壁で囲われていて、裏には大きな菜園があった。中央の扉は広い廊下に通じていた。その両側に看護士、調理人などの部屋があった。我々はこの廊下から階段を上って二階の廊下に移動した。二階にはすばらしい医学書の書庫があって、管理人が座っていた。そして、小さな部屋には医薬品が置かれていた。反対側には内科医の部屋があった。三階は同じような造りになっていた。三階の廊下の奥は収蔵室になっていた。そこには骨格や解剖の標本が置かれていた。［中略］。収蔵室を見終わった後、我々は廊下に戻った。そこで数人の内科医と医学生が待っていた。それからラッシュ医師は、内科医と医学生を従えて病人の診察を始めた。だいたい二〇人から三〇人はいたようだ。［中略］。病室は広く、両側にある大きな窓によって十分に換気されていた。病床は二列になっていた。病床の頭は壁に向けられていた。病床の間に椅子と小さなテーブルが置かれていた。病室は非常に清潔で快適であり、寝台と寝具は高品質なもののように見えた。［中略］。その病室にいたのは四〇人くらいの女のみであった。ラッシュ医師は、非常に几帳面に診察をこなした。彼は、最後に患者を診察してから起きたことをすべて担当医師に説明させ、病院の薬剤師に処方を説明させた。何か気にかかることがあると、ラッシュ医師は若い内科医に向かってその性質や兆候を指摘して、なぜ治療が必要なのか理由を説明した。［中略］。この部屋から我々は次の部屋に移った。その部屋はあらゆる点で同じであった。男たちのために準備された病室であった。［中略］。多くの病人は慢性病であり、腫瘍を患っていた。中にはとても珍しい症状を持つ者もいた。しかし、詳しく記している時間はない。［中略］。次に我々は精神病棟を見学した。患者の独房は低層階にあって一部は地下になっていた。独房は十フィート［三m］四方であり、牢獄のように強固に作られていた。後ろの部分には細長い入り口があって、その部分にそれぞれ扉が付いていた。各扉には穴があり、食べ物を入れられる大きさになっていた。その穴は、頑丈なボルトで固定された小さな扉で閉じられるようになっていた。反対側には窓があり、ガラスを突き破れないようにするために鉄格子がはまっていた。そこには男女合わせて二〇人から三〇人いた。寝台を持っている者もいたが、大部分の者たちは清潔な藁を使っていた。中には凶暴でほとんど裸の者もいた。歌ったり踊ったりしている者もいた。絶望している者もいた。沈黙して口を開かない者もいた。ひっきりなしに話している者もいた。それぞれどのような心の負荷が狂乱をもたらすのか非常に興味深いことであった。とはいえ人間の力で救済できる方法がなければ、これは非常に陰鬱な光景であった。［中略］。洗練された建物、病人に対する治療、広くて清潔な病室、そして、あらゆるものに行きわたっている完全な秩序を見ると、ここは病院というよりも宮殿のようである。もしこのように整備された病院があれば、病気になってもかまわないと思えるほどだ。

病院に続いて救貧院を視察した後、カトラーは昼食を摂った。ほどなくして教会の鐘が鳴り響いた。フィラデルフィア図書館協会が運営する図書館が開かれる時刻だ。そこでカトラーは、図書館に向かった。

フィラデルフィア図書館協会は、一七三一年にフランクリンの提唱で設立された組織である。五〇人がそれぞれ四〇シリング（二万四、〇〇〇円相当）を最初に出資して、以後、一年に十シリング（六、〇〇〇円相当）を支払うことに同意した。当時、書籍は非常に高価であった。アメリカは文化においても技術においても後進国であり、歴史、紀行、演劇、科学などを扱った書籍はヨーロッパから輸入するしかなかったからだ。協会員の自宅の一室から始まった小さな図書館は順調に拡大した。収蔵されていたのは書籍だけではない。化石や古代ローマのコイン、標本など多岐にわたる。エジプトの王女の手のミイラなる珍妙なものもあった。一七七〇年には蔵書数が二、〇〇〇冊を越えた。フランクリンは次のように図書館の意義を語っている。

図書館はアメリカ人の会話全般を改善し、普通の商人や農夫を他国の紳士たちと同じくらい知的にし、おそらく全植民地の権利を守るために役立つだろう。

図書館の会員の中には女性も含まれていた。その当時、学問に勤しむ女性は「ペティコートを着た博士」と揶揄されることもあったが、フィラデルフィアでは事情が少し異なっていた。フィラデルフィアには、平等を信条とし、女性の教育にも積極的なクエーカー派が多く住んでいたからだ。

カトラーが訪問した頃、図書館はカーペンターズ・ホールの一角に間借りしていた。カトラーの目に映った図書館はどのような様子だったのか。

図書館には大規模ですばらしい蔵書があり、今や大学と街の公共図書館になっている。私が耳にしたことがある有名な近代の著者の作品を見ることができ、毎年、多くの蔵書が加えられている。書籍はよく整理されているように見えた。書架は網戸で閉じられていたが、網目が大きかったので幸いにも書籍の題名を確認できた。しかし、司書に扉を開けてもらわなければ、書籍を取り出せなかった。司書に無断で書籍を持ち出す者がいないようにするための安全策であった。

それから宿に帰ったカトラーは、荷物を詰め直して翌朝六時半にフィラデルフィアを発った。短期間の滞在であったが、憲法制定会議の開催中のフィラデルフィアについてカトラーが残した記録は貴重である。

＊妥協の成立

七月十六日、マディソンやウィルソンの熾烈な抗論にもかかわらず、ゲリー委員会が提示した妥協案は僅差で可決された。ランドルフは安易に妥協するべきではないと警告した。

「僅差で最終的な決定を下すことは無益なことです。現在の深刻な危機において大邦が採るべき対策を考案するために、そして、小邦が和解の方策を検討するために休会したほうがよいでしょう」

パターソンもランドルフの意見に賛同の意を示した。

「休会は時宜に適っています。秘密規定を撤廃して、我々を送り出した人びとと相談できるようにするべきです。上院において各邦同数の議席配分が認められなければ、いかなる根拠であれ小邦は妥協に応じられません。もしランドルフ氏が無期限の休会を提案するなら私は心から支持します」

ここでピンクニー将軍は、一時的な休会と無期限の休会のどちらを意図しているのかランドルフに質問した。問いかけに対してランドルフは次のように答えた。

「無期限の休会を考えているわけではありません。誤解させたことを謝罪します。何とか歩み寄れるように明日まで休会しようと提案しただけです。もし小邦が妨害を続けようとするなら大邦は対策を講じるまでです」

一時休会するべきか否かが票決にかけられたが、賛成と反対が同数になって均衡した。そこで休会の是非に関する議論が継続された。まず意見を述べたのはデラウェア代表のジェイコブ・ブルームである。

「私は、パターソン氏によって提案された無期限の休会に反対する意思を表明しなければなりません。そのような方策は致命的なものです。たとえ僅差であろうとも憲法制定会議は何か決定しなければなりません」

ブルームの意見とは裏腹にゲリーは悲観論を口にした。

「マサチューセッツは休会に反対します。なぜなら妥協の余地が見つかりそうにないからです」

続けてラトレッジも休会する必要はないとしながらも一縷（いちる）の希望を示した。

「小邦の代表たちの意見は固まっています。彼らは何度もそう言っています。大邦ができることは、譲歩するか否か決定することだけです。たとえ我々が最善だと思えなくとも、我々は何かするべきだと私は考えています」

しばらく議論が続いた後、一時休会するべきか否か再び投票にかけられた。今度は大差で休会が可決された。

妥協案が可決されたことは、マディソンにとって「憲法を制定する時に体験したことの中で最も脅威的なこと」であった。マディソンやウィルソンが妥協に異議を申し立てるのを見ていたワシントンであったが、自ら意見を表明することはなかった。議長は中立を守らなければならないからだ。ワシントン自身は何も手掛りを残していないが、ルーサー・マーティンが残した記録を見ると、ワシントンがどのような考えを持っていたのかうかがえる。

大邦がすべての権限を手中に収めるのを防止するために交わされた議論の間、会議が解体されて終わってしまうように思われたが、ワシントン氏は、不平等な優位を大邦に与えるべきではないという小邦の反論に好意的ではないように見えた。

ただワシントンはマディソンよりも柔軟であり、「［流会という］差し迫る破滅から我々を救うために許容可能な妥協」であれば受け入れるつもりであった。もし憲法制定会議が失敗に終われば、将来に待ち受けるのは連邦の瓦解である。それを避けるためには、完全な案でなくても次善の案で満足するべきだろう。時に大きな目標を実現するために妥協は必要である。それが政治である。

新たな段階

＊諸邦の法律に対する連邦議会の拒否権をめぐる議論

大いなる妥協が成立した後、代表たちは憲法案の詳細を詰めるためにさらに協議を進めた。協議は、七月十七日から七月二七日に十日間の休会に入るまで続いた。

七月十七日、会議が始まる前に大邦の代表たちと何人かの小邦の代表たちが集まって対応を協議した。協議の結果、見えてきたのは大邦の代表たちの意見が一致していないという状況であった。もし必要なら大邦がまとめた憲法案と小邦がまとめた憲法案をそれぞれ提案すればよいと主張する者がいるかと思えば、たとえ不満があろうとも小邦に譲歩して会議を流会させないようにするべきだと主張する者がいた。マディソンの記録には、「この協議の結果、上院における各邦同数の議席配分に反対する案を大邦が連帯して提案しようとしても恐れるに足りないと小邦は確信するに至った」と書かれている。

ほどなくして会議が開始された。まずガヴァニア・モリスが上院の議席配分について見直すように求めた。ガヴァニア・モリスの提言に同意の声を上げる者は誰もいなかった。問題を蒸し返せば大邦と小邦の対立が再燃することを恐れて誰もが口をつぐんだからだ。それから連邦議会に与える権限について話し合われた。その中で最も激しい論戦を招いたのが、諸邦の法律に対する連邦議会の拒否権についてであった。またもやガヴァニア・モリスが発言した。

「そうした権限は諸邦にとって恐ろしいものです。もし連邦議会に十分な立法権が与えられれば、それは必要ありません」

ガヴァニア・モリスに倣ってシャーマンとルーサー・マーティンが反論を述べた。それに対してマディソンは擁護論を展開した。

「連邦政府を守るために諸邦の法律に対する拒否権は必要不可欠です。諸邦政府は全体の利益に反して個々の利益を追求する傾向を持つので、連邦政府にとってやはりそれは必要です。もし適切に抑制されなければ、そうした傾向は制度全体を損なうまで続きます。そうした傾向を抑制できるのが拒否権なのです。［中略］。

諸邦の不適切な法律に対する拒否権は、制度全体の調和を保つための最も穏健で確実な手段なのです」

マディソンが意見を述べ終わった後、ガヴァニア・モリスは反論を試みた。

「すべての諸邦は拒否権の提案を嫌悪するでしょう。拒否されるべき法律は司法府によって破棄されるでしょう。もしそのような安全策が失敗しても、[諸邦の不適切な法律は]連邦法によって無効化されるでしょう」

一通り意見が交わされた後、拒否権の是非について票が投じられた。諸邦の法律に対する拒否権を連邦政府に与える提案は否決された。これはマディソンにとって大いなる妥協の成立に加えて衝撃的なことであった。連邦政府が諸邦の法律に対する拒否権を持たなければ、もし各邦で少数者が迫害されるような法律が制定されても救済できない。マディソンは、個人の自由に脅威を与えるのは連邦政府よりもむしろ諸邦政府だと考えていた。確かに諸邦の中には個人の自由を保障する権利章典を制定している邦もあるが、多数派が少数派の権利を侵害しても抑止できる仕組みがない。そうした不完全な仕組みは、連邦政府に対する人民の不信感を強めるだけではなく、「政府を支配している多数者が公共の善と個人の権利の最善の擁護者であるという共和政体の根本原理」に疑問を投げかけることになる。それは共和主義の危機である。

こうした問題を解決するにはどうすればよいのか。優れた政治家は危機を認識するだけではなく、それを解決する方策を示さなければならない。マディソンの答えは共和政体の領域を拡大することであった。すなわち、従来、村や町といった小さな自治体と諸邦政府から構成されていた共和政体に「利害の対立を調整する公平無私の審判者である」連邦政府を新たに付け加える。連邦政府は多様な構成員を含むので特定の地域的な利害に左右されない。したがって、連邦政府は諸邦議会が制定した法律が公正かどうか審判する資格を持つ。このような共和政体は、人民の基本的権利と自由をより強く保障する存在となる。マディソンの優れた点は、従来の連邦制度が内包する問題の解決を模索しながら共和主義の新しい理論を発展させた点にある。理論には実践がともなわなければならない。たとえ連邦政府が諸邦議会の法律を不公正だと判定しても、それを是正する手段がなければ意味がない。その手段が諸邦の法律に対する拒否権である。

こうしたマディソンの論はなぜ認められなかったのか。諸邦の自主独立を重視する代表たちが強い警戒心を抱いたからだ。彼らに言わせれば、連邦政府が何らかの悪意をもって拒否権を濫用する恐れがある。こうした警戒心から多くの代表たちは、諸邦の法律に対する拒否権を連邦政府に与える提案に反対票を投じた。その結果、合衆国憲法に諸邦の法律に対する拒否権は盛り込まれなかった。

確かに諸邦の誤った行動を掣肘（せいちゅう）するためには連邦政府を強化する必要がある。しかし、憲法案であまりに連邦政府を強化しすぎれば、諸邦や人民の反感を買って批准が困難になる恐れがあった。それを考えれば、連邦政府に拒否権が与えられなかったことは結果的に良かったと言える。

＊大統領の選出方法の再検討

拒否権に関する議論が終わった後、次は大統領に関する条項に焦点が移された。まず大統領を単独にするという条項は討論もなく全会一致で可決された。その一方、大統領の選出方式は激しい議論の的になった。ガヴァニア・モリスは、現在、定められている方式、すなわち連邦議会が大統領を選出する方式に反対する。

「もし議会によって任命され弾劾されることになれば、大統領は議会の単なる傀儡となってしまうでしょう。大統領は広く人民によって選出されるべきです」

モリスの提案に対してシャーマンは異論を唱えた。

「人民は候補者の性質について十分に知り得ないので、いかなる候補者も過半数を獲得できないでしょう。

人民は自邦の候補者に投票するはずなので、大邦の候補が勝利する可能性が高くなります」

今度はウィルソンが立ち上がって、大統領は人民によって選出されるべきだと強弁した。

「議会によって選出されれば大統領はあまりに弱くなりすぎて、議会による奸悪な陰謀を防止したり、人民の自由と利害を調停したりできる存在になれません」

チャールズ・ピンクニーがウィルソンに反駁した。

「人民による選出は強い反対を招くでしょう。人民は、少数の積極的で悪意ある者たちに扇動されがちです。人口の多い邦がいくつかまとまって同じ人物を支持すれば、簡単に勝てるでしょう。法律の制定に最も直接的に関与する連邦議会こそ法律を適切に執行できる人物を慎重に選出するはずです」

相次ぐ反対意見に対してガヴァニア・モリスは抗弁した。

「もし連邦議会によって選出されれば、大統領は連邦議会から独立した存在になれません。もし大統領が独立した存在になれなければ、連邦議会による権力の簒奪や専制が起きるに違いありません」

次に席を立ったのはメイソンであった。

「大統領にふさわしい人物を選ぶように人民に求めることは不自然なことです。それは盲人に色の違いを尋ねるようなものです。国土があまりに広大なせいで人民が各候補者の主張を正しく判断することは不可能でしょう」

それから何人かが意見を述べた後、大統領の選出方式を人民による選出に変更するべきか否かについて決が採られた。モリスの提案は大差で否決された。さらにマーティンが各邦議会によって選ばれた選挙人によって大統領を選出する方式を提案したが、モリスの提案と同じく大差で否決された。結局、連邦議会が大統領を選出する方式が満場一致で可決された。続けて連邦法の執行を大統領の職務とする条項と官吏の任命権を与える条項も全会一致で可決された。

次に議題に挙がったのは大統領に再選を認めるか否かである。ジョージア代表のウィリアム・ハウストンは再選を禁止する条項を削除するように求めた。ガヴァニア・モリスがハウストンの提案に賛同する。

「再選を禁止すれば、大統領が再選という報酬を得ようと望んで善行を積む動機を大いに損ないます」

ハウストンの提案は僅差で可決され、再選禁止を規定した条項は削除された。再選が認められたことによって大統領の任期を再検討する必要が生じた。まずブルームが意見を表明した。

「再選が認められるのであれば、大統領の任期はより短くするべきです。もし再選が禁止されるのであれば、大統領の任期はより長くするべきです」

そこでヴァージニア代表のジェームズ・マクラーグが任期を七年とする条項を削除して「非行なき間」に改めるように提起した。マクラーグによれば、もし連邦議会によって選出されるだけではなく、再選も認められるようになれば、大統領は連邦議会に隷属するようになる。そうならないように実質的に終身制にするべきである。ガヴァニア・モリスは、「それこそ優れた政府を樹立する方法です」と言って諸手を挙げて賛成した。その一方でシャーマンは懸念を示した。

「そのような任期は、決して安全ではないので容認できません。再選が認められるようになったので大統領はできる限り善行を積むでしょう。もし大統領がより良く行動すれば続投するべきですが、もしそうではない場合、次の選挙で更迭されます」

ここでマディソンは三権分立の原理を再確認した。

「もし自由を守るために立法府、行政府、司法府の分立が必要であれば、それらが互いに独立できるように分立を維持できるようにしなければなりません。もし再選を立法府に求めるようになれば、大統領は立法府に対して独立を保てないでしょう。[中略]。行政府と立法府が明確に区別され、互いに独立していることが優れた共和政体を樹立するために絶対に必要です」

メイソンは、大統領を実質的に終身制にする試みに対して強い不信感をあらわにした。

「非行なき間ずっと大統領に在職を認めることは、大統領の終身制を穏やかに言い換えただけです。世襲の君主制に容易に転じてしまうでしょう。もし［マクラーグの］提案が可決されれば、私自身がそのような変革をきっと見ることになるでしょう。私自身が見なくても、子供や孫たちが見ることになるに違いありません。この議場にはそのようなことを望む者はいないはずだと信じています」

メイソンの警戒感を解こうとマディソンはなぜ大統領に強い権限を与えなければならないか説明した。

「経験によれば、我々の諸邦政府はあらゆる権限を立法府の渦中に投じようとする傾向を持ちます。邦知事が取るに足らない存在にすぎない一方、邦議会は万能です。もし議会による権力の簒奪や移り気を抑制できるような効果的な方策が講じられなければ、［専制のような］何らかの変革は避けられないでしょう。したがって、共和政体を保持するためにはその目的に応じた手段が必要です」

さらにガヴァニア・モリスが君主制を過度に警戒しないように訴えた。

「他の紳士諸君と同じく私は君主制の友ではありません。君主制を遠ざける方法は、人民を幸福にして、そのような変転を防止したいと思えるような共和政体を樹立することです」

最後にマクラーグが先ほど述べた自説を繰り返した後、票決が実施された。大統領の任期を「非行なき間」に改める提案は僅差で否決された。そして、再選禁止の条項を採択すべきか否かの検討は翌日に持ち越された。

＊判事の任命方法の再検討

七月十八日、前日から議論が続いていた大統領の再選禁止について検討の先送りがまず決定された。続けて代表たちは上院が判事を任命する条項の検討に移った。最初に口を開いたのはゴーラムである。

「マサチューセッツ邦憲法で規定されているように、大統領が上院の助言と同意を得て判事を任命する方式を採用するべきです。マサチューセッツではそうした方式が長い間実践され、うまく機能しています」

ゴーラムの提案にウィルソンとガヴァニア・モリスが賛同した。それに対してマーティンは強く反発した。

「すべての邦から選出される上院こそ判事にふさわしい人物について最適な判断をくだせます」

ここでメイソンは代表たちに注意を促した。

「判事の任命方式は、大統領の弾劾をどのようにおこなうかによります。もし弾劾裁判に関わることになれば、判事は大統領によって任命されるべきではないでしょう」

しばらく話し合いが続いた後、マディソンが立ち上がった。

「大統領が上院の同意を得て判事を任命するべきです。そうすれば大統領に［任命］責任を負わせることができるだけではなく、上院が大統領による不適切な任命や不公正な任命を阻止できます」

その一方、シャーマンは上院による判事の任命を擁護した。

「上院は大統領に匹敵するような優れた人物によって構成され、全体としてさらなる叡智を持つことになるでしょう。上院は［判事の］候補者たちに関する幅広い知識を活かして熟慮できるでしょう。候補者たちは大統領と結託するよりも上院と結託するほうが難しいでしょう。このような理由から大統領よりも上院のほうがより適切な選択ができるはずです」

ゴーラムは自らの提案を弁護した。

「不適切な任命の責任が自分のみに負わされるとわかれば、大統領は適切な任命により責任を持つようになるでしょう」

票決の結果、上院の助言と同意を得て大統領が判事を任命するという方式は否決された。上院が判事を任命するという条項はそのまま残された。さらに判事の任期を非行なき間とする条項が全会一致で可決された。その他にも判事の俸給を定める条項や下級裁判所に関する条項、新しい邦の加盟に関する条項などが採択された。続けて連邦政府が共和政体の存続を各邦に保障する条項が検討された。ゴーラムはそうした条項の必要性を強調した。

「帝国内で反乱が起きたことがわかっているにもかかわらず、連邦政府がそれを鎮圧せずにいることはおかしなことです。野心溢れる市民がある邦に君主制の旗を立てて、全土から支持者を集めて、邦から邦へと版図を広げて、専制を樹立しようとした場合、連邦政府は自らの破滅を指を咥えて見ていることしかできないのでしょうか」

このようにゴーラムが指摘した一方、ラトレッジは「そのような保障を盛り込む必要はない」と訴えた。ラトレッジの考えでは、もし何か緊急事態が起きれば連邦政府が諸邦政府を支援するのは当然なのでわざわざ明記する必要はない。

議論の最後にウィルソンが「［諸邦政府は］外国および国内の攻撃から守られる」という文句を挿入するように求めた。ウィルソンによる修正が加えられたうえで共和政体の存続を各邦に保障する条項は全会一致で可決された。

＊大統領の選出方法と任期に関するジレンマ

七月十九日、前日に先送りされた条項について話し合われた。議題は、大統領を再選禁止にするべきか否かである。まずマーティンが憲法案に再選禁止を盛り込むべきだと提案した。強大な大統領制度を提唱するガヴァニア・モリスは、大統領が果たすべき役割について滔々と弁じた。

「共和政体は行政首長の活力を隅々まで及ぼせないので広大な領域を統治できないという政治科学の金言があります。わが国は非常に広大な国です。我々は連邦の恩恵を放棄するか、もしくはあらゆる場所に活力を及ぼせるような大統領を認めなければなりません。こうした問題は非常に重要なので、さまざまな観点から考える必要があります。大統領の重要な存在意義は立法府を抑制することです。立法府は絶えず自己を肥大化させ、それを恒久的なものにしようとします。立法府は戦争、混乱、停滞といった緊急事態をうまく利用してそうした目的を果たします。大統領が人民の守護者になって立法府の専制に対抗する必要があります」

さらにモリスは、再選を禁止することによって生じる弊害について指摘している。すなわち、再選という報酬がなければ、大統領は人民からの支持を得ようと努力しなくなるだろう。また議会が大統領を弾劾する権限を持つことも問題である。なぜなら弾劾を恐れた大統領が議会を抑制できなくなる危険があるからだ。そうなってしまえば大統領は「人民と公共の利益の確固たる守護者」という重要な役割を果たせなくなる。ではどうすればよいか。大統領を終身制にするか、もしくは人民が大統領を選出する方式を採用すればよい。最後にモリスは大統領制度全体の再考を提案した。

憲法制定会議の代表たちは、大統領の選出方法や任期について深刻なジレンマに陥っていたと言える。まず大統領の選出を人民に全面的に委ねてしまうのは不安である。ゲリーによれば、「十分な見識を持たない人民は少数の悪意ある者たちによって誤って導かれる」可能性がある。では議会に大統領の選出を委ねればよいのか。議会は人民より適切な人物を大統領に選出できるかもしれないが、問題が一つある。大統領が議会の顔色をうかがうようになれば、単なる操り人形になってしまう恐れがある。操り人形にならないようにするために大統領を終身制にするという方策もある。しかし、そのような制度を認めれば君主制になってしまうかもしれない。

ジレンマから脱出しない限り会議は前に進まない。まず誰に大統領を選出させるべきか。代案を出したのはキングである。すなわち、「人民によって選ばれた選挙人」が大統領を任命するという方式である。さらにパターソンが「諸邦によって選ばれた選挙人」に大統領を任命させる方式を提案した。選挙人方式の提案についてマディソンが論評を加えた。

「もし立法権、行政権、司法権が別々に行使されることが自由な政府の根本的な原理であれば、それらが独立して行使されることも等しく根本的な原理でしょう。司法府を立法府から独立させるよりも行政府を立法府から独立させるように配慮しなければならない大きな理由があります。立法府と行政府が連帯すれば、人民の自由に対する直接的な脅威となり得ます。したがって、大統領の任命を議会以外に委ねるか、もしくはある程度の［長い］任期を設けることは、大統領を議会から自由にしておくために必要です」

さらにゲリーが選挙人方式について言及した。

「諸邦の知事が選んだ選挙人によって大統領を任命する方式を推奨します。諸邦の人民は下院議員を選出します。諸邦の議会は上院議員を選出します。そして、諸邦の知事は大統領を選出します。そうすれば諸邦は連邦制度に対して強い愛着を持つようになるでしょう」

大統領制度全体について再考するべきだというモリスの提案が票決にかけられた。その結果、全会一致で再考が決定した。まずエルズワースが諸邦によって選出された選挙人が大統領を任命する方式を採用するように求めた。しばらく意見が交わされた後、エルズワースの提案は可決された。それから議論が再開され、再選禁止を定めた条項は否決されたものの、任期を六年とする提案は認められた。

＊大統領の弾劾

七月二〇日の議論は主に大統領の弾劾に当てられた。まずチャールズ・ピンクニーとガヴァニア・モリスが大統領の弾劾を規定する条項を削除するように求めた。デイヴィーがすぐに異見を示した。

「もし在職中に弾劾されなければ、大統領は再選を果たすために努力したり手段を講じたりしなくなるでしょう。弾劾は、大統領の善良な行動を保障するために不可欠なものです」

デイヴィーの反論に対してガヴァニア・モリスは弾劾で生じる問題を指摘した。

「では誰が弾劾するのでしょうか。弾劾されると、大統領の職務は一時的に停止されるのでしょうか。もしそうでなければ害悪が続くでしょう。もし弾劾が罷免とほぼ同じなら、大統領は弾劾する者に隷属することになるでしょう」

その一方、フランクリンは弾劾はむしろ大統領にとって好都合だと主張した。

「首長が非難に値する場合、どのようなことがおこなわれてきたのでしょうか。暗殺に訴えるしかありませんでした。そうなれば首長は命を奪われるだけではなく、汚名をすすぐ機会も奪われます。したがって、不法行為があった場合、大統領を正式に罰する規則を憲法に盛り込むことが最善だと思われます。もし不正に告発された場合は名誉ある無罪放免を認めればよいのです」

続けてマディソンも弾劾の必要性について述べた。

「大統領の無能、怠惰、背信などから社会を守るために何らかの規定を設ける必要があります。任期を制限するだけでは不十分です。任命された後に大統領が能力を失う可能性もあります。大統領はその統治を横領や抑圧の体制に変えてしまうかもしれません。大統領が外国勢力と結託してしまうかもしれません。［中略］。単独の大統領が能力を失ったり、腐敗したりすることは十分に起こり得ることです。どちらが起きても共和政体にとって致命的です」

ここでキングはマディソンに反駁した。

「いかなる状況であれ大統領は議会によって弾劾されるべきではありません。それは大統領の独立を損ない、憲法の原理を破壊します。人民の自由を守るためには大統領の活力が必要です」

今度はランドルフが見解を開陳した。

「いかなる罪であれ発見されしだい罰せられるべきです。大統領は権力を濫用する機会を多く持つでしょう。特に戦争の場合、大統領は武力を手中に収めようとするでしょうし、その他の場合でも公金を手中に収めようとするでしょう。もし正常な形で何の処罰も与えられなければ、動乱や反乱といった異常な形で処罰が与えられることになります」

一通り論議が交わされた後、大統領の弾劾について規定した条項が票決にかけられ、大差で可決された。その他にも大統領の報酬に関する条項や連邦議員や連邦職員を選挙人から除外する規定などが決定された。

＊大統領の拒否権の再検討と判事の任命方法の決定

七月二一日、ウィルソンが大統領の拒否権に関する条項を修正するように求めた。もともとの条文では大統領が単独で拒否権を行使することになっているが、司法府と連携して行使するように改めるべきである。「法律の解釈者」である司法府にも大統領と同じく議会による簒奪から身を守る術を与えなければならない。ウィルソンの提案に対してゴーラムが異を挟んだ。

「判事は公共政策に関する特別な知識を持っていません。また拒否権は判事の憲法上の権限を守るために必要ではありません。イギリスの判事たちには身を守るための規定がありませんが、彼らの管轄領域は侵害されていません。大統領のみに拒否権を行使する責任を負わせるのが最善です」

その一方、エルズワースはウィルソンの提案を強く支持した。

「判事たちの助けは、大統領に叡智と確信を与えるでしょう。判事たちは法律に関する体系的かつ正確な知識を持っています。大統領がそうした知識を持っているとは限りません。また国際法がしばしば問題となります。国際法に関して詳しい情報を持っているのは判事たちのみです」

さらにマディソンが討論に加わった。

「立法府による簒奪から身を守る術を与えることは、司法府にとって有用でしょう。拒否権の行使において確信を得られることは大統領にとって有用でしょう。法律の一貫性、簡明さ、明瞭さ、技術的な適性などを保持するために価値ある支援を得られることは、立法府にとって有用でしょう。[中略]。もしこの提案に対する何らかの確固たる反対があるとすれば、大統領や司法府にあまりに強い力を与えすぎるという懸念でしょう。そのような懸念にはまったく根拠がありません。大統領と司法府が結託したとしても、立法府がそれを凌駕する恐れさえあります。諸邦の経験によれば、立法府がすべての権力をその渦中に併呑する強い傾向が示されています。それこそアメリカの憲法に対する真の危険なのです。立法府以外の府に身を守るための権限を与える必要性は、共和政体の原理に適っています」

こうしたマディソンの主張に対してゲリーは「大統領と司法府が結びつくことは不適切」だと強く反発した。またガヴァニア・モリスも「法律の解釈者は立法に直接関与するべきではない」と指摘した。さらにマーティンは、司法府は法廷で法律の違憲性を審査できるので、もし大統領とともに拒否権を分有すれば二重に拒否権を持つことになって危険であると主張した。

相次ぐ反論にマディソンは抵抗を試みた。マディソンによれば、三権分立の原理を保持するためには強力な立法府に対抗できる手段を大統領と司法府に与える必要がある。したがって、大統領と司法府の連帯を認めるべきだ。

マディソンに続いてメイソンは拒否権の意義について説いた。

「大統領の身を守ることだけが拒否権の目的ではありません。拒否権にはほかにも大きな利点があります。立法府［の専制］に対する予防策が邦憲法に盛り込まれているにもかかわらず、諸邦では邦議会が不公正で有害な法律を制定する例が後を絶ちません。したがって、それを抑制する権限が必要です」

このように述べた後、メイソンは「あらゆる不適切な法律」の制定を防止するために判事の助けが必要だと訴えた。

賛否両論の後、ウィルソンの提案が票決にかけられ、僅差で否決された。その結果、大統領単独に拒否権が与えられることになった。

続けてマディソンが三日前に提案していた判事の任命方式が検討される。すなわち、大統領が判事を指名して、上院がそれを承認するという方式である。まずチャールズ・ピンクニーが異議を唱えた。

「上院のみに判事の任命権を与えるべきです。大統領には候補者の適性に関する知識もありませんし、人民からそのような信託を受けているわけでもありません」

ピンクニーの主張に対してランドルフが切り返した。

「適切な任命について大統領に責任を負わせるべきです。議会による任命は、陰謀の温床になりますし、その職にふさわしい資質よりも個人的な思惑に左右されがちです」

今度はエルズワースがランドルフの主張に反撃した。

「大統領は人民から警戒心をもって見られるでしょう。大統領の影響力を不必要に強める権限は好まれません。［中略］。大統領は上院よりも配慮を欠いた任命をおこなったり、陰謀の対象になったりしやすいでしょう」

さらにゲリーがエルズワースに加勢した。

「判事の任命方式は、憲法案のほかのあらゆる部分と同じく、人民と諸邦を満足させるような方式にしなければなりません。現在、検討されている方式は人民も諸邦も満足させられません。大統領が上院と同じように連邦全体の人物について詳しく知っているとは思えません」

決が採られた結果、マディソンの提案は否決され、上院によって判事を任命する方式が採択された。

*憲法案の批准方法と詳細検討委員会の設置

七月二三日、まず憲法の修正に関する規定が全会一致で可決された。次に代表たちは、各邦政府が合衆国憲法の擁護を誓約する条項の議論に移った。最初に一石を投じたのはウィルソンである。

「そのような誓約は好ましくありません。それは左手だけで身を守るようなものです。優れた政府はそのような制約を必要としないでしょう。その一方、悪しき政府は擁護されるべきではありません」

こうしたウィルソンの反対にもかかわらず、各邦政府が合衆国憲法の擁護を誓約する条項は全会一致で可決された。さらに憲法案を批准する方式に関する議論が始められた。現状では、人民によって特別に選ばれた批准会議が採択の是非を決定することになっている。まずエルズワースが諸邦議会に批准するか否かを判断させるべきだと提案した。すかさずメイソンが口を開いて反駁を加えた。

「憲法案について人民に信を問うことは最も重要で不可欠な要素です。諸邦議会は、憲法案を批准する権限を持ちません。諸邦議会は邦憲法の産物にすぎず、その創造者［である人民］よりも大きな権限を持つことはありません」

何人かがそれぞれ見解を示した後、エルズワースが自らの提案を擁護した。

「諸邦議会が［憲法案の批准に］適任だと考えられます。諸邦議会による批准は不満もなく黙認されるでしょう。連邦議会は誰からさらなる権限を求めているのでしょうか。人民ではなく諸邦議会からです」

さらにキングがエルズワースを応援した。

「諸邦議会は［憲法案を批准する］適切な権限を持っていると思います。アメリカ人民の黙認は、人民自身による正式な批准と同等の価値を持ちます」

両者の意見に対してマディソンは激しい反撃を加えた。もし憲法案の批准を各邦議会に委ねればどうなるか。たとえ憲法が成立しても、それは単なる「同盟や協定」にほかならない。もしある邦が違反行為をすれば、ほかの邦は「同盟や協定」を遵守する義務から解放される。それは連邦解体の危機を招く。しかし、人民による批准を経れば、それは「同盟や協定」ではなく「一つの憲法のもとの人民の連帯」と見なされる。そうなれば諸邦は容易に憲法に違反できなくなる。憲法に違反することは人民の意思に反することになるからだ。憲法を国家の基本法として機能させるためには人民による批准が絶対に必要である。

投票の結果、エルズワースの提案は否決され、マディソンの願い通り人民による批准が採択された。続けて上院において各邦に何議席ずつ与えるのかが話し合われた。ガヴァニア・モリスは三議席ずつ与える方式を提案した。

「上院議員の総数を多くするべきです。もし各邦に二議席ずつ与える方式を採用すれば、十四人が定足数となります。それではあまりにも少なすぎて信任を与えられません」

モリスの意見に対してゴーラムは異論を唱えた。

「三議席ずつよりも二議席ずつのほうが望ましいでしょう。上院には講和や開戦を決定する権限が与えられるべきであり、［そうした問題を検討するには］少人数のほうが好都合でしょう」

票決の結果、モリスの提案は否決され、上院では各邦に二議席ずつ与えられることになった。続けてハウストンとスペイトは大統領を任命する方式の再考を求めた。再考は認められ、明日の審議に回されることになった。さらにゲリーが大統領の任命方式を除いて憲法案全体を詳細検討委員会に委ねるように提案した。協議が進められる中、ピンクニー将軍が立ち上がって、「もし詳細検討委員会が奴隷解放に関して南部諸邦のために安全策を講じなければ、邦によって私に課された義務に従って報告に反対票を投じます」と表明した。最終的にゲリーの提案は可決され、詳細検討委員会が設置された。

＊大統領の選出方法をめぐる対立

七月二四日、前日に提案されたように大統領の任命方式が再検討されることになった。まずハウストンが七月十九日に決まった方式を覆して別の方式を採用するように提起した。ハウストンが推奨する方式は連邦議会が大統領を任命する方式である。賛否両論が出た後、ハウストンの提言は可決された。結局、ヴァージニア案で最初に規定された方式に戻ったと言える。ここでルーサー・マーティンとゲリーが再選禁止の規定を復活させるべきだと提案した。まずエルズワースが見解を述べた。

「もし大統領の行動が有益であれば再選を認めるべきです。もし再選という報酬が得られるなら大統領はそれにふさわしいような行動を取るでしょう」

エルズワースの意見に対してゲリーが抗弁した。

「大統領が議会から独立を保たなければならないことは明らかなことです。任期が長くなればなるほど、大統領が議会に従属する度合いは弱まります。大統領の任期を十年か十五年、もしくは二〇年にして、その後は再選禁止にするほうがよいでしょう」

ゲリーの言葉に続いて、ほかにも発言が次々に出て収拾がつかなくなった。そこでゲリーは、詳細検討委員会に付託すればさまざまな意見を調整してくれるだろうと勧めた。ゲリーの提案にもかかわらず、討議は続行された。

結局、憲法制定会議の代表たちは、大統領の選出方法や任期をめぐるジレンマから逃れられなかった。大統領の選出を人民に委ねてしまうのは不安だが、さりとて連邦議会に任せてしまえば大統領が議会の傀儡になってしまう恐れがある。ただそれを防ぐために終身制にすれば君主制になってしまうかもしれない。

こうしたジレンマを解決するためにウィルソンは苦肉の策を考案した。籤で選ばれた少数の連邦議員に大統領を任命させた後、辞任させるという方式である。そうすれば大統領が議会に隷属する危険性が防止できる。ただウィルソンの方式を支持する者は誰もいなかった。

ウィルソンの提案が頓挫したのを見たガヴァニア・モリスは、連邦議会が大統領を任命する方式に対する攻撃を開始した。

「あらゆる大統領の任命方式の中で議会による任命は最悪の方式です。もし議会が任命したり弾劾したり、もしくは弾劾に影響を及ぼしたりすれば、大統領は議会の単なる傀儡となってしまうでしょう。[中略]。大統領が議会に隷属しなくて済むように、再選を禁止する手段を講じなければなりません。[中略]。しかし、再選を禁止して任期を十五年に延長した場合、任期中に何らかの神の思し召しによって大統領が適任者ではなくなったらどうなるのでしょうか。大統領は顕職を手放そうとしないでしょう。［中略］。大統領が剣を持てば、内戦が勃発するでしょう。どの陣営が勝利しようとも軍の指揮官がアメリカの独裁者になるでしょう。このような懸念があるので大統領に関する規定を適切に決めなければなりません。［中略］。大統領の権限を正しく調整することは最も難しいことです。大統領を弱くしすぎれば、議会が大統領の権限を簒奪してしまうでしょう。さりとて大統領を強くしすぎれば、大統領が議会の権限を簒奪してしまうでしょう。短い任期で再選を認めるとともに［連邦議会による任命とは］違った任命方式が望ましいでしょう」

その日は最後まで結論は出ず、休会を迎えた。

翌日、大統領の任命方式に関する話し合いが再開された。前日の論議を踏まえてエルズワースが折衷案を提案した。すなわち、最初に大統領を任命する時は連邦議会が選ぶ。再選する時は諸邦議会によって指名された選挙人が大統領を任命する。こうすれば大統領が再選されようとして連邦議会に媚びを売る必要がなくなる。

ここでマディソンはさまざまな大統領の任命方式について概括した。

「連邦憲法や邦憲法のもとにある現行組織、人民に由来する特別に選ばれた組織、または人民のいずれかによって大統領は選出されなければなりません。連邦憲法のもとには二つの現行組織、すなわち立法府と司法府があります。後者は問題外です。私の判断によれば、前者にも克服し難い反対があります。そうした方式は、大統領の独立性に影響を与えるだけではありません。第一に、大統領選は議会を分裂させるので公共の利益が大きく損なわれます。政府は絶えず闘争の渦に投げ込まれるだけではなく、他の方式が採択された場合よりも暴力的になるでしょう。第二に、大統領候補が支配的な派閥から任命を獲得するようになれば、政権はそうした派閥の意見に従属するようになります。第三に、外国勢力の外交官たちが大統領選に影響力を及ぼしたり陰謀を企てたりするでしょう」

さらにマディソンは諸邦政府による大統領の任命についても連邦議会による任命と同様の欠陥があると指摘した。そして、人民によって選ばれた選挙人が任命する方式と人民による直接選挙を実施する方式の優劣について比較した。

「私は人民によって選ばれた選挙人が任命する方式が最も反対が少ないと思います。それに連邦議会による任命よりもはるかに望ましいでしょう。臨時で選ばれた選挙人は一堂に会してすぐに［大統領を］指名します。陰謀や腐敗が入り込む余地はまったくありません」

エルズワースの折衷案が否決された後も協議は続けられた。次に議題に挙がったのは、大統領は十二年間で六年以上、在職するべきではないというチャールズ・ピンクニーの提案である。まずメイソンが賛同の意を示した。

「そうすれば大統領の独立性が効果的に保たれます。しかも大統領が最初に選出された後、再選が禁止されても将来、再び就任できる道が開かれるという利点があります」

その一方、バトラーは自説を忌憚なく述べた。

「避けるべき大きな二つの悪弊は、国内における陰謀と外国からの不当な影響です。もし連邦議会が大統領を任命する方式を採用すれば、そのどちらも避けるのが難しくなります。［中略］。諸邦議会によって選ばれた選挙人が大統領を任命する方式が最善でしょう。いかなる場合であれ再選には反対します」

甲論乙駁の後、ゲリーは人民による直接選挙で起き得る危険性を指摘した。ゲリーによれば、「無知な人民」は悪意ある者たちにたやすく扇動されてしまってその意のままになってしまう恐れがあるという。

その一方、ディキンソンはゲリーとは正反対の意見を述べた。

「これまで私が出席して議論を聞いてきた限りでは、連邦議会による大統領の選出、諸邦議会や諸邦知事による大統領の選出には克服し難い反対があるようです。最善かつ純粋な法源である人民による選出が望ましいでしょう」

票決の結果、ピンクニーの提案は僅差で否決された。さらにゲリーとバトラーが大統領に関する規定を詳細検討委員会に付託するべきだと提案したものの、投票が実施される前に休会となった。

＊大統領制度に関する決定事項

七月二六日、議論の冒頭でメイソンが立ち上がって、大統領に関する規定についてこれまで話し合われてきたことを振り返った。

「大統領に関する議論のあらゆる段階において、さまざまな見解の相違が示されました。行政府を構成するどのような方式も満足できるものではありません」

さらにメイソンは各代表の提案について言及した。そして、自らの見解を付け加えた。

「こうしたさまざまな方式を検討した後、私は一つの結論に至りました。最初に［ヴァージニア案によって］提案されたように連邦議会による選出が最善です。反対があったとしてもほかの案よりは少ないでしょう。また再選は絶対に禁止するべきでしょう。人民の権利を守ることこそ最も重要な目的であり、私の政治方針を導く北極星なのです。国家の高官たち、特に大統領は人民の権利が貴重であることを自ら体感するために一定の任期を経た後、人民の中に戻らなければなりません。それは市民の自由を守るために不可欠なことです」

次にフランクリンが起立してメイソンの見解を補った。

「人民の中に戻れば大統領の品位が損なわれると思う者がいるかもしれません。そのように思うことは共和主義の原理に反しています。自由な政府において支配者は従僕であり、人民は主人であり主権者です。したがって、支配者が人民の中に戻ることは降格ではなく昇格なのです」

最終的に大統領に関する規定全体が承認された。規定全体を簡単にまとめると以下の通りになる。大統領は連邦議会によって七年の任期で選出される。再選は禁止である。大統領は連邦法を執行し、官吏を任命する権限を持つ。弾劾を受けて有罪になった場合に罷免される。公務に対して国庫から俸給を与えられる。

続いて詳細検討委員会に付託するべき問題がいくつか提案された後、報告の完成を待つために八月六日まで休会に入ることが議決された。

間奏

憲法制定会議を外部から見守っていた人びとはどのような思いを抱いていたのだろうか。休会が始まった同日、ジェームズ・モンローは外交官としてパリに駐在していたジェファソンに宛てて手紙を書いている。連合会議の代表を務め終えた後、モンローは地元に帰って法律事務所を開いていた。一時期、政界から距離を置いていたモンローであったが、政治的関心が衰えたわけではなかった。

私が思うに、連邦政府の状況は極度の混乱に陥っているようです。憲法制定会議は、決定的な効果を与えるための手段です。現在の難局を克服できなければ、我々は破滅してしまうでしょう。もし彼らの提案が認められなければ、それが本当のことになってしまうのではないかと私は恐れています。

ただモンローには希望が残されていた。手紙は次のように続けられている。

しかし、私は、ワシントン将軍の存在が憲法制定会議に強い威信を与えることによって悪い影響が抑えられるだけではなく、憲法制定会議が何を考案しようとも将軍の署名のおかげで連邦全体に受け入れられるはずだと信じています。

さらに同日、フランス領事は本国に次のように報告している。

今、フィラデルフィアで開催されている会議はワシントン将軍が主宰し、大陸で最も賢明な者たちによって構成されています。今、北アメリカが示そうとしている未来像にはきわだった特徴があり、注目に値します。あらゆる民主制が非効率性を持つこと、諸邦が通商に関する規定をほとんど遵守しようとしないこと、国家の信用と尊厳が凋落していること、そして、連邦が解体する危険があるのではないかという不安が広まっていることなどが北から南に至るまで全土の優れた人びとの心を動かし、最後の手段として憲法制定会議の開催を決意させました。会議の参加者たちは厳しい箝口令を遵守しています。残された日々を一市民として過ごすと約束したワシントン将軍が第二の革命という危難に身をさらすように説得されたことは驚くべきことです。

ワシントンは十日間の休日をどのように過ごしていたのか。ワシントンの日記を追うと、ガヴァニア・モリスとともに馬車でフォージ渓谷の近郊まで行ってマス釣りを楽しんだようだ。独立戦争中、フォージ渓谷は死の谷だった。ひるがえって今はどうだろう。谷間は輝く緑に覆われ、小川は魚に溢れている。これこそ平和がもたらす情景である。さらに翌日の日記には次のように書かれている。

［ガヴァニア・］モリス氏が釣りをしている間、私は一七七七年から一七七八年にかけての冬にアメリカ軍が宿営していた場所を馬で巡った。すべての構築物を見て回ったところ、瓦礫になっていた。森の中にあった宿営地はまったく開墾されていなかった。［宿所の］ムーア夫人の家に戻る途中、私は農作業をしている農夫たちを見つけて話しかけた。そして、ソバの栽培方法に関する情報を得た。［中略］。ムーア夫人の家に戻ると、ロバート・モリス夫妻がそこにいた。そこで釣りなどをして過ごし、同所に宿泊した。

日記にはこのような日常の出来事が綴られているだけである。憲法制定会議に関する言及はほとんどない。秘密規定を守るためだ。ただ憲法制定会議の代表たちの中には、秘密規定をそれほど重んじなかった者もいる。ニュー・ハンプシャー代表のニコラス・ギルマンは次のように手紙に書いている。

多くのことが進められましたが、決定的なことは何もなく、未定のことはたくさん残っています。この機会において大きな見解の相違は十分に予期されたことです。惰弱な精神を持つ者たちは劣悪な手段を求めます。古い服を新しい布切れで何とか継ぎ合わせようとする者もいます。その一方、積極的な精神を持つ者たちや熱意ある者たちは君主制を声高に求めています。

憲法制定会議の代表たちが君主制を導入しようとしているのではないかという疑念は、多くの人びとの間で囁かれていたようだ。独立革命の歴史を著したマーシー・ウォレンもイギリスの歴史家に次のように不安を吐露している。

良識あるすべての人びとが強力で効率的な政府が必要だと納得しています。年老いた愛国者たちは、純粋な共和主義の原理にもとづく政体が樹立されることを望んでいます。各邦の影響力を持つ者たちもそのように思っていますが、能力に見合わない官職に就いている者たちや偶然に財産を得た者たちは貴族制を秘かに望んでいます。その一方、若くて熱意ある者たちは、栄誉、官職、報酬を求めて君主制を声高に求めています。

休会期間の後半、ワシントンは各地に点在する旧戦場を訪問している。日記には、「ホワイトマーシュまで馬を進めて私の旧陣営を見て回り、その場所でアメリカ軍を脅かしていた危険に思いを馳せた」と書かれている。

ワシントンをはじめとする代表たちが休暇を楽しんでいる間、ラトレッジ、ランドルフ、エルズワース、ウィルソン、そして、ゴーラムの五人からなる詳細検討委員会は草案の起草に取り掛かっていた。作業の詳細に関する記録は残っていないが、委員たちの手による草稿が残されている。それを見ると、委員たちの討議が垣間見える。その中から興味深い点を取り上げてみよう。

合衆国憲法には「我々合衆国人民は」で始まる有名な前文がある。その前文が初めて登場したのが詳細検討委員会である。ランドルフの手稿を見ると、前文にどのような意義があるのかわかる。
我々の前文の目的は、現行の連邦政府が公共の福祉にとって非効率であること、そうした事実を確信することがきっかけとなってこの憲法制定会議が開催されたこと、そして、非効率な政府を是正する唯一の効果的な手段は最高権威を持つ立法府、行政府、司法府を樹立することだと簡潔に宣言することである。

すなわち、「我々合衆国人民は」という言葉から始まる前文は合衆国憲法の本質を示している。なぜなら連合規約は「諸邦の恒久的な連帯」という言葉から始まっているからだ。連合規約が諸邦政府間の盟約にすぎない一方、合衆国憲法は人民の総意にもとづく誓約である。

詳細検討委員会による草案は、全般的にヴァージニア案にもとづくものだが、連合規約や諸邦憲法、ニュー・ジャージー案などからもさまざまな要素が取り入れられている。最初にランドルフが草稿を書き、残りの四人がそれを見てラトレッジが訂正を書き入れた。最後にウィルソンが草案をうまくまとめたようだ。

多くの修正点の中でも最も重要な点は、連邦議会に与えられる権限が変更されている点である。原案では、連邦全体に関わる広範な立法権が連邦議会に与えられていたが、詳細検討委員会の草案ではそうした条文が削除され、限定された立法権のみが与えられている。他に特徴的な点は、貨幣の鋳造、拿捕免許状の授与、紙幣の発行、輸入品に対する課税などを諸邦に禁じた点である。

八月四日、詳細検討委員会の報告が完成して印刷業者に渡された。今後の議論はその報告をもとに進められる。憲法制定会議の再開は二日後である。

に休会になった。

詳細検討委員会の報告

＊下院選挙の選挙資格

八月六日、二つ折り版で七頁に及ぶ報告が各代表に配られるとともにラトレッジによって読み上げられた。報告は前文に続いて全二三条からなる。報告の内容を精査する時間を代表たちに与えるためにこの日はすぐに休会になった。

翌日、詳細検討委員会の報告に関する本格的な協議が始まった。これから九月中旬まで約一ヶ月にわたって代表たちは議論を続けることになる。最初に着手されたのは前文の検討である。前文はすぐに全会一致で承認された。続いて正式国名を定めた条項、連邦政府を立法府、行政府、司法府で構成することを定めた条項が可決された。そして、議論は立法府の一般的権限を定めた条項に移った。メイソンは上下両院に互いの法案に対する拒否権を与える必要はないと指摘した。しばらく意見が交わされた後、マディソンは、上下両院にそれぞれ立法権を与えると明記されているので拒否権に関する条項を削除するべきだと提案した。マディソンの提案は可決された。

さらにマディソンは、毎年十二月の第一月曜日に議会を開会するという条項が報告に盛り込まれているのはなぜかと質問した。マディソンの考えでは、わざわざ憲法で定めなくても法によって定めればよい。そこでランドルフは「法によって定めがない限り」という条項を付け加える折衷案を提案した。折衷案はすぐに承認された。

今度はガヴァニア・モリスが議会の開会日を十二月ではなく五月に変更するように求めた。しばらく討議が続いた後、票決が実施された。その結果、ガヴァニア・モリスの提案は否決された。

この日の最大の争点は、下院選挙の選挙資格を定めた条項であった。すなわち、下院選挙の選挙資格を各邦議会選挙の選挙資格と同等にする。まずガヴァニア・モリスは、選挙権を自由土地保有者に制限するように求めた。モリスの提案に対してウィルソンは反論を唱えた。

「報告のその部分は委員会によって十分に検討された部分です。したがって、変更しないほうがよいでしょう。すべての邦に共通する選挙資格を設けることは難しいことです。不必要な変革は避けるべきでしょう。邦議会選挙の投票権を持つ者が連邦議会選挙の投票権を与えられないのは認めがたいことでしょう」

すぐにガヴァニア・モリスが切り返す。

「そのような難点はそれほど大きくありませんし、新しいものでもありません。諸邦の人民はそうしたことに慣れていますし、不満も持たないでしょう」

二人の議論にエルズワースが口を挟んだ。

「［報告にあるような］選挙資格は最も適切な根拠にもとづいていると思います。選挙権は重要な点であり、ほとんどの邦憲法で強力に守られています。もし選挙権を奪われれば、人民は連邦憲法を認めようとしないでしょう。諸邦は人民の状況や感情を最もよく理解しています」

さらにディキンソンが議論に加わった。

「自由土地保有者に選挙権を与えるという考えについて私は違った見解を持っています。自由土地保有者は自由の最善の擁護者です。自由土地保有者のみに選挙権を与えることは、財産を持たない者たちの危険な影響に対する必要不可欠な防壁となります」

ここでガヴァニア・モリスはディキンソンに加勢して、自由土地保有者のみに選挙権を与える利点を説明した。

「現在の憲法案に関して私が主に反対している点は、それがこの国を貴族制の危険にさらすことです。貴族制は下院から生じるでしょう。財産を持たない者たちに投票権を与えれば、その者たちは富裕な者たちに票を売りわたしてしまうでしょう。我々は今この瞬間だけに注意を払うべきではありません。雇用主からパンを受け取る職人や労働者がこの国に溢れる時代はそう遠くないでしょう。そのような者たちは安全で誠実な自由の擁護者になり得るでしょうか。彼らは貴族制に対する堅固な防壁となり得るでしょうか。『代表なくして課税なし』という言葉に私は惑わされません。自由意思で投票できない者は代表されていません。投票を命じる者が代表されるだけです。子供は投票しません。なぜか。子供は思慮が足りないからです。子供には自分自身の意思がありません。無知で自立していない者たちに公共の福祉を託すことはできません」

メイソンはモリスの主張に激しく反発した。

「社会に愛着を持ち、社会と恒久的な利益を共有していると示せる者にはすべての権利と特権を与えるべきだと私は真摯に思っています。どうして自由土地保有者のみに選挙権を制限するのでしょうか。土地以外の財産を持つ者は社会と恒久的な利益を共有していないとでも言うのでしょうか。その他の財産を持つ者は社会に愛着を持っていないとでも言うのでしょうか。外国で財産を築いた商人、金融資産を持つ者、多くの子供たちの親は、同胞市民から共通の権利を与えるに値しない無価値で疑わしい人物だと思われているのでしょうか」

数人が意見を述べた後、フランクリンが口を開いた。

「選挙権を自由土地保有者のみに与えれば、下層の自由民の気分を害するのではないかと心配です。下層の自由民は確固とした美徳と高潔さを持っています。庶民の美徳が優れていることは先の戦争で十分に証明されました」

最後にラトレッジが立ち上がって強い口調で断言した。

「自由土地保有者のみに選挙権を与えるという考えは非常に無分別だと思います。そのようなことをすれば人民に分断をもたらし、除外された者たちが敵になってしまいます」

一通り意見が出尽くした後、票決が実施された。モリスの提案は大差で否決され、下院の選挙資格に財産規定は設けられなかった。

＊奴隷制度をめぐる対立の再燃

八月八日、議論の焦点は下院議員の被選挙資格に移った。まずメイソンが口火を切った。

「移民に扉を開くことに賛成します。しかし、外国人や山師に法律を作らせたり統治させたりすることには反対します。市民権を得て三年では下院議員は地元の情報を十分に得られないでしょう」

そこでメイソンは、下院議員の被選挙資格を市民権を七年以上保有する者に制限するように求めた。ヴァニア・モリスがすぐに賛同し、メイソンの提案はほぼ全会一致で可決された。

今度はラトレッジが下院議員は選出邦に少なくとも七年以上の居住歴を持つべきだと提言した。ある邦の住民が別の邦の事情を知るまでに時間が必要だからである。ラトレッジの提言にリードが論駁した。

「今、我々が樹立しようとしているのは国民国家的な政府です。そのような規定は我々が一つの人民であるという理想に合致しません」

賛否両論が出る中で居住歴を三年や一年にするという提案も示されたが、いずれも否決された。結局、下院議員は居住歴を問われず、選出された時にその邦の住民であればよいことになった。

次に議題に挙がったのは、議席配分の基準に関する条項である。詳細検討委員会の報告では、「下院議員の数は住民の数にもとづいて定められる」と書かれていた。キングはその点に疑念を抱いた。

「奴隷を議席配分の基準に含めることは、私にとって非常に重大な問題です。アメリカ人の大部分にとってもきっとそうだと私は思っています。これまでその件について強く反対しませんでした」

いったいキングにとって何が気がかりであったのか。「下院議員の数は住民の数にもとづいて定められる」という規定に沿って議席を配分すれば、多くの奴隷人口を擁する南部諸邦が有利になる一方、北部諸邦は不利である。そこで奴隷人口に五分の三を乗じた数を算定基準に含めるという妥協が導き出された。それにもかかわらず、詳細検討委員会の報告からはその比率が抜け落ちている。キングによれば、報告は「すべての希望に終わりをもたらした」という。キングの激越な言葉が続いた。

「この憲法案には不公平なことや非合理なことがたくさんあるので、北部諸邦の人民は受け入れようとしないでしょう。誠実な者であれば、北部諸邦の人民に向かって憲法案を正当化できないでしょう。この問題に関して何らかの妥協がなされるべきだと私は望んでいました。少なくとも奴隷の輸入に関して期間の制限を設けなければなりません。無制限に奴隷を輸入すること、そして、奴隷を連邦議会に代表させることを私は決して認めたくありません。私はそのような慣行［奴隷制度］が正しいとはとうてい思えないので、いかなる状況でもそれに同意できるかどうか確信が持てません」

ガヴァニア・モリスは「下院議員の数は自由民の数にもとづいて定められる」と条項を修正するように提案したうえで、舌端火を吐くように熱く論じた。

「奴隷制度は極悪な制度です。奴隷制度が蔓延する諸邦は神に見放されるでしょう。奴隷制度から自由になった中部諸邦と奴隷を所有するヴァージニアやメリーランドなどの諸邦を比べてみてください。中部諸邦は豊かでみごとに耕され、人びとの繁栄と幸福がありますが、ヴァージニアやメリーランドなどの諸邦は荒れ地が広がり、不幸と貧困しかありません。[中略]。どのような原理にもとづいて議席配分の算定基準に奴隷を含めるのでしょうか。奴隷は人間でしょうか。奴隷を市民と見なして投票させるのでしょうか。奴隷は財産でしょうか。それならばなぜその他の財産は[議席配分の基準に]含まれないのでしょうか。この街[フィラデルフィア]にある家屋は、サウス・カロライナの水田で働く惨めな奴隷のすべてよりも[財産として]価値があるのではないでしょうか。議席配分の基準に奴隷を含めることを説明すれば以下のようになります。最も神聖な人間性を顧みることなく、奴隷を親しい者たちと引き離して残酷な隷属状態に置こうと、アフリカ海岸まで赴いているジョージアとサウス・カロライナの住民は、そうした邪悪な慣行をきわめて真っ当な恐怖の目で見ているペンシルヴェニアやニュー・ジャージーの市民よりも、人類の権利を守るために樹立された政府において多くの議席を持つべきでしょうか。国内における奴隷制度は、憲法案において最もきわだった貴族的な特徴です。恵まれない者たちを従属させることは貴族制の所産です」

続けてガヴァニア・モリスは、もし奴隷の数が議席配分の基準として採用されれば、南部諸邦は奴隷制度を守るためにますます多くの奴隷を海外から輸入しようとすると警告した。

キングやモリスの激しい糾弾に対してシャーマンは、奴隷制度への反対は「克服し難い反対」とは思えないと指摘した。このままではせっかく成立した妥協が流産する恐れがある。

それから何人かが短い意見を述べた後、票決が実施された。モリスの提案は大差で否決された。多くの憲法制定会議の代表たちは、シャーマンと同様の思いを抱いていたからである。奴隷制度の問題には目をつぶって憲法案の成立を優先させようという判断の結果である。

この日の最後の議題は、下院に財政法案の独占的発議権を与えるか否かである。チャールズ・ピンクニーは独占的発議権について定めた条項を削除するように求めた。ガヴァニア・モリスは、ピンクニーを支持したうえで、下院よりもむしろ上院に独占的発議権を与えるべきだと主張した。モリスによれば、少数で構成される上院こそ迅速に財政法案を審議できるという。モリスの主張に対してメイソンは、下院に財政法案の独占的発議権を与えることは大邦と小邦の間で成立した妥協の一環なので改めるべきではないと反駁した。さまざまな見解が示された後、ピンクニーの提案は認められ、下院に財政法案の独占的発議権を与える条項は削除された。

＊上院議員の被選挙資格

八月九日、上院の議席配分方式が検討されたが、前日に決定した財政法案の独占的発議権が蒸し返された。ランドルフは問題の再検討を求めた。ランドルフによれば、下院に財政法案の独占的発議権を与えなければ大邦は納得せず、ようやく成立した妥協の存続が危ぶまれる。さらにウィリアムソンはランドルフを補強した。

「ノース・カロライナ邦は、下院に財政法案の独占的発議権を与えるという条件で上院で各邦に同数の議席を配分することに同意しました。上院で同数の議席を享受しようとしている小邦がその条件を忘れてしまっていることに私は驚いています」

彼らの考えによれば、そもそも上院で各邦に同数の議席を与えること自体が間違っているので、下院に財政法案の独占的発議権を与える程度の譲歩では大邦はとうてい納得できない。さらにその譲歩さえなかったことにされれば、大邦は妥協を絶対に呑めない。続けてマディソンが発言した。

「もし下院に財政法案の独占的発議権が与えられなければ、義務感と良心に従って私は、上院で各邦に同数の議席を配分する方式に反対しなければなりません」

それから討議が続けられた後、検討の先送りが提案されたが否決され、上院で各邦に同数の議席を与える規定が採択された。それは奴隷制度をめぐる南北の対立と同じく、小邦と大邦の対立が再燃することを恐れた代表たちが多かったことを示している。

上院議員の在職期間を六年に定める条項は満場一致ですぐに可決された。次に議題に挙がった上院議員の被選挙資格は激しい論争を招いた。条項によれば、上院議員になるためには、選挙前に少なくとも四年間、アメリカに在住し、選挙時に選出邦の住民であることを要する。まずガヴァニア・モリスが在住期間を十四年に延長するように求めた。外国人の危険な影響を排除するためだ。ただ憲法制定会議の代表たちの中には八人もアメリカの領域外で生まれた者たちがいた。十四年はそうした外国生まれの代表たちに配慮した年数である。例えばジェームズ・マッケンリーはアイルランドからアメリカに移り住んで十三年であった。憲法が発効して議会選挙が実施される頃には被選挙資格を満たしているはずだ。

モリスの配慮にもかかわらず、エルズワースは有能な外国人が移住を断念してしまうと述べて在住期間の延長に反対した。すかさずチャールズ・ピンクニーが異議を唱えた。

「上院には条約を締結する権限と外交を取り仕切る権限が与えられます。外国に愛着を持つ者たちに上院の扉を開くことはきわめて危険であり不適切です」

さらにバトラーがピンクニーに加勢した。

「長い在住期間なしで外国人を議会に迎え入れることに強く反対します。外国人は自国に対する愛着を持ち込むだけではなく、あらゆる観点から危険だと見なされるような我々の政治思想とかけ離れた政治思想を持ち込むでしょう。アメリカに来てから短い期間で公職に就くようにもし私自身が求められていれば、外国の慣行や思想、愛着があるために公務に携わるにはふさわしくないと考えたでしょう」

実はバトラーは、独立戦争が勃発する直前にイギリスからアメリカに移住している。そのような経歴を持つバトラーの言葉だからこそ説得力がある。ただフランクリンは長い在住期間を被選挙資格として定めることに反対した。

「憲法にそのような狭量な要素を含めることを残念に思います。ヨーロッパの人びとはわが国に友好的です。[中略]。革命の過程の中、多くの外国人が我々に忠実に奉仕してくれたこと、そして、多くの人びとが祖国に立ち向かわなくてはならなくなったことを我々は知っています。もし外国人が諸国を訪問した後、より多くの幸福を享受できる国よりもわが国を選んでくれれば、我々の信頼と好意に値する愛情の証だと見なせます」

ランドルフとウィルソンがそれぞれ意見を述べた後、最後にガヴァニア・モリスが発言した。

「もしフランス人を上院に招き入れれば、その者はフランスとの通商を盛んにしようとするでしょう。イギリス人であれば、イギリスとの通商に対して同様の偏向を示すでしょう」

採決の結果、モリスの提案は否決された。続けて十三年や十年といった在住期間が提案されたが、最終的に九年で決着した。この日の議論は選挙に関する細則の協議で終わった。

＊被選挙資格の財産規定の是非

八月十日、連邦議員の被選挙資格に財産規定を設けるべきか否か検討された。口火を切ったのはチャールズ・ピンクニーであった。

「私は憲法に不適切な貴族的な影響を盛り込むことに反対していますが、連邦議員、大統領、そして、判事は独立と品位を保つために十分な財力を持つべきです。大きな権限を委ねる場合、財産と名声を結びつけて判断することは、誠実な統治を確保するために賢明なことです」

ピンクニーの意見に対してマディソンは強く反発した。

「被選挙資格に財産規定を設ければ、不適切で危険な権限を議会に与えることになります。選ぶ者と選ばれる者の資格は、共和政府にとって根幹となる条項なので憲法によって定められるべきです。もし議会がいずれの資格も決められるようになれば、憲法は覆されるかもしれません。選ばれる者の数や選ぶ者の数を制限すれば、共和政体は貴族制や寡頭制に転向してしまうでしょう」

マディソンの発言を受けてガヴァニア・モリスは財産規定を削除するように提唱した。しばらく議論が続いた後、投票が実施された。モリスの提案は否決されたものの、意見がまとまらず、財産規定に関する条項は翌週の月曜日に再考されることになった。またウィルソンの提案で下院議員の被選挙資格についても翌週の月曜日に見直されることになった。

その他にも議会の定足数、議会における発言の自由の保障、議員の不逮捕特権などが若干の話し合いの後、可決された。議事録の管理方法に関する論議の途中で休会を迎えた。

八月十一日、前日に続いて議事録の管理方法に関する議論が再開された。修正を少し加えて議事録の管理方法に関する条項が可決された。議会の運営方法に関する討議が終わった後、ランドルフは三日前に削除された下院に財政法案の独占的発議権を与える条項を再検討するように提言した。ランドルフの考えによれば、人民から広く選ばれる下院にのみ財政法案の発議権を与えたほうが人民の支持を得やすい。こうしたランドルフの提言は共感を集め、独占的発議権の是非について翌週の月曜日に再検討されることが大差で可決された。

＊下院議員の被選挙資格と財政法案の独占的発議権

週が明けて八月十三日、再検討が決定された議題が取り上げられた。最初の議題は下院議員の被選挙資格である。ウィルソンとランドルフは在住期間を七年から四年に短縮するように提案した。

さっそくゲリーが反論を述べた。

「被選挙資格は本国生まれの者に限るべきです。外国は我々の問題に介入しようともくろんで費用を惜しまず影響を及ぼそうとするでしょう。外国に対する愛着を持つ者たちが目的を達成するための手先として我々の中に送られ、議会の中に入り込むでしょう。諜報活動のためにヨーロッパで莫大な金額が投じられていることを誰もが知っています」

ゲリーの意見に強く抗弁したのがハミルトンである。自らも移民として身一つから立身出世を遂げたハミルトンにとって「本国生まれの者に限る」という条件はとうてい容認できるものではなかった。ハミルトンはすでに人生の半分以上をアメリカで過ごしている。生まれはアメリカではないが、誰よりも強くアメリカに愛着を感じ、アメリカを祖国だと思っていた。

「一方では、確かに指摘されているような危険があります。しかし、もう一方では、外国人の移民を奨励することで生じる利益が明らかに認められます。ささやかな富を持つヨーロッパの人びとは、第一級の市民となれるような国［アメリカ］に喜んで移りたいと思うでしょう。したがって、市民権と居住歴のみを被選挙資格にすれば十分です」

続けてマディソンがハミルトンを支持する見解を示した。

「優れた才能を持ち、共和主義の原理を理解している外国人を我々の中に招き入れたいと思います。アメリカの入植と繁栄は移民によるものです。アメリカは移民を奨励してきたことによって、人口が急速に増大し、農業や芸術が盛んになりました」

さまざまな意見が出た後、ウィルソンはハミルトンの提案を認めて自らの提案を撤回すると言った。そこでハミルトンの提案が票決にかけられたが否決された。そのまま談義が続けられたが、結局、下院の被選挙資格は改められなかった。

次の議題は、下院に財政法案の独占的発議権を与える条項の再検討である。最初に発言を求めたのはランドルフであった。ランドルフは下院に財政法案の独占的発議権を与えるだけではなく、上院による介入をできる限り排除するように求めた。すぐにメイソンがランドルフの提案を支持した。

「政治的な本質として上院は人民を代表しているわけではなく諸邦を代表しています。したがって、上院が人民に対する課税を決定することは不適切なことです」

ウィルソンは二人の主張にまっこうから抗言した。

「戦争、通商、そして、歳入は連邦政府の重要な課題です。それらのすべては財政と深く関わっています。下院にのみ財政法案を発議する特権を与えれば、上院はいかなる重要な法案も発議できなくなるでしょう」

ゲリーはメイソンと同じくランドルフの提案に賛同を示した。

「人民の心の中では課税と代表制の原理が強く結びついています。人民は、彼らが直接選んだ代表にしか財布の中に手を入れることを許さないでしょう。もし上院に財政法案の発議権を与えれば、人民は憲法案自体を認めないでしょう」

マディソンはウィルソンと同調して反論を展開した。

「もし財政法案を発議する権限が下院のみに与えられるか、もしくは上院が下院の判断に従わざるを得なくなれば、抑制の有効性が失われてしまうでしょう」

賛否両論が飛び交う中、ディキンソンは折衷案を示した。

「八邦はその邦憲法において独占的な発議権を下院に与えています。しかしながら、そうした邦の大部分は上院に修正する権限を与えています。こうした方式が我々にとって最適でしょう」

白熱した議論が延々と続いた後、ようやく決が採られた。その結果、先の決定は覆されず、下院に財政法案の独占的発議権を与える条項は削除されたままになった。

＊連邦議員の待遇の再検討

八月十四日、連邦議員が在職中と退任後の一定期間、公職に就くのを禁じる条項に関する話し合いが始まった。立法府と行政府の独立を保つためにそうした条項が必要だと訴える者がいた一方、有能な人物が議員になろうとしなくなると警告する者がいた。結局、議論の決着はつかず、先送りされた。

続いて議員報酬の支払いに関する討議に移った。まずエルズワースが議員報酬を諸邦ではなく国庫から支払う方式に改めるように求めた。もし諸邦から報酬を受け取ることになれば、連邦議員は諸邦の意向に容易に左右される恐れがある。

こうしたエルズワースの見解を強く支持したのがディキンソンとメリーランド代表のダニエル・キャロルである。キャロルは、諸邦が報酬を餌に連邦議員の投票行動を支配する危険性を指摘した。さらにディキンソンは、「諸邦議会の偏見、情念、そして、不適切な見解から連邦政府を隔離する必要性があると我々は確信したはずです」と注意を促し、もし連邦議員の報酬を諸邦に支払わせれば、そうした理念が覆されてしまうと警告した。票決が実施された結果、連邦議員の俸給は国庫から支給されることになった。

＊大統領の拒否権の再検討

八月十五日、両院に法案の発議権を与える条項が議題として取り上げられた。それに関連して財政法案に限って下院に独占的発議権を与えるように修正するべきだという提案が示された。紛糾を避けるためにすぐに議論は先送りされた。

続けて大統領の拒否権について定めた条項に関する討論が始まった。すなわち、議会で可決された法案は大統領の承認を得るために提出され、もし否認されても各院の三分の二の賛成で再可決されれば法として成立する。この条項の検討において焦点となったのは、立法府と行政府のどちらが危険かという点である。ガヴァニア・モリスは「議会による簒奪に対抗策を講じなければなりません」と指摘して、より効果的な対抗策を考案するまで検討を先送りすべきだと主張した。さらにウィルソンはイギリスの歴史から教訓を引き出した。

「行政府に対する偏見は、立法府こそ自由の擁護者であるという誤った格言から生じています。強力な国王や専制君主が存在する場合、人びとが議会と専制を結びつけようとしないのは当然でしょう。しかし、強力な行政府が存在しない場合、議会と専制を結びつけるのは当然です。イギリスで国王が打倒された後、議会によって紛(まご)うことなき専制が布かれました」

長引く協議の中、ラトレッジは検討の先送りに反対して「議事進行があまりに緩慢すぎます」と不満を表明した。それに呼応してエルズワースは、「我々は先に進めば進むほど疑心暗鬼になっています。もしすぐに決定を下せなければ、何も決められなくなってしまうでしょう」と述べた。二人の意見が通って先送りは否決された。

「各院の三分の二の賛成」という文言を「各院の四分の三の賛成」という文言に差し替えるというウィリアムソンの提言が打開策となった。法案の再可決を困難にすれば、大統領は議会による専制を効果的に防止できる。ウィリアムソンの提言は僅差で可決された。

＊連邦議会の輸出品に対する課税権と紙幣の発行権

八月十六日は連邦議会に与える個別の権限に関する検討に時間が割かれた。最大の争点は、輸出品に課税する権限を連邦議会に与えるべきか否かという点であった。まずメイソンが、連邦議会は輸出品に課税する権限を持たないと明記するべきだと主張した。農産物の輸出高が大きい南部諸邦にとって輸出品への課税は死活問題であった。

ガヴァニア・モリスはメイソンの主張にまっこうから対立した。

「そのような規定はいかなる場合であれ受け入れられません。一部の構成員を支えるために連邦全体を犠牲にすることに強く反対します」

マディソンもメイソンの主張に異を挟んだ。同じヴァージニアの代表であってもマディソンの考えは違っていた。諸邦がばらばらに課税するよりも連邦政府が統一した基準で輸出品に課税したほうが公平である。また輸出品に課税しても最終的に税金を支払うことになるのは輸出先のヨーロッパの輸入者である。さらにヨーロッパに農産物を輸出するには海上の安全が必要不可欠であり、海軍の運用に必要な費用を南部諸邦は負担するべきだ。

輸出品への課税に対する反対が相次ぐ中、ガヴァニア・モリスが再び口を開いた。

「輸出品への課税は必要な歳入源です。アメリカ人が直接税を払えるようになるまで長い時間がかかるでしょう。［直接税を滞納した］人民の財産を差し押さえて売却するようなことになれば、人民は革命を起こすでしょう」

結局、議論がまとまらず、決定は先送りされた。続けて紙幣の発行権に関する討議が始まった。連邦議会は紙幣を発行する権限を持つべきか否か。まずガヴァニア・モリスが「合衆国政府の信用にもとづく紙幣を発行する」という文言を削除するように求めた。モリスの考えによれば、そもそも政府に信用があれば紙幣を発行する必要はなく、逆に信用がないのに紙幣を発行しても無用の長物になるだけだ。モリスの提言にバトラーが支持を表明した。その一方、メイソンはモリスの提言に疑念を示した。

「私も紙幣を良い物だとはまったく思っていませんが、すべての緊急事態を予見できないので連邦議会の手を縛るべきではないでしょう。もし紙幣の発行が禁止されていれば、先の戦争を続けられなかったはずです」

今度はエルズワースが紙幣に対する不信感を表明した。

「今回は紙幣の発行に対して完全に扉を閉ざす好機です。さまざまな愚かな試みが失敗に終わったことは人心に新しく、アメリカに住む多くの尊敬すべき人士にとって嫌悪の対象になっています。紙幣を発行する権限を新政府に与えずにおけば、より多くの影響力を持つ人びとが新政府の味方になるでしょう。どのような場合においても紙幣は不要です。政府に信用を与えれば、ほかの手段が見つかるはずです。紙幣を発行する権限は何も利点がなく、むしろ有害でしかありません」

最後にニュー・ハンプシャー代表のジョン・ランドンが強い言葉で議論を締めくくった。

「『紙幣を発行する』という文言を残すくらいなら憲法案全体を拒絶したほうがましです」

票決の結果、「合衆国政府の信用にもとづく紙幣を発行する」という文言は削除された。

＊連邦議会の反乱鎮圧権と宣戦布告権

八月十七日、前日に続いて連邦議会に与える個別の権限に関する検討が再開された。最初の議題は、誰が財務官を任命するかである。リードは連邦議会が財務官を任命するという文言を削除して、代わりに大統領が任命するという文言に差し替えるように求めた。リードによれば、大統領に任命権を委ねたほうがより良い人選が期待できる。リードの提案に対してメイソンは、「お金が誰のものなのか考えなければなりません。もし人民のものであれば、人民を代表する議会がその管理者を任命するべきです」と反論を唱えた。メイソンの反論が功を奏して、リードの提案は僅差で否決された。

海上における拿捕や海賊行為などに関する文言について決定が下された後、連邦議会が「邦議会の要請によって邦内の反乱を鎮圧する」という条項の是非が協議された。まずチャールズ・ピンクニーが「邦議会の要請によって」という文言を削除するように提起した。すぐにガヴァニア・モリスが支持を表明した。その一方、ルーサー・マーティンは文言の削除に異を唱えた。

「危険で不必要な権限を連邦議会に与えることに反対します。外部の武力を導入する場合は、それに先立って邦の同意が必要です」

すかさずガヴァニア・モリスが反駁した。

「邦知事が反乱の先頭に立つ可能性もあります。必要性があれば、あらゆる場合において連邦政府は服従を強制できる権限を持つべきです」

今度はゲリーがモリスに切り返した。

「邦の同意なく合衆国の兵士を邦に向かって放つことに反対します。そのような場合、最善の判断を下せるのは諸邦です。もし連邦政府が介入していれば、先の［シェイズの］反乱でもっと多くの血が流れたでしょう」

いくつか意見が出された後、ガヴァニア・モリスは連邦政府に強い権限を与えるべきだと示唆した。

「我々は非常におかしなことをしています。最初に我々は我々を守らせるために強い男を育てようとしましたが、今度はその男の腕を縛ろうとしています。公共の静謐を保つために反乱を鎮圧する権限を連邦議会に与えるべきです」

論戦の末、連邦議会が邦議会の要請によって邦内の反乱を鎮圧する条項は採択されなかった。次に議題に挙がったのは戦争する権限である。最初に意見を述べたのはチャールズ・ピンクニーであった。

「そうした権限を両院に与えることに反対します。議会の議事進行は非常に緩慢です。しかも一年に一度しか開かれないでしょう。それに下院はそのようなことを考えるにはあまりに人数が多すぎます。外交に精通する上院にそうした権限を与えるべきです」

その一方、バトラーは異なる見解を示した。

「大統領にそうした権限を与えるべきです。大統領はふさわしい資質をすべて持っているでしょうし、もし国民が支持しなければ戦争を始めないでしょう」

ここでマディソンとゲリーは「戦争する」という言葉を「宣戦布告する」という言葉に差し替えるように提案した。もし戦争する権限が議会にしか与えられなければ、不意打ちを受けた時に大統領は対処できなくなる恐れがある。甲論乙駁がしばらく続いた後、二人の提案は可決され、議会には「宣戦布告する」権限が与えられることになった。

＊連邦議会の権限に関する新たな提案と民兵に関する規定

八月十八日、マディソンは新たに連邦議会に与えるべき権限をまとめて提案した。すべてで九つの条項におよび、著作権の保護、大学設立、有用な知識の普及といった内容が含まれている。さらにチャールズ・ピンクニー、ゲリー、ラトレッジ、メイソンも追加するべき条項を提案した。その結果、二〇以上の条項が詳細検討委員会に付託されることになった。

この日、最も議論が白熱したのは、民兵に関する条項をどのように規定するかである。多くの代表たちは常備軍に警戒心を持っていた。彼らにとって常備軍は君主が専制を布くための道具である。したがって、危険な常備軍は少なければ少ないほどよい。そして、常備軍の代わりに民兵を防衛の要に据えればよい。

常備軍への強い警戒心があった一方、民兵に信頼を置かない代表たちもいた。ピンクニー将軍によれば、独立戦争中に各邦の民兵の規律がばらばらだったせいで大きな混乱が起きたので、規律を統一する必要がある。さらにチャールズ・ピンクニーは、「合衆国は実質的な軍事力を持たないという実験を試みましたが、その結果、急速に無政府状態に近づいていることがわかりました」と述べている。ここで言及されている「無政府状態」とはシェイズの反乱を念頭に置いている。

常備軍を危険視する代表たちと民兵に不安を感じる代表たちの間で攻防が続く中、ゲリーは激しい言辞で常備軍に対する強い不信感を吐露した。

「これは絶対に譲歩できない点です。もし憲法制定会議がそのようなことを認めるなら［兄弟殺しの］カインにつけられたのと同じような汚点が憲法案につけられるでしょう。私は紳士諸君のように連邦政府に信頼を抱けません」

議論が紛糾した結果、民兵に関する条項の検討はニュー・ジャージー代表のウィリアム・リヴィングストンを長とする委員会に付託されることになった。さらに各邦の公債を連邦政府が引き受けることを定めた条項も第一リヴィングストン委員会に付託された。

八月二〇日、二週間ぶりに雨が降った。前日に続いてチャールズ・ピンクニーが憲法案に加えるべき条項をまとめて提案した。言論の自由の保障や軍に対する文民の優越などが含まれる。ピンクニーの提案は詳細検討委員会に付託された。

さらにガヴァニア・モリスも追加するべき条項を提案した。それは大統領を補佐する閣僚制度を創設する条項であった。モリスの提案はピンクニーの提案と同じく詳細検討委員会に付託された。

それから代表たちは、反逆罪に関する条項の議論に移った。細かい文言に関する修正を経た後、反逆罪に関する条項は可決された。最後に直接税をどのように割り当てるかの議論が始められたが、検討は翌日に持ち越された。

＊輸出品に対する課税権の再検討と奴隷貿易に関する条項

八月二一日、前日から降り始めた雨がまだ降り続いていた。委員会を代表してリヴィングストンが報告をおこなった。まず新連邦議会は、旧連合会議の公債を返済する義務を負うだけではなく、各邦が戦争中に負った債務を担う。次に連邦政府は、民兵を編成して訓練するための法律を制定する権限を持つ。

まだ検討が終わっていない問題を協議するために、第一リヴィングストン委員会の報告は棚上げされた。まず直接税に関する条項が可決された。代表たちの激しい対立を招いたのは、輸出品への課税を禁止する条項と奴隷の輸入を禁止しない条項の是非であった。

まず輸出品への課税は、前に議論された時と同じく地域的な利害対立の構図を明らかにした。南部諸邦の代表たちは輸出品への課税を禁止するべきだと唱えた一方、北部諸邦の代表たちは連邦議会にそのような権限を与えるべきではないと主張した。地域的な利害を離れて全体の利益になるか否かで判断するべきだと述べる代表もいたが少数であった。その中の一人であるマディソンは折衷案を提案したが、僅差で否決された。結局、輸出品への課税を禁止する条項は可決された。

続けて奴隷の輸入を禁止しない条項に関する議論が開始された。条項の文言を見ると、「奴隷」という言葉は使われていない。「諸邦が受け入れを適切だと考えた者」という表現になっている。ほかの条項でも「役務または労務に服する義務のある者」という婉曲表現が使われている。そうした表現が奴隷を指していることは、代表たちにとって暗黙の了解であった。

最初に発言したのはルーサー・マーティンである。マーティンは、「奴隷制度は革命の原理に矛盾するだけではなく、そのような特徴が憲法の中にあればアメリカの品位を損なうでしょう」と糾弾した。

すかさずラトレッジが反論に立った。

「信仰や人間性はこの問題と関係ありません。諸邦の利害のみが支配的な原理です。現時点における真の問題は、南部諸邦が連邦に加盟するか否かです。もし北部諸邦が自らの利益を考えれば、奴隷の増加に反対しないでしょう。なぜなら奴隷が増えれば、北部諸邦が［南部に］運ぶべき日用品が増えるからです」

二人の討論を聞いたエルズワースは穏健な姿勢を示した。

「この条項はそのまま残しておくべきでしょう。すべての邦に望むように輸入させましょう。奴隷制度に関する道徳や見解は各邦がそれぞれ判断するべきことです。［中略］。旧連邦はこの点について特に干渉しませんでした。したがって、新連邦もこの点に干渉する必要はあまりないでしょう」

最後にチャールズ・ピンクニーは険しい声音で言い放った。

「もし奴隷貿易を禁じる条項が盛り込まれれば、サウス・カロライナはそのような憲法案を決して受け入れないでしょう。サウス・カロライナは、連邦政府の権限を拡大しようとするあらゆる試みを奴隷の輸入に干渉しようとする試みだと見なします」

結局、この日は議論が決着しないまま休会を迎えた。


八月二二日、二日続いた雨がようやく上がった。奴隷の輸入を禁止しない条項に関する話し合いが再開された。最初に意見を述べたのはシャーマンである。

「私は奴隷貿易を認めたくありませんが、諸邦は奴隷を輸入する権限を持っています。公共の善によれば、そうした権限を諸邦から取り上げる必要はありませんし、憲法案への反対をできるだけ少なくするために、この条項をそのまま残しておくのが最善です」

次にメイソンが立ち上がって自らの信念を明らかにした。

「メリーランドとヴァージニアはすでに奴隷の輸入を禁じています。ノース・カロライナも実質的に奴隷の輸入を禁じています。もしサウス・カロライナとジョージアが自由に奴隷を輸入できれば、すべてが無駄になってしまうでしょう。西部の人民は新しい土地のために奴隷を求めています。もしサウス・カロライナとジョージアを通して奴隷が持ち込まれれば、西部は奴隷でいっぱいになってしまうでしょう。奴隷制度は文芸や産業を後退させます。奴隷労働があると、貧しい者たちは勤労を厭うようになります。国家を豊かにして強くする白人の移民が奴隷によって阻害されます。奴隷は最も有害な影響を社会に与えます。あらゆる奴隷主は生まれつきの小さな暴君です。［中略］。免れられない因果の連鎖によって、神は災厄でもって国家の罪を罰するでしょう。［奴隷貿易という］邪悪な海運業によって利益を得たいという欲望を持っている者が東部の同胞の中にいるのを私は残念に思っています。奴隷を輸入する権限を持っている諸邦は、ほかの多くの権限と同じくそうした権限を今こそ手放すべきでしょう。あらゆる観点から連邦政府が奴隷の増加を防ぐ権限を持つべきだと私は考えています」

メイソンに続いてエルズワースが奴隷制度に関する見解を述べた。

「私は奴隷を所有したことがないので奴隷制度がどのような影響を及ぼすのか判断できないかもしれません。しかしながら、もし奴隷制度を道徳の観点から見れば、我々は先に進んでこの国にいる奴隷を解放するべきでしょう」

奴隷制度に対する攻撃が続く中、チャールズ・ピンクニーは奴隷制度の弁護に努めた。

「余計な介入を受けなくても南部諸州は奴隷の輸入を自ら停止します。サウス・カロライナの市民として私自身も奴隷の輸入の停止に賛成票を投じるでしょう。邦から権限を取り上げようとする試みは、憲法に対する激しい反対を生むでしょう」

さらにピンクニー将軍が擁護論を展開した。

「もし私自身とほかの者たちが憲法案に署名して、個人的な影響力を行使したとしても、わが邦の人民の同意を得られないでしょう。サウス・カロライナとジョージアは奴隷なしではやっていけません。［中略］。奴隷の輸入は連邦全体の利益となるでしょう。奴隷が増えれば増えるほど、海運業の需要が高まり、消費が増え、国庫に入るお金が増えるでしょう」

擁護論を聞いたディキンソンはあからさまに不快感を示した。

「名誉と安全に関わるあらゆる原理において、憲法によって諸邦に奴隷の輸入を認めることは受け入れ難いことです。真の問題は、奴隷の輸入によって国民の幸福が促進されるか、それとも阻害されるかです。そうした問題の決定は、諸邦政府ではなく連邦政府に委ねられるべきでしょう」

奴隷制度への非難が次々と寄せられる中、危機感を募らせたウィリアムソンは最後通牒を突きつけた。

「もしこの条項が削除されれば、サウス・カロライナは連邦の一員にならないでしょう」

騒然とする議場でラトレッジは声を張り上げて強硬論を述べた。

「奴隷を輸入する権限に干渉してもノース・カロライナ、サウス・カロライナ、そして、ジョージアが憲法案を支持するはずだと憲法制定会議が考えているのであれば、それは愚かなことです。それらの邦の人民は、重要な利権を手放すほど愚か者ではありません。私はこの条項の削除に強く反対します」

奴隷制度を非難する者と弁護する者の溝はあまりに深く、すぐには結論が出そうになかった。そこで各邦の代表からなる委員会が組織され、奴隷の輸入を禁止しない条項を検討することになった。八月十八日に設置された委員会と同じくリヴィングストンが長に任命された。その他にもいくつかの条項が第二リヴィングストン委員会に委ねられた。最後に、前日に棚上げされていた第一リヴィングストン委員会の報告に関する議論が開始されたが、民兵の規律について本格的に検討する前に休会を迎えた。

＊民兵に関する規定の再検討

八月二三日、前日に続いて民兵の規律が議題に挙がった。焦点は、連邦と諸邦のどちらが民兵の管轄権を握るかであった。諸邦は容易に管轄権を手放そうとしないだろうと警告する意見が出る中、ランドンは自らの見解を述べた。

「私は紳士諸君が抱いている警戒感を理解できません。連邦政府と諸邦政府は互いに敵ではなく、アメリカ人民の善のために別々に働いている機関です。人民の一人として私は連邦政府が私の政府であると言えますし、諸邦政府も私の政府であると言えます。諸邦政府から連邦政府に権限を移すことは、何かをあまりうまく使えない左手からうまく使える右手に移すようなものです」

ゲリーはランドンの見解に反発した。

「むしろ右手からそれを取り上げて左手に移すほうがましです。一つの邦から選ばれた二〇〇人から三〇〇人の手中に自由を預けるよりも大陸全土から選ばれた八〇人から一〇〇人に自由を預けたほうが安全だと断言できる者がいるでしょうか」

今度はマディソンが立ち上がって民兵の規律を統一する必要性を力説した。

「最も重要な目的は、民兵の規律を効率的に維持することです。これまでのように諸邦に別々に要請する方式には頼れません。今、諸邦は民兵を蔑ろ(ないがし)にしています。諸邦が一つにまとまればまとまるほど、各邦は邦内の安全に留意しなくなり民兵を維持する意欲を失います。[中略]。民兵の規律は明らかに国家全体の問題なので連邦の憲法によって定めるべきです」

マディソンの見解にルーサー・マーティンは異議を申し立てた。

「諸邦は民兵に関する権限を決して手放さないでしょう。もし諸邦がそうしたとしても、連邦政府が諸邦政府よりもうまく民兵を管理できるとは思えません」

協議の末、民兵を組織して訓練して運用する法律を制定する権限が連邦議会に与えられることになった。そうした権限だけでは不十分だと考えたマディソンは、連邦政府が民兵の上級士官を任命するべきだと提案した。

「諸邦が離脱するという重大な危機が起きた場合、それを防止するために連邦政府に十分な権限を与える必要があります。そして、自由に対する最大の脅威は大規模な常備軍から生じますが、優れた民兵を確保できる規定を作ることによってそうした脅威を防止できます」

このような説得にもかかわらず、マディソンの提案は否決された。続けて貴族の称号を与えることを禁止する条項、合衆国憲法、連邦法、条約が最高法規であることを謳う条項などが若干の修正を経て可決された。ここでチャールズ・ピンクニーは、連邦政府に諸邦の法律を拒否できる権限を与えるように提案した。そうした提案にシャーマンは反対した。

「それは必要ないでしょう。憲法案によれば連邦法は至高であり、諸邦の法律に優越します」

反論が次々に出る中、ウィルソンはピンクニーの提案に対する支持を表明した。

「こうした権限は、今我々が築こうとしている連邦政府という大きなアーチを完成させるために不可欠な要石です。諸邦政府には自衛できる権限が必要だと言われています。それは同じく連邦政府にも必要です」

ウィルソンの言葉にラトレッジは強い反感を示した。

「ほかのどのような権限よりもこうした権限は忌まわしいだけではなく、憲法案自体を忌まわしいものにしてしまうでしょう。このような方法で手足を縛られることに同意する邦があるでしょうか」

強硬な反対が相次ぐのを見たピンクニーは提案を撤回した。次に条約の締結権を上院に与える条項に関する議論が始まった。話し合いの中で最も注目するべき発言は、「大統領を条約の交渉者とするのが適切です」というマディソンの発言である。現代のアメリカ政府では、大統領が条約の交渉を進めた後、条約の承認を上院に求めるという方式を採っている。マディソンの発言はそうした方式の起源だと言える。最終的に条約の締結権を上院に与える条項の検討は五人からなる委員会に付託されたが、その後、再検討された形跡はない。

＊奴隷貿易に関する条項の再検討と大統領に関する条項の見直し

八月二四日、第二リヴィングストン委員会の報告が読み上げられた。報告の最も重要な点は、連邦議会が奴隷の輸入を一八〇〇年以前に禁止できないという点と、航海法の可決に各院の三分の二の賛成を求める条項を削除する点である。報告の検討はバトラーの要請によって先送りされた。

いくつかの条項が可決された後、大統領について定めた条項の検討が始められた。大統領を単独とし、称号を「アメリカ合衆国大統領」とし、「閣下」を呼称とすることが全会一致で承認された。代表たちの意見が分かれたのは大統領の選出方法についてである。まずキャロルが議会ではなく人民によって大統領を選出するべきだと提案したが、すぐに大差で否決された。それでもガヴァニア・モリスは、議会による大統領の選出に強く反対した。

「大統領が地位にともなう権限を守ろうとしなくなれば、議会による専制を招く危険があります。もし議会が大統領を従属させれば、議会は権限の簒奪を恒久化してしまうでしょう」

モリスには、大統領の活力こそがアメリカの強みとなるという固い信念があった。そこで議会に代わって選挙人による選出方式を提案した。しかし、モリスの提案は僅差で否決された。続けて大統領の義務や権限についても話し合われたが、途中で休会を迎えた。

八月二五日、第二リヴィングストン委員会の報告に関する協議が続行された。まずピンクニー将軍は、連邦議会が奴隷の輸入を一八〇〇年以前に禁止できない条項に修正を加えるように求めた。ピンクニー将軍が修正を求めた点は「一八〇〇年以前」という文言である。それを「一八〇八年以前」に差し替える。マディソンはあまりに長い間にわたって奴隷貿易を認めれば国家の品位を損なうと反対したが、ピンクニー将軍の修正は可決された。続けて条項全体も若干の議論を経た後、可決された。

結局、憲法によって連邦議会は一八〇八年一月一日まで奴隷貿易を禁止できなくなった。さらに一八〇八年一月一日以降も連邦議会は奴隷貿易を禁止する必要はない。権限が与えられてもそれを行使する義務はないからだ。南部が北部から奴隷貿易に関して大きな譲歩を引き出したと言えるだろう。

それから通商の統制に関する議論が開始されたが、意見がまとまらずシャーマンを長とする委員会に付託された。

最後に前日に続いて大統領の義務や権限に関して討議された。恩赦権や官吏の任命権に少し修正が加えられた後、承認されたが、その他の点に関する議論は次の日に持ち越された。

八月二七日に検討された議題は、大統領に与えられる民兵の指揮権、大統領の弾劾、大統領の継承者などである。民兵の指揮権については合衆国の軍務に服している時のみに制限する修正が承認された。弾劾と継承者については先送りされた。ほかの条項が決まらないと十分に検討できないと考えられたためである。その一方、大統領の宣誓に憲法擁護の義務を盛り込むように求めるマディソンとメイソンの提案は承認された。

続けて代表たちは司法府に関する議論に移った。司法権を最高裁判所と下級裁判所から構成される司法府に与える条項をはじめとして、判事の在職期間を「非行なき間」に定める条項や俸給に関する条項、最高裁判所の管轄範囲に関する条項などが可決された。さまざまな意見が戦わされたものの、立法府や行政府に関する議論とは異なり、深刻な対立はほとんどなかった。

＊通商の統制

八月二八日、会議の冒頭でシャーマン委員会の報告が発表された。それは、通商の統制において不公平な扱いを禁じる条項を盛り込むという内容であった。ほかの条項を検討するために報告は棚上げされた。

代表たちは、陪審に関する条項や諸邦に貨幣の鋳造を禁じる条項などを足早に可決した。犯罪者の移送に関する条項が取り上げられた時、バトラーとチャールズ・ピンクニーは「逃亡奴隷や召使いを犯罪者と同様に引きわたす」という文言を加えるように求めた。二人の提案に対してシャーマンは、逃亡奴隷や召使いを引きわたす費用を公費で負担するのは間違っていると指摘した。反対を受けて提案は撤回され、犯罪者の移送に関する条項は若干の修正を経た後、可決された。

八月二九日、諸邦政府が相互にその立法府、行政府、司法府の判断を尊重することを定めた条項に関する検討が始められた。しばらく話し合いが続けられた後、条項の検討はランドルフを長とする委員会に委ねられた。

今度は第二リヴィングストン委員会の報告が取り上げられた。主な議題は、航海法の可決に各院の三分の二の賛成を要する条項を削除するか否かである。航海法とは実質的に通商の統制である。例えば産品を海外に輸出する場合に自国船のみにその輸送を認めるといった統制を課す。南部人には、海運業を営む北部人に不当な輸送費を請求されるのではないかという不信感がある。チャールズ・ピンクニーは南部を代表して、航海法を容易に制定できなくするために条項をそのまま残しておくように求めた。

「五つの異なる産業が存在します。一つ目はニュー・イングランド諸邦の漁業と西インド諸島との貿易です。

二つ目はニュー・ヨークの自由貿易です。三つ目は二つの中部の邦、ニュー・ジャージーとペンシルヴェニアの小麦栽培です。四つ目はメリーランドとヴァージニア、ノース・カロライナの一部のタバコ栽培です。そして、五つ目はサウス・カロライナとジョージアの米とインディゴです。単純過半数で航海法が制定されれば、こうした異なる利害は抑圧的な統制の原因となります。諸邦は良心の呵責などまったく持たずに自邦の利益を追求する傾向があるからです」

チャールズ・ピンクニーが厳しい姿勢を示した一方、ピンクニー将軍は穏健な態度を保った。

「わが邦の人民は北部諸邦に対して偏見を持っていますが、［通商の統制を認めるという］寛大な措置を受け入れるでしょう。私自身もここに来る前に東部諸邦に対して偏見を持っていましたが、北部諸邦の代表たちが寛大で誠実だとわかるようになりました」

ペンシルヴェニア代表のジョージ・クライマーは、条項を削除するべきだと主張した。

「産業の利害が多様であることや必需品が多様であることは困難を生じます。したがって、不要な制限を課すことによって困難を助長するべきではありません。もし外国による貿易の統制に対抗する手段がなければ、北部諸邦と中部諸邦は破滅するでしょう」

賛否両論が出た後、スペイトは南部人として強硬論を展開した。

「南部諸邦は自ら船を建造すれば、いつでも抑圧から脱することができます」

さらにメイソンは過激な言辞を吐いた。

「もし政府を永続させようとするなら人民の信頼と愛着の上に築かれなければならず、人民の信頼と愛着を得られるように構成されなければなりません。多数派は彼らの利害によって動きます。南部諸邦は上下両院で少数派です。南部諸邦は手足を縛られて北部諸邦の足元に置かれるようなものです」

南部諸邦の代表たちの反発が次々と出る中、マディソンは何とか宥めようと試みた。

「沿岸貿易の拡大や船員の増加は、南部諸邦にとって産品の消費の増加に繋がるので望ましいことです。もし北部諸邦の富が増加すれば公共の福祉に貢献しますし、国富が増大するでしょう」

続けてラトレッジが航海法の必要性について指摘した。

「偉大なる帝国の基礎を築くにあたって我々は、一時的な観点ではなく恒久的な観点で問題を検討しなければなりません。わが国は西インド諸島との貿易を確保しなければなりません。そうした重大な目標を達成するために航海法を制定しなければなりません」

次に立ち上がったのはランドルフであった。

「今のままでは憲法案に憎むべき点があるのでとうてい同意できそうにありません。もし［チャールズ・ピンクニーの］提案が否決されれば、制度自体の欠陥は是正されません」

ひとしきり発言が続いた後、チャールズ・ピンクニーの提案が票決にかけられた。ピンクニーの提案は否決され、航海法の可決に各院の三分の二の賛成を要する条項は削除された。続けてバトラーが犯罪者の引きわたしに関する条項に逃亡奴隷に関する文言を付け加えるように求めた。すなわち、もし奴隷が別の邦に逃亡した場合、所有者は引きわたしを要求できるという文言である。バトラーの提案は全会一致で可決された。航海法に関する条項の削除で不満を持つ南部諸邦に北部諸邦が譲歩した形となった。

代表たちは、新しい邦の加盟に関する条項の議論に移った。まずガヴァニア・モリスは、もともと連邦に加盟していた邦と同じ条件で連邦に加盟できることを新しい邦に保障する文言を削除するように求めた。西部諸邦の人口が増大して力を持つようになれば、東部諸邦の利益を脅かすのではないかと危惧したからである。若干の議論を経た後、モリスの提案は可決された。

最後に、連邦議会と邦議会の承認なく邦内に新しい邦を設立することを禁止する条項が議題に挙がった。しかし、結論が出る前に時間切れになった。

＊人民による憲法案の批准

八月三〇日、前日に未決に終わった条項が修正を少し加えて可決された。続けて連邦政府が各邦の共和政体を保障する条項や憲法修正の手続きに関する条項などが可決された。最後に議題に挙がったのは、憲法案の成立に何邦の承認を必要とするかという問題である。詳細検討委員会の報告では邦の数は空所のままだ。まずウィルソンが「七邦」を提案した。ウィルソンによれば、全体の過半数の承認で十分である。ウィルソンの提案に対してシャーマンが異を挟んだ。

「諸邦は現在、連合規約によって連合していますが、その改正にはすべての邦の賛同が必要です。したがって、少なくとも憲法案の成立には十邦の批准が必要でしょう」

さらに「九邦」や「八邦」を推す声が出た後、ディキンソンが疑問を投げかけた。

「連合会議はそのような制度を認めるでしょうか。批准を拒否した諸邦は見捨てられるのでしょうか」

疑問に答えたのはマディソンであった。

「もし空所を七や八、九で埋めても憲法は人民全体に効力を持ちます」

今度はキャロルがマディソンの見解に異議を唱えた。

「十三で空所を埋めるべきです。全会一致で樹立された現連合会議を解体するには全会一致の賛同が必要です」

結論は次の日に持ち越された。

八月三一日、前日の協議に加えて、批准の手続きに関して意見が交わされた。ガヴァニア・モリスは、批准の手続きを各邦に自由に選択させるべきだと提案した。モリスの考えによれば、そうなれば喜んで批准を認める邦が増えるはずだ。モリスの提言に対してマディソンは鋭い口調で抗弁した。

「憲法批准会議を開くべきです。連邦政府に与えられる権限は、諸邦政府から取り上げられる権限だからです。特別に選ばれた者たちから構成される批准会議よりも邦議会が積極的に批准を受け入れるとは思えません。邦議会は批准を推進するよりもむしろ妨害しようとするでしょう。[中略]。人民こそすべての権限の源泉であり、人民に訴えかけることによってすべての困難が克服できます。それこそ権利章典の原理であり、第一に依拠するべき原理なのです」

マディソンの説得が功を奏してモリスの提案は否決された。国民国家的な要素を合衆国憲法に持たせるためには人民による批准が絶対に必要であるという考えはマディソンの強い信念であった。さらに憲法案の成立に何邦の承認を必要とするかという問題については「九邦」で決着がついた。

代表たちは、各邦で憲法批准会議を開くことを定めた条項の議論に移った。議論の中で憲法案に対する不満が続々と噴出した。メイソンは「今のような憲法案に[承認の証として]右手を置くくらいなら切ってしまったほうがましです」と啖呵を切った。またメイソンは、不満が解消されない場合、再度、憲法制定会議を開催するべきだと提案している。さらにガヴァニア・モリスも「活力ある政府を確実に樹立するために再度、憲法制定会議を開催することを望んでいます」と述べた。そして、ランドルフは「諸邦で開催される批准会議が再度の憲法制定会議のために修正を提案できるようにするべきです」と主張した。こうした表明はあったものの、マディソンが望んだように人民による批准が採択された。

旧政府から新政府への移行手続きに関する条項が承認された後、二八日に棚上げされていたシャーマン委員会の報告が取り上げられた。いくつか見解が示された後、報告に従って、通商の統制において不公平な扱いを禁じる条項を盛り込むことが決定された。

最後に、これまでに先送りされた条項やまだ十分に議論していない条項を検討するための委員会がシャーマンの提案によって設立された。ブリアリーが委員会の長に選ばれた。

九月一日、ブリアリー委員会の報告とランドルフ委員会の報告がそれぞれ読み上げられた。ブリアリー委員会の報告が未完成であったために、残りの部分を検討する時間を与えるためにすぐに休会になった。

＊選挙人による大統領の選出

週が明けて九月三日、ランドルフ委員会の報告が検討された。ランドルフ委員会が付託されたのは、諸邦政府が相互にその立法府、行政府、司法府の判断を尊重することを定めた条項である。委員会の報告では、連邦政府が定めた方式に従って尊重し合うという修正が付け加えられた。報告は全会一致で承認された。

続けてブリアリー委員会の報告が取り上げられた。まず議論の対象になったのは、任期中に連邦議員の兼職を禁じる条項である。議論の流れは、以前にこの問題が議題に挙がった時とほぼ同じである。すなわち、連邦議員が行政府の官職を兼ねれば大統領に不当な影響力を及ぼすようになると危惧する者がいた一方、兼職を禁じられれば有能な人物が連邦議員になろうとしなくなると指摘する者がいた。票決の結果、任期中に連邦議員の兼職を禁じる条項はわずかな修正を加えた後、可決された。

九月四日、ブリアリー委員会の報告が再開された。報告の中で重要な点は、大統領を選出する方式を連邦議会による選出から選挙人による選出に変更した点と上院が大統領の決選投票や弾劾に関与するようになった点、そして、副大統領職が創設された点である。その他にも大統領の権限を定めた条項や財政法案を下院が発議して上院が修正すると定めた条項などが示された。

ブリアリー委員会の一員であったシャーマンは、大統領を選出する方式を選挙人による選出に改めた意図について説明した。

「委員会の報告にあるこの条項の目的は、連邦議会による選出にともなう再選禁止を撤廃するためであり、大統領を連邦議会から独立させるためです」

シャーマンの説明を聞いても納得できなかったランドルフとチャールズ・ピンクニーは、選出方式の変更についてさらなる説明を求めた。回答に立ったのはシャーマンと同じくブリアリー委員会の一員であったガヴァニア・モリスであった。

「第一に、もし連邦議会によって大統領が選出されれば、党派による陰謀が画策される危険があります。第二に、連邦議会による選出には再選禁止という不便な点がともないます。第三に、弾劾裁判をおこなう場合に問題が生じます。もし連邦議会が大統領を選出することになれば、上下両院が大統領の弾劾に関与することは適切だと言えないでしょう。第四に、連邦議会による指名にふさわしい人物が誰も現れない恐れがあります。第五に、多くの者たちは人民による直接選挙を望んでいます。第六に、大統領を連邦議会から独立させる必要があります」

モリスの詳細な回答にもかかわらず、チャールズ・ピンクニーは選挙人による選出の問題点を指摘した。ピンクニーによれば、選挙人は他邦の人物について詳しく知らないので資質を見きわめられない。さらに大統領に再選を認めれば人民の自由を危険にさらすかもしれない。

こうした指摘に対してガヴァニア・モリスは、「最も大きな利点は、陰謀が画策される機会が排除されることです」と強弁した。モリスの考えによれば、議会による選出では派閥による陰謀が成立しやすいが、全国で一斉に投票する選挙人が陰謀を画策する余地は非常に少ない。さらにボールドウィンがモリスを応援する論陣を張った。すなわち、諸邦間で交流が盛んになれば優れた人物に関する情報が広まり、選挙人は大統領にふさわしい人物を適切に選べるようになるだろう。二人に続いてウィルソンが熱弁をふるった。

「この問題は議場を真っ二つに割っています。扉の外にいる人民も真っ二つに割ることになるでしょう。実際、我々が決定しなければならないすべての問題の中でも最も難しい問題でしょう。これまで大統領制度に関する意見を心から満足できるまで述べたことはありませんでした。以前の案に比べて［ブリアリー委員会による］今回の案は非常に改善されていると思います。陰謀と腐敗という大きな欠陥を取り除いているからです」

ブリアリー委員会の報告に関するさらなる検討は、各代表がその内容を精査するために報告を写し取る時間を確保するために延期された。

九月五日は、ブリアリー委員会の報告に関する議論の三日目となった。さまざまな項目について検討される中、意見が衝突したのが大統領の選出方式であった。まずチャールズ・ピンクニーが選挙人による選出に再び反論を唱えた。

「第一に、選挙人は優れた人物に関する十分な知識を持てず、各邦の有名な人物に対する愛着に動かされるでしょう。第二に、票が分散した結果、上院による決選投票によって大統領が任命されるようになるでしょう。大統領の再選も同じく上院による決選投票によって決まるようになれば、大統領は上院の傀儡になってしまいます。第三に、大統領は上院と連携して下院に対抗するようになるでしょう。第四に、選出方式の変更によって大統領の再選禁止が削除された結果、大統領は上院の後援のもと終身制を確立しようとするでしょう」

ピンクニーに加えてラトレッジも選挙人による選出に対する反論を展開し、議会による選出を再考するために報告の検討を先送りするように提案した。ラトレッジの提案は否決され、議論の続行が決定された。協議が再開された後、最初に意見を述べたのはメイソンである。メイソンの意見はチャールズ・ピンクニーとほぼ同じである。上院が決選投票で大統領を任命するようになれば、上院と大統領が結託して憲法を覆そうとする恐れがあるという。さらにランドルフも報告にあるような選挙方式を採用すれば共和政体が「危険な貴族制」に変わってしまう恐れがあると警告した。結局、この日は何も結論が出なかった。

九月六日、前日に紛糾した大統領の選出方式に関する話し合いが再開された。論争の中でウィルソンが再び熱弁をふるった。

「私は、大統領制度を再構成する［ブリアリー］委員会の報告を慎重に精査しました。その修正点を憲法案のほかの部分と合わせると、上院に危険な権限が与えられることによって、制度全体が貴族制に向かう危険な傾向を帯びてしまうと考えざるを得ません。上院は実質的に大統領を任命する権限を持ち、大統領を従属させることによって官吏や判事の任命権も握るでしょう。上院は条約を締結でき、あらゆる弾劾を取り仕切れます。上院が行政府と司法府の任命権を掌握し、弾劾を取り仕切り、最高法規である条約を締結できるようになれば、立法府、行政府、司法府はすべて政府の一部門［にすぎない上院］に統合されてしまうでしょう。

［中略］。このような憲法案にもとづけば、大統領は然るべき人民の代表ではなく上院の傀儡となってしまうでしょう」

何人かがウィルソンに反駁した後、ハミルトンが立ち上がって自説を展開した。

「報告にもとづけば、大統領は上院の歓心を買うために任命権を行使するようになります。そうすることによって大統領は絶えず上院の意向に沿うようになって、最終的に大統領と上院は一つの組織になってしまうでしょう。選挙人による選出方式を採用するとともに、弾劾を判定する権限を上院から取り上げれば、報告はずっと良くなるでしょう。私は、自分たちにとって気に入らない部分があるという理由で報告に反対票を投じる人びとに賛同できません。迫り来る危険からアメリカを救える制度であればどのような制度でも私は受け入れるつもりです」

それから議論の焦点は、上院が決選投票を実施するべきか否かに移った。シャーマンが下院で各邦一票ずつ投票する形式で決選投票を実施する代案を提案した。メイソンは、共和制が貴族制に転じる危険性が回避されるとしてシャーマンの提案を支持した。採決の結果、シャーマンの提案はほぼ全会一致で可決された。

＊副大統領職の創設と大統領の外交権

九月七日の議論はランドルフの提案で幕を開けた。すなわち、大統領と副大統領が死亡や辞職などの理由で職務を遂行できなくなった場合、継承者を指定する法律を制定するべきだという提案である。ランドルフの提案はほとんど異論なく可決された。

大統領の被選挙資格に関する条項が可決された後、副大統領が上院議長を務める条項について話し合われた。まず発言を求めたのはゲリーである。

「私はこの条項に反対します。大統領自身を議会の長にするようなものです。大統領と副大統領の間には緊密な関係があるので、副大統領を上院議長に据えるのは不適切です。副大統領など必要ありません」

その一方、シャーマンは副大統領職の必要性を指摘した。

「特に危険があるようには思えません。もし副大統領が上院議長にならなければ、副大統領の仕事がなくなります。上院議員の誰かを議長にすれば、票が同数で均衡した時以外に議長は投票できないことになっているので票を失うことになります」

シャーマンの指摘には一理ある。シャーマンが言うように、上院議員が議長を務めれば、その者は通常の投票権を失う。上院において各邦は二議席ずつ平等に与えられる。しかし、議長役の上院議員が投票権を失えば、ある邦だけ著しく不利となる。それを避けるために副大統領が上院議長を務めるという規定が必要であった。

票決の結果、副大統領が上院議長を務めるという条項は大差で可決された。次に検討の対象となったのは、大統領が上院の助言と同意を得て条約を締結する条項である。いくつか反対意見が出たものの、満場一致で承認された。続けて大統領が上院の助言と同意を得て外交官を任命する条項に関する議論が始まった。まずウィルソンが反論を唱えた。

「そのような方式では立法府と行政府を混淆させることになります。優れた行政府がなければ、優れた法律であろうとも効果を持ちません。責任をもって法律を執行できる優れた官吏を任命しなければ、優れた行政府などありえません。大統領が上院の傀儡になってしまえば責任を持てなくなります」

ガヴァニア・モリスはウィルソンの主張に反発した。

「大統領が［外交官を］指名することは責任となり、上院がそれを承認することは安全保障となります」

それから投票に移った。大統領が上院の助言と同意を得て外交官を任命する条項は全会一致で可決された。その他にも大統領が最高裁判事や連邦の官吏を任命する条項が承認された。さらに先ほど可決された大統領が上院の助言と同意を得て条約を締結するという条項に「出席議員の三分の二の賛成を要する」という文言が付け加えられた。最後に大統領が行政各部門の長官に対して文書による意見を求められるという条項も可決された。

＊大統領の弾劾の再検討

九月八日、条約の締結に関する条項が再考され、若干の変更が加えられた。続いて代表たちは大統領の弾劾を定めた条項の検討に移った。まずメイソンが疑念を呈した。

「なぜこの条項は反逆罪と収賄罪のみに限定されているのでしょうか。反逆罪は憲法案で定義されていますが、多くの危険な違法行為には及びません。軽率さは反逆罪にはなりません。憲法を覆そうという試みは反逆に相当しません」

このように述べた後、メイソンは「悪政」を弾劾の事由に加えるべきだと提案した。メイソンの提案に対してマディソンは異議を唱えた。

「その言葉［悪政］はあまりに曖昧なので、大統領の任期を上院の意のままにするようなものです」

さらにガヴァニア・モリスがメイソンに弁駁した。

「それは何も効力を持ちませんし、無用の長物です。四年ごとに実施される選挙によって悪政を防止できるでしょう」

相次ぐ反対を受けたメイソンは、「悪政」という言葉を撤回して、代わりに「重罪や軽罪」を挿入するように提案した。メイソンの提案は可決された。

次に議題に挙がったのはマディソンの提案である。

「大統領の弾劾を上院に審判させることに反対します。［中略］。そのような状況に置かれれば、大統領はあまりに従属的になりすぎます。最高裁が弾劾を審判するほうがよいでしょう」

マディソンの提案に対してガヴァニア・モリスが懸念を示した。

「最高裁はあまりに構成員の数が少なすぎて容易に買収されてしまうでしょう」

その一方、チャールズ・ピンクニーはマディソンの提案に賛同した。

「上院に大統領の弾劾を審判させるべきではありません。大統領を議会に従属させることになるからです。もし大統領が議会が重要視している法に反対すれば、激情のあまりに上下両院は結託して大統領を職から放逐しようとするでしょう」

今度はシャーマンが自説を述べた。

「最高裁が大統領の弾劾を審判するのは不適切でしょう。なぜなら判事は大統領によって指名されるからです」

票決の結果、マディソンの提案は否決され、上院が大統領の弾劾を審判するという文言は残された。さらに財政法案を下院が発議して上院が修正することを定めた条項が承認された。これでブリアリー委員会の報告に関する検討はすべて終わった。それは詳細検討委員会によって報告された条項の検討も完了したことを意味する。

代表たちはひとまず安堵したようだ。ある代表は、「幸いにも我々はようやく仕事を終えた。あとは草案を推敲して公開の準備に取りかかるだけだ」と家族に書き送っている。草案を推敲する作業は五人からなる文体調整委員会に委ねられた。

＊憲法案に対する不満の表明

九月十日、いくつかの条項に関して再考を求める声が上がった。まずゲリーが憲法修正の手続きに関する条項について再考を求めた。すなわち、三分の二の邦議会の要請を受けて連邦議会が憲法修正会議を招集する条項である。ゲリーの提言にハミルトンが賛同の意を示した。

「そうした方式は不適切です。邦議会は、邦の権限を増大させる修正しか要請しないでしょう。修正の必要性を最も正確に認識できるのは連邦議会です。したがって、連邦議会の各院の三分の二が賛同した場合、憲法修正会議を招集する権限を与えるべきです。人民が最終的な判断を下すようにすれば、連邦議会にこうした権限を与えても危険ではないでしょう」

再考を求めるゲリーの提案は可決された。続けてマディソンが代案として、両院の三分の二の賛同、もしくは三分の二の邦議会による要請で憲法修正を発議する条項を提案した。マディソンの提案をハミルトンは支持した。票決の結果、マディソンの提案は可決された。

さらにゲリーは、批准の手続きに関する条項を見直すように提言した。ゲリーが不満に思っている点は、連合会議に憲法案の承認を求める文言が削除されたことだ。連合会議の承認なく連邦制度を根本的に変更するのは容認し難いことである。したがって、連合会議に憲法案の承認を求める文言を元に戻すべきである。何人かがゲリーの提言に賛同する中、ランドルフは憲法案自体に対する不満をぶち撒けた。

「この条項が修正されなければ、私は憲法案全体を認められません。最初から私は連邦制度を抜本的に改革する必要性があると確信していました。そのような信念のもと、私は改革の礎（いしずえ）として共和主義の原理を推進してきました。非常に残念なことに［憲法案は］共和主義の原理から大きく逸脱しているようです。したがって、各邦で開催される批准会議において憲法案に対する修正を自由に提出させるべきでしょう。そして、憲法を最終確定できる完全な権限を持つ二度目の憲法制定会議にそれらを提出できるようにするべきです」

再検討を求めるゲリーの提案は可決され、議論が続行された。連合会議に憲法案の承認を求める文言を削除したままにすべきか、それとも元に戻すべきか。削除したままにすべきだと強硬に唱えたのはウィルソンであった。

「連合会議にいるロード・アイランド邦の代表たちが憲法案に賛成することを当てにすることよりも馬鹿げたことはありません。それにメリーランドの代表は、連邦制度の改革に全十三邦の承認が必要だとこの議場で発言しました。ニュー・ヨークの代表たちは［ハミルトンを除いて］ずっと欠席したままです。その他の邦の代表たちの中には、憲法案に反対すると断言している者がたくさんいます。こうした状況にもかかわらず、連合会議に承認を求めることが安全だと言い切れるのでしょうか。わが国の政府を樹立するという大変な作業に四、五ヶ月も費やした後、もう少しで終わりを迎えようとしているのに、我々は成功に至る道程に乗り越えられない障害物を自ら置こうとしているのです」

こうしたウィルソンの熱弁が功を奏して、連合会議に憲法案の承認を求める文言を元に戻すという提案は全会一致で否決された。議論の推移を見ていたランドルフは、憲法案に対する不満を再び明らかにした。ランドルフによれば憲法案には、上院が大統領の弾劾を審判する点や下院議員の数が少なすぎる点、常備軍に対する制限が設けられていない点、必要にして適切な法を制定するというあまりに幅広い権限が議会に与えられている点、反逆罪に恩赦を与える権限が大統領に与えられている点など問題点がたくさんあった。

「こうした問題点を心の中に抱えながら私はどのような進路を選択するべきでしょうか。私は、専制を招き入れるような憲法案を推進するべきでしょうか。私は、憲法制定会議の希望と判断を阻害したくありません。しかし、もし私が名誉にも自邦の憲法批准会議の代表に選ばれた場合、独自の判断で行動できるようにしておきたいのです。私の逡巡が解消される唯一の方法は、まず憲法案を連合会議に提出して、そこから諸邦議会にそれを伝達して、さらに批准を拒んだり修正を求めたりできる批准会議に検討させる過程をたどることです。その過程は、各邦の批准会議によって提案された修正の可否や政府自体を樹立する可否を決定できる完全な権限を持つ二度目の憲法制定会議の開催と密接に関連しています」

その後、しばらく議論が続いたが休会を迎えた。翌日になっても文体調整委員会による草案がまだ準備できなかったので議事進行は延期された。

文体調整委員会の草案

九月十二日はこの季節には珍しく暑い日だった。額に浮かぶ汗を拭う代表たちの前に文体調整委員会の草案が提出された。

草案の準備において中心的な役割を担ったのはガヴァニア・モリスである。後年、マディソンは「憲法案の文体［の調整］と［条文の］整理の仕上げはほとんどモリスのペンによる」と証言している。文体調整委員会の手を経ることによって憲法案はどのように変わったのか。二三ヶ条で構成されていた詳細検討委員会の原案は七ヶ条に整理された。細かい変更点は多々あるが、その中でも重要な変更点を見てみよう。

まず「より完全な連邦を形成」するために合衆国憲法が採択されたという文言が前文に追加された。この変更によって合衆国憲法の存在意義が高らかに謳われることになった。さらに重要な変更点がある。それは立法権と行政権を規定した条項に関する変更点である。

文体調整委員会に付託された詳細検討委員会の原案を見ると、立法権と行政権についてそれぞれ「立法権は連邦議会に属する」「合衆国の行政権は単独者に属する」と書かれている。そして文体調整委員会の草案を見ると、それぞれ「この憲法によって付与されるすべての立法権は合衆国連邦議会に属する」「行政権はアメリカ合衆国大統領に属する」と改められている。

些細な変更点に見えるが、実はこれは非常に大きな意義を持つ変更点であった。まず立法権についてどう変化したか。「この憲法によって付与される」という文言が追加されることによって、連邦議会は憲法によって付与されない立法権を持たないと暗黙に示されている。その一方、行政権はどうか。行政権を持つ者が「大統領」と明記されたうえに、立法権とは違って「この憲法によって付与される」という文言は追加されていない。つまり、議会の立法権に制限が課せられた一方、大統領の行政権に制限は課されていない。すなわち大統領の権限が「この憲法によって与えられる」範囲を超えることを黙示的に認めていると考えられる。

これは強力な大統領制度の樹立を目指していたガヴァニア・モリスが憲法にかけた最後の魔法であった。本来、文体調整委員会の責務は条項の整理と推敲のみである。したがって、憲法制定会議で認められた修正を除いて詳細検討委員会の原案を大幅に変更することは認められない。それにモリスが強力な大統領制度の樹立を目指していることは、ほかの代表たちによく知られていた。もし大統領制度を強化するために誰にでもわかるような変更を加えればすぐに削除されてしまうだろう。

そこでモリスは、行政府の権限を定めた項目をいじる代わりに「この憲法によって与えられる」という文言を立法府の権限を定めた項目に付け加えた。それならばほとんど目立たない。このモリスの魔法のおかげで合衆国憲法は強大な大統領の出現を黙認したと言える。もちろんその時はモリス以外の誰も気づいていなかったのだが。

文体調整委員会の草案はジョンソンによって報告された。印刷された草案が各代表に配布され、検討が開始された。まずウィリアムソンが大統領の拒否権に関する条項を修正するように求めた。草案では、法案を拒否されても連邦議会が四分の三の賛同で再可決すれば法として成立するとなっている。ウィリアムソンは、「四分の三」を「三分の二」に修正するように求めた。「四分の三」を提案したのはウィリアムソン自身であったが、それではあまりに大統領の権限が強くなりすぎると考えを改めた。ウィリアムソンの提案に賛意を示したシャーマンは、「連邦議会よりも単独者［大統領］のほうが人民の良識を裏切る可能性が高い」と述べた。さらにゲリーが二人に加勢した。

「三分の二にすれば非常に安全です。四分の三にすれば少数者に大きな権力を与えることになります。大統領に拒否権を与える主な目的は、公共の利益を守ることではなく大統領が行政府を守れるようにすることです。もし再可決に四分の三の賛成票が必要になれば、大統領から官職を得ようと望む数人の上院議員が大統領と結託して適切な法案の成立を妨害するかもしれません」

その一方、マディソンは四分の三のままにするべきだと主張した。

「大統領の拒否権の目的は二つあります。第一に、行政権を守ることです。第二に、多数派や派閥による不公正を防止することです。立法府による簒奪や不公正を防止することは、合衆国憲法や邦憲法において重要な原理です。諸邦の経験によれば、［立法府による簒奪や不公正に対する］抑制が不十分です」

マディソンの反論にもかかわらず、「四分の三」を「三分の二」に修正する提案は僅差で可決された。

次に修正を提案したのはメイソンであった。メイソンにとって最大の懸念は、権利章典が憲法案に盛り込まれていないことであった。メイソンは、権利章典を採択すればきっと人民は憲法案を喜んで支持するはずだと考えていた。すぐにゲリーが賛同を唱えて権利章典を起草する委員会を設立するように求めたが、ほぼ全会一致で否決された。

なぜ憲法制定会議はメイソンとゲリーの提案を否決したのか。その答えは、マディソンが「権利章典を省略することは実質的な欠陥になるとは決して思いません」とジェファソンに断言していることからわかる。マディソンによれば、第一に、憲法によって連邦政府の権限に明確な線引きがされているので、人民の基本的権利が侵害される危険性は低い。そもそも人民の基本的権利は、連邦政府によって与えられたものではなく、人民自身が最初から持っているものである。したがって、わざわざ連邦政府が保障する必要はない。第二に、権利章典を採択しても人民のすべての基本的権利を認めたことにはならない。それどころか権利章典に明記されていない権利は、基本的権利として認められなくなるのではないか。第三に、邦政府によって絶えず監視されているせいで連邦政府は簡単に人民の基本的権利を侵害できない。第四に、これまでの経験によれば、権利章典はあまり効果を発揮していないので不要である。

九月十三日、前日に続いて文体調整委員会の草案が取り上げられた。この日のマディソンの記録を読むと、「多くの代表たちが苛立っていた」という表現が目につく。憲法制定会議が予想以上に長引いたことで誰もが焦燥を深めていたことがわかる。特に重要な議論はなく、細かい文言の変更に大半の時間が費やされた。

九月十四日、文体調整委員会の草案に関する議論が再開された。問題点が指摘されたのは、連邦議会が財務官を任命するという条項である。まずラトレッジが条項を削除するように求めた。それに対してゴーラムとキングが異議を申し立てた。二人の考えによれば、人民はそうした方式にこれまで慣れ親しんできたので新しい方式を歓迎しないはずだ。またガヴァニア・モリスは、連邦議会が財務官を任命できなくなれば監視の目が行き届かなくなると主張した。さらにシャーマンは、予算配分を決定する連邦議会が予算を管理する財務官を任命するのは当然だと述べた。こうした反論が続く中、ピンクニー将軍は、邦議会が財務官を任命しているサウス・カロライナの現状を説明した。ピンクニー将軍によれば、もし財務官に何か問題があっても邦議会は罷免しようとしないという。こうしたピンクニー将軍の説明が功を奏して、連邦議会が財務官を任命するという条項は削除された。

続けてフランクリンが「必要と見なされる場所に運河を開削する」権限を連邦議会に与えるように提案した。ウィルソンが支持を示した一方、シャーマンは反論を唱えた。

「そうなると費用は合衆国政府が負担することになりますが、利益を享受するのは運河が開削された場所だけです」

すかさずウィルソンはシャーマンに反駁した。

「合衆国政府は費用を負担するどころか運河を歳入源にできるでしょう」

ここでマディソンは、フランクリンの発想を拡大して、合衆国の利益になると認められる法人に特許を与える権限を連邦議会に与えるように提案した。

「今、自由な交流が始まろうとしている諸邦の間における交通を改善することが第一の目的です。政治的な障壁は取り除かれました。続けて自然の障壁も取り除かれるべきでしょう」

ワシントンと連携してポトマック川会社とジェームズ川会社の設立に関与したマディソンならではの提案である。残念なことにマディソンの提案は否決された。さらにマディソンは、チャールズ・ピンクニーとともに大学を設立する権限を連邦議会に与えるように提案したが僅差で否決された。各邦政府が大学を設立する権限を持っていれば十分だと考えられたためだ。ほかに細かな修正がいくつか加えられた後、休会を迎えた。

九月十五日、いくつかの修正に関して意見が戦わされた後、ランドルフ、メイソン、ゲリーの三人が憲法案に対する不信感をあらわにした。まず席を立ったのはランドルフである。

「憲法案によって連邦議会に無制限で危険な権限が与えられることに反対します。これまでの大きな労苦が終わろうとしている時に憲法制定会議と意見を違えることに私は苦痛を感じています。私をそうした苦痛から救うために、折衷案を受け入れてもらいたいと思います」

ここでランドルフは、各邦で開かれる批准会議で提出された修正を集めて二度目の憲法制定会議で検討するように再三提案した。さらにランドルフの言葉が続いた。

「もしこの提案が無視されれば、私は現在の憲法案に署名するつもりはありません」

続けてメイソンが決心を述べた。

「現在のような政府の仕組みでは、最終的に君主制か専制的な貴族制になってしまうでしょう。どちらになるかはわかりませんが、どちらかにきっとなるでしょう。この憲法案は、人民の知識や発想を参考にすることなく考案されています。二度目の憲法制定会議には人民の良識がより多く反映されるはずです。そうすれば人民の良識に最も適合した仕組みを作れるでしょう。[中略]。現在の憲法案を支持できませんし、ヴァージニアで賛成票を投じようとも思いません。支持できないものに私は署名できません。もし二度目の憲法制定会議の開催が約束されるなら私は署名します」

二人の不満をなだめようとチャールズ・ピンクニーが口を開いた。

John H. Hintermeister, “The Foundation of American Government” (1925)

「政府の仕組み全般について各邦が修正を求めれば、どのような結果が生じるでしょうか。経験からすれば、混乱と矛盾しか生じません。[中略]。ほかの人びとが反対しているように、私も反対がまったくないわけではありません。[中略]。しかし、大きな混乱が起きて最終的に武力で決定されるようになる危険性を考慮すると、私は憲法案を支持せざるを得ません」

最後にゲリーが連邦議会にあまりに広範な権限を与えれば人民の自由を守れないと指摘した後、憲法案に署名しない意向を示した。そして、ランドルフとメイソンと同じく、二度目の憲法制定会議の開催を希望する旨を述べた。

票決の結果、ランドルフの提案は満場一致で否決された。続けて憲法案全体の可否が問われた。憲法案全体は全会一致で承認され、あとは署名を待つのみになった。最後に憲法案を清書したうえで五〇〇部印刷することが決定された。

九月十七日、憲法制定会議は最終日を迎えた。この日は晴れていたが肌寒く、秋の深まりを感じさせる日であった。開会劈頭、清書された憲法案が読み上げられた。それが終わると、フランクリンが演説の草稿を手に立ち上がり、ウィルソンが代読した。

「議長。現在、私はこの憲法案について認められない点がいくつかありますが、決して認められないわけではありません。長く生きていると、より良い情報やより深い考察によって、最初は正しいと思っていたのに後から思い直した結果、重要な問題に関して意見を変えざるを得ない機会を多く経験します。したがって、年を重ねれば重ねるほど、私は自分の判断に自信が持てなくなり、他者の判断を尊重するようになりました。多くの人間や多くの宗派は、自分たちがすべての真実を持っていると思いがちであり、他者が違うように考えるとそれは誤りだと思いがちです。[中略]。私は、すべての欠点を含めてこの憲法案を支持します。なぜなら我々にとって連邦政府は必要なものであり、もしうまく樹立されれば、こうした形式の政府以上に人民に恩恵を与える政府はないからです。[中略]。この制度がほぼ完全に近くなったことは私にとって驚くべきことです。そして、バベルの塔の建設者のように憲法制定会議の代表たちがばらばらになると確信して、一人ひとりの喉を掻き切ろうとしていた我々の敵を驚かせるでしょう。最善ではないにしろこれよりも優れた憲法案は望めないと思うので私は満足しています。[中略]。憲法案に反対している代表たちも私と同じく自分が間違っているかもしれないと考え直して署名することによって、憲法案が全会一致で採択されたと示してほしいと期待しています」

フランクリンの演説がウィルソンによって読み上げられた後、ゴーラムが連邦下院の議員配分に関する修正を提案した。すなわち「下院議員の数は人口四万人に対して一人の割合を超えることはできない」という

悠

貿易商人
——会社が世界を支配し

その商才、鋼の意志
英雄もしくは悪党、
賢い統治者もしくは

オランダおよびイングランドの
政治権力のみならず軍事力も保
尋常ならざる人物たちの強烈な

“文化的虚飾を取りのぞけば、同類の
今日でも現代世界をつくり上げてい

ヤン・ピーテルスゾーン・クーン
殺戮をいとわない冷酷無比なやり方でイングランドとポルトガルから香料諸島の権益を奪い、オランダ東インド会社（VOC）の富を築いた。

ピーテル・ストイフェサント
オランダ西インド会社長官として新大陸に赴き、ニュー・ネーデルラントを統治したが、住民の信を得られず、イングランドに明け渡した。

サー・ロバート・クライヴ
軍事的天才。事務員から身を起こし、イングランド東インド会社を指揮して、ムガール帝国末期に軍事的に勝利し、会社の富と権力の礎を築いた。

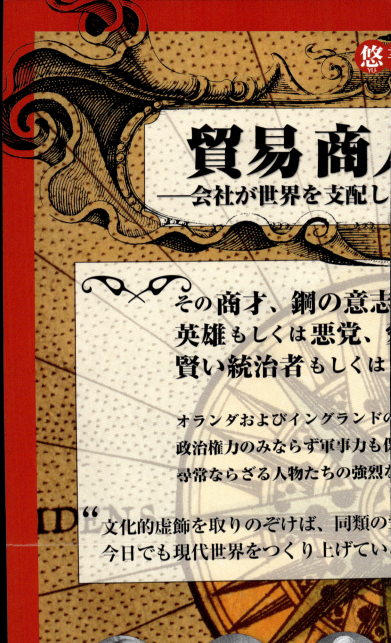

ン・クーンと

ナントと

ヴと
会社

phen R. Bown)
学に学びフリーラン
yal and the Lash:
Vancouver.2009.:
mundsen. 2013 :
earless Journey

大学名誉教授。著書
と腸詰め』『羅生門』
宗教と魔術の衰退』、

グリーンブラット『驚異と占有』、『シェイクスピア百科図鑑』、『樹木讃歌』他。

石木利明（いしき・としあき）　大妻女子大学准教授。論文に「原文の力―*Anne of Green Gables* 冒頭に学ぶ」、「ハイパーテクストとポストモダニズム」、「ネットスタディ――インターネットによる文学リサーチ」他。

田口孝夫（たぐち・たかお）　大妻女子大学教授。著書に『記号としてのイギリス』、『英語教師のスクラップ・ブック』、訳書にグッデン『物語 英語の歴史』、『シェイクスピア百科図鑑』、『図説 騎士道物語』、『おとぎ話と魔女』、『トールキンハンドブック』他。

や世界の富を制し、
”　――サー・ウォルター・ローリー

株主に対し収益を生み、自身の私腹をこやし、
栄心をみたすことに他ならなかった。英雄
　愛国者もしくは泥棒、利口な統治者もし
賊。こうしたことは、しばしば、同じコイ
る。こうした昔の貿易王に思いをめぐらす
クミラーをみるようなものだ〉(p.332)

ストリー》関連書

陸をつ
に語っ

斯波照雄・玉木俊明［編］

四六判・480 頁
本体 4,500円+税
978-4-86582-003-4

北海・バルト海の商業世界

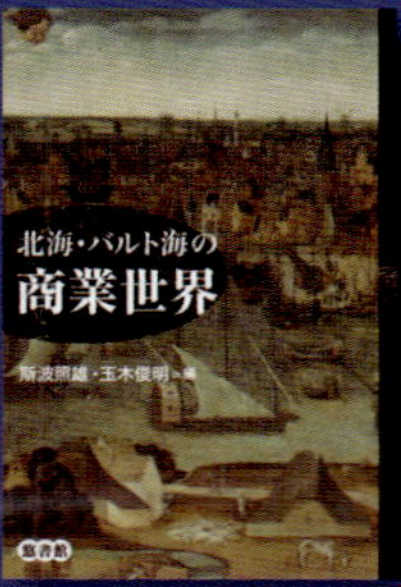

ト海から資本主義は生まれた！ハンザ都市を中心に交易
クをフル活用し、やがて資本主義を生みだすことになる地
海洋・陸上双方の側面から多角的に論じた初の試み。

四六判・346 ページ
1600～1900

人王列伝

時代：1600~1900 年――

傲岸な自信。
国者もしくは泥棒、
欲な盗賊。

西インド会社など、
した特異な企業の礎を築いた、
きざま。

がビジネスと政治をまぜこぜにして、
のがみえる ”

アレクサンドル・バラノフ
攻撃的で有能なロシアの旅商人。露米会社支配人としてアラスカやアリューシャン列島で、毛皮を求めてラッコやアザラシなどを乱獲した。

サー・ジョージ・シンプソン
財政・組織の天才で伝説的吝嗇家。北米でハドソン湾会社を成功に導いた。おびただしい数のビーバーをロンドンに送った毛皮の〈小皇帝〉。

セシル・ジョン・ローズ
南アフリカの鉱山でひと山あて、ダイヤモンド会社デ・ビアスを設立。イギリス南アフリカ会社を設立し、武力制圧により帝国の領土を拡大した。

▲毛皮交易所にカヌーで渡るシンプソン　◀労働者に擬人化されたビーバーの群れ

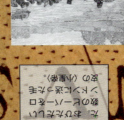

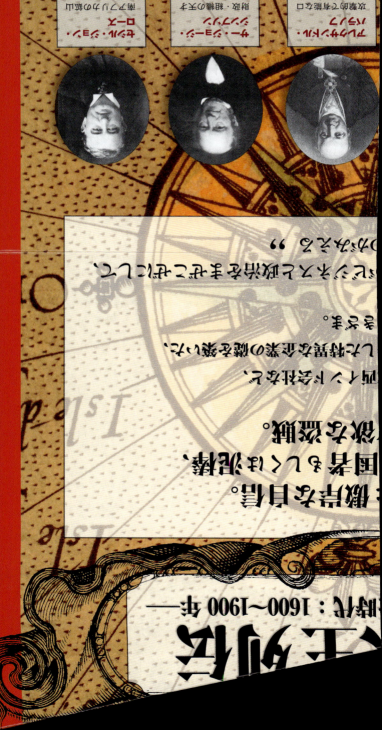

アフリカをまたぐセシル・ローズを描いた『パンチ』誌の風刺画

貿易商人王列伝
──会社が世界を支配した時代：1600～1900年──

体裁=四六判・346 頁
定価=本体 3,000 円+税
ISBN=978-4-86582-031-7

ボウン（
ガ…… アルバート
スの作家… Madness, E
The Epic Voyag… Captain Geo
The Last Viking: The Life of Roa
White Eskimo: Knud Rasmussen
into the Heart of the Arctic.2015

【訳】荒木正純（あらき・まさずみ）
に『ホモ・テキスチュアリス』『芥川龍
と廃仏毀釈』など。訳書にキース・ト

“世界貿易を制する者は、かならず
その結果、世界そのものを制す

†〈その商才、鋼の意志と傲岸な自信、自分の人生の他のあらゆる資産を犠牲にしても、会社が儲かることにのみ身をささげる底知れぬ献身〉（p.272）
†〈英雄的交易の時代の貿易王たちは、犯罪容疑者リストにのったような伝説的な商人＝冒険家で、300 年間、広範にわたる交易企業を世界のかなりの部分に拡大したが、

その目的
みずから
もしくは
くは貪欲
ンの裏面
ことは、

《グローバル・

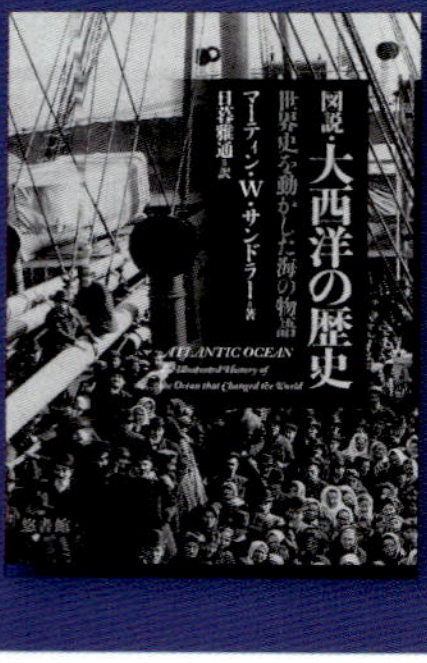

図説 大西洋の歴史
──世界史を動かした海の物語

数千年間の大航海への誘い──世界の大動脈となり、四つ
なぐ水路となるまでの数千年の歴史を、数百点の図版と
た、冒険と発見の書。朝日新聞に書評掲載（水野和夫氏評

マーティン・W・サンドラー［著］
日暮雅通［訳］

A5 判・556 頁
本体 6,000円+税
978-4-903487-94-6

北海・
ネット
域の歴

取り扱い書店・ご担当者様

貿易商人王列伝
──会社が世界を支配した時代

図説 大西洋の歴史
──世界史を動かした海の物語

北海・バルト海の商業

悠書館 FAX 03-3812-7504
TEL 03-3812-6504 http://www.yushokan.co.jp/
〒 113-0033 東京都文京区本郷 3-37-3-303

条項を「人口三万人に対して一人の割合」に修正するという提案である。ここでワシントンは羽ペンを手に持ちながら発言した。

「私は議長としての義務からこれまで議論に積極的に関与してきませんでした。しかし、私が憲法案を支持して署名しようとしているのか、それとも憲法制定会議の命令に従って署名しようとしているだけなのか疑問に思う者がいるかもしれません。憲法案が完全だとは思えませんが、一人の人間として、そして、ヴァージニア代表として憲法案を承認するつもりだと明言することが私の義務です。ただ憲法案への反対はできるだけ少ないほうがよいので、提案された修正をただちに承認するべきです」

ワシントンは中立を保つために自分の意見を述べないという議長に課された義務を破ってまで、憲法に反対する者をなくし、署名を速やかに進めるために修正を支持した。ワシントンの発言の効果もあって、代表たちは異論をまったく挟まずに全会一致で修正を可決した。続けて憲法案への署名も満場一致で可決された。

ここでランドルフが立ち上がってフランクリンの要望に応じられないことを謝罪した後、静かな口調で決意を述べた。

「私は署名しません。なぜなら人民に選択肢を与えなければ、憲法制定会議の目的が損なわれるからです。九邦が憲法案に署名しなければ、混乱が生じます。こうしたことから私は憲法案を支持すると誓約することによって、公共の善に背くような行動を取ることはできません」

数人の代表が口々に意見を述べた後、フランクリンがランドルフの説得に努めた。

「私は、最初に憲法案を提示して議事を大いに進めてくれたランドルフ氏に深く感謝しています。だからこそランドルフ氏に反対を脇に置いて同胞の意見に賛同してほしいのです。そして、署名を拒むことによって悪影響が生じないようにしてほしいのです」

フランクリンの説得を受けたランドルフは、署名しない意向を繰り返した。

「憲法案への署名を拒むことは私の人生の中で最も畏れ多いことですが、良心に従った結果であり、決意を翻すことはできません。この憲法案を最終案として完全に受け入れるか、それとも拒否するか人民に判断を迫れば、無秩序や混乱を引き起こす恐れがあります」

さらにゲリーがランドルフに倣って署名しない理由を説明した。

「マサチューセッツ邦には二つの派閥があります。一方の派閥は、すべての政治的悪弊の中で最悪の形態である衆愚政を信奉しています。もう一方の派閥は、対極にありますが同じく暴力的です。憲法案をめぐって二つの派閥が衝突すれば、大きな混乱が起きる恐れがあります。したがって、派閥間の過激な対立を避けるためにより穏健な形式の憲法案を提示するべきです」

憲法案が全会一致で採択されたと記載するべきだというフランクリンの提案が可決された後、代表たちは一人ひとり順番に憲法案に署名した。最後の者たちが憲法案への署名を終えようとしていた時のことである。フランクリンは議長席をじっと見つめていた。いったい何を見ているのか。フランクリンの目は、椅子の背に彫られた太陽の意匠に注がれている。細工を施した職人の腕はあまり良くなかったらしい。それが昇る太陽なのか沈む太陽なのか判別することは容易ではない。

ゆっくりと立ち上がったフランクリンは一座の者を見わたした。そして、誰に言うともなく呟いた。

「会期中、私は会議の成果についてあれこれ希望を持ったり失望を感じたりしながら何度も議長席の背を眺めていたが、太陽が昇る様子なのか沈む様子なのかどちらかわからなかった。しかし、今、ようやく幸いにもそれは沈む太陽ではなく昇る太陽だとわかった」

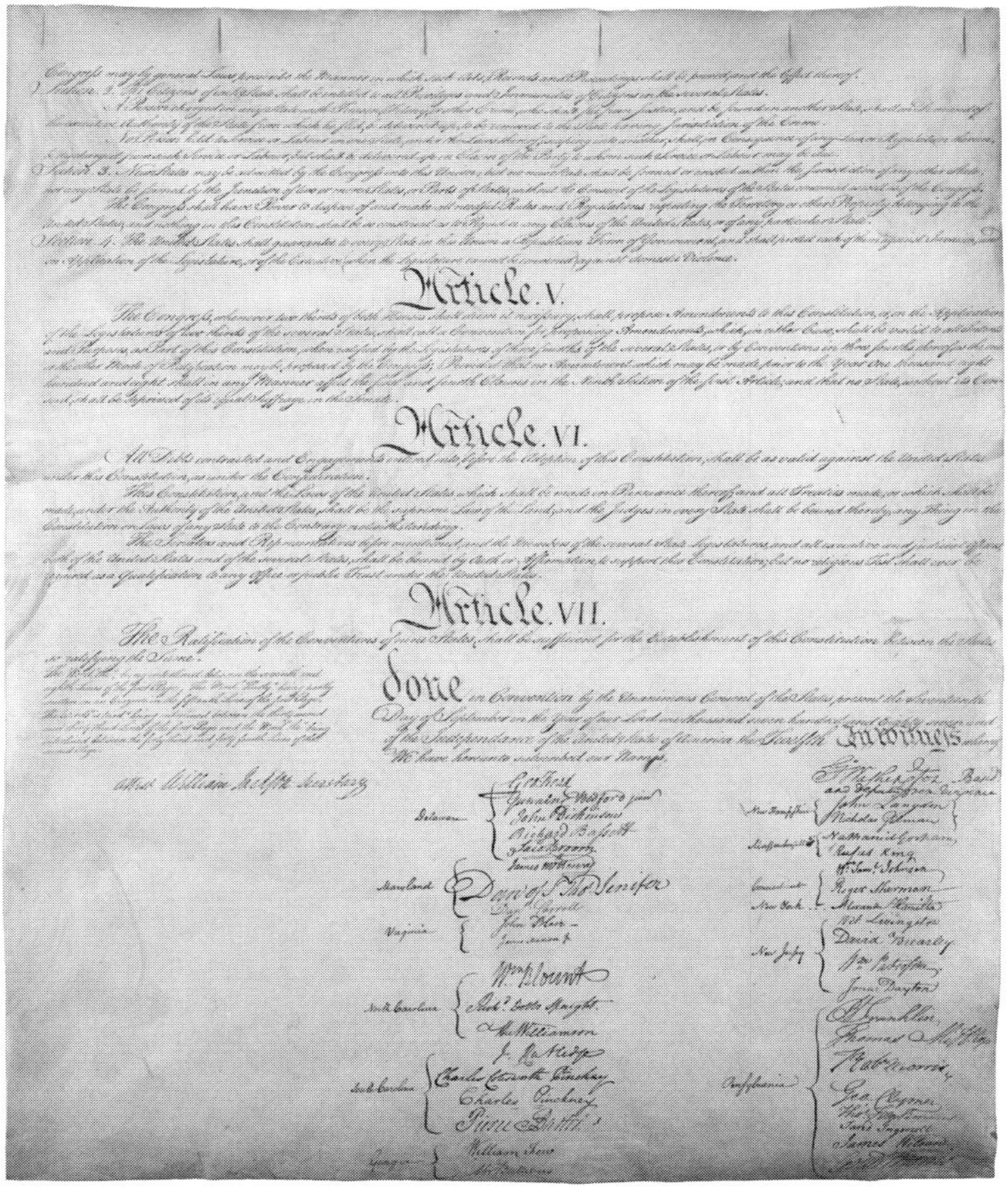
Article. V.

Article. VI.

Article. VII.

The Constitution of the United States (1787)

結局、三人が署名しなかったものの、最後まで残った三九人が憲法案に署名した。それは現在に至るまで二〇〇年以上にわたって維持されている合衆国憲法が産声を上げた瞬間であった。

中秋の日射しがマカダム舗装を柔らかに染めている。通りを忙しく行き交う人びとの中に少女が一人佇んでいる。その星霜の煌めきを秘めた黄金の瞳には、インディペンデンス・ホールから次々に出て来る代表たちの姿が映っている。

見よ、少女の足下を。街の中だというのに靴は履いておらず、踝(くるぶし)は緑色に染まっている。深海の青を宿した薔薇の花弁が撒き散らされ、甘い香りを馥郁(ふくいく)と漂わせている。まるで不朽の盛事を成し遂げた男たちを言祝(ことほ)ぐかのように。これから進む道を示すかのように。軽やかに風に運ばれた一片が誰よりも年老いた男の頬を撫でたが、男がそれに気づいた様子はない。

古色蒼然とした本の頁を風が優しく捲る。誰も見たことがないような書籍であり、なぜ少女がそのような不思議な本を持っているのか誰にもわからない。そこへ新たなる運命が刻まれる。

公共の善、すなわち、人民全体の真の福利が追求されるべき真の目的であり、どのような形態の政府であれ、この目的の達成に適うもの以外は、いかなる政府であれ価値を持たない。

少女の指先は遙かなる高みを示す。見よ、少女の指先を。インディペンデンス・ホールの時計塔を影が掠める。それは一羽の若鷲である。一声啼くと舞い上がって蒼天に吸い込まれる。その啼き声はやがて世界に響きわたるだろう。

インディペンデンス・ホールの前でポーウェル夫人は、議場から出てくる輿を見かけて声を掛けた。

「博士、我々が得たものは共和制か君主制かどちらなのでしょう」

フランクリンは輿から顔を出すと茶目っ気たっぷりに答えた。

「共和制ですよ、もしあなたがそれを続けようとするのであればね」

署名を終えた後、代表たちが向かった先はシティ亭である。そこで一緒に食事を摂って別れの挨拶を交わした。その後、モリス邸に戻ったワシントンは日記を書いた。

憲法案は十一邦すべてと唯一のニュー・ヨーク代表であるハミルトン大佐の同意によって採択された。ただし出席したすべての代表たちの中でヴァージニア代表のランドルフとメ

Jean L. G. Ferris, “Dr. Franklin's Sedan Chair, 1787” (Circa 1919)

イソン、そして、マサチューセッツ代表のゲリーは除く。議事が終わった後、代表たちはシティ亭に移って一緒に食事を摂って互いに懇ろな暇乞いをした。その後、私は宿舎に戻って、今まで毎日四ヶ月以上にわたって、少なくとも五時間、大部分は六時間、時には七時間（毎週日曜日と草稿を準備するための時間を委員会に与えるために割かれた十日間の休会期間を除いて）も続けられた重要な作業について熟考するために引きこもった。

ここで「唯一のニュー・ヨーク代表であるハミルトン大佐」とわざわざ言及しているのはなぜか。投票できないにもかかわらず、ハミルトンがずっと会議に出席していたからだ。ニュー・ヨークの代表団は三人から構成されていたが、憲法案に敵意を持つほかの二人が議場を早々に去ったせいでハミルトンだけが残された。最低でも二人の代表がいなければ投票が認められなかったので、ハミルトンはただ票決を見守るしかなかった。ワシントンはハミルトンが置かれた苦境を慮ったのだろう。

世界を変えた制度

フィラデルフィアで一夏を過ごした憲法制定会議の代表たちはいったい何を成し遂げたのか。もう一度考えてみよう。

まず合衆国憲法は、人間不信にもとづいた政治制度を提案している。人間を信頼せず制度を信頼するという発想である。『フェデラリスト』には、以下のように書かれている。

もし人間が天使なら政府など不要である。もし天使が人間を統治するなら、政府に対する外部からの抑制も内部における抑制も不要である。人間が人間を統治するという政府を樹立するにあたって、最大の困難は次の点にある。すなわち、まず政府が被支配者を抑制できるようにするだけではなく、次に政府が政府自体を抑制できるようにしなければならない。

もちろんどのような制度といえども完全ではない。したがって、現代のアメリカも多くの問題を抱えている。とはいえ歴史上、多くの国家が独裁制や専制に陥る中、合衆国憲法が制定されて二〇〇年以上にわたってアメリカは一度も独裁制や専制に陥ったことがないことは特筆するべきことである。

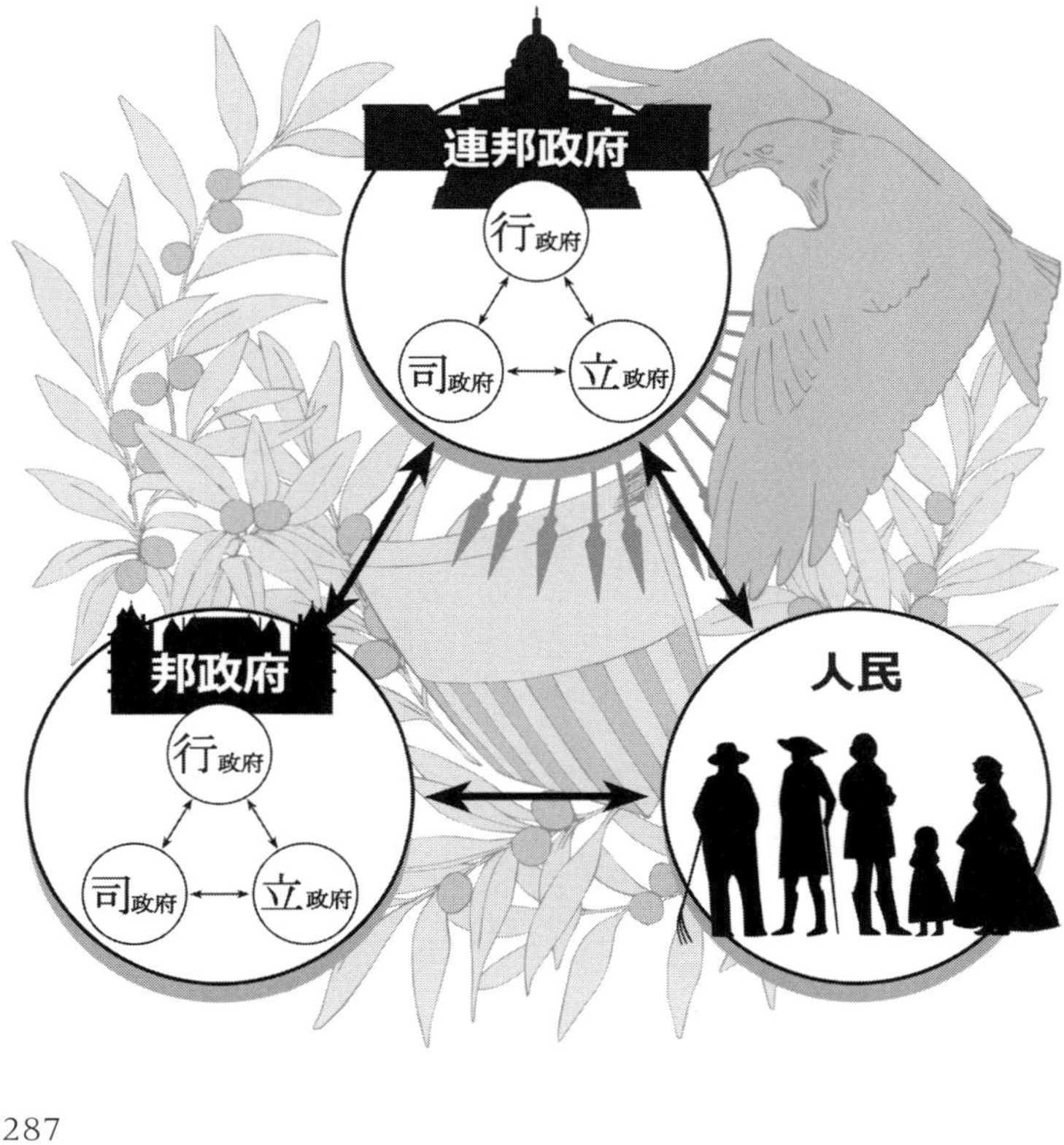

次に合衆国憲法の特色を見てみよう。近代憲法は一般的に国家権力を縛る鎖だと理解されている。しかし、合衆国憲法は「列挙された権限」、すなわち一つひとつ権限を明示して与えることによって連邦政府をむしろ強化した。連邦政府にとって合衆国憲法は鎖ではなく、多数者の専制や諸邦の権限侵害から身を守るための盾であり剣であった。もちろん武器は自衛だけではなく不正な攻撃にも使える。そこで憲法の制定者たちは、不完全とはいえ二重の三者均衡を組み込んで専制に対する予防策を講じた。

二重の三者均衡とは何か。連邦政府内部では行政府、立法府、司法府が互いに抑制し合う。これはいわゆる三権分立である。しかし、三権分立が破綻すればどうなるのか。例えば、もし大統領が他の二府を支配下に置いて専制を布けばどうすればよいのか。邦政府と人民が協力して連邦政府を正せばよい。その一方で邦政府が圧政を布けばどうすればよいのか。連邦政府と人民が協力して邦政府を正す。そして、もし人民が暴徒になれば連邦政府と邦政府が一致して鎮圧する。もちろんすべての人民が決起すれば、連邦政府と邦政府が束になってもかなわないだろう。ただすべての人民が一致団結することは稀である。なぜなら人民はさまざまな利害によって分断されているからだ。したがって、よほどの悪政が布かれない限り、暴徒になる人民は一部にすぎないので政府が倒されて無秩序に陥る危険性は低い。

このような巧妙な仕組みが合衆国憲法によってアメリカの政治制度に導入された結果、無秩序による混沌を回避し、諸邦の主権と人民の基本的権利を尊重しつつ、世界の列強に並び立つ国家を形成する道が開かれた。これを偉業と言わずして何を偉業と言うのだろうか。

さらに合衆国憲法によって導入された大統領制度は、市民が国家元首に選ばれる制度が珍しかった十八世紀末において革新的であった。強力な立法府こそ共和主義の原理を体現する存在だという考え方が支配的な中で大統領制度は大胆な実験であった。なにしろアメリカ大統領は当時の多くの封建君主を超える権限を持つ存在であったからだ。そのような強大な大統領を国民は受け入れられるのか。

大統領制度にはそうした懸念を払拭するほど多くの利点があった。簡潔に表現すれば、統一性、迅速性、恒常性の三つの利点がある。

第一に統一性は、大統領が地域の利害にとらわれずに国家全体の利益を考えられるという特性である。大統領は副大統領を除けば全国規模で選ばれる唯一の官職である。それに対して連邦上院議員は各邦の利害を代表し、連邦下院議員はそれより狭い選挙区の利害を代表する。すなわち選挙の性質上、連邦議会は各地域の利害の集合体になり、国家全体の利益を図り難い。事実、連合会議では各邦の利害ばかりが優先され、連邦全体の利益がほとんど顧みられなかった。そうした反省にもとづいて、ただ一人で国家全体の利益を考えられる大統領が必要だと考えられた。それは大統領が優れていて議会が劣っているということではない。両方の特性がうまく組み合わさることによって国家全体の利益と各地域の利害の間で均衡が取れる。

第二に迅速性である。連邦議会は多くの議員で構成される。したがって、緊急事態の場合、議論が遅々として進まなければ不決断に陥る危険がある。実際に連合会議では議論がまとまらなかったせいで体制内の改革さえ実現できず、国家の信用は凋落した。

さまざまな利害が錯綜する政治の舞台は、ゴルディオスの結び目と同じである。ゴルディオスの結び目とは解決が困難な問題を指す。かつて小アジアにあるフリギアのゴルディオス王は、戦車を固く複雑な結び目で繋いだ。その結び目を解く者がアジアの支配者となるだろうと予言されていた。結び目を前にしたアレキサンダー大王は剣で一気に両断したという。

政治の舞台ではアレキサンダー大王と同じく誰かが決断を下さなければならない。それが大統領の役割である。本来、大統領は単独で決断できる能力を与えられているがゆえに迅速性を持つ。それは、政局が閉塞に陥って国家全体が機能不全を起こした時や緊急事態において有効である。

もちろんこれも統一性と同じく議会が劣っているというわけではない。多くの視点から問題を考えて熟慮に熟慮を重ねたうえで決定を下すべき問題がある。そうした問題に判断を下すのであれば、議会が最適である。つまり、大統領と議会はその特性に応じて役割分担することで国家を円滑に運営できる。

第三の恒常性についてはどうか。議会は常に開会しているわけではない。それに立法と行政は本質的に異なる。立法はすなわち法を作る行為だが、いったん法を作ってしまえば終わりである。もちろん議会にはさまざまな問題を議論したり調査したりする仕事もあるが、基幹業務は立法である。それに対して行政は法を執行する行為である。法が施行されてから一日たりとも休むことなく執行を継続しなければならない。

また議会は休会するが、大統領は常在である。アメリカ史上、議会が休会中に重大な事件が何度も起きている。そうした場合、多くの大統領は、議会を臨時招集せずに決断を下したり、もしくは決断を下した後に承諾を求めたりしている。このように常に政府が機能していること、それが恒常性である。もちろん大統領に休息時間がないわけではないが、人民はいつでも大統領がすぐに行動に移ることを求めている。

こうした利点を持ちながらも、その権限の強さから独裁者を生む危険性を常にともなう大統領制度を定着させるためには、ワシントンが野心も私心も無い人物であるという名声は非常に重要であった。どのような優れた政治制度であっても、それを動かすのが人間であることは変わらない。結局、指導者が私利私欲のためではなく公共の福祉のためにリーダーシップを発揮できるかどうかが重要である。政治制度とはそうした理念を実現するために工夫されたものでなくてはならない。

ワシントンが王座を峻拒したという逸話は代表たちの意を強くするものであった。ワシントンであれば大統領に就任しても決して独裁者になろうとはしないだろうと代表たちは期待した。代表たちの脳裏には一〇〇年以上前に清教徒革命で活躍したクロムウェルの姿が浮かんでいた。クロムウェルはワシントンと同じく郷紳階級の出身である。鉄騎隊を率いたクロムウェルは国王軍の撃破に大いに貢献した。王位を勧められても拒否したクロムウェルであったが、実質的に軍事独裁を布いた。

こうした過去の事例からすれば、ワシントンが軍事独裁を布く危険性は十分にあった。それでも代表たちはワシントンの人格に厚い信頼を寄せた。バトラーは、「多くの会議の参加者たちがワシントン将軍を大統領と目していた。そして、ワシントンの美徳に対する彼らの見解にもとづいて大統領に授与されるべき権力を構想していた」と記している。もしワシントンがいなければ大統領制度はまったく違ったように設計されたかもしれない。人間を信頼せず制度を信頼するという発想にもとづいて作られた憲法の中に、ワシントンという一人の人間に期待して作られた大統領制度が組み込まれているのは面白い矛盾である。

また代表たちがジョージ三世の次男をアメリカ国王に据えようと画策しているという噂が外部で広まっていた。そうした噂を打ち消すためにもワシントンの名声は不可欠であった。さらに独立戦争の終結を迎えたワシントンが軍権を自ら奉還することによって軍事独裁の可能性を完全に否定したことは誰もが知ることである。ワシントンの行動は言葉よりもはるかに雄弁であった。

叡智の中枢

九月十八日、ワシントンは新装した馬車に乗ってフィラデルフィアを発つ。わが家で家族が待っている。ヘッド・オブ・エルク付近の渡し場で川が増水していた。マウント・ヴァーノンに早く帰ろうと気が急いていたワシントンは水が引くまで待てない。二頭立ての馬車が桟橋の上を進み始める。突然、片方の馬が足を滑らせて倒れる。馬車は逆巻く流れの中に引きずり込まれそうになる。どうにか倒れた馬の馬具を外して難を逃れた。

それは今、アメリカが置かれている状態を暗示しているかのようだ。このままアメリカは新たな国家に脱皮できずに逆巻く流れの中に没入して世界から忘れ去られてしまうのか。それとも忘却の淵から逃れられるのか。

憲法案が批准されなければ、アメリカは複数の小さな共和国に分裂してしまうだろう。そして、もし内戦が起きれば、外国の介入を許すことになる。そうなれば植民地に逆戻りである。合衆国憲法の成立は、共和政体がうまく機能するか否か決定する重要な試練である。

九月二二日夕刻、馬車はマウント・ヴァーノンに到着した。四ヶ月半ぶりの帰宅である。家族と再会できて喜んだワシントンであったが、早魃によって農作物が深刻な被害を受けていたことを知って落胆する。もし憲法制定会議に出席していなければ、何らかの対策を講じられていたかもしれない。

公共の福祉のためには、やむを得ない個人的犠牲として諦めるしかない。しかし、フィラデルフィアで過ごした日々は、ワシントンの健康状態に好影響を及ぼしたようである。マウント・ヴァーノンを訪れた商人によれば「二〇年前と同じように」見えたという。

マウント・ヴァーノンに腰を落ち着けたワシントンは、ラファイエットに宛てて憲法制定会議について報告している。ワシントンは合衆国憲法を完全無欠なものだとは認めていなかったが、現時点の段階で最善のものであると信じている。

非常に異なる多くの諸邦からの代表たちが一致団結して連邦制度を樹立したことは、私にとってほとんど奇跡のように思えます。［中略］。二つの大きな点について私の信条は単純明快です。第一に連邦政府は優れた政府の機能を果たすのに最低限必要な権限を授与されています。したがって、連邦政府に与えられる権限の程度についてまったく反対はありません。第二にそうした権限は、立法府、行政府、そして、司法府に分割されるように連邦政府は設計されています。したがって、何らかの美徳が人民に残っている限り、君主制、寡頭制、貴族制、もしくはその他の専制的、抑圧的な政体に退化することはないでしょう。

ワシントンは憲法制定会議の成功について「奇跡」という言葉を使っているが、マディソンも同様に「最終的に意見の一致が行きわたったことは奇跡としか考えられない」と述べている。

成功を収めて幕を下ろした憲法制定会議であったが、それで終わりではない。まだ憲法案は正式に認められていない。各邦の憲法批准会議に憲法案の可否を問わなければならない。そのためにはいったん連合会議の手を経なければならない。ワシントンの名のもと、連合会議に憲法案がさっそく提出された。

連合会議の中には憲法制定会議に不信感を抱いている者がいた。ヴァージニア代表のリチャード・リーである。リー自身は憲法制定会議に参加していないが、どうやらメイソンやランドルフから議論の詳細を聞いていたようだ。その証拠にランドルフに宛てて「あなたが君主制、もしくは貴族制が生まれるかもしれないと言うことには正当な根拠があり、おそらく最も耐え難い政体が生起するでしょう」と書いている。さらにリーは、サミュエル・アダムズに宛てた手紙で次のように書いている。アダムズもリーと同じく憲法制定会議には参加しておらず、憲法案に疑念の目を向けていた。

わが親愛なる友よ、私はあなたとともに自由という名の葡萄園を長い間にわたって歩いてきました。私の心の中には連邦政府のために提案された新しい憲法案への反対がわだかまっていますが、それを叡智と愛国心を持つあなたに伝えられて幸いに思います。憲法案の修正を議論するべきだと私は連合会議に異議を申し立てました。それが承認されれば諸邦の憲法批准会議に提議されるでしょう。［中略］。合衆国の人民は先の高潔な［独立］戦争において自由な政府を強く求めて戦いました。彼らは専制的な支配、強力な［中央］政府、もしくは選挙による独裁制のもとに入りたいとはまったく考えていませんでした。黄金製であれ鉄製であれ鎖は鎖なのです。

手紙の中で言及されている修正とはどのようなものか。簡単にまとめると次のようになる。メイソンが主張しているように権利章典を付け加えて人民の基本的権利を保障する。それだけなら問題はない。しかし、リーの修正には大統領の権限を抑えて下院の権限を強化するという条項があった。

もしこの修正が認められれば憲法制定会議でようやく成立した妥協が根底から覆されかねない。それに大統領の権限を弱めれば大統領制度はうまく機能しないだろう。幸いにもマディソンの活躍によって、リーの修正は阻止された。そして、憲法案は修正なしで連合会議から各邦の憲法批准会議に送付された。

憲法案が公表されるや否やけたたましい喧騒を引き起こした。かつて自由の息子たちの一員として独立運動に身を投じた者は、憲法案を「目の前のものをすべて併呑しようと、大きく口を開けて恐ろしい歯を剥きだした怪物」と呼んだ。またパトリック・ヘンリーも憲法案を「フィラデルフィアの専制」と罵って、「ジョージ三世の専制」になぞらえた。サミュエル・アダムズは、強力な中央政府が樹立された結果、諸邦の人民の自由が脅かされるのではないかと危惧した。

ヘンリーとアダムズは建国の父祖たちの中でもアメリカの独立に大きく貢献した人物であり、独立革命の理念の熱烈な信奉者であったが、いずれも連邦政府の要職に就いていない。彼らの業績と知名度からすれば十分にその資格はあったが、それでも彼らが参加していないのは、それだけ合衆国憲法に対する不信感が強かったからだ。

憲法案に署名せずに憲法制定会議を去ったメイソンも『この政体への反対』と題するパンフレットを出版して反対派の一翼を担った。メイソンによれば、連邦政府の権限は十分に抑制されていない。下院が非常に弱体である一方、上院は非常に強力である。さらに上院と大統領が人事や条約の締結といった一部の領域で権限を分有しているのは危険な傾向である。諸邦が大統領の権限を制限する仕組みが必要である。南部諸邦は不公正な通商の統制から保護されるべきである。権利章典によって人民の自由を保障しなければならない。パンフレットは、無条件で憲法を批准すればアメリカに貴族制や君主制が導入されることになるだろうという警告で結ばれている。

メイソンは『この政体への反対』をワシントンに送っている。ワシントンの支持を取りつけるためだ。メイソンとワシントンは独立運動において盟友であったし、ずっと良き隣人であった。それでもワシントンはメイソンの要望を受け入れられなかった。『この政体への反対』は、ワシントンの手からマディソンの手に渡った。パンフレットには、「憲法案に反対する指導者たちは悪意ある動機に支配されている」という言葉が添えられていた。なぜワシントンはマディソンにパンフレットをわざわざ転送したのか。憲法案に対するメイソンの攻撃に対抗してほしかったからだ。

憲法案への支持を広めようとする者たちは不利な状況に置かれていた。なにしろ最初から憲法案の利点を十分に理解していた人びとはほとんどいなかった。正しく理解する機会がなかったからだ。アメリカをどのような国家にするかという将来像は、一部の先駆的な指導者たちを除いて大部分の人びとにとって不明確なものだった。新しい憲法案の提示によって初めて多くの人びとは、これからアメリカは新しい政治制度を築くのか、それとも旧態の政治制度をこのまま保つのかという選択を迫られた。支持が期待できないのも当然だ。

憲法案に反対する人びとはどのような論拠にもとづいていたのか。反対派の多くの者たちは、人民の自由を守るためには強力な中央政府は有害であると考えていた。中央政府が強力な権限をふるうようになれば必ず腐敗して人民の自由を侵害する。腐敗しない権力など存在しないからだ。したがって、強大な権力は最初から存在しないほうがよい。さらに諸邦の権限が中央政府に奪われることを危惧する者たちも少なくなかった。そうした者たちからすれば、自邦こそが自分たちの祖国であったからだ。ただ反対派の中には、大統領の性別や人種が規定されていないのは不当であるという荒唐無稽な論を唱える者たちもいた。すなわち「老獪な女」や「下劣な黒人」が大統領になって国民を統治することになれば、いったいアメリカはどうなるのだという論である。他にも連邦政府の権限が強化されれば、南部諸邦に奴隷制度の撤廃を強要するのではないかと心配する者たちもいた。そうした者たちは「人民のために」という旗印のもと、憲法案に激しく反対した。

一抹の不安を抱きながらも憲法案を評価していたワシントンであったが、諸邦で論議が激しくなる中、それをマウント・ヴァーノンから静観していた。実際、一七八八年六月二日から開催されたヴァージニア憲法批准会議にワシントンは参加していない。憲法批准に関する情勢を質問したハミルトンに「フィラデルフィアから戻って以来、家からほとんど離れていないので、私はこの邦で新しい憲法が人民にどのように受け入れられているかに関する情報をほとんど持っていません」と答えている。

ワシントンは本当に最新情勢を知らなかったのか。実はそうではない。なぜならマディソンから最新情勢を逐一知らされていたからだ。マウント・ヴァーノンの訪問客は、「ワシントン氏が新政府の計画の採用に対して抱いている熱意は非常に強いものであり、私がこれまで見てきた中でもこれほど熱心な氏を見たことはなかった」と記している。またマウント・ヴァーノンで個人秘書を務めていたデイヴィッド・ハンフリーズは、ワシントンが「新世界の政治的叡智の中枢」になっていると述べている。もう一人の個人秘書であるトバイアス・リアは、マウント・ヴァーノンでは「憲法とそれに関する情勢がほとんど唯一の話題だった」と述べている。

さらにワシントンは当時、アメリカで普及しつつあったさまざまな新聞で各地の動向を摑んでいた。それだけではない。数多くのパンフレットを購入している。それらを読んだワシントンは、憲法案に反対する人びとが「間違った情報を広めるために新聞やパンフレットを倦むことなく作り出している」一方、憲法案を支持する人びとが十分な支援を得ていないと憂慮を深める。そうしたワシントンの懸念を一掃したのがハミルトンから送られてきた論説である。後に『フェデラリスト』としてまとめられることになる論説は、ハミルトンがジェイとマディソンとともに「プブリウス」という筆名で合衆国憲法を擁護するために新聞に発表した一連の論説である。ハミルトンが論説に添えた手紙には次のように書かれていた。

この［ニュー・ヨーク］邦の人民に宛てて書かれた論説である『フェデラリスト』の最初の七篇を同封します。それは連邦の重要性を完全に説明しています。もしすべての［発行］計画が実行されれば、憲法案の利点をあらゆる点から見た完全な論説が人民に提示されることになるでしょう。

『フェデラリスト』執筆の第一の動機は、ニュー・ヨークの強硬な憲法案反対派に対抗する論陣を張ることであった。ハミルトンは、憲法を批准するか否かが今後の「帝国の運命」を決定すると断言して憚らない。「熟慮と選択を通じて優れた政府を樹立できるか否か、あるいは人間の社会はその政治構造の決定を偶然と暴力に永久に委ねざるを得ないのか」が人民の前に提示された問題であった。なぜ新しい憲法案を批准して新しい連邦政府を樹立しなければならないか。適切な権限を帯びた連邦政府を持たない「国家は惨めな見せ物」だからである。

『フェデラリスト』で筆名が使われたのは、憲法制定会議の秘密保持の誓約を破ったと非難されないためだ。「プブリウス」という筆名は、ローマ王政時代に最後の国王を追放して共和政の基礎を築いたプブリウス・ヴァレリウスに因んでいる。ハミルトンは誰が著者なのかを明かさなかったが、ワシントンは著者の正体に気づいていたようだ。

先月［一七八七年十月］三〇日のあなたの手紙に同封されていたパンフレットと新聞に感謝します。プブリウスの続編を私は心から期待しています。今後も著者がみごとに［憲法案という］主題を扱ってくれるだろうと私は確信しています。

途中でジェイが抜けてしまったので『フェデラリスト』を主に執筆したのはマディソンとハミルトンである。執筆当時、マディソンは連合会議のヴァージニア代表を務めており、ハミルトンも同じく連合会議のニュー・ヨーク代表であった。多忙だったので時間を割ける者が執筆するという形態を取った。常に締め切りに追われていたために「新聞に掲載される前に著者以外の者が原稿を精読する時間さえほとんどなく、ついには著者自身もまったく読む時間がなかった」ほどであったという。そのような短期間で書かれたにもかかわらず、人間の政治的本質に関する深い洞察はいまだに輝きを失っていない。

この時代を超える偉大な論稿の大部分を書いたのはハミルトンだが、その手法はまさに天才である。まず部屋の中を歩き回りながら熟考する。そして、熟考を終えると六時間の睡眠をとる。コーヒーを飲んで頭脳を覚醒させ、机の前に座ってただひたすら書き続ける。モーツァルトは頭の中に浮かぶ旋律を五線譜に書き出すのにしばしば手が間に合わなかったほどだったそうだが、ハミルトンも同じであり、ペンが止まるのは手が疲れてそれ以上、動かせなくなった時だけである。八時間もぶっ通しで書き続けることもあったという。『フェデラリスト』は、書き上がった原稿は非常に完成度が高く、ほとんど訂正する必要がなかったという。『フェデラリスト』は、ハミルトンがその才能を遺憾なく発揮できた最高の舞台の一つであった。

マディソンは、ニュー・ヨークの新聞で発表された『フェデラリスト』をヴァージニアでも発行するようにワシントンに求めた。しかもマディソンは「私が発行に関与したことをあなたに隠そうとは思いません」と言って、自分が『フェデラリスト』の著者の一人であることを明かしている。それはワシントンとマディソンがかなり親しい関係だったことを示している。なぜならその当時、マディソンが自分が著者の一人であることを明かした相手は、ワシントンのほかにエドモンド・ランドルフしかいないからだ。生涯にわたって強い絆で結ばれていたジェファソンにさえもその当時は明かしていない。

ワシントンはヴァージニア邦議会議員のデイヴィッド・ステュアートに秘かに接触して、『フェデラリスト』を新聞に掲載してくれる発行人を探すように求めた。ステュアートはワシントンの縁者である。縁者だからこそこうした秘密の依頼を打ち明けたのだろう。さらにワシントンは、「著者について知っていますが彼らの名前を勝手に公表できませんし、私がこの作品をあなたに広めるように依頼するために送ったことを知られたくありません」とステュアートに念を押している。なぜ秘密にしようとしたのか。ワシントンの考えでは、批准の是非は「完全に憲法案自体の利点で検討されるべきであり、人びと自身の考えに委ねるべき」であったからだ。

ワシントンの意を汲んだステュアートは、発行人を訪ねて『フェデラリスト』の掲載を依頼した。その一方でマディソンは、ニュー・ヨークで次々に発行される『フェデラリスト』の続篇をワシントンに送り続けた。それはワシントンの手からステュアートを経て発行人の手に渡り、ヴァージニアの新聞の紙面を賑わした。

公的には何も意見を表明していなかったワシントンであったが、憲法案の批准に賛成していることは広く知られていた。その時、外交官としてパリに滞在していたジェファソンでさえ「ワシントン将軍は憲法案に賛成だろうが、彼の性格からしてその件に深く関わらないだろう」と記している。ジェファソンが言うように直接関与することはなかったが、ワシントンは憲法案を支持する人びとが自分の名前を使うのを黙認し、各地の指導者たちに憲法案を擁護する内容の手紙を送っている。

例えばマディソンの要請を受けてワシントンは、マサチューセッツ憲法批准会議の代表に選ばれたベンジャミン・リンカンに働き掛けている。批准が否決されるのではないかと不安を感じたマディソンは、「憲法案に対するあなたの希望を明確に伝える手紙はきっと有意義な効果を与えるでしょう」とワシントンに勧めた。そこでワシントンは、「あなたの最終的な決定が憲法案に好意的で善良な人びとの希望に合致するものになるように願っています」とリンカンに書き送った。

またワシントンは、メリーランド憲法批准会議の二人の代表に宛てて憲法批准会議の延期に反対する旨を書き送っている。反対派は会議を延期して時間稼ぎをしようと画策していた。このまま延期が認められれば、それはほぼ批准の否決に等しいと考えたマディソンは、メリーランドにも働き掛けるようにワシントンに促す。そこでワシントンは、「憲法批准会議の延期は憲法案の否決に等しいものです」と警告する手紙を二人の代表に送った。
二人の代表は、ワシントンから受け取った手紙を使ってメリーランド憲法批准会議の代表たちに支持を呼びかけた。それが功を奏してメリーランドは批准に漕ぎ着けた。ほかにもワシントンは、憲法案への明確な支持を表明する手紙を隣人に送っている。その手紙はヴァージニアの新聞に公開され、後にマサチューセッツの新聞にも掲載された。

憲法案へのすべての反対は、理性よりも感情に訴えようとしています。そして、もし再び憲法制定会議が開かれることになれば、代表たちの意見は先におこなわれた憲法制定会議よりももっと分裂して和解できないでしょう。実際、彼らが何らかの案に合意することはないでしょう。今、連邦政府は辛うじて頼りない一本の糸に支えられているだけです。さらに言えば、連邦政府はまさに終わりを迎えようとしています。［中略］。私は憲法案が現在、得られるものの中で最善のものであること、そして、我々の前には憲法案［を採択する］か、それとも［連邦の］解体しかないと完全に確信しています。

ワシントン自身は憲法案の批准に関して表立った役割を果たすことはなかったが、この手紙から批准を切望していたことがわかる。ワシントンは自分の言葉が広く流布することを十分に認識していたし、それが大きな影響力を持つことも理解していた。それはラフェイエットに宛てた次のような手紙から読み取れる。

新しい憲法の利点に関する私の見解を忌憚なく公開するつもりです。というのは、実際、私はそうした問題に関して何も隠そうとしていないのです。

ワシントンは、手紙によって間接的に自らの見解を公表していたと言える。ラファイエットに語った言葉からすれば、それは意図的であったと考えられる。なぜそのような回りくどい方法を使ったのか。それは先述したように、批准の是非は「完全に憲法案自体の利点で検討されるべきであり、人びと自身の考えに委ねるべき」だとワシントンが考えていたからだ。それに新しい憲法のもとで大統領に選出される可能性を考えれば、ワシントン自ら表立って憲法案を支持できない。それは品位に悖る行動であったし、自分が大統領になりたいから憲法案を支持しているのではないかという要らぬ誤解を招く恐れもある。だからこそワシントンはできる限り議論の舞台に出ないように努めた。

これから合衆国憲法の批准をめぐる戦いが本格的に始まる。批准は人民によって選ばれた代表が集まる会議によって是非が検討される。ただ投票できる者は人口の一割にも満たなかった。投票権には財産資格が課せられていた。多くの税を収める義務を持つ者こそ投票権を与えられるべきだという考え方が一般的だったからだ。

すべての邦の有権者を合計してもせいぜい十六万人でしかない。そして、憲法批准に賛成票を投じたのは十万人程度である。現代の我々から見れば、合衆国憲法は国民の総意で成立したとはとても言えないだろう。しかし、ごく一部の者たちが権力を壟断するのが当然の時代において、このように多数の人びとが憲法制定に関わったことは稀有なことである。

連邦という殿堂

憲法批准の滑り出しは順調であった。一七八八年一月初旬までに、デラウェアを皮切りにペンシルヴェニア、ニュー・ジャージー、ジョージア、コネティカットの五邦で憲法案が批准された。ワシントンは知人に宛てた手紙に期待を綴っている。

人民によって［憲法案が］採択される見込みが大きくなったと伝えられて私は嬉しく思います。人間の叡智によって組織されるあらゆる制度でよく見られることですが、それ［憲法案］には反対派がいます。しかし、彼らはその友人に比べて非常に少なく、反対意見もまちまちです。［一月一日の時点で］ペンシルヴェニア、デラウェア、そして、ニュー・ジャージーがすでに批准しました。

しかし、ヴァージニアでは事はうまく進まなかった。反対派による画策のせいで憲法批准会議の開催が六月まで延期された。ヴァージニアにおける有力な反対派はメイソン、ランドルフ、そして、ヘンリーなど錚々たる面々が顔を揃えている。ランドルフは、メイソンと同様に憲法の欠陥を訴えるパンフレットをワシントンに送っている。ワシントンは、ランドルフに感謝を述べるとともに再び憲法制定会議を開くべきだという意見に反駁する。

私の判断によれば、憲法の修正を試みれば予期せぬ騒動と混乱を生み出すことは明らかです。私が認めようとしている新しい憲法案には、確かに心から賛同できないような点もあります。しかし、全体として新しい憲法案は、この時代で獲得できる最善の憲法であると私は今、確信しています。新しい憲法案を受け入れるか、もしくは連邦が解体するかという選択が我々を待ち受けています。

五つの邦が憲法案を批准した後、早くも誰が新しい国家を主導するかをめぐって議論が起きる。マサチューセッツでは、憲法案支持派が批准会議の開催に乗り気ではないジョン・ハンコック邦知事に籠絡の手を伸ばす。ハンコックを副大統領に推すと約束する。もちろんそれだけではハンコックの心を動せない。さらに囁きは続く。もしヴァージニアが憲法案に批准せずワシントンが大統領に選ばれなかった場合、ほかに大統領にふさわしい人物はハンコックしかいない。

かつて自分が大陸軍総司令官に指名されたと糠喜びしたハンコックにとってそうした申し出は実に魅力的だ。虚栄心が人一倍強いハンコックは誰からも尊敬される地位に就きたいと望んでいる。ハンコックの協力を取りつけた憲法案支持派は批准に成功する。

五月までにさらにメリーランドとサウス・カロライナが批准を終え、憲法の成立に必要な邦の数はあと一つになった。ワシントンは相次ぐ憲法案支持派の勝利をラファイエットに報告している。

事態は急速に進展しています。数週間もすれば現世代のアメリカの政治的運命は決定され、おそらく今後、長く続く社会の幸福に大きな影響をもたらすでしょう。

しかし、憲法が成立するか否かの試練はこれからである。ノース・カロライナとロード・アイランドはすでに憲法案を一蹴していたので、その二邦をあてにすることはできない。またニュー・ハンプシャーは態度を決めかねている。そうなると残るヴァージニアとニュー・ヨークの二つの大邦が最終決戦の舞台になる。どちらかの邦が批准すれば憲法は成立する。憲法支持派にとって心強いことにヴァージニアにはマディソンが、ニュー・ヨークにはハミルトンがいる。

六月二日、ヴァージニア憲法批准会議はリッチモンドで開会を告げた。ヴァージニア憲法批准会議が成功を収めるかどうか誰にも予測できない。なぜならヴァージニアの有権者は、多くの憲法案反対派を憲法批准会議に送り込んだからだ。ヴァージニアの中でも特に西部諸郡の代表たちは、ミシシッピ川の自由航行権をめぐる紛糾で中央政府に対して強い不信感を抱いている。

ヴァージニアの憲法案支持派の中で指導的な役割を果たしたのがマディソンである。最初、マディソンは憲法批准会議に出席するつもりはなかった。憲法制定会議に代表として参加した者が自ら憲法案の是非を論じるのはあまり褒められたことではないと思ったからだ。第三者が客観的な目で憲法案を批准するべきか否か決定するべきだろう。

しかし、ヴァージニアでは、メイソンやリーによる憲法案を攻撃する著作が広まり、反対派の勢いは増す一方であった。ワシントンは、マディソンが憲法批准会議に絶対に参加するべきだと考える。そこでマディソンに翻意を求める。

何としても都合をつけてあなたに［憲法批准会議に］出席してほしいと私は思っています。［もしあなたが出席しなければ憲法案に関する］説明が不足します。あなた以上に憲法案について正確かつ的確に説明できる者がほかにいるでしょうか。

個人秘書のトバイアス・リアもワシントンの意を汲んで「あなたはメイソンとヘンリーの影響力にうまく対抗できるこの邦で唯一の人物です」とマディソンに書き送る。そして、もしマディソンが憲法批准会議に出席しなければ「この邦だけではなく全土が大きな損失を被ることになるでしょう」と訴えた。

多くの友人たちの勧めを受けたマディソンは出席を決意した。マディソンの決意を聞いたワシントンは激励の言葉をさっそく送る。

我々が祖国に負っている義務を果たさなければならないという意識は、ほかのすべての考慮すべき事柄に優りますし、些細な事柄は二の次になります。

マディソンはニュー・ヨークから地元のオレンジ郡に急行する。憲法批准会議の代表選挙に出馬するためだ。その途中、マウント・ヴァーノンを訪問している。ワシントンの日記を見ると、三月十八日に「夕食前、マディソン氏がニュー・ヨークからオレンジ郡に帰る途中で立ち寄って泊まった」と記されている。続けて十九日には「一日中、家の中にいた」と記されている。そして、二〇日には「マディソン氏は朝食後に私の馬車でコルチェスターに向かった」と書かれている。農園の巡回を日課にしていたワシントンが病気でもないのに家の中にずっといたのは珍しいことだ。きっとマディソンと憲法批准会議について話し合っていたのだろう。

郷里に帰ったマディソンは、オレンジ郡が「憲法案に対して最も馬鹿げた根拠のない偏見に満ちている」ことに驚く。すぐに憲法案を擁護する論陣を張ってオレンジ郡代表の座を難なく射止める。そして、マディソンはリッチモンドに赴いて憲法案反対派の批判に敢然と立ち向かった。

まず反対派は、もし無条件に憲法案を認めてしまえば、諸邦は権限を奪われて形骸化してしまうだろうと疑念を示した。こうした疑念に対してマディソンは、憲法案の目的が連邦的要素と国民国家的要素をあわせ持つ混合政体を目指すことにあると反論した。すなわち、新しい憲法によって人民は邦民の立場を保ちつつ、同時に一つの国民になる。

反対派の急先鋒であるヘンリーが「革命の舌」という異名を持つ雄弁家として有名であった一方、マディソンの演説技量は高くない。マディソンの声は非常に低く聞き取り難い。速記者がほとんど聞き取れないと不満を言うほどである。マディソンが熱弁をふるう様子は、ただその体がシーソーのように揺れていることからしか察することができない。こうした演説による過度の疲労と議場での緊張からマディソンは体調を崩し、会期中、三日間も寝込むことがあった。もちろんそれで戦いを途中で投げ出すようなマディソンではない。

ヘンリーは、人民の自由を脅かす可能性がある憲法案を連合会議は棄却するべきだと強硬に唱えた。それはマディソンにとって絶対に受け入れられない主張である。マディソンは、諸邦の抗争によって連邦が瓦解する危険性を回避するために強力な連邦政府が必要不可欠な存在であり、結果的に人民の自由や外国の侵略に対する保障になると反駁する。

今度はメイソンとランドルフが連携して、諸邦の憲法批准会議で論じた修正案を集めて検討するために再び憲法制定会議を開くべきだと提案する。二人は、ヴァージニアの影響力を利用すればそれが可能であると考えている。こうした提案はヘンリーの主張に比べれば穏健だが、これもマディソンにとって認められない提案だ。もしある邦が憲法案の修正を提案すれば、ほかの邦もそれに倣って対案を次々に出す可能性がある。

諸邦の政治体制はそれぞれ異なるので、連邦政府の構想についてさまざまな見解が示されるだろう。そうした見解の調整を図ることは実質的に不可能であり、収拾できない混乱に陥るだろう。その結果、せっかくまとまった憲法案が廃棄される恐れがある。それなら憲法案を現状のまま認めるほうが得策である。

反対論の中でも特に焦点になったのが連邦政府による直接課税、権利章典の欠如、奴隷制度、ミシシッピ川の自由航行権の四点である。

反対派にとって連邦政府による直接課税は、イギリス本国政府の植民地に対する不当な課税とまさに同じものであった。強大な中央政府の圧政は不当な課税から始まると反対派は信じて疑わなかった。連合会議が諸邦から拠出金を集める方式が人民にとって最も安全である。

この点についてマディソンは、連邦政府をうまく機能させるためには確かな財源が必要だと主張する。また従来通りに拠出金を諸邦から集める形式を採用すれば、拠出金を払わない邦に懲罰を与えなければならない。それは大きな騒乱を引き起こす恐れがある。したがって、直接課税による確かな財源で連邦政府をうまく機能させたほうが人民にとって最も安全である。

次に権利章典についてである。反対派は、人民の基本的権利や自由が連邦政府から侵害されないように権利章典の追加を求める。

マディソンは、連邦政府の権限が憲法で明確に制限されていれば、権利章典で人民の基本的権利や自由をわざわざ明示する必要はないと考えていた。それに諸邦が連邦政府に対して警戒の目を光らせているので、人民の基本的権利と自由が侵害されるような状況は起こり難い。したがって、権利章典は不要である。

さらにヘンリーは、権利章典の欠如を利用してヴァージニア邦の批准を何とか妨げようと、ジェファソンの手紙を引用して反論を展開する。その手紙によれば、権利章典を認めさせるために少なくとも四つの邦は批准を控えるべきである。そして、権利章典が認められてから批准するべきである。もうすぐニュー・ハンプシャーが憲法案を批准するという報せが入っている。それならば残るヴァージニア、ニュー・ヨーク、ノース・カロライナ、そして、ロード・アイランドの四邦は、ジェファソンの提言に従って批准を控えるべきである。

こうしたヘンリーの反論に対抗するためにマディソンはワシントンの名前を仄めかす。ワシントンの名前以上に強い影響力を持つ名前は他にはない。

「栄えある代表［ヘンリー］は我々の決定に影響を及ぼすために、この邦に栄光を添えている市民［ジェファソン］の意見に言及しました。［中略］。それならば、どうして我々は我々自身の理性に従おうとしないのでしょうか。この議場にいない尊敬すべき人びとの意見を持ち出すのは適切なことでしょうか。もしこの機会に重要な人物の意見が重みを持つとすれば、我々の側にも同じく偉大な人物がいることを示してもよいでしょうか」

マディソンはワシントンの名前を明言していないが、「偉大な人物」が誰のことを指しているのかわからない者はその場にいなかった。もしワシントンがその場にいれば、マディソンに積極的な支持を与えたに違いない。事実、ワシントンは、マディソンだけが反対派の主張に抗し得ると信じていた。

マディソンは、ワシントンの影響力を最大限に活用して憲法批准会議の代表たちを説得しようと努めている。そうしたマディソンの戦略が顕著に表れているのが、かつてワシントンが発表した「諸邦知事への回状」に言及した弁論である。

「戦争の終結にあたって、その人物［ワシントン］は国家の本質に最も広範な知識を持ち、国益をよく理解し、国家の繁栄に献身していることを最も揺るぎなく輝かしく証明しました。彼は自ら武器を置くことで祖国を守りましたが、現在の制度を受容できないと公言して、我々の幸福を守るためにそれを適切な形態に改める必要があると示唆しました」

ここでマディソンは代表たちに注意を促した。

「私は偉大な［ワシントンの］名前をここにいる紳士諸君を動かすために使おうとしているのではありません。その人物［ワシントン］を私は非常に尊敬していますが、代表たちはいかなる人物の影響力にも動かされないはずです。しかし、連合規約が不適切であること、そして、我々が何かほかのものを試さなければならないことを示すために、彼［ワシントン］を尊敬できる証言者として紹介しています」

反対論の中で焦点になった三点目は奴隷制度である。ヴァージニアの多くの奴隷主は、連邦政府が奴隷解放を推進しようとするのではないかという疑惑を捨て切れなかった。ヘンリーは、憲法案支持派が「あなた方の黒人奴隷を自由にしようとしている」と巧みに代表たちの感情を突く。代表たちの大部分が奴隷主である。

マディソン自身も奴隷主であったが、何とかして疑念を解消しようと努める。現状では、奴隷制度を禁じる邦に逃げた奴隷は解放されることになっているが、憲法案は奴隷主が奴隷に対する権利を他邦でも保持できるように規定している。すなわち、新しい憲法によって奴隷主により良い保障が与えられることになる。それに連邦政府が奴隷を所有する権利に干渉する権限を持たないことは明白である。

ヘンリーはもし憲法案が批准され、新たな中央政府が樹立されれば、西部はミシシッピの自由航行権を失うかもしれないと訴えかける。これは西部諸郡の代表たちにとって死活問題であった。ヘンリーの指摘は杞憂とは言い切れない。連合会議において北部諸邦がミシシッピ川の自由航行権を放棄する代わりにスペインから通商上の恩恵を得ようと働き掛けたことは記憶に新しい。

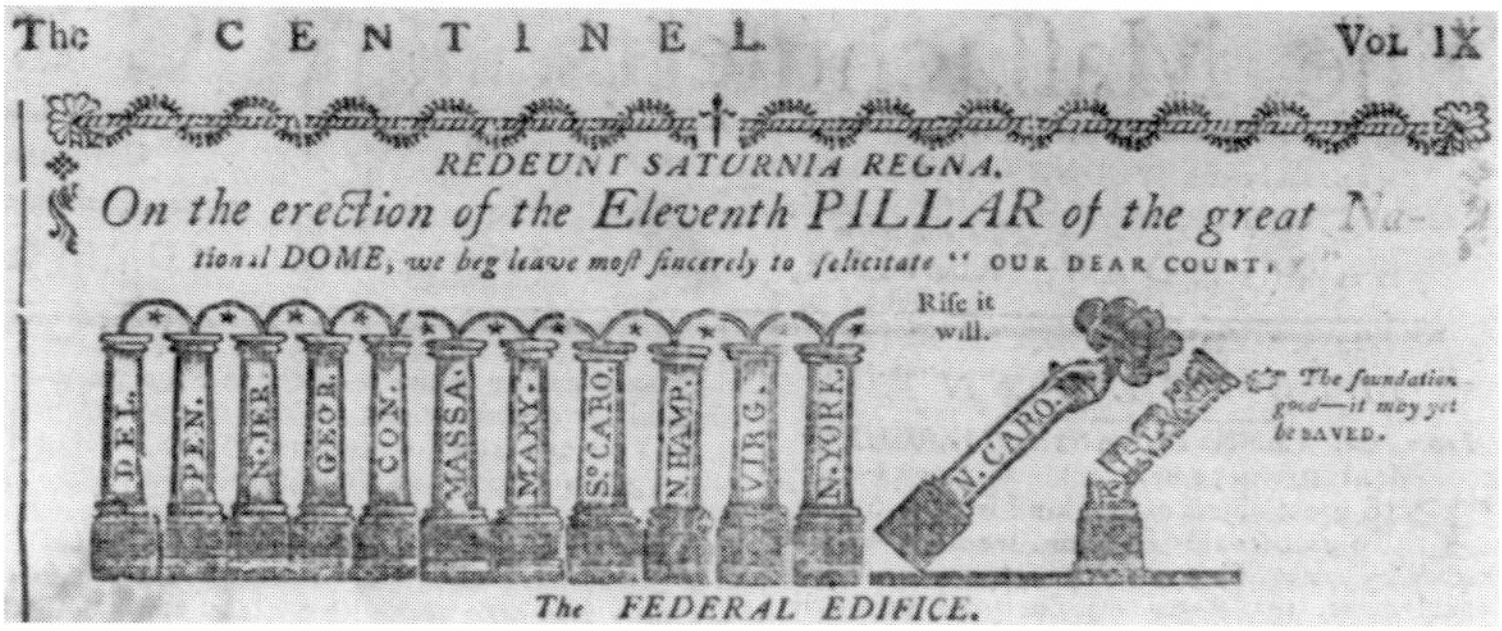

The Centinel, Federal Edifice (August 2, 1788)

マディソンはヘンリーの訴えに対して、むしろミシシッピ川の自由航行権は強力な連邦政府によってのみ保障されると断言した。強力な連邦政府はスペインに対して有利に交渉を進められる。こうしたマディソンの主張によって、西部諸郡の代表たちはミシシッピ川の自由航行権に対する懸念を払拭する。彼らの心境の変化が批准を決定づけた。

このようにマディソンは一つひとつていねいに反対派の主張を突き崩した。ブッシュロッド・ワシントンは「理論の力と覆せない真実を［マディソンが］示したので、反対派は鳴りをひそめました」と叔父に報告している。さらに『ペンシルヴェニア・マーキュリー紙』は、「ヘンリー氏の弁舌は我々の栄えある小さなマディソンの深い論理に圧倒された」と報じている。その動向が注目されていたランドルフは、もし憲法案に批准しなければヴァージニアが孤立することを恐れて支持派に歩み寄った。

ワシントンは、憲法批准会議の成り行きをマディソンから数日ごとに届く手紙で追っていた。手紙の内容に一喜一憂しながらワシントンは、マディソンが「ヘンリー氏とメイソン大佐の反論を相殺している」と称賛している。そして、「流行の表現を使えば、ヴァージニアはきっと連邦という殿堂の九本目の柱となると私は固く信じています」と返信している。

六月十七日、ヴァージニア憲法批准会議の開催から遅れること二週間あまり、ポプキシーでニュー・ヨーク憲法批准会議が開催された。情勢は憲法案支持派に圧倒的に不利であった。ニュー・ヨークの人民は、憲法批准会議に参加する代表を投票で選ぶことによってその意思を示した。その結果は驚くべきものであった。憲法案反対派が四六人も選ばれた一方、憲法案支持派は十九人しか選ばれなかった。ポプキシーも支持派にとって敵地に等しい。実に四分の三の住民が憲法案に反対している。

したがって、ニュー・ヨークの人民を憲法案の支持者に転向させるという『フェデラリスト』の当初の目的は果たされていない。ただ『フェデラリスト』は、他邦の世論にも大きな影響を与えているのでまったく意義がなかったわけではない。

十九人の憲法案支持派の中にはハミルトンとジェイが含まれている。ジェイは憲法批准会議の開催について妻に手紙を書き送っている。

批准会議は珍しく期日通りに開催されました。私が知る限りでは、欠席している代表は二人以上いないようです。会議は規則正しく進んでいます。まだ議事進行は穏やかで両陣営ともに攻撃的ではありません。反対派は手強いように見えますが、それは数が多いからです。これから何が起きるかわかりません。私は絶望していませんが、少し不安を抱えています。あなたの健康が休息と新鮮な空気と運動で回復したと聞いて嬉しく思います。私の健康はあなたと別れて以来、変わっていません。

妻からすぐに温かい手紙が届く。

あなたの手紙を読んで私は安心しましたが、それでもあなたが旅で疲れてしまったのではないかと心配しています。次の手紙であなたの健康がもっと回復していると聞ければ嬉しく思います。あなたの同僚たちは有能な人ばかりです。無理に仕事をしないようにお願いします。

手紙にあるようにジェイは病を患っていて精彩を欠いていた。それでもジェイは、ハミルトンとともに支持派の論客として奮闘する。

その一方、反対派の陣営には現邦知事のジョージ・クリントンという手強い相手が含まれている。クリントンは、北部の農民の強い支持を背景にニュー・ヨーク政界を支配していた。初代邦知事になって以来、すでに十一年間も在職している。

激しい戦いになることは間違いなかった。しかし、ハミルトンは希望を捨てない。もしヴァージニアが先に憲法案を批准すれば、一気に形勢が逆転するだろう。なぜならヴァージニアの批准によって憲法が成立すれば、反対派の中からニュー・ヨーク邦の孤立を恐れて支持派に転向する者が出るかもしれないからだ。ハミルトンは、憲法批准会議が開催されている間、緊密な連絡を取り合おうとマディソンと約束する。

ハミルトンもマディソンと同様に反対派が連邦政府に対して抱く疑念を払拭しなければならなかった。反対派は、憲法案で提示されている下院議員の数があまりに少なくて国政が容易に富裕層に支配されてしまうと主張する。ハミルトンは、確かに富裕層から多くの議員が輩出される可能性が高いが、自活するのに十分な財産と豊かな教養を持つ者は公共の福祉に配慮する道徳心を持っているので問題ないと反論する。

クリントンは、連邦政府がアメリカのような広大で多様な人びとを抱える国土をうまく統治することは難しいと指摘する。この指摘にもハミルトンは迷うことなく答える。アメリカという新しい国家は諸邦の枠組みを超えて形成されるものであり、人民の風俗や習慣はヨーロッパの統一国家と同じく共通性を持っている。アメリカ人は諸邦をまとめる連邦制度を受け入れられるはずであり、それを実現するのが新しい憲法である。こうしたハミルトンの考え方は近代国民国家の発想である。

続いて反対派は、上院に対して攻撃の矛先を向ける。反対派にとって上院は貴族的な富裕層の陰謀の場にほかならない。そこで邦議会が上院議員を罷免する権限を持つ修正が提案される。この提案にハミルトンは強く反対する。ハミルトンは、人民の気紛れが政治的安定性に及ぼす悪影響を常に心配していた。したがって、上院を人民の圧力から遠ざけておく必要がある。もし邦議会が上院議員を罷免する権限を持てば、人民の圧力に負けて上院議員を罷免することもあり得る。独立戦争において人民は自由を獲得するためにイギリスの圧政を打破した。それは一つの革命であった。しかし、革命が終わった今、人民の気紛れに左右されない安定した政府こそ自由を保障する存在となる。

こうしてヴァージニア憲法批准会議とニュー・ヨーク憲法批准会議でそれぞれ議論が進む中、ニュー・ハンプシャーの批准によって合衆国憲法が成立した。その報せはすぐに全土に伝わった。事態ここに至ってヴァージニアとニュー・ヨークの選択は、連邦から脱退するか、それとも連邦にとどまるかになった。

さらにランドルフが批准に前向きになったことによってヴァージニア憲法批准会議の趨勢が変わった。ランドルフによれば、確かに憲法案には数々の容認し難い点がある。しかし、新しい憲法には修正の手続きが含まれるので、批准後の修正も容易だろう。それにもはや憲法は成立したのだから、もしここで批准せずに新政府に参画できなければ、ヴァージニアは主導的な立場を失うことになる。連邦に加われば修正を提案できるが、連邦に加わらなければ修正を提案することもできない。

議場でランドルフは腕を高々と挙げて「連邦の解体を受け入れるくらいであれば、この腕を切り離したほうがましです」と叫ぶ。ランドルフの叫びに多くの代表たちが同調する。

最終的に、ヴァージニア憲法批准会議の代表たちは、最初の連邦会議で修正を検討するという条件つきで批准を可決した。ヘンリーとメイソンは落胆の表情を浮かべていたが、勝利を収めたはずのマディソンも残念そうな表情を浮かべている。もともと無条件の批准を求めていたマディソンであったが、反対派に歩み寄るために権利章典の採択を約束しなければならなかったからだ。完全勝利ではなかったが、ヴァージニア憲法批准会議は憲法案支持派の勝利で幕を閉じた。それを知ったワシントンはようやく愁眉を開く。

感謝に満ちた信心深い歓喜とともに、暗く先行きを見通せない出来事を通じて神の痕跡をたどれます。そうした出来事は諸邦に憲法制定会議を開催するように呼びかけた時から始まり、次から次へと諸邦は、憲法制定会議によって提案された制度の採択に至りました。混乱と惨状が我々に急速に襲いかかるのではないかと恐れる理由が十分にあったにもかかわらず、考えられる限り最も静謐と幸福に恵まれた恒久的な基礎が築かれました。

しかし、ワシントンは、ヴァージニア憲法批准会議の決断を手放しで喜んでいたわけではない。各邦がそれぞれ憲法に修正を加えようとすれば、地域的な利害対立を招き、取り返しがつかない混乱が生じると心配していたからだ。ワシントンは次のように記している。

いくつかの邦が提案したように修正を加えることを批准の条件にすることは、私の意見では、憲法案の完全な否認に相当します。というのは、各邦が提案する修正を検討する場合、ある邦にとって好ましく思える修正がその他の邦の頑強な反対に遭うかもしれません。実際、人間は地域の偏見によって突き動かされがちであり、特に自邦の利害を視野に入れて修正を試みる者は、連邦全体の福祉にまで思い至りません。

ワシントンの考えによれば、国家全体の福祉が各邦の利害よりも優先されるべきであった。ただそれは国家全体のために諸邦を犠牲にすることではない。各邦がそれぞれ利益を捨てることが国家全体の利益になり、ひいては各邦の利益にも繋がる。それこそ批准に反対する人びとにワシントンが理解してほしかったことである。

六月二八日、ワシントンは、憲法の成立を祝って開かれる饗宴に出席するためにハンフリーズとジョージ・オーガスティン・ワシントンをともなって最寄りの町のアレクサンドリアに向かう。町の郊外には、馬に乗った紳士たちが待っていた。紳士たちは祝宴の会場に向かうワシントンに随行する。アレクサンドリアでは、整列した民兵隊が一行を迎えて祝砲を放つ。憲法への支持が示されているのを見てワシントンは安堵する。友人に送った手紙には次のように憲法の成立について書かれている。

憲法制定会議によって人民の裁断に委ねられた憲法案には、私の希望と完全に合致しない点がいくつかあります。しかし、あらゆる状況を考慮に含めれば、これまで人間が制定してきたどのような政府よりも完全に近いと確信しています。［中略］。まだすべての邦が行動に移ったわけではありませんが、十邦［手紙が書かれた時点において正確には十一邦］が憲法案を批准したことに私は満足しています。そして、九邦の同意で憲法を発効させるのに十分です。来年の始動の前に［新しい連邦］政府が完全に準備を整えられるように期待しています。

ヴァージニアで戦いが終わった後もニュー・ヨークでは論戦が続いていた。反対派と支持派はそれぞれ鬱憤を抱えこむ。反対派が自分たちの希望に反してついに憲法が成立したことに憤慨する一方で、支持派はそれでもまだ抵抗を諦めようとしない反対派に苛立ちを深める。刺々しい非難の応酬が続き、議場は騒然となる。

七月二日、ハミルトンのもとにマディソンから至急報が届く。それはヴァージニアも憲法案を批准したという報せであった。ハミルトンが議場で至急報を読み上げると、支持派は感極まって議場を飛び出した。そして、鼓笛を打ち鳴らして議場の周りを祝福の雰囲気で染め上げた。

ヴァージニアという大邦が連邦に加わった結果、もしニュー・ヨークが憲法案を批准しなければ孤立を避けられない。これで反対派も考えを改めるだろうと支持派は確信する。しかし、そうした楽観的な気分はすぐに打ち砕かれた。独立記念日にオールバニーでおこなわれたパレードで一部の群集が暴徒化して憲法の写しが焼かれた。反対派と支持派が衝突して死者まで出た。

オールバニーで血腥い争いが起きた同日、マディソンはマウント・ヴァーノンに向かっていた。もともとリッチモンドからニュー・ヨークに直接向かって連合会議に出席するつもりであったが、ワシントンが休息を兼ねてマウント・ヴァーノンに立ち寄るように勧めたからである。

ワシントンの前に姿を現したマディソンは、疲れ切って幽霊のように青ざめた顔をしていた。それから二人は新政府の構想を話し合う。七月五日のワシントンの日記には、「私は一日中、マディソン氏とともに家にとどまった」と記されている。

ワシントンの間接的な影響力とマディソンの奮闘のおかげでヴァージニア憲法批准会議は成功を収めた。ヴァージニアが憲法を批准していなければ、ワシントンが大統領になることはなかっただろう。つまり、ワシントンが大統領に就任する道を開いたのはマディソンだと言える。

三日間の滞在の後、マディソンはマウント・ヴァーノンを発った。そして、マディソンがニュー・ヨークに到着した頃も、ハミルトンとジェイは支持派を率いてクリントンを中心とする反対派と対峙していた。クリントンは、ニュー・ヨーク邦内で両派の内戦が勃発するのではないかと恐れる。事実、ハミルトンはもし批准が否決されれば、ニュー・ヨーク市はニュー・ヨーク邦から分離独立するとまで断言していた。反対派と支持派の論争の背後には、ニュー・ヨーク邦内の政治対立が見え隠れしている。

会議が開かれた当初、その圧倒的な数の多さから優勢を誇っていた反対派であったが、考えを変える者が徐々に増える。すでに憲法の成立は必至である。今、連邦政府の中枢はニュー・ヨーク市にある。もし新しい政府に参加しなければ、ニュー・ヨーク市は首都の候補地から外されてしまうだろう。そうなればニュー・ヨーク邦全体にとっても痛手である。

七月二六日、三〇票対二七票で批准が認められた。その票差は、諸邦の憲法批准会議の中で最も僅差であった。同時に憲法案を修正するために再び憲法制定会議を開催することを呼びかける回状がジェイの手によって起草された。これは明らかに妥協である。その頃、ニュー・ヨークを訪問していた一人の著述家は次のようにハミルトンの活躍を記している。

この若き雄弁家は、反対派が多数を占めるニュー・ヨーク憲法批准会議で勝利を収めた。ポプキシーで憲法批准会議が開催された時、四分の三の代表たちが新しい制度に反対していた。ハミルトン氏は名高いジェイ氏と協力して、批准を拒否すればニュー・ヨーク邦だけではなく連邦にとって大きな損失になると論じて最も頑迷な代表たちを説得することに成功した。そして、憲法は批准された。

ニュー・ヨーク市では憲法の批准を祝う式典が催された。色とりどりの旗が打ち振られる中、華やかな山車（だし）が次々と街路に繰り出す。そして、実に五、〇〇〇人ものありとあらゆる職業の市民が練り歩く。パン屋は自分の体よりも大きなパンを焼き上げて行列に加わり、ビール職人はビールを詰めた大樽を誇らしげに引っ張り、樽職人は十三枚の樽板で作った樽を麗々しく運ぶ。

その夜、批准を祝う群集はクリントン邸の前まで進んで叫んだ。彼らはクリントンが憲法案に強硬に反対したことを覚えていた。

「知事のために絞首索を」

すると邸宅の窓が開き、若い女が顔を出して皮肉な口調で叫び返す。

「私のお父様にごていねいな挨拶をありがとうございます。お父様はいつも無法者たちの非難の的になっていますが、善良な人びとから認められること以上にすばらしいことはないといつもおっしゃっています」

連合会議の代表の一人としてパレードを見ていたマディソンは、市民が新しい憲法に強い支持を示したのを見て満足した。連合会議は歴史の表舞台から姿を消し、その代わりに新しい連邦制度が始動する。その先行きには何も暗雲がないかのように思えた。ただマディソンはワシントンに次のように懸念を示している。

この［ニュー・ヨーク］邦が何か回状を出すかもしれません。それは最も有害な傾向を持つでしょう。もし始まったばかりの連邦議会がそれをうまく受け流せなければ、新しい制度は多くの直接攻撃を受けてついにはその敵によって傷つけられてしまうでしょう。この新しい危機が終わりを迎えるまでロード・アイランド邦は連邦に参加しないでしょう。新しい制度によって芽生えた恐怖とそうした恐怖から生じる懸念を新政府が解消するまでニュー・ヨーク邦も連邦に加わらないほうがよいのではないかと考える者もいます。

旧制度と新制度のどちらが良いかを判別する場合、一般的に新制度のほうが不利である。なぜなら旧制度はその内実がよく知られているのに対して、新制度はまだ何もわからないからだ。多くの人びとは既知のものに愛着を抱き、未知のものをなかなか信用しようとしない。したがって、新制度を多くの人びとに受け入れてもらうためには、信用されるに値する成功を示さなければならない。政治制度の場合、その成功とは人民の幸福と国家の繁栄である。はたしてアメリカ人は新しい連邦政府のもとで成功を収められるのか。試練はこれからである。先に道が開かれても、次は前に進むためにその上を歩かなくてはならない。

第4章 政権発足

物語の舞台

新憲法が成立してアメリカは、未加入の2邦を除く11州からなる連邦国家として第二の創生を歩み始める。マウント・ヴァーノンに一人の使者がやって来る。その使者は、満票による大統領当選をワシントンに告げた。輿望を一身に担うワシントンは、とまどいつつも大統領として新政府を導く決意を固める。

史上初の大統領就任式がニュー・ヨークでおこなわれる。人びとの祝福の中、新大統領が誕生する。新大統領は、参考にするべき先例もなく、国家を主導する体制を少しずつ整える。

天上の威命

一七八八年六月九日、マウント・ヴァーノンにボルティモアの市民の代表たちがやって来た。彼らは手土産を持っていた。「フェデラリスト号」と名づけたミニチュアの船だ。憲法成立を祝う記念品である。個人秘書のデイヴィッド・ハンフリーズはワシントンから相談を受ける。贈り物を受け取るべきか否か。もし贈り物を受け取れば、早くも大統領気取りでいると批判されるのではないかと恐れたからだ。しかし、市民たちの厚意を無碍(むげ)にすることもできない。結局、ワシントンは贈り物を納める。ハンフリーズによれば、「大統領職を引き受けるか辞退するかという問題について最初に誰かと会話する機会になった。[中略]。それから数ヶ月間、同じ話題が会話に上らない日はほとんどなかった」という。そうした会話の中でハンフリーズは、ワシントンが大統領職を引き受けるつもりがないことを悟る。そこで面(おもて)を冒して諫言(かんげん)する。

「あなたが大統領職を辞退すれば、政府を支持する人びとに大きな衝撃を与えることになり、政府の敵を利することになります。そうなると政府は完全に転覆してしまうかもしれません」

憲法批准をめぐる激しい争いは、大きな政治的亀裂が存在することを如実に示した。そうした亀裂を修復するために全人民の尊崇を集める人物が大統領を務めなければならない。

ハンフリーズの説得を受けたワシントンは進退の決定を保留する。マディソンもマウント・ヴァーノンに顔を見せてワシントンを説得する。すなわち、憲法反対派の信頼を得られる大統領はワシントンのみである。それにもしワシントンが新しい連邦政府に加わらなければ、経国の大業を途中で放棄したと非難されるだろう。

ワシントンが初代大統領になることは誰もが想定していることであった。そもそも憲法制定会議の代表たちは、そうした想定にもとづいて大統領制度の創始を決断した。そして、専制になってしまう恐れがあろうとも強力な中央政府を樹立するという冒険に乗り出そうと人民が敢えて決意したのは、ワシントンがいたからである。

ワシントンが権力の座を欲したのではない。連邦政府の未熟な権力がワシントンという強力な擁護者を欲した。権力を欲することは誰にでもできる。しかし、権力をふるうことを求められる人間はそれほど多くはない。『マサチューセッツ・センティネル紙』には、次のような記事が掲載されている。

合衆国大統領という重要な地位に自ら立候補して、あらゆる自由民の審査を受けなければならない人物が合衆国にいる。彼は私心がないことで知られているので、彼が我々を騙すことはきっとないだろう。以前、彼は自ら権力を手放したので、今後、授けられる権力を濫用することはないだろう。息子がいないので、我々を世襲制という危険に晒さないだろう。非常に親しみやすい性格を持っているので、彼が悪意を持つことはないだろうし、迫害者になることもないだろう。

名前は出ていないが、ワシントンを指していることは誰が読んでも明らかである。人民が何よりもワシントンの人間性に期待を寄せていることがわかる。とはいえ人民の中には、ワシントンが大統領を退いた後にいったい誰が大統領を務めればよいのか一抹の不安を感じている者もいた。確かに今、ワシントンが大統領になればアメリカは専制に陥ることはないだろう。しかし、後継者はどうか。常に人民にとって望ましい人物が大統領に選ばれるとは限らない。ジェファソンは次のようにそうした不安について記している。

我々すべてが大統領と見なしている人物に無制限の信頼を寄せることによってのみ我々の警戒心は眠りに就く。おそらく劣った人物が彼の後を継ぐだろうが、そうなれば我々の危機感は目覚めるだろう。

この時、ジェファソンは自分が後に大統領になろうとは夢にも思っていなかったようだ。そして、大統領として自分自身が国民から不興を買うような政策を実行しなければならない立場に置かれるとはまったく慮外のことであった。それはまた後の話である。

ワシントンは、ジェファソンに向かって「私自身の農園で一人の実直な人として生き、そして、死ぬこと以上の望み」はないと明言している。やはり大統領就任に乗り気ではない。ベンジャミン・リンカンに対してはもっとはっきりと胸中を語っている。

わが国の人びとが私の奉仕を絶対に必要とするという確信と、それを拒絶することによって祖国の繁栄よりも自分自身の評判と個人的な安楽を守ることを優先していると思われる恐れがなければ、私を引退から引き出せるものはこの世には何もありません。もし私がやむを得ず引き受けなければならないと思うことになっても、それは私の個人的な感情と希望を大いに犠牲にするものだと神が認めてくださるように求めます。苦難のために、おそらく世間の批判のために、家庭内の愉楽と静謐を断念することになるでしょう。というのは私は、全面が雲と暗闇に覆われている未開拓の原野に入ろうとしているようなものだからです。

このようにワシントンは言っているものの、この当時、政治家が自ら公職を求めて野心を燃やすことは品位に悖（もと）ると考えられていたという事情を考慮に含めなければならない。野心をひたすら包み隠すだけではなく、周囲の人びとの要請を受けて懇請もだし難く公職に就くという形式が最も望ましいと見なされていた。それにワシントンは、公職にいっさい就かないという前言を翻して大統領に就任すれば批判を受けるのではないかと恐れていた。自分が大統領に必要な能力を持っているかどうかも不安である。

マーサもワシントンの大統領就任に反対であった。夫が独立戦争によって八年間もマウント・ヴァーノンから引き離されたことは、マーサからすれば大きな犠牲であった。もはやこれ以上、犠牲を払う必要はないとマーサは考えていた。重責を他の人物に委ねてもよいのではないか。

しかし、ワシントンの大統領就任を望む人びとの声はあまりにも強かった。もしワシントンが大統領に就任しなければ、憲法の成立という功業を一簣（いっき）にして欠く恐れがあると憲法支持派は考えた。その中の一人であるガヴァニア・モリスはワシントンに手紙を送って説得に努める。

有能な御者は、未熟者を真っ逆さまに地面に投げ出そうとするような手に負えない荒馬を鞭と手綱で支配します。しかし、訓練された馬は女性や子供でも扱えます。もちろん最初に馬に馬銜（はみ）を含ませなければなりません。あらゆる血統と性質を持つ十三頭の馬が今、一緒になろうとしています。彼らはあなたの声を聞こうとし、あなたの制御に従おうとしています。したがって、あなたはその席に着かなければなりません。

モリスの言う「その席」とはもちろん大統領の座のことである。そして、「十三頭の馬」は諸邦のことである。さらにモリスは「あなたは三〇〇万人以上の子供の父となるのです」と述べて、ワシントンに「建国の父」として連邦をまとめていくように求めた。ラファイエットからも大西洋を越えて手紙が届く。

私は、表現しきれないような熱意と関心を抱いて新憲法を読みました。私はそれを尊重するだけではなく、それが大胆かつ広範、そして、確固とした枠組みを連邦に与えていると思います。特に上下両院の選出方法は最もうまく考えられていると思います。私は二つの点だけ不安を抱いています。第一に権利章典がありません。第二に大統領は強大な権限を持ちますが任期の制限がありません。大統領はいつの日か［実質的に世襲制の］オランダ総督のようになってしまうかもしれません。［中略］。アメリカの名のもとで、人類の名のもとで、そして、あなた自身の名声のために、わが親愛なる将軍、最初の数年間は大統領の責務を投げ出さないようにお願いします。あなただけがこの政治機構をうまく機能させることができます。そして、私は、それがあなた方の歴史に尊敬すべき一章を加えることになると予見します。

さらにヘンリー・リーから手紙が届く。

新政府が幸先良く始まるかどうかという強い不安があります。それを成就するために、そして、あなたの保護のもとで国家を永続させるために、再びあなたが先頭に立つように求められるでしょう。いかにその結果があなたの平安と幸福に反していようとも、あなたの行動を変わることなく支配する人間の善性に捧げるべき同じ原理があなたの精神を支配し続けているはずです。

この手紙に対してワシントンは次のように返信している。

私の真摯な願いは、最期の時を迎えるまで家庭生活の安逸を享受し続けることです。［中略］。私は人生の後半期に差し掛かっていて、農業の楽しみを好み、そして、退隠生活を愛しているので、一私人という立場を守りたいと思います。ただ［大統領職を］受諾する気にならないのは、こうした動機があるからでもなく、評判を守れないからでもなく、新しい苦労や困難に立ち向かうことを恐れているからでもありません。私のようにさまざまな弁明を必要とせず、しかも私に劣らず立派にすべての務めを果たせる優れた人材が現れると信じているからです。

このように言っているものの、多くの人びとの説得はワシントンの胸に響く。ワシントンの考えでは、新政府が成功しなければ合衆国憲法は未完に終わるだろう。したがって、アメリカが真の独立を達成するには、新政府を成功に導かなければならない。

迷いを捨てきれないワシントンのもとに製本された『フェデラリスト』が届いた。送り主はハミルトンである。同封の手紙には次のように書かれていた。

言うまでもなく、あなたは新政府に関する祖国からの呼び掛けに応じるつもりでしょう。このような言い方が許されるのであれば、その最初の運営にあなたの力を借りることが絶対に必要です。制度の確立にあたって最初に大きな力を注がなければ、新しい制度の導入はまったく無駄になってしまいます。

ハミルトンへの返信でワシントンはまず『フェデラリスト』について賛辞を述べる。

プブリウスという署名のもとで書かれた政治的文書［『フェデラリスト』］を読んで私は非常に満足したので、それは私の蔵書で最も良い場所を占めると確信しています。最近、［世間を］賑わしている大きな問題［合衆国憲法の是非］について賛成派と反対派が印刷したあらゆる作品を読みましたが、あなた方三人［ハミルトン、マディソン、ジェイ］の作品以上に、偏見のない者の心に確信を生み出すようによく考えられた文書を私は見たことがないとお世辞抜きで断言します。この危機において移ろいやすい状況と下劣な作品は消えてしまうでしょうが、この作品は後世にも注目されるでしょう。なぜなら人類が市民社会に関わる限り、常に興味を抱かざるを得ない自由の原則と政治の論題が率直に論じられているからです。

ワシントンの言葉は『フェデラリスト』を評するのに最もふさわしい言葉だろう。続いてワシントンは本題について触れた。

私の心を占める思いをあなたから隠そうとは思いません。というのは、農場で平穏に生きて死ぬことが私の最大にして唯一の願いであると言っても、私に対するあなたの愛情が揺らぐことはないと確信できるほど、あなたは私のことを十分に理解してくれているはずだからです。それでも異なった一連の行動［大統領就任］を選択しなければならなくなるかもしれません。私の心をよく知ってくれているあなたと他の人びとが許してくれても、世間の人びとや後世の人びとは、おそらく私の言動が首尾一貫しておらず、実は野心を抱いていたと非難するでしょう。正直な人物だという評判を維持するために十分な信念と美徳を私が常に持てるように、そして、私が偽りを言わず敬意を常に忘れない人間であることが証明されるように願っています。

こうしたワシントンの言葉にもかかわらず、ハミルトンの考えは変わらなかった。さらにハミルトンは説得を続ける。

［新しい政府が失敗すれば］おそらく制度そのもののせいだと言われるでしょう。そして、その枠組みを作った者も、せっかく政府を改革したにもかかわらず、それがそうした努力に値するものではなかったという悪評を被らなければなりません。

ハミルトンの考えでは、ワシントンが名声を保つためには議長として憲法制定会議で提案した連邦政府を成功に導くしかない。もしワシントンが大統領に就かなければ、すべてが混乱の淵に投げ込まれることになる。

ハミルトンの説得こそワシントンが最も聞きたかった言葉であった。ワシントンは、退隠を願いながらも自分の大統領就任が新生国家を軌道に乗せるために必要であることを十分に認識していた。しかし、どうすれば自分の評判を守りながら大統領に就任できるかわからなかった。そうした迷いをハミルトンは払拭してくれた。それでもワシントンはハミルトンに逡巡を示す。

私はあなたの見解を重く受け止めますが、十分に考慮せずにあなたの意見を容認するつもりはありません。この問題について考える時に私はできる限り多くの視点から光を当ててきました。私は常に憂鬱を感じています。まもなく私は決断を求められるに違いありません。もし私が大統領に指名されてそれを受け入れざるを得なくなれば、かつて人生で体験したことがないほどの自信のなさと不本意をともなうことになるとあなたは信じてくれるでしょうか。

ここまで読むと、ワシントンは大統領に就任するつもりがないように思える。しかし、すぐ後には次のような言葉が綴られている。

しかしながら、私の力の及ぶ限り公共の福祉を全力で推進するという確固とした決心も持っています。その一方で、早い時期に責務が免除され、再び隠遁して、嵐のような人生の日々の後、家庭内の静謐の中で曇りのない晩年を過ごしたいという希望も持っています。

こうしてワシントンの決意は固まりつつあったが、大統領就任に何も問題がなかったわけではない。ワシントンはこれまで行政府の長になった経験を持たない。しかし、独立戦争を勝利に導いた「救国の英雄」以外に誰が大統領にふさわしいだろうか。そして、ワシントン以外に誰が国民の尊敬と信頼を一身に集められるのか。

一七八八年十月九日の『ペンシルヴェニア・パケット紙』には、ワシントンを大統領に、ジョン・アダムズを副大統領に推す記事が掲載された。大統領選挙を間近に控えたワシントンは、国政を執ることへの思いをラファイエットに吐露している。

私は義務感を持って公務に精励するでしょう。そして、私は以前の名声や現在の評判を危険に晒してでも、信用の欠如に由来する困難からわが国を解放して、恒久的な幸福を共和国にもたらすような政策を遂行できる連邦制度の樹立に絶えず粉骨砕身しようと思います。そうした目標を達成に導く光の矢がまるで私の道程を示すかのようにはっきりと現れています。

ワシントンにとって気休めとなったのは、しばらく在職して政府がうまく機能するのを見届ければ、すぐに辞任できるだろうという目算であった。なぜなら最初の数年間で新政府の機能が整えられ、軌道に乗りさえすれば、自分の役目は終わりだと思っていたからだ。一期四年の満了を迎えるつもりさえなかった。大統領に就任する決意を固めるのに時間がかかったうえに任期をまっとうするつもりもない。現代ならこのような消極的な大統領候補は当選しないだろう。しかし、当時は謙譲が美徳とされた時代である。候補者自ら立候補を表明することもなければ、選挙運動をおこなうこともなかった。建国初期において選挙運動のような行為は、大統領職の品位を汚すと考えられていたからだ。

一七八八年九月十三日、連合会議は大統領選挙の日程を決定した。その決定に従って、翌年二月四日、選挙人による投票が実施された。ハミルトンはワシントンの勝利を確実視していたが、万が一の事態も想定していた。つまり、憲法反対派の選挙人がワシントンの勝利を阻もうとした結果、アダムズが大統領に選ばれるという事態である。そうした事態を避けるためにハミルトンは、一部の選挙人にアダムズに投票しないように秘かに働き掛けた。しかし、ハミルトンの恐れは杞憂に終わる。

十州から選ばれた六九人の選挙人すべてがワシントンを大統領に指名した。すべての選挙人を獲得した候補はワシントン以外に存在しない。あなたはここで疑問に思ったのではないか。「独立十三州」という言葉があるようにアメリカには十三州あったのではないか。確かにそうである。十州になってしまったのは事情がある。ニュー・ヨーク州は選挙人の選出に間に合わず、ノース・カロライナとロード・アイランドは憲法をまだ批准していなかった。他にもメリーランド州の二票とヴァージニア州の二票は、天候による遅延で集計に間に合わなかった。九一人が選挙人として投票するはずであったが、そうした諸事情で実際に集まった票は全部で六九票であった。

選挙人が大統領を選ぶ方式は当時も現代も同じである。ただ選挙人をどのようにして選ぶかは大きく違っていた。現代では選挙人は一般選挙で選ばれる。ただ選挙人は形骸化しているので実質的に大統領は国民の直接選挙で選ばれていると言える。しかし、ワシントンが大統領に選出された時代は各州で選挙人を選ぶ方式はばらばらであった。五州では州議会が選挙人を選出した。三州では一般投票で選挙人が選ばれた。残りの州ではそれぞれ独自の方式が採用された。

ワシントンに続いて六州から三四票を集めて次点になったジョン・アダムズが副大統領になった。当時は、現在と違って選挙人は二人を指名し、投票の結果、首位の者が大統領に、次点の者が副大統領になるという方式を採用していた。

ジョン・アダムズは北部のマサチューセッツの出身なので南部出身のワシントンとバランスが取れる。「独立のアトラス」という異名で呼ばれるほどよく知られた人物だ。しかし、マサチューセッツと言えば他にも有力な政治家がいる。ハンコックとサミュエル・アダムズだ。実はハンコックにも票が入ったが、わず

John Trumbull, “Official Presidential portrait of John Adams” (Circa 1793)

か四票にとどまった。副大統領に推すという申し出を受けて憲法案支持派に協力したのにとんだ誤算である。その一方、サミュエル・アダムズは強固な憲法反対派であったから適任ではなく、たとえ当選しても辞退していただろう。

現職の邦知事であるハンコックを抑えて副大統領に当選したアダムズであったが、ワシントンの半分以下しか得票できなかったことに屈辱を感じる。アダムズは自尊心が強い男だ。副大統領を辞退しようと考えたほどである。そのためハミルトンが自分に投票しないように選挙人に働き掛けていたことを後で知って憤激する。それがアダムズとハミルトンの間で深刻な対立が生まれるきっかけとなった。もちろんハミルトンはアダムズを侮辱しようと画策したわけではない。あくまでワシントンの当選を確実にするための画策であった。

ワシントンにとって心強かったことは、第一回連邦議会選挙で憲法支持派が勝利を収めたことだ。それは人民が新しい連邦国家に期待している証である。こうして初代大統領を務めるという人生最後にして最大の試練がワシントンに訪れた。ワシントンが全会一致で初代大統領に選ばれたことについてある歴史家は次のように述べている。

ワシントンの性格は岩のように堅固であった。彼は新しい国家とその共和的な価値観を打ち立てた。それが我々の初代大統領に全会一致で選出された理由である。

人民の意思という天上の威命は下った。君主は神に正統性を求めるが、共和国の元首は人民に正統性を求める。まだ正式な通知はなかったが、ワシントンは当選を確信していた。そして、大統領の職務を忠実に果たす覚悟を友人のベンジャミン・ハリソンに語っている。憲法反対派のハリソンは強力な中央政府に対して警戒心を抱いていた。誠実に職務を執行すると約束することによってワシントンはハリソンの疑念を払拭しようとしたのだろう。

もし政府を主宰することが私の避けられない運命であれば、いかなる制約も課されないという条件で私は就任するでしょう。就任後、私は最善の判断を尽くして公明正大に公共の善への情熱を持って職責を果たすつもりです。

月桂冠

一七八九年三月四日、その日は記念すべき新議会の開会日である。午前十一時、ニュー・ヨークの街に鐘の音が鳴り響き、連邦議会の歴史的門出を祝う。しかし、肝心の連邦議会ではまだ準備が整っていない。議場となったフェデラル・ホールは閑散としていて議員の姿はまばらである。本来であれば、五九人の下院議員と二二人の上院議員が顔を揃えるはずであったが、蓋を開けてみると十三人の下院議員と八人の上院議員しか集まっていない。

定足数を満たさなければ議会を開会できない。議会が始まらなければ選挙人の投票を開票できない。したがって、大統領の当選を宣告できない。ペイン・ウィンゲート上院議員は、そうした事情を次のようにティモシー・ピカリングに語っている。

非常に残念なことに、我々は両院のどちらとも定足数を満たせていませんが、今日、十分な数の下院議員が揃うのではと期待しています。今、必要なのは残り四人だけです。上院も何とか見通しが明るくなるように私は願っています。ニュー・ヨーク州は上院議員を選出していません。選出された上院議員たちの中にも病気やその他の不幸な状況で出発できない者がいて、定足数が満たされるか否かは、デラウェアから到着するはずのたった一人の者しだいです。彼は四月十日まで到着しそうにありませんでしたが、我々の状況を知らせる手紙を送った結果、今週中には到着するかもしれません。我々が議会を開会するまで大統領と副大統領に投じられた票を開票できません。しかしながら、ワシントン将軍が大統領に全会一致で選出されていること、そして、アダムズ氏が過半数ではないにしろ、次点の三三票で副大統領に選出されていることは明らかです。［中略］。大統領と副大統領が到着するまでかなり時間がかかるかもしれず、そうなれば彼らが到着するまで重要な仕事を完了できません。多くの者たちがこうした遅延を新政府の導入にとって不吉な兆しだと見なすかもしれません。

ウィンゲートが言っているように新政府が「不吉な兆し」で始まるのは望ましいことではない。人民の連邦政府に対する信頼が揺らぐ恐れがある。連邦政府はまともに機能しているのかと疑念を抱かれても仕方がない。

それにしても開会日にほとんどの議員がまだ到着していないのは、あまりに悠長に構えすぎではないか。実は当時ならではの事情がある。現代と違って交通事情が悪かった。雨が降って河川の水嵩が増せば、橋がほとんど架けられていないので足止めを食う。道路もほとんど整備されていない。砂利や牡蠣の殻で路面を覆う場合もあったが、どこでもそうであったわけではない。丸太を並べてその上に土を被せて道を作る場合もよくあった。雪や雨が降り続くと、そうした道路はすぐに通行不可能になった。たとえ乾燥していても至る所に凹凸がある。馬車の車軸が壊れたり、車輪が泥濘にはまったりして動けなくなることがよくあった。フランスの文筆家のジャック・ブリソは次のように見聞を記録している。

我々は朝四時に眠っていた場所からばねが仕込まれていない馬車に乗って出発した。私と一緒にいたフランス人は、振動を感じるや否や馬車と御者、そして、国を呪い始めた。そこで私は、「判断を下すのをちょっと待って下さい。あらゆる慣習には何か理由があるはずです。確かにばねを仕込んだ馬車のほうが快適かもしれませんが」と言った。実際、我々が三〇マイル［約四八㎞］も進まないうちに岩場に差し掛かった時、我々はばねを仕込んだ馬車ならすぐに横転して壊れてしまうだろうと納得した。

このような交通事情では全員が決まった日に顔を揃えるのは無理な話だ。臨時首都のニュー・ヨークまでかかる日数もまちまちである。沿岸部であればどこからでも一週間以内でニュー・ヨークに到着できたが、最も僻遠のジョージア州内陸部ともなれば四週間もかかった。

交通網の未整備は、アメリカが国家として未熟であったことを示している。駅馬車が運用されていたのは主要な都市間に限られ、全国でくまなく運用されていたわけではない。しかし、主に近距離で運用される乗合馬車はアメリカ人に広く重宝されたようだ。先ほど登場したブリソの筆をまた借りよう。

乗合馬車を見れば、あらゆる職業の人びとを見られるだろう。彼らは次々と入れ替わる。二〇マイル［約三二㎞］しか進まない者はさらに進む者に場所を譲る。母と娘が十マイル［約十六㎞］先で夕食を楽しむために乗合馬車に乗っている。別の馬車に乗って彼女たちは帰れる。あらゆる場合に新しい知り合いができるだろう。こうした馬車は頻繁に通りかかるので、簡単に見つけられ、安く固定した値段でアメリカ人は移動できる。乗合馬車には平等の思想を維持するという別の利点がある。連邦議員も自分を選んだ靴職人とともに座っている。

いずれにせよ連邦議員が集まらず議会が開会されなければ、大統領の当選を正式に認められない。この中途半端な状態をワシントンは以下のようにノックスに語っている。

まだ仕事場の定足数を満たしていない新議会の議員たちに私は同情します。というのは私自身、遅延が死刑の一時停止にたとえられるものだからです。世間にほとんど信じてもらえないかもしれませんが、政府の首長に私が着任することは、犯罪者が処刑場に赴く時に抱く感情とまったく同様の感情をともなうことを自信を持ってあなたに請合います。人生の終盤を公務に費やす場合、舵輪を操作するのに必要な政治的な技術、能力、意欲なしで、平和な住処から困難な大洋へ乗り出すことはあまり嬉しくないことです。わが国民の声と私自身の名誉のためにこの旅に乗り出したことを私は承知していますが、どのような見返りがあるかは神のみぞ知ることです。旅が長かろうと短かろうと私が約束できるのは、清廉潔白と固い意志だけです。すべての者から見捨てられようとも私は決して諦めないでしょう。

大統領選出の正式通知を待つ間、ワシントンはフレデリックバーグの母のもとを訪れた。大統領に就任すれば、ゆっくり訪問する時間を取れなくなるだろう。メアリは癌を患ったせいですっかり痩せ衰えて往年の気迫は見られなかった。息子は母の手を優しく取って言った。

Jean L. G. Ferris, “Washington’s Farewell to His Mother, 1789” (Circa 1923)

「母上、全会一致で私がこの合衆国の首長に選ばれたことを人びとは喜んでいます。私が職務に就く前に母上に心からのお別れを言いに来ました。新政府の始動にともなう公務の重責を片付けられれば、すぐにでもヴァージニアに帰れますが」

ここで母は息子の言葉を遮った。

「それならおまえはもう私とは二度と会えまいね。私は高齢だし、急速に生命を奪いつつある病気のことを考えると、もう長くはあるまいよ。神様がよろしくお取り計らいになって下さると信じているよ。さあ行きなさい、ジョージ。神がおまえに与えて下さった使命を果たしなさい。行きなさい、息子よ。神と母の祝福がおまえとともに常にあらんことを」

息子は母を抱き締めた。母の腕は弱々しく息子の首に巡らされていた。ワシントンの頰に涙が光る。親子の間にはさまざまな確執があったが、死を目前にしてさすがのメアリも角が取れたのだろうか。これが二人の最後の会話になった。

定足数が満たされたのは、予定より一ヶ月以上遅れた四月六日である。ようやく議会が開会される。下院は議場を一般に開放するように議決する。そのおかげで人びとは傍聴席から新政府が始動する様子を観察できた。傍聴席の騒音が議事をしばしば妨げたが、それはやむを得ないことだ。議場の外の市民も新聞で議会の動向を知ることができた。その一方で上院の議場は一般に開放されていなかった。それは上院と下院の違いを端的に示している。すなわち、下院が人民の意思を敏感に受け止める機関である一方、上院は下院の発議を良識でもって冷静に見直す機関である。

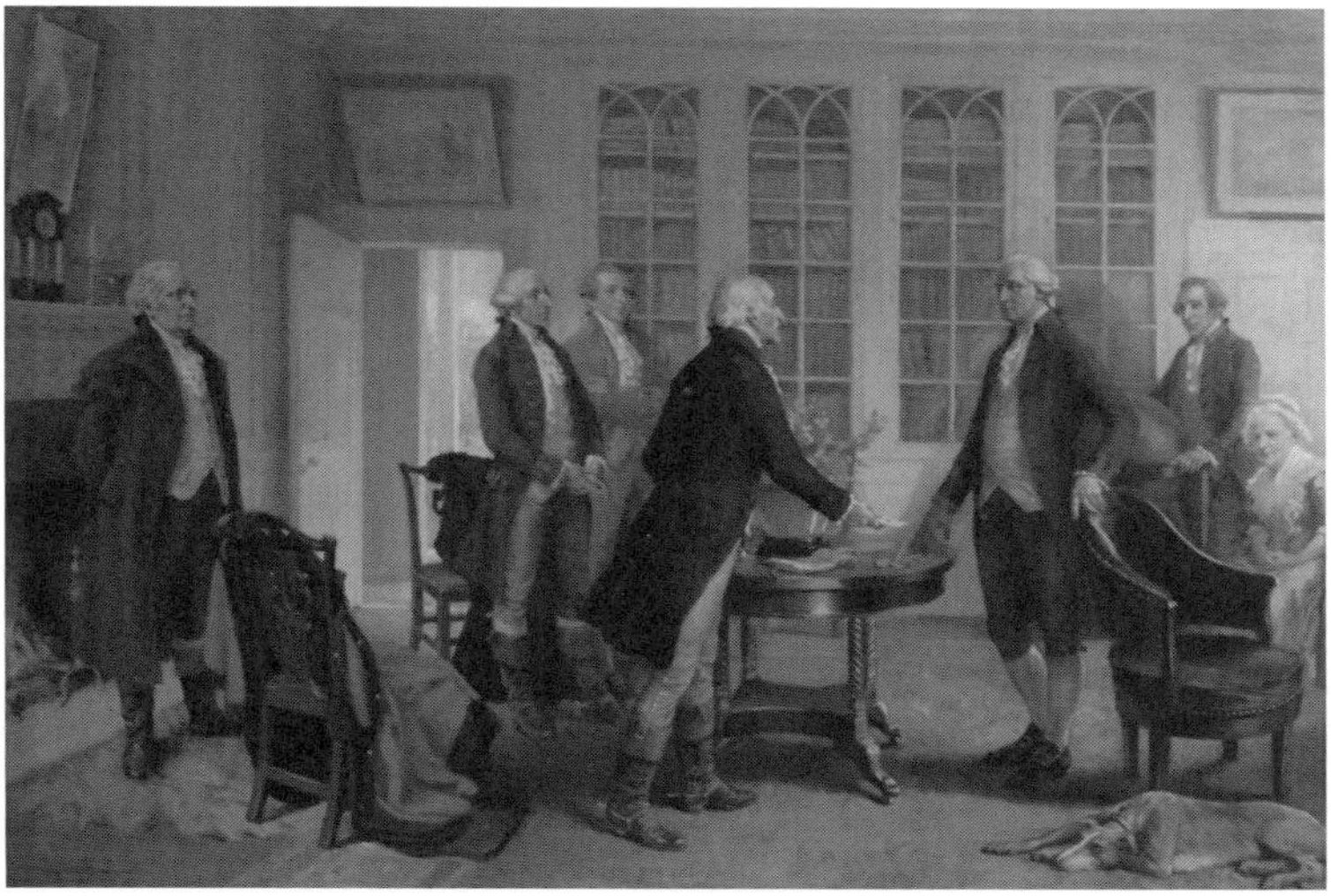

John W. Dunsmore, "Washington Receiving Notice of His Election as President, 1789" (1911)

議会がまず取り掛かった重要な仕事は、大統領選挙の結果の確認である。ワシントンの大統領就任が正式に認められたのは言うまでもない。連邦議会書記官のチャールズ・トムソンが告知を持ってニュー・ヨークを旅立つ。そして、一週間の旅程を経て四月十四日正午、マウント・ヴァーノンに到着した。トムソンが姿を現した時、何を告げられるかワシントンはすでにわかっていたが、それを顔に出すようなことはしなかった。大食堂に導かれたトムソンは懐から手紙を取り出すと、おごそかな声で言上する。

「上院議長が特別な機会を選び、上院議員と下院議員の列席の中、選挙人票を開票して、閣下がアメリカ合衆国大統領に選出されたことを伝える命令を私は名誉にも上院から受けました。この任務が私に与えられたのは、私が長らく連合会議で信任を得ていたこと、そして、政府の主要な民生部門の一つで責務を担っていたことによります。今、私は、あなたが愛国心にもとづいて、祖国の幸福を推進し、祖国の自由を守るために家庭内の平安と個人的な逸楽を犠牲にして、この偉大で重要な職務、すなわち選挙人の全会一致の投票だけではなくアメリカ全体の声で求められる職務をきっと果たすに違いないと両院が確信していることを伝えます。公務のために招集された上下両院が座するニュー・ヨークにあなたとともに向かう命令を私は受けました。この責務を果たすうえで私は義務感とともに個人的な喜びを感じています。そして、あなたの準備が整うまで待って、あなたの便宜を図るように努めます」

鄭重で練り上げられた文言は、ワシントンが大統領職を辞退することを恐れているかのようであった。そして、ワシントンを大統領に選んだのは人民の意思であることを強調するべく慎重に選ばれた言葉のようであった。ワシントンはあらかじめ準備していた草稿を読み上げて返答する。

「私はわが同胞市民の意見に長らく敬意を抱いてきたので、全会一致で私が選ばれたことを知れば、他の選択肢は私に残されていません。私の個人的感情がどうであれ、指名を引き受けるほかに同胞市民の好意に私が栄誉を感じていることを示す方法はありません。わが国の信任がこうして新たに示されたことを深く感謝しているので、沈黙こそ私の感謝を最もうまく示せると考えています。そして、私に託された責務の骨の折れる性質を理解し、その責務を果たすのに能力が不足していると感じていますが、選出を残念に思う理由は何もありません。私が約束できるのは、偽りのない熱意で責務を完遂することだけです。上下両院の紳士たちがどれほど長い間、ニュー・ヨークで待っているのか、彼らがどれほど仕事を進めたいと思っているのか、そして、人心がどれほど深くそうした仕事がただちに進められる必要性を感じているのかを考えると、私は旅を遅らせることはできません。したがって、私は明後日に出発できるように準備して、喜んであなたとご一緒するでしょう。というのは、あなたから通知を受け取れて心から嬉しく感じるからです」

この簡潔な答辞を読むと、ワシントンが自分の能力に不安を感じていることが率直に示されている。フランクリン・ローズヴェルト大統領は、ワシントンが就任要請を受諾した一五〇周年の記念日（一九三九年四月十四日）にマウント・ヴァーノンで次のように演説している。ワシントンの心境をみごとに表現している。大統領の心境は同じく大統領が最もよく理解できるということだろうか。

ちょうど一五〇年前の往時を偲ぶために今日、我々はジョージ・ワシントンの邸宅にやって来ました。その日、マウント・ヴァーノンの主は最初の合衆国議会から通知を受け取りました。彼は、初代合衆国大統領に選出されたという議会による公式通知をマウント・ヴァーノンで聞きました。［中略］。今日、ここにいる我々は、この柱廊玄関から当時の情景をたやすく思い描けます。萌え出づる芝生、芽吹く木々、ハナミズキ、そして、滔々たるポトマック川が丘の麓を流れています。また我々はワシントン将軍の心の中を流れる考えを思い描けます。［中略］。連邦の恒久的な枠組みが一七八八年夏に確定され、選挙が決定され、第一回連邦議会が招集された時、ワシントン将軍は疑問の余地なく大統領の責務が自分に委ねられることを確信していたと私は思います。それは再び彼がマウント・ヴァーノンを去らなければならないことを意味していました。しかもいつ戻れるかわからずに、新しくこれまで前例のない共和国で文民としてリーダーシップを発揮するという重荷を遥か北で背負うことになるのです。諸邦間の反目や擾乱を終わらせること、そして、議会の助けを得て世界の諸国の中で通用する連邦政府を創造することが自分の責務だと彼は知っていました。［中略］。大統領の称号を帯びる三一人目として私が初代大統領に就任しようとする者の心の中を忖度しても大目に見ていただけるでしょうか。［中略］。もし召命が普通のものであれば、ワシントンは公務を拒んだはずだと私は信じています。しかし、大統領就任の要請は、本当の危機と深刻な非常事態に国家が陥っている時にもたらされました。未熟な国家に降り掛かる危険、すなわち、ワシントンの貢献によって勝ち取った独立が敵対する外国によって再び脅かされる危険がありました。もし合衆国憲法のもとで成立した新政府がすぐに失敗してしまえば、共和国の永続性が危機に瀕することは明らかであり、諸邦が脱退して小さく弱い国々になってしまって海外からの攻撃と征服にさらされていたでしょう。みなさん、だからこそ彼は愛する生活から離れて大統領の責務を引き受けることにしました。ワシントン夫妻にとって一七八九年四月十四日はまったく幸せな日ではなかったでしょう。それどころか苦痛の感情と多くの悲嘆をもたらした日でした。しかし、決断は下されました。我々は彼らの後継者としてその決断に感謝し、それを誇りに思っています。そして、もしワシントン夫妻が、数千万人のアメリカ人が一五〇〇年後に彼らがマウント・ヴァーノンでその日、どのように感じたか思いを馳せるだけではなく感謝していることを知ることができれば、きっと幸せに感じただろうと私は思います。

就任式に出発する前にワシントンが最優先でしなければならなかったことは、負債の清算と諸費用の工面のために借金をすることであった。例えば借金を申し込んできた友人に対してワシントンは「二〇〇ポンド[二四〇万円相当]のお金を貸すどころか、数ヶ月間、同じ額を私自身が借りたいくらいです」と返信している。

なぜお金がないのか。まず当時の農園主が「土地貧乏」、すなわち広大な土地を持っていても、すぐに動かせる当座の現金が手元にほとんどなかったのが一因である。さらにワシントンは次から次へと土地を買い増していた。そうなるといくらお金があっても足りなかっただろう。それに農園経営も旱魃や病虫害によって大きな損失を被っていた。ある年はトウモロコシが不作であったために、ワシントンは奴隷の食用として八〇〇樽のトウモロコシを余分に購入しなければならなかった。科学的な農法で先進的な農園主になるという夢は、天候の継続的な不順によって阻まれた。

他にもマウント・ヴァーノンの改修費用や訪問客の接待費用など出費は嵩む一方である。また広大な土地を所有するワシントンにとって税金の支払いは悩みの種であった。手元に十分な現金がないのでタバコ証書や略式借用書まで税金の支払いに用いられた。タバコ証書は以前に一度紹介したが、簡単に言えばタバコを仲立ちにした一種の兌換紙幣だ。しかし、税金の支払いを正貨でしか受け付けない自治体もある。ワシントンの考えでは、今、自分が経済的苦境に陥っているのは、祖国のために独立戦争に身を投じた結果、円滑な農園経営ができなくなったせいだ。これまで多大な自己犠牲を払ってきたのに、なぜ自分の経済的苦境を斟酌(しんしゃく)してくれないのかワシントンは大いに不満である。いつの時代であれ喜んで税金を払う人間などほとんどいない。ワシントンも例外ではない。

ワシントンは、不安を感じながらも新しい連邦国家の成立に期待を寄せていた。社会が安定すれば不動産価格は上昇するだろう。それに手元にある大陸紙幣の価値も上がるかもしれない。そうした希望が実現するのは、ハミルトンが財務長官に就任して国家財政を立て直すまで待たなければならなかった。どれほど台所事情が苦しかったのか。ワシントンは借金を依頼する手紙で以下のように近況を語っている。

ここ最近二年間で私はこれほどひどい現金不足を経験したことがありません。作物の不作と私の手のまったく及ばないその他の原因で私は今、非常に現金不足を感じています。長々しく飽き飽きするような訴訟を経なければ現金を回収できませんし、不当な安値で土地を売ってまで現金を得たくはありません。こうした状況下で、私は今までそうしようとはまったく考えなかったこと、すなわち、借金をするつもりです。五百ポンド［六〇〇万円相当］あれば、私はアレクサンドリアなどで負っている債務を履行でき、郷里を離れられます。もしお金を借りられなければ、私にとって非常に不愉快なことになるでしょう。したがって、率直に申し上げますと、上記で示した金額をあなたのお力で用立てていただけないでしょうか。

ワシントンは首尾よく六パーセントの利子で必要な現金を借入できたが、そのわずか二日後に、今度はニュー・ヨークまで行く諸経費のためにさらに一〇〇ポンド（一二〇万円相当）を借入しなければならなかった。富裕な郷紳というイメージを大事にするワシントンにとって、大統領就任という晴れがましい日の前に借財を申込まなければならなかったことは何と屈辱であっただろう。

他にもマウント・ヴァーノンを離れるにあたってしなければならないことがある。農園経営の委託である。マウント・ヴァーノンは独立戦争中の荒廃からようやく立ち直ろうとしている。管理の手が行き届かなければ、元の木阿弥になってしまうのではないか。

幸いにも憲法制定会議に出席した時と同じように、甥のジョージ・オーガスティン・ワシントンが管理人を引き受けてくれた。それでも心配だったのか、ワシントンは報告を毎週送るように命じている。農園の管理に関する事項が細々と記載された報告に対して、ワシントンからさらに詳細な指示が与えられるのが常であった。

四月十六日、ワシントンは旅立ちの日の日記に次のように心情を綴っている。事実のみを記載することを好むワシントンが心情を書き込むことは非常に珍しい。よほど胸に迫る思いがあったのだろう。

十時頃、マウント・ヴァーノンに、私生活に、そして、家庭内の幸福に別れを告げた。言葉では表せないような不安と苦痛に満ちた気持ちで心が押し潰されそうになりながらトムソン氏とハンフリーズ大佐とともに、期待に添えるかどうかわからないながら召命に応じてわが国に心を尽くして奉仕しようという思いを抱いてニュー・ヨークに向けて出発した。

夫の見送りに立ったマーサは不安を捨てきれずにいた。かつて夫は第二回大陸会議に出席するためにマウント・ヴァーノンを発ったが、そのままずっと帰らなかった。今回もそうなるのか。苦労が絶えない公職を務めるには夫はもう年を取り過ぎている。しかし、もはや大統領就任は避けられないことであり、できることは夫の決断に従うことしかない。

John W. Dunsmore, “Washington Leaving Mt. Vernon for his Inauguration, April 16, 1789” (1916)

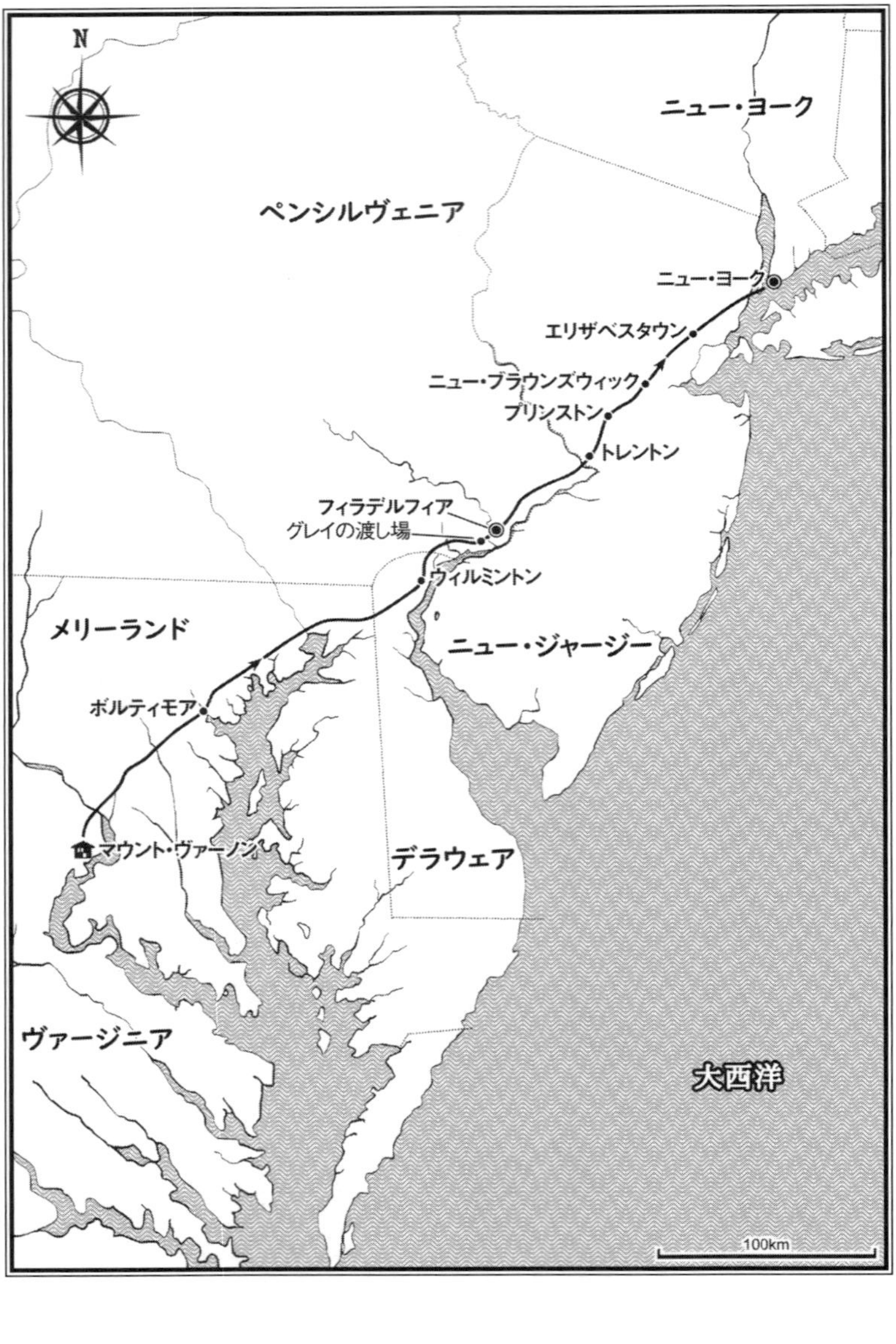
N
ニュー・ヨーク
ペンシルヴェニア
ニュー・ヨーク
エリザベスタウン
ニュー・ブラウンズウィック
プリンストン
トレントン
フィラデルフィア
グレイの渡し場
ウィルミントン
メリーランド
ニュー・ジャージー
ボルティモア
マウント・ヴァーノン
デラウェア
ヴァージニア
大西洋
100km

できるだけ旅程を早めようとワシントンは毎日、未明に出発した。しかし、熱狂に浮かされた人びとによってワシントンはマウント・ヴァーノンを離れるのさえままならないほどであった。アレクサンドリアからマウント・ヴァーノンに押し寄せた人びとが町までワシントンに同行する。アレクサンドリアでは饗宴が準備され、多くの隣人や友人がワシントンを待っていた。市民たちは大統領就任を祝って十三回の祝杯をあげた。司会を務めた市長が代表して演説する。

「我々市民の中で第一の者であり最善の者が我々のもとを去らなければなりません。我々の老人は誇りとするべき者を失い、若人は彼らの亀鑑を失い、我々の農業は改良者を失い、我々の商業はその友人を失い、我々の未熟な学校は擁護者を失い、我々の貧者は保護者を失います。さようなら。さあ行って下さい。人民を幸せにするために。人民の利益のために捧げられたこの新しい犠牲を人民が理解すればきっと感謝するでしょう」

割れんばかりの拍手の中で市長の演説は終わる。拍手が鳴り止むとワシントンが進み出て一言挨拶する。

「家族に別れを惜しんだばかりなのに、またあなた方がこのような友情を示してくれたことは、私の感傷を掻き立てるだけではなく、私生活の楽しみから離れなければならないことを残念に思う私の気持ちを強めます。私ができることは、先の機会［独立戦争］の長く苦難に満ちた別離の後、慈悲深い神の思し召しによって幸運にも我々が再会できたことをまた期待することです。おそらく優渥なる神は、私を再び喜ばせてくれるでしょう。しかし、言葉だけでは私の感情を十分に表せません。言葉にならない感情は沈黙をより雄弁にしますが、私は心を苦痛に満たしながら愛着ある友人と親切な隣人に別れを告げます」

できる限り儀式を避けたいと考えていたワシントンであったが、すぐに諦めなければならなかった。ニュー・ヨークまでの道中、沿道の市民から引き続き熱狂的な祝賀が寄せられる。新大統領の姿を一目見よ

う と群衆が行く先々の通りを埋める。ワシントンの到着を知らせるために祝砲が放たれ、教会の鐘が打ち鳴らされ、民兵隊が整列して出迎える。

このような歴史的瞬間を見逃そうとする者は誰もいない。杖を突いた老爺はもうほとんど見えなくなってしまった目を涙で曇らせ、女は赤児を抱き上げて大統領の姿を見せようとする。わが子が年老いた時、その目で建国の父を見たのだと子孫に自慢できるように。

四月十七日、ワシントン一行がメリーランド州ボルティモアに近づくと、郊外で多くの市民が待っていた。ボルティモアは近年、急速に発達した港街である。独立戦争が始まった頃と比べると、人口は約二倍の一万三、五〇〇人に達していた。アメリカ第五の都市である。忙しく船が行き交う波止場に造船場、縄製造場、倉庫が建ち並び、煉瓦の焼成窯から煙が立ち昇っている。舗装された街路には照明が備えられている。深更にもかかわらず市民の喝采が衰えることはなかった。『ペンシルヴェニア・パケット紙』は次のように伝えている。

今月十七日金曜日の午後、合衆国大統領は連邦議会に向かう途中で、チャールズ・トムソン氏とハンフリーズ大佐とともにこの場所に到着した。この偉大な人物は、街から数マイル先で馬に乗った尊敬すべき市民たちの一団の出迎えを受けて、礼砲が鳴り響く中、大群衆の間を通ってグラント氏の宿屋［フォンテイン亭］に案内された。［中略］。六時、［歓迎］委員会は［大統領の到着の］遅れのために式次第を変更して演説で彼を迎えた。彼はその演説に返答した。非常に多くの市民たちが彼に挨拶して優雅な返礼を受けた。公式晩餐会を開催するには時刻が遅過ぎたので、彼は簡単な夕食の招待を受け入れた。そして、十時少し後に就寝した。

翌朝五時半、ワシントンを乗せた馬車は次の目的地に向けて出発する。早朝にもかかわらず、ほとんどの街の人びとがすでに起床していた。殷々と祝砲が轟く中、多くの市民たちが馬に乗って街を離れるワシントン一行の後に続く。そのまま七マイル（約十一㎞）先まで行く。そこで馬車から下りたワシントンは、市民たちが示してくれた温情に感謝を示すと、もう引き返すように求めた。

ボルティモアからさらに北に進んでメリーランド州とペンシルヴェニア州の境まで来た時のことである。朝日が輝く中、華麗な軍装に身を包んだ騎馬隊と市民の一団が姿を現す。先頭にはトマス・ミフリンが立っている。軍権奉還の時、ミフリンが連合会議議長という立場でワシントンが大陸軍総司令官という立場であったが、今回はミフリンがペンシルヴェニア州知事という役職でワシントンが大統領という役職である。前日にフィラデルフィアを発った歓迎団は、大統領一行の到着を一晩中待っていた。ミフリンは、フィラデルフィアの手前にあるチェスターまで大統領を案内して一緒に朝食を楽しむ。

ワシントンは、歓迎の儀式を避けられそうにないと覚悟を決める。フィラデルフィア入市前、ワシントンは馬車から白馬の上に身を移す。その両側をトムソンとハンフリーズが固める。騎馬隊に囲まれて威風堂々と進む一行の目の前に滔々と流れるスクールキル川が見えて来る。

グレイの渡し場に架けられた橋には、月桂樹と深緑で飾られた凱旋門が築かれていた。凱旋門は古代ローマ人が築いたものを模している。月桂樹は、装飾を設計したチャールズ・ピールが前夜に近くの森から掻き集めたものだ。橋の四方を見ると、四本の旗が翻っている。それぞれ「日が昇る帝国」、「新時代」、「我を踏みつけるなかれ」、「商業の繁栄を祈念」と書かれている。他にも旗がある。星条旗だ。ただよく見ると星の数は十一個しかない。ロード・アイランドとノース・カロライナがまだ憲法を批准していなかったからだ。

ワシントンが橋の中途まで来た時、一人の愛らしい少女が馬前に現れた。ピールの娘のアンジェリカだ。ワシントンは馬を止めてアンジェリカに一礼した。するとどのような仕掛けだろうか、美しく装った一人の少年が天使のようにするすると下りてきて、ワシントンの頭に月桂冠をそっと載せた。その瞬間、「ジョージ・ワシントン万歳」という歓呼が湧き起こる。ワシントンの顔に狼狽の色が浮かぶ。月桂冠がまるで王冠のように重く感じられたからだ。そして、月桂冠を戴きながら凶刃に倒れたカエサルのことを思った。カエサルと同じ運命をたどることをワシントンは恐れていた。それが杞憂に終わるか否かは誰にもわからない。

歓迎の式典はそれだけではない。フィラデルフィアの街に入ったワシントンを二万人の群衆が迎える。大群衆と言ってよい。当時のアメリカには、人口五万人を越える都市が一つもなかったからだ。『ペンシルヴェニア・パケット紙』によれば、「彼が通り過ぎる扉、窓、通りを埋め尽くす観衆の数は我々が覚えている限りでは、他のどのような機会よりも多かった」という。老いも若きも口々に「ジョージ・ワシントン万歳、人民の父万歳」と叫び、幼児さえも微笑みを投げ掛けている。母親は、最初に覚えるべき言葉として「ワシントン」の名前を揺り籠の嬰児に教えるようになった。ワシントンが市民の歓迎に応える様子を『フェデラル・ガゼット紙』は、「閣下はパレードの先頭を馬に乗って進み、通り過ぎる窓や扉を埋め尽くす観衆に礼儀正しく挨拶した」と伝えている。午後三時、シティ亭に設けられた祝宴の席で市長から賛辞を受けたワシントンは手短に返礼する。

「私が神の介入を考える時、神が革命を通じて我々を導いてきたこと、連邦政府を受け入れられるように我々を備えさせたこと、そして、その採択の後、新政府に対するアメリカ人民の善意を得られるようにしたことは明らかであり、私は神の惜しみのない気前の良さに圧倒されます。そうした驚異的なすべての出来事は、わが国が善であるという固い信念を私が抱き続けたことを除けば、決して私自身の功業ではありません」

この日の祝賀行事の目玉は夜空をいろどる花火であった。この頃のアメリカの花火は、空高く打ち上げる方式ではなく、筒状の容器から火山の噴火のように火柱が立つ方式である。祝祭は花火が終わった後も延々と真夜中まで続く。その日のワシントンの宿所はロバート・モリス邸であった。

翌朝十時、軽騎兵隊がワシントンを次の町まで送り届けようと準備を整えていた。しかし、ワシントンは軽騎兵隊に解散するように求めた。その日は朝から雨が降っていたからだ。馬車に乗るワシントンは濡れないが、軽騎兵は雨に打たれながら進まなければならない。それは見るに耐えられないことだ。話を聞いた『ガゼット・オブ・ザ・ユナイテッド紙』は次のように記している。

唯一の正当な源泉である人民に由来する権力と征服や世襲制に由来する権力がいかに違うことか。ヨーロッパ諸国の首長はその資格を神から得たと主張して、臣民を動物の劣等種のように扱う。我々の愛すべき首長［ワシントン］は、支配者であることを示す虚飾を見せようとする代わりに、彼が人民の父であり、友人であり、召使いであることをあらゆる機会において喜んで示した。

デラウェア川のほとりにワシントンを乗せた馬車が到着した時、空は晴れわたっていた。降り注ぐ日差しを浴びて川面が燦々と煌めいている。闇夜の嵐の中、流氷が浮かぶデラウェア川を渡ってもう十二年になる。今、目に映るのは、新大統領を一目見ようと川辺に蝟集する群衆の平和な姿である。暗雲は徐々に姿を消して、柔らかい春の陽光が雨粒を滴らせる緑の木々を照らし始めた。

対岸にワシントンの姿を認めた群衆は万歳三唱する。歓声は朗々と響きわたり、川面を渡る風に運ばれて乗って扈従する。

行く。軽騎兵と軽歩兵が姿を現してワシントン一行を先導する。そして、その後に近隣の紳士たちが馬に

トレントンの町の南を流れるアサンピンク川に架かる橋は、かつて大陸軍がイギリス軍と対峙した場であった。血で赤く染まった橋は、今ではその面影はまったくない。橋を奪取しようと吶喊してくるヘッセン傭兵の姿もない。勝者の鬨の声も死に行く者の呻き声も聞こえない。今、聞こえるのは歓喜に満ち溢れた数千人の人びとの声であり、今、見えるのは春風に誘われて舞い落ちる花弁である。それは、咲き誇る花輪が飾られた凱旋門からこぼれ落ちた花弁である。

凱旋門は十三本の柱によって支えられ、幅と高さはともに二〇フィート(約六・一m)、長さは十二フィート(約三・七m)に達する。そして、門の上には「母親たちの守り手は娘たちをも守るであろう」と輝く大きな文字で刻まれている。さらにその上には「一七七六年十二月二六日」という日付が書かれている。それは記念すべきトレントンの戦いの日であった。そして、頂点には大きな向日葵の意匠があしらわれている。向日葵の花言葉は「あなただけを見つめる」である。それはアメリカ人の思いがワシントンのもとで一つになっていることを象徴的に示している。白いドレスに花輪と花冠で装った少女たちが英雄を称えるソナタでワシントンを迎える。

「ようこそ、すばらしい将軍よ、再びここへ。ようこそ、この麗しい岸辺に。今や、敵である傭兵はここにあらず。汝に痛撃を与えようともせず。美しい乙女と謹厳な婦人。それが汝の勝ち誇る強者が救ったもの。汝のために築くのは凱旋門。英雄が歩む道に花を撒き散らさん」

少女たちはソナタの最後の歌詞を口ずさみながら、愛らしい手で花弁を花籠から掬っては撒き散らす。ワ

N. C. Wyeth, "General Washington's Entrance into Trenton" (1930)

シントンの足元は雪のような花弁で埋まり、爪先も見えないほどである。ワシントンは、歌い手たちの前に立ち止まり一礼する。

過去の戦場はもはや夢のようであった。平和がもたらす美しい情景に心動かされたワシントンの目には涙が光っている。この情景を忘れることはきっとないだろう。しかし、同時にワシントンの心の中には、人民から寄せられる期待がいつ失望に変わるかという恐れが芽生える。彼らは、あたかも約束の地に導いてくれる預言者であるかのようにワシントンを愛と希望に満ちた目で見上げている。そうした人びとの様子を見ていると、ワシントンの胸は憂愁の念に塞がれる。自分は本当に彼らの期待に応えられるのだろうか。

これ以上の歓迎を望まなかったワシントンは、ニュー・ヨークに入る前にジョージ・クリントン州知事にその旨を書き送った。しかし、熱狂する市民の思いを無視することは無理な相談である。

四月二三日午後、エリザベスタウンに到着したワシントンを三人の上院議員、五人の下院議員、そして、三人の州高官からなる一団が出迎える。ここからニュー・ヨーク市内に入るためには、キル・バン・クル川とハドソン川を経なければならない。

この日のために特別に建造された艀が水面に揺れている。その費用は二〇〇ドル（五四万円相当）から三〇〇ドル（八一万円相当）にのぼったという。艀の後部には、特別席が設けられ、緋色の天蓋が心地良い陰を作っている。そして、白い衣装を身に付けた十三人の漕手が今や遅しと主の乗船を待つ。

ワシントンは、ニューアーク湾に漕ぎ出した艀の上から対岸を埋め尽くす鈴なりの群衆を見る。川面は新政府の始まりを祝うかのようになめらかであった。大統領を乗せた艀の後にさまざまな旗を掲げた艀が続く。ハドソン川に浮かぶベッドロー島（現リバティ島）の近くまで一団がやって来た時、右舷に帆船が姿を現す。

Henry Brueckner, "First in Peace. Representing the Arrival of General George Washington at the Battery, New York, April 30, 1789" (Cirica 1866)

二〇人あまりの男女が甲板の上に立って、今回のために特別に用意した歌を披露する。彼らが歌い終わると、艀に乗った人びとは手に手に帽子を振って挨拶し、自然と万歳三唱が沸き起こる。それから演奏家や歌い手を載せた船が次から次へと現れ、波に合わせるかのように調べを奏でる。さらに珍客も姿を見せる。ネズミイルカの群れが音楽に合わせるかのように愉快に跳ね回る。まるで人びとに幸福を振り撒くかのように。

対岸に艀が到着する直前、港の艦船と陸上の大砲から十三発の礼砲が一斉に放たれ、耳を劈（つんざ）くような歓呼がそれに応える。一万人近くの市民が集まっているようであった。その様子を見ていたイライアス・ブードノーは「収穫前のトウモロコシの穂のように人の頭が密集して立っていた」と記している。こうした歓迎は、ワシントンに喜びだけではなくさらなる苦痛をもたらす。はたして自分が大統領職を去る時に、この観衆の中の何人が今と同じように敬意を示してくれるだろうか。古代ローマの将軍が首都で凱旋式を挙行する時に、常に召使いがかたわらに侍って「忘れるな、汝は人間に過ぎないことを」と囁いたというが、ワシントンにはその必要はなかっただろう。

対岸のマレーの波止場には緋毛氈（ひもうせん）が敷かれ、ジョージ・クリントンを筆頭とする街の名士たちが待っていた。さてこうして新大統領を迎えたニュー・ヨークの街はどのような様子だったのか。再びブリソの筆を借りてみよう。

> 自由が人民と産業に与えた驚異的な効果に疑いを持つ者たちにアメリカを訪問させるべきである。そうすれば彼らは数々の奇跡を目にするだろう。ヨーロッパのあらゆる場所で村々や街々が発展するどころか荒廃している一方、ここではあらゆる地区で新しい建物が建設されている。戦争中、ニュー・ヨークは火事で多くの部分を失った。その大火の痕跡はもうほとんど残っていない。あらゆる場所でくり広げられる活動は、

Frederick C. Yohn, “George Washington landing at the foot of Wall Street” (Before 1933)

まるで後の時代を見越しているかのようだ。彼らはあらゆる地区を拡大して街路を整備している。オランダ風の尖り屋根の建物がイギリス風の壮麗な建物に置き換えられつつある。

新政府の揺り籠となったニュー・ヨークは活気に満ち溢れた街であった。おそらくワシントンの目にも同じような情景が広がっていたに違いない。街に足を踏み入れた大統領の前に護衛の任務を負った一人の士官が進み出て命令を仰ぐ。ワシントンから士官に指示が与えられる。

「今回の取り計らいに関して、私は決められた通りに進めようと思いますが、これが終わった後、私はあなたに迷惑をかけないつもりです。わが同胞市民の愛情こそ私が欲する護衛だからです」

パレードが開始される。パレードは、騎馬隊を先頭に砲兵隊、士官たち、第一連隊の擲弾兵からなる大統領警護団、大統領、ニュー・ヨーク州知事とその随従者、ニュー・ヨーク市長、聖職者、そして、市民が続く。街中の建物の窓という窓には、ハンカチを振ったり花を投げたりする人びとの姿がある。至る所に旗が掲げられ、花輪が飾られ、新大統領の頭文字が刻まれている。ワシントンは群衆に向かって帽子を振って挨拶する。もしその場にあなたがいれば、「今となっては死んでも悔いはない。何しろこの幸先の良い時代にあって祖国の救世主を拝むこと以上に幸福を実現できることは何もないのだから」と呟く老人の姿を見ることができただろう。

パレードの後、ニュー・ヨーク州知事主催の晩餐会が開催される。街中の建物の窓から蠟燭の光が漏れている。それは、市民一人ひとりの胸に宿る希望を示すかのようであった。ある者はこうした光景を次のように記している。

政庁所在地に大統領が初めて到着したこの機会がいかに人民の関心を招いたかは筆舌に尽し難い。勤労の手が止まり、首都のあらゆる楽しみは、「大統領を迎えるという」たった一つの楽しみに集約されてしまったようだ。

では主役のワシントンの気持ちはどうであったか。この日の日記を見てみよう。

この機会に我々につき従ったボートの壮観はどうだろう。ある者は歌い、またある者は楽器を奏でている。埠頭を通る時に見た船の装飾、大砲の轟音、そして、空を裂かんばかりの群衆の喝采は、私が最善を尽くした後にこうした光景が逆転するかもしれないと考えると、彼らの喜びと同じくらいの苦痛で私の心を満たす。

暗鬱な思いを抱きながらワシントンは、その日の宿所のウォルター・フランクリン邸に入る。現代の大統領は、官邸のホワイト・ハウスに無料で住める。しかし、この頃はまだホワイト・ハウスがない。そこでワシントンは私費で邸宅を借り上げている。ウォルター・フランクリン邸は、ニュー・ヨーク市内で最も大きく豪奢な邸宅の一つであった。連合会議議長の住居として使用されたこともある。

ワシントンを迎えるにあたって、議会から八、〇〇〇ドル（二、二〇〇万円相当）の修繕費と家具代が支出され、家主は「アメリカ合衆国大統領の使用にふさわしいように住居と家具を適切な状況に整えるように」指示を受けていた。いくつかの壁が取り壊され、公式の場に使えるように大きな部屋が作られた。さらにマウ

Unknown, "The First Presidential Mansion" (1853)

ント・ヴァーノンから絵画、花瓶、その他の装飾品などヨーロッパから贈呈された品々が持ち込まれた。ワシントン一家が用いていた銀食器はいったん溶かされて新しいものへと作り替えられた。

翌朝十時、痩せぎすの気難しい顔をした男がニューヨークの街中を歩いている。男の名はウィリアム・マックレイ。連邦上院議員としてペンシルヴェニア中部からやって来た。新政府が何か問題を起こさないか目を光らせることが自分の仕事だと固く信じている。

今日は上院議員が連れ立って新大統領を表敬訪問することになっている。フェデラル・ホールで同僚たちが待っているはずだ。しかし、マックレイの足が向かった先はマーチャンツ・コーヒー・ハウスである。フェデラル・ホールから歩いて五分くらいの場所にある。

マーチャンツ・コーヒー・ハウスは、これまで数多くの歴史的場面を見てきた。独立戦争以前、ここは印紙法に対する抵抗運動を討議する場として、不買同盟の誓約を交わす場として、そして、自由の息子たちの活動の拠点として使われてきた。そして、四月二三日に新大統領を歓迎する晩餐会が催されたのもマーチャンツ・コーヒー・ハウスである。まさに商工会議所であり、非公式の町議会であり、社交場であった。街で最初の本格的な金融機関であるニュー・ヨーク銀行の結成を協議する場にもなった。

マーチャンツ・コーヒー・ハウスに顔を出せば、今、何が人びとの話題になっているかすぐに知ることができる。読書室には新聞やパンフレットが置かれている。人びとは最新の情勢をもとに語り合う。

マックレイはなぜここに来たのか。フェデラル・ホールに行く前に少し世論を知っておこうと考えたからだ。人びとの会話に耳を傾けると、新大統領の話題で持ち切りだ。誰もがワシントンの動向を知りたがっている。聞き耳を立てていたマックレイは苦々しく思う。共和政体において一人の人物に注目が集まることは危険な傾向である。それはローマが共和政から帝政に移行した過程と同じである。議会こそ権力の中枢でなければならない。

マーチャンツ・コーヒー・ハウスを出たマックレイはフェデラル・ホールに向かう。やがてフェデラル・ホールに到着したマックレイであったが、議場には誰もいなかった。そこへやって来た一人の上院議員にマックレイは声を掛ける。

「これはどういうことだ」

「表敬訪問をもう済ませてしまった」

同僚の答えにマックレイは舌打ちしながら、表敬訪問に同行する者を探しに議場を退室する。マックレイの心の中では苛立ちが募っている。そんなにいそいそと新大統領に敬意を表する必要はない。いくらでも待たせておけばよいのだ。

マックレイの苛立ちとは裏腹に多くの人びとは新大統領の誕生に嬉々としているようだ。そこでマックレイは日記に鬱々とした心情を綴る。

君主制のあらゆる装飾をともなった壮麗な宮廷を作り出そうと多くの人びとが全力を尽くしていることは間違いないと私は思っている。ああ、哀れなワシントンよ、もしあなたがそうした奸計に陥ればどうなることか。黄金さえもくすんでしまうのか。純金さえも変質してしまうのか。あなたの栄光は色褪せてしまうのか。

実はマックレイはフレンチ・アンド・インディアン戦争に従軍した経験を持つ。デュケーヌ砦への遠征で部隊を指揮する若き日のワシントンを見ていた。それから三〇年近く経ち、今、その男は国家の頂点に立とうとしている。権力はどのような廉潔な男もきっと堕落させるだろう。たとえワシントンであろうとも。マックレイの憂鬱な日記はまだ続くが、この辺りで引用を止めておこう。

数日後の朝、マックレイは議会に出席するためにフェデラル・ホールに赴こうとしていた。訪問者がいると告げられたので玄関まで出る。驚くことにそこにはワシントンが立っていた。マックレイはワシントンを中に招じ入れようとする。しかし、ワシントンは他にも訪問先があるからと断り、一礼して馬に跨った。そして、馬上からもう一度挨拶すると、次の訪問先に向けて駆け去った。マックレイはその後ろ姿を呆気にとられて見送るばかりであった。

宣誓式

一七八九年四月三〇日。七月四日の独立記念日と九月十七日の憲法制定記念日に続いて、アメリカ人に新たな記念日ができた。その日、ワシントンが初代大統領として新しく生まれたばかりの国家を導くことを誓った。マックレイによれば「偉大で重要な日」である。

一世一代の出来事を一目見ようと全土から人びとがニュー・ヨークに殺到する。ホテルや下宿屋は旅行者で満員になり、個人の家でさえ押し掛けた客人の対応に追われる。ボストンから来た女は、いかにニュー・ヨーク市内で宿を確保するのが大変であったかを長々と友人に説明している。そして、次のように手紙を締めくくっている。

私は彼を見ました。彼が街に到着していたとはまったく知りませんでしたが、私は見てすぐにそれがワシントン将軍だとわかりました。彼のように偉大で高貴に見える人物を私は見たことがありません。もしできることなら私は彼の前に跪(ひざまず)いてこの国のために彼がおこなうすべての善について感謝を捧げたいのです。

夜もすがらキングス橋を渡った旅人が北からニュー・ヨークの街に流れ込み、桟橋ではあらゆる方面から来た船が入れ替わり立ち替わり乗客を降ろしている。地平線の向こうには雲の塊が見える。不吉な前兆ではないかと危惧する者がいる。まるでそうした不安を打ち消すかのように街中の教会の鐘が朗々と打ち鳴らされる。教会は神の恩寵を祈願するために人びとに参集を呼び掛けている。午前九時、ニュー・ヨーク市内のあらゆる教会に人びとが会して神聖な祈りを捧げる。まるでそれを祝福するかのように太陽が赫々(かくかく)と教会の尖塔を染め始めた。

上院では、どのように儀式を執りおこなうか直前になっても議論が続いていた。副大統領として上院議長を務めるジョン・アダムズは、ついに我慢しきれずに議員たちに問い掛ける。

「諸君、私は上院の指示を仰ぎたいと望んでいます。大統領は議会に向かって演説することになるでしょう。その時、私はどのように振る舞えばよいでしょうか。我々はどのように演説を聴くべきでしょうか。立ったまま、それとも座ったほうがよいでしょうか」

アダムズの言葉に対して議員たちはそれぞれの見解を示す。しかし、明確な指針が決まらないまま、ほとんどの議員たちは新大統領を迎えるために議場を出て行く。居残った議員たちによって議論がまた延々と続けられる。

正午過ぎ、要人たちがウォルター・フランクリン邸まで赴いてワシントンの出駕（しゅつが）を乞う。十二時三〇分、茶色のスーツを着用して帯剣したワシントンは、群衆の喝采の中、馬車に乗り込んでフェデラル・ホールに向かう。車体は半円形でクリーム色に塗られ、天使や花綱などの豪華な装飾が施されている。馬車を引く六頭はすべて白馬である。ワシントンは、白馬たちの歯を毎朝磨くように馬丁に命じていたという。さまざまな扮装で身を固めた民兵がパレードの先頭を切る。それに続いてニュー・ヨークの保安官、上院議員の一団、ワシントン本人、下院議員の一団、旧連合会議で要職を務めたジョン・ジェイとヘンリー・ノックス、ニュー・ヨーク州衡平法裁判所判事のロバート・リヴィングストン、そして、名士たちが続く。

フェデラル・ホールに向かう道すがらワシントンは何を思っただろうか。群衆の歓呼を見ながら、それが非難と嘲笑にたやすく変わってしまうことを恐れていたのか。それとも、これからほぼ何もないところから連邦政府を新たに作り上げなければならない重責を感じていたのか。もしくは、かつて独立戦争でニュー・

ヨークをめぐってイギリス軍と戦ったことを思い出して感慨に耽っていたのか。

一つ確かなことは、フェデラル・ホールに向かう馬車がワシントンにとってまるで檻車のように感じられたことだ。帰心矢の如し。ワシントンの胸中には常に温かいわが家がある。しかし、義務という鎖がワシントンを縛っている。名誉という軛（くびき）が課せられている。人民の意思という天上の威命から逃れられる者がいようか。

後にリンカンは、「ほとんどすべての人間が逆境に耐えられるが、もし本当にその人物の人格を試したいと思ったら、その人に権力を与えよ」と言っている。大陸軍総司令官としてワシントンは数多くの逆境に耐えた。そして、今、大統領として権力を与えられることになり、その人格とリーダーシップが試される時が来た。

フェデラル・ホールの二〇〇ヤード（約一八〇m）手前で馬車は止まる。フェデラル・ホールは一七〇〇年に建造された旧市庁舎である。かつて印紙法会議が開催された場所として知られ、近年では連合会議の開催場所となっていた。ニュー・ヨークの富豪たちは連邦政府の使用に供するために、そして、ニュー・ヨークを恒久的な首都にするために、三万二、〇〇〇ドル（八、六〇〇万円相当）を投じて改修を施した。改修が終わると、その役割にふさわしいように市庁舎からフェデラル・ホールに改名された。

フェデラル・ホールの印象を一言で語れば「堂々とした」という形容詞が似合う。地階部分はトスカーナ様式である。中央部に三つ、左右にそれぞれ二つずつ開口部がある。そして、中央部では安定感のある四本の太い柱がドーリア式の円柱で構成されたアーチを支えている。円柱の上を飾る小間壁には十三の星があしらわれている。さらに切妻壁に目を移せば、広々と翼を伸ばした鷲が見える。オリーブの枝の彫刻が窓の上

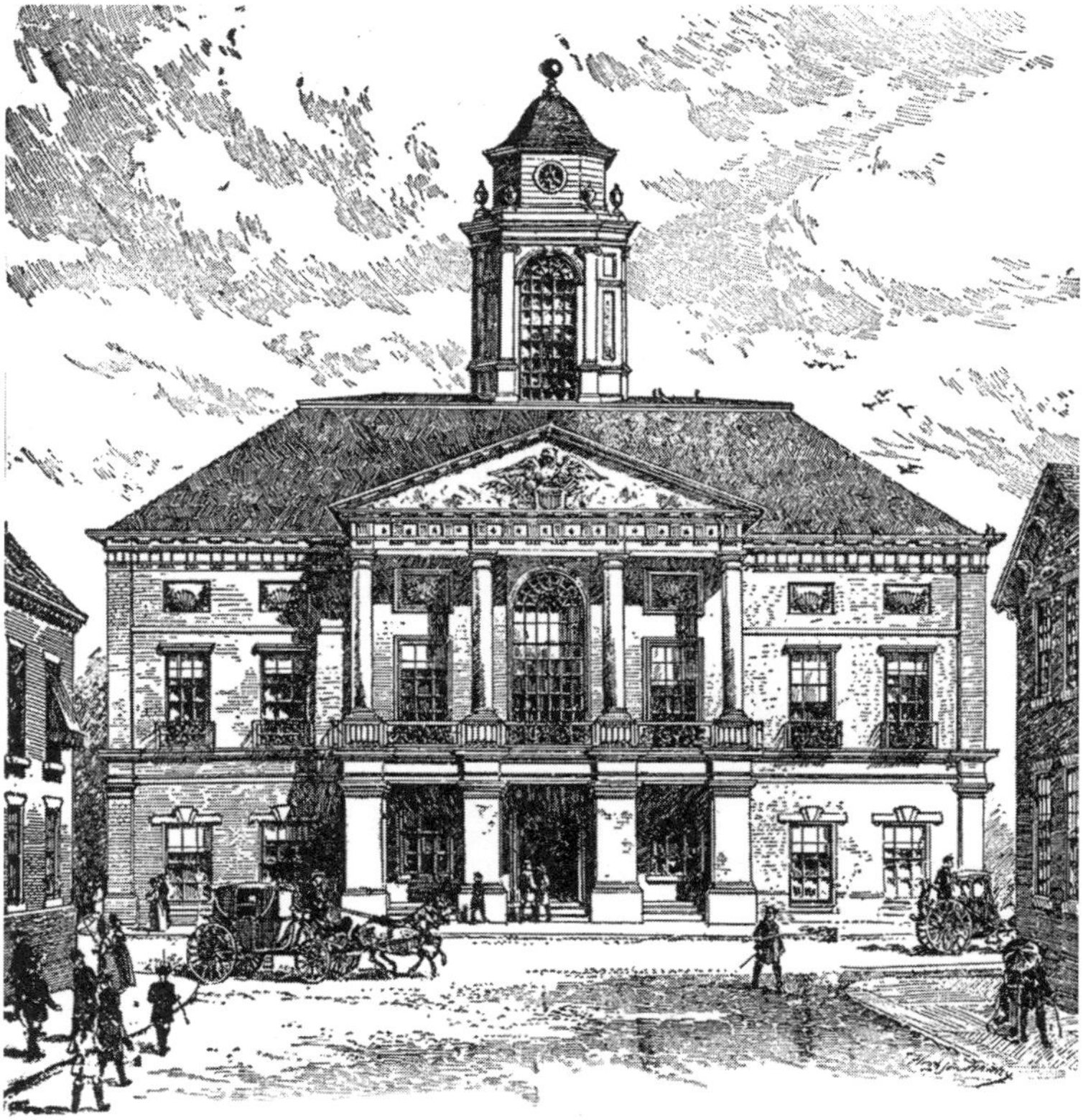

Engraving from “Harper's Encyclopedia of United States History” (1905)

を飾っている。こうした意匠は、この建物が連邦のために用意されたことを示している。扉の前には民兵が威儀を正して整列している。その間を通ってワシントンは揺るぎなく歩みを前に進める。

フェデラル・ホールに足を踏み入れると、大きな公共の空間が広がっている。磨き上げられた大理石の床は、通る者の姿を映し出している。さらに奥に進むと両側に二つの階段が見える。右は一般用、左は関係者用である。階段を上らずにそのまま行けば下院議場に、階段を上れば上院議場に通じる。

上院議場の前には控えの間があり、トスカーナ様式の片蓋柱（かたぶたばしら）（普通の柱よりも薄く半分程度の厚みしかない化粧柱）で装飾されている。上院議場の広さは、幅が三〇フィート（約九・一m）、奥行きが四〇フィート（約十二m）。天井の高さは二〇フィート（約六・一m）。テニス・コートの半分程度の広さである。

輝く星を宿した葉飾りでいろどられた柱頭を持つ片蓋柱によって議場はさらに荘重で優雅な雰囲気を帯びている。天井は晴天を思わせる色で彩色されており、中央には太陽と十三の星が輝いている。議場の入り口に立ったワシントンは、一同に敬意を表して一礼する。副大統領のアダムズが議場の正面に用意された緋色の椅子にワシントンを導く。

その間、議場はまるで誰も居ないかのように静まり返っている。ワシントンから見て右側に上院議員たちが、左側に下院議員たちが席を占めている。

アダムズが立ち上がっておごそかに言上する。

「閣下、上院と下院は憲法によって求められる宣誓をあなたがおこなうのを迎える準備ができています」

緊張していたのかアダムズは途中で詰まってしまう。しばらく沈黙が流れる。アダムズの言葉が終わるのを待ってワシントンはただ一言答える。

「進む準備はできています」

Ramon de Elorriaga, “George Washington's inauguration as the first President of the United States” (1889)

そして、新大統領はバルコニーに足を踏み出す。その後を慕って議員たちもバルコニーに出る。まるで押し寄せる大波のようなどよめきが沸き起こる。バルコニーの下は立錐の余地もなく人びとが立ち並んでいる。この歴史的瞬間を最高の場所から見届けようと屋根に登っている者たちもいる。彼らの目には、茶色の手織り羅紗で仕立てられたスーツに身を包み、白い靴下に銀の靴下止めを付け、鋼の柄の剣を提げ、髪粉をまぶした髪を絹の袋にまとめているワシントンの姿が映る。遠く離れているにもかかわらず、その姿は明瞭に見えた。

ワシントンの片手が心臓に当てられる。そして、その頭は群衆に向かって何度も優雅に下げられる。人民の目が注がれる中で宣誓を執りおこなうことは主権者が人民であること、そして、大統領はその人民から神聖な委託を受ける存在であることを端的に示している。国家元首が統治の開始を宣言する儀式として戴冠式がある。しかし、それは君主制の儀式である。大統領の宣誓は、できるだけ君主制を想起させないように気をつけなければならない。ヨーロッパ世界の戴冠式では、神が国王の統治の正統性を認めるという王権神授説にもとづいて聖職者が新国王に冠を授ける。しかし、共和政体では王権神授説を拠り所にできない。統治の正統性は神ではなく人民の意思にあるからだ。

青地に金の星がちりばめられた幔幕が張られたバルコニーには、緋色のビロードに覆われた一卓の小さな机が置かれている。その机の上には、重厚な装幀を施された一冊の聖書がある。それは緋色のビロードのクッションの上に鎮座していた。

実は聖書の使用はその日の朝に決定されたばかりであった。しかし、フェデラル・ホール内には聖書が一冊もなく、最寄りのフリーメイソンのロッジから借用して済ませた。その聖書は、ハーディング、アイゼンハワー、カーター、ブッシュ親子の就任式でも使われた。

まだ連邦最高裁判事が任命されていなかったのでニュー・ヨーク州で最高位の法官であるロバート・リヴィングストンが宣誓式を執りおこなう。書記官が聖書をクッションから取り上げてワシントンに向かって開く。リヴィングストンが宣誓の言葉を述べ始めると、遠雷のようにしだいに群衆の声は小さくなった。神の恩寵を願って聖職者が聖油で戴冠者を清めるように、判事は人民の信託を受けられるように言葉で宣誓者を清める。

ワシントンは開かれた聖書にじっと手を置いて宣誓の言葉に聞き入っていた。指差された箇所は詩篇第一二七篇一節である。


主御自身が建てて下さらなければ、家を建てる人の労苦は虚しい。主御自身が守って下さらなければ、街を守る人が目覚めているのも虚しい。


この頁が開かれていたのは偶然ではない。神の恩寵が新しい国家に与えられることを願ってのことだ。リヴィングストンに続いてワシントンは宣誓を述べる。

「私は合衆国大統領の職務を忠実に遂行し、全力を尽くして合衆国憲法を維持し、保護し、擁護することを厳粛に誓います」

最後に一言が付け加えられる。

「神にかけて誓います」

そして、ワシントンは深く頭を垂れ、おもむろに聖書に唇を当てた。

群衆は宣誓式の進行を無言劇のように見守るしかなかった。バルコニーの下や屋根の上まで声が届かなかったからだ。宣誓式が終わった時、リヴィングストンは声をあらん限りに張り上げて叫ぶ。

「そはなされり」

そして、一息ついてもう一言。

「合衆国大統領ジョージ・ワシントン万歳」

リヴィングストンの声で群衆はようやく宣誓式が終わったことを知る。

「我々のワシントンに神の祝福あれ。我々の愛する大統領万歳」

万雷の声が唱和する。フェデラル・ホールの円屋根に国旗が翻り、十三発の祝砲が放たれ、教会の鐘の音が響きわたる。合衆国大統領が誕生した瞬間であった。

群衆の声がこだまする遥か上空を一羽の若い鷲が舞っている。蒼穹に境はないとはいえ、いつもは深い森の中にしか姿を見せない猛禽が都会まで飛来するのは珍しい。その姿はフェデラル・ホールの切妻壁に描かれた鷲とどこか似たところがあった。まるで新たな国家の誕生を言祝(ことほ)ぐように喨々(りょうりょう)とした鳴き声が響く。

群衆の中に草の汁に足を染めた一人の少女が混じっている。不思議なことに、周りの誰もその姿に気づいている様子はない。燦々と降り注ぐ日差しを浴びるその体は透き通るようだ。その透明さは天使を思わせる。少女というよりはむしろ魂であった。光を含んだわずかな物体とでも言えばよいだろうか。目をいつも伏せていて、魂が地上にとどまるための口実といった風情である。少女は瞳を、燃えるような双眸を開けて見た。何を。すべての運命が行きつく先を。

大統領宣誓の様子を見ていた人はどのような思いでそれを見ていたのだろうか。ある者は興奮冷めやらぬ間にフィラデルフィアの友人に感想を送っている。

あまりに荘厳で畏敬に満ちた光景は言葉では表せないほどです。宣誓の執行と儀式がごく普通だったので、人民の多大な関心を呼んだことは不思議に思えます。しかし、大統領選挙の状況、彼の過去の奉仕に関する印象、観衆の感情、真摯な熱情とともに繰り返された宣誓の言葉、そして、恭しい仕草で彼がお辞儀をして聖書に接吻したことなどがすべて合わさって、これまでくり広げられた中でも最も荘厳で興味深い光景の一つを作り出したように思えます。［中略］。それは多くの目撃者からすれば、天地への厳粛な祈りのように見えました。この偉大で善良な人物について私は少し熱狂的すぎるかもしれません。しかし、宇宙の支配者である優渥なる神が、その創造物にとって非常に重要な行為を満足しながら見下ろしていたに違いないという畏敬の念と宗教的確信を持っています。

さらに就任式の様子を五月二一日の『クロニクル紙』は次のように報じている。何よりも大統領の服装に注目している点が面白い。

合衆国大統領は、彼の就任式の日に、自国製のスーツを纏って現れた。ヨーロッパ製のすばらしいスーツのように、それはすばらしい織物でていねいに仕上げられていた。どうやらそれはわが国の工業製品を引き立てるためだけではなく、わが国民に対する関心を示しているようにも思われた。副大統領閣下もアメリカ製のスーツを着て登場し、両院の議員たちもわが国の工業的利益に配慮する同様の傾向が見られた。

ワシントンが身に付けていたスーツの生地は、コネティカットのハートフォード産である。それは愛国心を示すだけではなく、国内産業への支持を示すために選ばれた。名声を得た将軍として最もふさわしい正装は軍服かもしれない。しかし、ワシントンは敢えて軍服を着用しなかった。身に帯びていた剣は儀礼用の剣である。それは新しい連邦政府が軍事独裁のもとに置かれるのではなく、文民統制にもとづいた共和政体のもとに置かれることを象徴的に示していた。

就任演説

宣誓が終わり、群衆に向かって何度もお辞儀をした後、ワシントンは上院議場へ戻る。入って来たワシントンを議員たちは立って迎える。そして、ワシントンが一礼した後に着席した。

イギリス議会の慣例では、国王が庶民院で演説する場合、議員たちは敬意を示すために起立したままで拝聴する。それは議会に対する国王の権威を示している。しかし、ここは共和国アメリカである。大統領は国王ではない。そこで議員たちは、行政府と立法府が対等であることを示すために、座ったままで大統領の演説を聞くことにした。

「上院と下院の同胞市民へ。人生にとって予測できない出来事の中で、あなた方の命令によって伝えられ、今月十四日に受け取った告知以上に私を大いなる不安で満たした出来事はありません。その一方で、私は敬意と愛情を抱いて聞かざるを得ないわが国の声によって、老年期の避難所として不変の決意で選択した退隠、そして、年月の経過とともに衰える私の健康とたび重なる障害のせいで必要としていた安逸の日々から呼び戻されました。その一方で、わが国の声が私に求める信任があまりに大きく困難であるがゆえに、最も賢明で経験を積んだ市民は、私の資質に不信の目を向け、私の欠点に落胆するかもしれません。こうした感情の鬩(せめ)ぎ合いの中、私が敢えて断言できることは、どのような場合でも私が果たすべき義務を忠実に努めることです。［中略］。合衆国の国民以上に、人間のあらゆる事象を司る神の見えざる手の存在を認め、畏敬の念を持つように運命づけられた国民はありません。我々は独立国家としての体裁をなしつつありますが、これまでの一歩一歩の歩みの中に、神の摂理の働きを読み取ることができるように思われます。［中略］。自由の聖なる炎の保全と共和政体の運命は、まさにアメリカ国民の手中に委ねられた実験に託されています。［中略］。私は最も適切に下院に通告するべき意見を一つ付け加えたいと思います。それは私自身に関することなので、できる限り手短に済ませます。自由を求める独立戦争のために、光栄にもわが国が私に奉仕を求めた時、私は果たすべき義務を検討したうえであらゆる金銭的な補償を受けるべきではないと考えました。こうした決意を違えたことは一度もありません。したがって、たとえ行政府の規定に含まれていようとも、私は私自身が納得できない個人的報酬を謝絶します。私の在任中、公共の善から必要だと考えられる実費に限定して報酬を受け取りたいと考えています。［中略］。神は、アメリカ国民に冷静に審議する機会を与えただけではなく、連邦の統一を確保して幸福を増進するために必要な政体について満場一致の採決をおこなう機会を与えました。したがって、引き続きその神聖な祝福が、この政府の行く末を決定する幅広い視野、節度ある議会、そして、賢明な政策にも等しく及ぶように祈願します」

演説に要した時間は二〇分だったという。荘重だが冗長なので名言というべき文句は少ない。それでも「自由の聖なる炎の保全と共和政体の運命はまさにアメリカ国民の手中に委ねられた実験に託されています」という文句は今も語り継がれる名言である。またワシントンは、政府が国民の自由と幸福追求の実現という目的のために樹立されたと説いている。それだけではなく、自由とそれを保障する共和政体を保持できるか否かは国民自身にかかっているとも述べている。つまり、国民自身も自由の精神を守るために努力しなければならないと諭している。

ワシントンが読み上げた就任演説はマディソンが起草している。もともと予定されていた就任演説はもっと長いものであった。もしそれを読み上げていれば三時間を超えていただろう。未発表に終わった草稿には何が書かれていたのか。いくつか興味深い点を見てみよう。

人民の政治とは、すべての権力が人民に由来する政治、定められた期間で権力が人民に戻される政治、そして、人民の公正な代理人によって制定される純粋な法によっておこなわれる政治である。

アメリカを貫く民主主義や法治主義の源流をこの言葉に求めることができるだろう。さらにアメリカ独立革命によって啓蒙的精神が世界にもたらされたことが高らかに宣言されている。

知性の光明が地上の暗い片隅を照らし出し、思想の自由が行動の自由を生み出し、少数者のために多数者が作られたという馬鹿げた立場を人類は覆し、人類がある場所で自由になったにもかかわらず、地球上の別の場所で奴隷であり続けることはないだろうという信念を私は抱いている。

残念なことに草稿の大部分が失われているために全容はわかっていない。一九九六年に断片が再発見されて三〇万ドルで落札されている。今後もまた新たな発見があるかもしれない。
さて就任演説を聴いていた議員たちはどのような感想を持ったのだろうか。登壇したワシントンを仔細に観察していたウィリアム・マックレイ上院議員はその様子を記録に残している。

この偉大なる男は、大砲を向けられるか、マスケット銃を突きつけられた時よりも動揺して困惑しているようだ。彼は身震いし、時にはほとんど読み上げることさえできなかった。

ワシントンは聴衆を前にして赤面して口ごもっていたという。それに右手が絶えず震えていた。しかも草稿を落ち着かなげに右手から左手に持ち変えたり、左手をポケットに突っ込んだりしている。視線はただ草稿の上を滑っているだけであり、聴衆に向けられることはなかった。
マックレイの筆は辛辣である。ワシントンについて手厳しい寸評を多く残している。マックレイの筆にかかればこの頃のワシントンの様子は次のようになる。

彼の実像はどのようなものか。身長は約六フィート（約一八三cm）であり、確かに申し分のない体格であるが、ずいぶんとしまりのない外見である。彼の骨格はまるで詰め物が足りないように見える。リューマチや痛風を患ったようには見えないが、彼の動作は活き活きとしているというより緩慢である。彼の顔色は青ざめているどころか死人のようである。彼の声は虚ろで不明瞭である。おそらくそれは時々不調をもたらす入れ歯のせいだろう。

ただマックレイのように否定的な評価を下した者はあまり多くなかった。マックレイと同じくこの歴史的場面を目撃したフィッシャー・エームズ下院議員は次のように記録している。

それは非常に感動的な情景だった。彼の表情は荘重でほとんど悲壮にも見えた。謙譲のために彼は慄き、彼の深い声は微かに震え、そして、とても小さかったので注意深く聞く必要があった。その場にいた人びとは、さまざまなことが心に訴えかけてきて圧倒されたので強く感動してしまった。不肖の私もそこに居合わせた。[ワシントンの態度は]美徳が擬人化した象徴そのものであるかのように思われ、その象徴[ワシントン]は信奉者を帰依させるかのようにその所信を説示した。

エームズのほかにも、招待客として列席したフランス公使は、ワシントンの就任演説を「非常に感動的な演説」であったと評価している。またオランダ公使館の秘書は、「この演説によって尊敬すべき人物[ワシントン]はすべての人びとからさらに愛されるようになりました」と述べている。さらにワシントンの個人秘書のトバイアス・リアも、聴衆が「非常に注意を払って熱心に」演説を聞いていたと記している。

就任演説は義務ではない。やらなければならないという決まりはない。しかし、就任演説は二〇〇年以上も続く伝統になっている。なぜ就任演説は重要なのか。アメリカ国民を再統合する装置になっているからだ。

アメリカ大統領の就任演説は、日本の首相がおこなう所信表明演説よりもっと広い意味を持つ演説である。いったいどのような意味があるのか。これから始まる新政権で何をなすべきかを説くという点では所信表明演説と似ている。一方で決定的に違う点は、広大な国土に暮らす多様なアメリカ人を一つの国民として再統合する役割を就任演説が果たしているという点である。

Jennie Brownscomb, "George Washington at St. Paul's Chapel, 1789" (Before 1936)

就任演説では一般的に、ワシントンが訴えたようにアメリカの伝統的な価値観である「自由」や「幸福追求の権利」が強調されたり、過去から現在までの歴史的連続性が述べられたりする。それがなぜ重要かと言えば、アメリカ人は地縁や血縁、人種といった自然的な紐帯によって結び付くのではなく、独立宣言や憲法によって示された理念によって結び付くのが本来あるべき姿だと考えられているからだ。そうした理想像を全国民によって選ばれる大統領が訴えることに意味がある。聴衆は就任演説を聞くことによって自らがアメリカ国民であるという意識を新たにする。このようにワシントンが始めた就任演説は今でも大きな象徴的意義を持っている。

就任式を終えたワシントンは、民兵隊が堵列（とれつ）する中、半マイル（約〇・八㎞）離れた場所にあるセント・ポール教会に向かう。そこで貴賓たちを招いて礼拝がおこなわれる。教会の中ではシャンデリアが煌き、コリント式円柱の列が荘重な雰囲気を醸し出している。天蓋付きの説教壇の最上部に六本の羽根の冠が配されている。これはニュー・ヨークで最後に残ったイギリス王国の名残であった。

教会での礼拝を終えた後、ワシントンはウォルター・フランクリン邸に戻って夕食を摂った。そして、夜を迎えたウォルター・フランクリン邸から四頭立ての馬車が出発する。馬を六頭立てにするのはフェデラル・ホールに公務で向かう時のみに限られていた。

ニュー・ヨークの街は、市民が灯した蠟燭やガスの光で宝石箱のように輝いている。フェデラル・ホールのすべての窓から温かい光が漏れている。劇場は透かし絵で飾られ、「栄誉」という名を持つ天使が虚空から舞い降りて永久不変の象徴をワシントンに冠として授けている情景が描かれている。

スペイン公使邸も透かし絵で贅を競っている。優雅な服装を身に纏った人びとが木々や花々、泉の中で楽しげに饗宴をくり広げている図像は、通行人の目を楽しませる。窓では動く影絵が演じられ、透かし絵にさらに興を添える。その一方でフランス公使邸でもアメリカの歴史を示す絵画がランプで照らし出されている。港には満艦飾の船が遊弋していて、まるで光のピラミッドのようであった。

祝典の締めくくりは花火である。二時間にわたって花火が披露される。ワシントンに同行したリアによれば、祝典にくり出した市民で街路が溢れ返っていたためにワシントンの馬車はまったく進めなくなった。そこで仕方なくワシントンは、馬車を降りて徒歩でウォルター・フランクリン邸に戻ったという。

こうして就任式を祝う行事はすべてつつがなく挙行されたが、舞踏会の開催はマーサの不在のために延期された。ワシントンはどのような気持ちで就任式を祝う行事を眺めていたのだろうか。数日後に書かれた手紙からそれをうかがい知ることができる。

人びとがあまりに多くの期待を私に寄せていることを恐れています。もし政策の生み出す結果が人びと

Howard Pyle, Illustration from "Howard Pyle's Book of the American Spirit" (1923)

の楽観的な期待に沿わなければ、人民は一方の極端から他方の極端に走りかねないと危惧せずにいられません。今、私に対して寄せられている身に余るほどの賞賛も、いつか他方の極端、つまり、根拠のない非難に変わるかもしれません。もちろん私はそれを喜んで耐え忍ぶでしょう。

大統領夫人

ワシントンが宣誓の言葉を述べていた頃、マーサはマウント・ヴァーノンにいた。大統領夫人として公的な場に出ることはマーサにとって気後れすることだ。そもそもマーサの関心が政治に向けられたことはほとんどない。馴染みのあるマウント・ヴァーノンを離れて喧騒に満ちたニュー・ヨークに移ることを考えただけでマーサの心は沈む。もう自分たちは独立戦争で大きな犠牲を払ったのだからそっとしておいてほしい。それがマーサの変わらない願いである。マーサは甥に宛てて心情を綴っている。

[ワシントン] 将軍がニュー・ヨークに行ってしまったと告げなければならないことを非常に残念に思います。[四月] 十四日にチャールズ・トムソン氏が使者としてやって来ました。彼がいつ家に再び帰れるかは神のみぞ知ることです。再び公的生活に入るには彼は年を取り過ぎていると私は思っていますが、それが避けられないのであれば、家族は心を乱すかもしれませんが、私は彼に従おうと思います。

イギリス女王エリザベス一世は、なぜ結婚しないかと聞かれて「私はすでにイギリス王国という夫と結婚している」と答えたそうだが、マーサの夫もアメリカという妻と結婚してしまったのである。大切な夫を国家に奪われたマーサであったが、表立って不満を口にすることはなかった。独立戦争中に軍営を訪れたよう

Eliphalet F. Andrews, "Martha Dandridge Custis Washington" (1878)

に、たとえ意に染まぬことでもやり遂げる強い精神がマーサには宿っている。

就任式から数日後、ワシントンは、マウント・ヴァーノンの管理を委ねたジョージ・オーガスティン・ワシントンに手紙を送った。その手紙には、ニュー・ヨークに向かうようにマーサを説得してほしいと記されている。五月七日に開催される就任記念舞踏会に大統領夫人がいないことには格好がつかない。

結局、マーサは就任記念舞踏会に間に合わなかった。出席者の数は政府の要人を中心に三〇〇人を数え、午前二時まで盛会が続いた。シュトイベン、ノックス、ジェイ、そしてハミルトンなど、ワシントンにとって馴染み深い顔もたくさん見えた。ワシントンは数多くの淑女たちとダンスを楽しんだ。記念品として象牙と紙で作られたフランス製の扇が贈呈された。その扇には大統領の肖像があしらわれていた。

ジェファソンによれば、舞踏会には大統領夫妻を迎えるために特注のソファまで準備されていたという。そのソファは少し高い場所に置かれていて、ダンスを始める前に紳士は相手の淑女を連れて大統領夫妻に向かって一揖(いちゆう)する。そして、ダンスが終わると再びソファの前に出て深くお辞儀をして自分の席に戻る。まるで貴族が君主に礼を尽くす宮廷儀礼のようだったという。

こうしたジェファソンの記録は悪意に満ちたものであり、正確なものとは言えない。そもそもジェファソン自身は滞仏中だったので、その目で舞踏会の様子を見たわけではなく又聞きである。君主制を目の敵にするジェファソンは、ワシントンが君主のように振る舞うのではないかと猜疑心を尖らせていた。実際に出席した者の証言によると、そもそも大統領のための定位置はなかったし、マーサは舞踏会に出席すらしていない。

五月十四日、ロバート・ルイスは、ニュー・ヨークに向かう叔母を迎えにマウント・ヴァーノンにやって来た。当時の風習では、高貴な女性は必ず男性の付添人とともに旅行する。旅行にはさまざまな厄介事が付きものであり、それを解決するのが付添人の仕事である。

ロバートが顔を見せた時、マウント・ヴァーノンは出立の荷物を詰め込もうと上へ下への大騒ぎの最中であった。なにしろ二五〇マイル（約四〇〇㎞）先のニュー・ヨークで暮らす準備をしなければならない。現在のような便利な交通手段がない時代である。したがって、持って行ける物には限りがある。それでも公式行事や接待で着用する衣服、借家で快適に過ごすために必要な品々を運んで行かなければならない。それに孫たちも連れて行かなければならない。ロバートは忙しく働く叔母の姿を見ながら、きっと叔母は心の中で余計な不安が生まれて決意が揺らがないようにするために準備に没頭しているのだと思った。すべての箱やトランクを点検してマーサがようやく満足したのは五月十六日である。これでは就任記念舞踏会に間に合うはずがない。

午後の早い時間に食事を摂った後、出発の時間になる。マーサは、ネリーとウォッシュの手を引いて一台目の馬車に乗る。その後に荷物用の馬車が一台とルイスのほか六人の奴隷が付き従う。ほかにも数人の友人や親戚も同行する。野外で働いていた奴隷たちは、女主人がマウント・ヴァーノンを去るのを見て別れを惜しむ。中には涙を流す者もいたが、女主人と別れるのがつらいのか、それともニュー・ヨークまで連れて行かれる奴隷たちに同情したのかはわからない。

マウント・ヴァーノンを出た馬車はまずアビンドンに向かった。アビンドンは、アレクサンドリアの北にある農園である。故ジョン・カスティスの妻であったエレノアと再婚相手が住んでいた。ニュー・ヨークに旅立つ前にネリーとウォッシュを母親に会わせようという心遣いである。ネリーとウォッシュもほかの兄弟姉妹と一緒に遊べてご機嫌だっただろう。マーサはアビンドンに二晩泊まった後、朝五時に出発した。ロバートは、「ついに我々は出発して、私は大いに救われた気分になった。一家は涙にくれ、子供たちは叫んでいる。すべてが非常に嘆かわしい状況だ」と書き留めている。

ニュー・ヨークに到着するまでワシントンが相次いで市民の祝賀を受けたように、マーサも大統領夫人として市民の祝賀を受けた。ボルティモアでは、名士たちがハモンドの渡し場まで出迎えて大統領夫人のできるだけ長い滞在を願った。夕食の前後に花火が点火され、楽団が歌を披露した。当時の記録には、「模範的な夫と同じく、彼女はわが国で生産された衣服を着ていて、彼女の生来の善良さと愛国心を際立たせている」と記されている。その日の宿はマッケンリー邸である。マーサは喜んでジェームズ・マッケンリーの招待に応じた。独立戦争中、ワシントンの副官を務めていたマッケンリーはマーサにとって懐かしい顔だ。深夜二時まで訪問客の列が絶えず、マーサはわずかな眠りに就いただけで旅立ちの朝を迎えなければならなかった。

マーサの旅程は早馬や郵便馬車でフィラデルフィアに逐一知らされた。フィラデルフィアから十マイル（約十六㎞）離れた郊外に差し掛かったマーサをペンシルヴェニア州の高官たちが大統領と同じように出迎える。朝食が供された場所も大統領の時と同じくフィラデルフィアの手前にあるチェスターの町である。さらに騎馬隊が市内までマーサを先導する。

教会の鐘が打ち鳴らされ、十三発の礼砲が放たれる。今夜の宿泊先はロバート・モリス邸である。家主であるモリスは財政問題について大統領と話し合うためにニュー・ヨークに行ってしまって今はいない。家主の代わりにマーサを歓待したのがモリスの妻メアリであった。メアリには七人の子供たちがいて、ネリーとウォッシュはすぐに仲良くなった。フィラデルフィアに逗留したマーサは買い物を楽しむ。姪や孫娘たちのために流行の靴やコルセットを注文する。親戚の女性たちに贈り物をするのがマーサにとって何よりの喜びである。

五月二五日、モリス夫人とその二人の娘たちを乗せた馬車を加えた一行はフィラデルフィアを出発する。一行は騎馬隊に付き添われてトレントンに向かったが、途中で雨が降りそうになったのでマーサは騎馬隊にすぐに引き返すように求めた。

二日後、ワシントンは、当時の新聞によれば「合衆国大統領の優渥(ゆうあく)なる配偶者」、つまりマーサをエリザベスタウンまで迎えに出る。ワシントンのほかにもロバート・モリス上院議員をはじめ紳士淑女が顔を揃える。

小さなウォッシュは、豪勢な艀や威風堂々としたパレードに目を瞠る。エリザベスタウンを出発した艀はニューアーク湾を経てアッパー湾を通り、マンハッタン島の南端の砲台から十三発の礼砲を受けてイースト川に入る。小一時間の船旅の後、一行はマンハッタン島に上陸する。

群衆から「レディ・ワシントン万歳」の歓声が沸き起こる。歓迎の様子はマーサが親戚に送った手紙を読むとわかる。そうした手紙の中で興味深い点がある。これまでマーサは夫を「将軍」と呼ぶのが常であったが、「大統領」という言葉を使うようになっている。市民の歓待をその身で体験することによって、夫が大統領になったのだという実感が湧いてきたのだろう。ニュー・ヨークに到着したマーサは、すぐに自分が大統領夫人という公人であることを嫌でも思い知らされた。ウォルター・フランクリン邸にようやく腰を落ち着けた翌日から要人の訪問が相次ぐ。副大統領、州知事、外国公使、連邦議員たちなどが入れ替わり立ち替わり晩餐に顔を見せる。身辺の変化についてマーサは友人に宛てて次のように記している。


私の思いがけない地位をそれほど重荷に感じなくて済むのは、本当に多くの親切な友人たちのおかげです。私がずっと若ければ、おそらく私はそうした年頃の人びとの多くと同じく華美な生活を単純に楽しんでいたかもしれません。しかし、私はずっと以前から将来の幸せな生活への希望をマウント・ヴァーノンの炉端の静かな団欒に向けてきました。戦争が終わった時に、将軍［ワシントン］を公的生活に呼び戻すような事態が起きるとはまったく思ってもみませんでした。［戦争が終わった］その時から私たちは孤独と静穏のうちに一緒に年老いていくものだと期待していました。それが私の最も真摯な願いなのです。しかしながら、非常に残念なことですが、私は避けられそうにない失望について考えざるを得ません。彼の感情と私自身の感情は私生活を愛するという点で完全に一致していますが、祖国の声に従って義務を果たそうという考えのもと、行動している彼を非難できません。彼ができる限り全力で善処しようとしているとわかっていますし、同胞市民が彼の公平無私な行動に非常に満足しているのを知って喜ばしく思います。明らかにそれは彼が払っている大きな犠牲に対する慰めとなっていると私はわかっています。［中略］。私たちの幸福や不幸の大部分は、私たちを取り巻く状況ではなく、私たち自身の性質によるものだと私は経験から知っています。どこに行こうとも私たちは、自分の心の中に幸福か不幸の種を持っています。

大統領夫人になってもマーサは質素な服装を好み、豪華な装飾品にほとんど関心を示さなかった。とはいえ大統領夫人になったから華美を避けるようにしたと考えられる。おそらくそれは、自らの公的な立場を考えたうえでの配慮である。

マーサは粗い手織りの布でできたガウンを纏い、白いハンカチを首に巻いた姿で舞踏会に現れた。ドレスも質素なものだ。綿にシルクの縞が入っている。その縞の正体は、シルクの靴下と椅子のカバーを解いて再利用したものであった。あまりにマーサが倹約に務めるのでワシントンは、お金が必要かどうかマーサに定期的に聞くようにと個人秘書のリアに念を押したほどであった。
ジョン・アダムズの妻アビゲイルは、「ワシントン夫人は気取らない性格で敬愛の念を抱かせる人物の一人です。彼女の表情によってとても愉快な気分になりますし、わざとらしさがない態度は尊敬と敬意の対象になっています」と記している。またハミルトンの妻エリザベスは後年、次のように回想している。

ワシントン夫人も私と同じく家事がとても好きな人で「無駄な時間」を耐えなければならないといつも嘆いていました。彼女は「国のファースト・レディと呼ばれることはとても幸せに違いないと思います」と言いながら時々、悲痛な表情を見せて「私には国の第一の捕虜という呼び名のほうが適しているでしょう」と言い添えました。

さて祖母に連れられてニュー・ヨークに住むことになったネリーとウォッシュは、どのような生活を送るようになったのか。明るく活発な少女に成長していたネリーは、新しい環境にまったく物怖じしなかった。悪戯好きで茶目っ気たっぷりなネリーの様子は、マーサに「小さな野生動物」と嘆かせるほどであった。
ネリーは市内の寄宿学校に通学した。そこで少女が学んだことは絵画、音楽、ダンスなどである。ワシントンは、ギターとハープシコードをネリーに買い与えた。舶来物のハープシコードは一、〇〇〇ドル（二七〇万円相当）もしたという。それだけの金額があれば、一つの家族が都会で一年は楽に暮らせただろう。ネリーの音楽教育に対するマーサの情熱は凄まじく、毎日四、五時間もハープシコードを孫娘に練習させたという。その様子についてある者は、「すべての物事について厳格な監督者である祖母のもとで、長い時間、哀れな少女は弾いては泣き、泣いては弾いていた」と証言している。

マーサとネリーの関係についてほかにも学友のエリザベス・ギブソンが証言を残している。大統領官邸に遊びに来ていたエリザベスは、迎えの馬車が遅れてしまったのでネリーとともにマーサの部屋で待つことにした。しばらく会話が弾んだ後、マーサは就寝の準備をしたいとエリザベスに断った。ネリーは祖母に命じられていつものように聖書を読み上げ始めた。マーサはそれをじっと聞いていた。それが終わると二人は跪いて祈りを捧げた。その間、召使いが聖歌を歌っていた。それからネリーは、おやすみの挨拶とともに祖母にその日の学習の成果を報告した。それに対していくつか助言を受けた後、ようやく少女は解放された。エリザベスは、マーサがネリーを厳しく薫陶している様子を見て驚いたという。

Edward Savage, "The Washington Family" (Circa 1796)

ネリーはマーサを厳しい祖母だと思っていたが、ワシントンを子供に甘い父のような存在だと見なしていた。ネリーの演奏と歌を何よりも楽しみにしていたワシントンは、少女には不釣り合いと思えるような黄金の耳飾りや時計など高価な物を次々に贈っている。少女から見れば、ワシントンは優しいおじいさんにすぎなかった。だからなぜ他の人びとがワシントンに畏怖を感じるのかまったくわからなかった。後にウォッシュは、ネリーがいかにワシントンを魅了したのか次のように回想している。

彼［ワシントン］が荘重さを常に纏っていたとしても、［ネリーの］冗談を楽しむ妨げとはならず、活発でよく笑う少女である彼女が自分の日常の光景を小生意気に話したり、しばしばしでかした楽しい悪戯について話したりした時、彼以上に心から笑う人物はいませんでした。

ワシントンがネリーを溺愛する一方、マーサはウォッシュを盲愛した。それはまるで孫を亡くなった息子の代わりだと思っているかのようであった。ウォッシュが家から離れて手紙をほとんど書かなかった時、ワシントンは、「おまえが病気ではないか、それとも何か事故に遭ったのではないかと祖母が心配するだろうから手紙を怠らず書くように」と諭している。

かつてジョン・カスティスの教育に細心の注意を払ったように、ワシントンはその息子であるウォッシュの教育にも心を配った。しかし、ウォッシュはラテン語を少し齧っただけであった。父ジョンと悪い所が似てしまったのか、ウォッシュは勉強熱心な生徒とは言えなかった。ウォッシュの成績を教師から聞かされたワシントンは次のように答えている。

楽しみにならないあらゆる物事に対して怠惰な性質は、幼少期からほとんど克服し難いものだと私はわかっていました。そして、もっと有用なことを追求するために時間を使うように最も親身で友好的なやり方で彼を何度も諭しました。〔中略〕。今、私は彼に何も忠告することがなく、何度も何度も繰り返し述べてきた激励も助言ももう何も言うことがありません。

ワシントンが態度を改めるように叱ってもウォッシュが反省することはほとんどなかった。ウォッシュをあまり厳しく叱れなかったからだ。もしそうすれば、ウォッシュを溺愛するマーサの機嫌を損ねる恐れがあった。ただウォッシュが熱意を示したものが一つだけあった。演劇である。ワシントンは、ネリーとウォッシュをよく観劇に連れて行った。ウォッシュは長じて『インディアンの予言』や『ポカホンタス、あるいはヴァージニアの居住者たち』といった劇を発表することになる。

重篤

これから大統領の執務を開始しようとするワシントンの前には、どのような内憂外患が待ち受けていたのか。初めに簡単にまとめてみよう。まず内憂である。

統治を円滑に進めるためには何が必要か。効率的な行政組織である。しかし、そのようなものは存在しない。行政組織の運営に必要な税金を徴収する機関さえ満足にない。国庫は空どころか連合会議から引き継いだ莫大な負債が累積している。大陸紙幣の濫発のせいで国家の信用は地に落ちている。いまだに憲法に反対する人びとがいる。そうした人びとは、大統領制度に君主制の兆候がないかどうか鵜の目鷹の目であら捜しをしようとしている。実はまだ憲法を批准していない邦もある。新政府が失敗すれば、そうした邦は連邦への加入を見送るだろう。奴隷制度の廃止を求める声もある。もしそうした声を聞き入れれば、南部と北部の対立が深まり、連邦は分裂の危機に陥るかもしれない。

次に外患である。イギリスが北西部の要衝を抑えていて毛皮貿易の独占を企てている。それだけではない。インディアンをアメリカに敵対させようと焚きつけている。スペインはミシシッピ川を閉ざしてアメリカの西部への発展を妨げようとしているだけではなく、西部の住民を味方に引き入れてフロンティアを併呑しようとしている。またもしイギリスとスペインが衝突すれば、アメリカも戦乱に巻き込まれるかもしれない。その一方で、地中海ではアメリカの商船が海賊の餌食になり、多くの商船員が囚われている。

このように解決しなければならない問題は山積している。ワシントンはそうした問題を一つひとつどのように解決しようとしたのか。これから語っていくことになる。

一七八九年五月十八日、上院議員たちは馬車を連ねて大統領官邸を訪問する。就任演説に対する答辞を届けるためだ。当時の就任演説は議会への呼び掛けという形なので議会が返答する。

下院は十日前にすでに答辞を終えていた。答辞の草稿を書いたのはマディソンである。しかも答辞に対する大統領の返答を起草したのもマディソンである。さらに言えば、就任演説の草稿を書いたのもマディソンである。したがって、マディソンは自分が起草した就任演説への答辞を自分で書き、さらにその答辞に対する返事も書いたということになる。

こうしたマディソンの行為は奇妙に見える。しかし、そうしたことはイギリス議会でもおこなわれていた。会期の初めに国王は議会に対して演説する。一般的にその演説の草稿は内閣が作成する。そして、国王に対する議会の返答も内閣が起草するのが常であった。つまり、マディソンは一人で「内閣」の役割を果たしていたと言える。しかし、もしマディソンがそのように言われれば明確に否定しただろう。なぜなら憲法では、行政府と立法府に同時に籍を置くことが禁じられているからだ。あくまで閣僚制度がまだ発足しておらず、各省が設置されていない状況下の臨時的な措置であった。

大統領官邸に到着した上院議員たちは控えの間に通される。しかし、困ったことに全員分の席がない。彼らが席を譲り合ってまごまごしている間に入室の許可が下りる。ジョン・アダムズが先頭に立ち、上院議員たちが特に決まった順番もなくぞろぞろと後に続く。

その先の部屋には、ワシントンが待っていた。そのかたわらには、マウント・ヴァーノンからついてきたデイヴィッド・ハンフリーズとトバイアス・リアの二人の個人秘書が控えている。挨拶が終わると、アダムズは答辞を取り出して読み上げ始める。答辞を持つアダムズの手は震えていてお世辞にもうまく読み上げることができたとは言えなかった。それでもアダムズは何とか答辞を読み終える。

今度はワシントンがポケットから原稿を取り出して右手に持つ。左手には帽子が抱えられている。いざ原稿を読もうと眼鏡をケースから取り出そうとしたが、手が塞がっているのでうまくいかない。帽子を脇に挟んでみたが、それでもうまくいかない。炉棚にケースを置いてようやく眼鏡を取り出せた。その場にいた者たちは、なぜあらかじめ眼鏡を着用しておかなかったのかと疑問に思ったが、それを敢えて口に出す者は誰もいなかった。

眼鏡の位置を調整するとワシントンは返答を読み上げ始めた。返答はごく短く、ワシントンは正確だが何の感情もこもっていない口調ですぐに読み終えた。そして、アダムズに原稿を手渡した。それからワシントンは一同にお辞儀すると着席するように勧める。しかし、アダムズはその勧めに従わず、一礼すると部屋を出て行った。上院議員たちもアダムズに続いて退室した。

後世の我々は、こうした大統領と議員たちのぎこちない関係におかしみを感じてしまうが、本人たちは大真面目である。行政府の長と立法府の構成員が互いにどのような態度を示せばよいのか前例がなかったので、彼らはどうすればよいのか迷っていたのだ。

紆余曲折を経て何とか始動したワシントン政権であったが、早くも暗雲が立ち込める。六月中旬、ワシントンの左腿に腫瘍ができた。腫瘍が炎症を起こしたせいでとても座っていられない。それでは職務に支障が出るので、高名な医師であるバード父子が呼ばれた。彼らはワシントンの症状を「脾脱症（ひだつしょう）」だと診断して、すぐに手術で腫瘍を摘出するように勧めた。

この当時、脾脱症は死に至ることもある病気であった。どのような病気か。炭疽菌によって引き起こされる病気である。しかし、炭疽菌が原因であることはまだ知られていなかった。炭疽菌は動物から感染する細菌であり、「何か残虐な目に見えない剣のようなもので家畜を薙ぎ倒していく」と農夫に恐れられていた。ニュー・ヨーク市内には未舗装の道が多くあり、豚がうろうろしていた。したがって、炭疽菌に感染する機会はいくらでもある。

新政権の発足から二ヶ月も経っていないのに大統領が死亡すれば、いったいどういう事態が起こるだろうか。まず大統領職の継承について明確に定まっていなかった。その当時の憲法の規定では、副大統領が大統領職を継承するのか、それとも次の大統領が選ばれるまで大統領職を代行するかはっきりしていなかった。たとえ次の大統領を選ぶことになっても臨時選挙を実施するのか、それとも四年ごとに実施される選挙まで待つのか。もしこの時、ワシントンが命を落としていれば新政府は混乱に陥っただろう。こうした問題は、第九代大統領ウィリアム・ハリソンが初めて在任中に死亡して大統領職がジョン・タイラー副大統領に継承されるまで解決されなかった。

すぐに治療が始まる。病床で死を覚悟したワシントンは医師たちに断言する。

「無駄な希望で私を慰めないで下さい。私は死ぬことを恐れていないので、最悪の事態にも耐えられます」

医師たちは取り越し苦労だと大統領を慰める。医師たちの言葉を聞いてワシントンはさらに言葉を続けた。

「[死が]今夜であれ、二〇年後であれ違いはありません。私は自分が善良なる神の手の中にあることを知っています」

ワシントンの容態を気遣った召使いは、鎖を張り巡らせて近辺の交通を止めた。さらに震動を軽減するために邸宅の周りには藁が敷き詰められた。邸内にいる少数の者たちを除いて、いったい何が起きているか誰にも知らされなかった。

容態はかなり悪かったが、どうやら手紙を書く元気はあったようだ。手術を受ける二日前にワシントンは次のような手紙を書いている。

公式会合や週に一度以上、私のテーブルで催される晩餐会に加えて、国家の異なる部署や連邦のあらゆる場所とやり取りしなければならない通信が非常に多く、私が処理できるような量ではありません。というのは、私はこの一年以内の間に二回も健康を害しているからです。今回の不調は一回目よりもずっと悪いものです。もし三回目の不調が起きれば、私は父祖たちとともに眠りに就くことになるでしょう。それが起きるまでどれくらいの猶予があるか私にはわかりません。ここ最近の十二ヶ月間の中で、以前の三〇年間に私を苦しめてきた病気よりももっとひどい病気を体験しています。こうしたことをすべて考え合わせると、体調が完全に回復すれば、それを心から喜ぶ十分な理由があります。しかし、どうやら肺にひどい疾患が残っているようであり、咳、胸痛、息切れが完全になくなりません。

六月十七日、サミュエル・バードは腫瘍を除去する手術を実施した。その当時の外科手術は患者にとって地獄のような苦しみであった。なぜなら現代のような麻酔がまだ開発されていなかったからだ。サミュエル・バードの記録によれば、手術の経過を見ていた父ジョンは「切除せよ、もっと深くもっと深く。恐れることはない。患者は耐えられるはずだ」と執刀する息子に言ったという。手術の凄惨さがうかがい知れる言葉である。

幸いにも手術は成功した。経過も良好であった。その様子を見ていたリアは、二二日付の手紙で友人に次のように書き送っている。

高熱と太腿にできたひどい腫瘍のために大統領はこの一週間、ベッドで寝たきりになっていました。しかし、今、幸いにも高熱は下がり、腫瘍もうまい具合に摘出されたとあなたに伝えられます。ただ腫瘍の大きさから、彼が不調から完全に回復するのにしばらく時間がかかると思います。

リアが書いているように、手術は成功したものの、ワシントンは六週間も患部をいたわるために寝返りを打つこともままならず、右側を常に下にして眠らなければならなかった。病床でワシントンはマッケンリーに宛てた手紙を書いている。

幸いにも私の健康がようやく回復に向かっているとあなたに伝えられますが、まだ衰弱感が残っていて、私の太腿の結節にできた大きくて痛みのある腫瘍を切除したせいで非常に不便を感じています。そのせいで私は歩くことも座ることもできません。しかし、熱が下がったことは良い兆候であり、回復する傾向だと医師は私に保証しました。それは治癒の良好な経過ですが、悪疾が完治するまでまだ時間と忍耐が必要だそうです。

七月四日、その日は独立記念日であった。セント・ポール教会でシンシナティ協会による記念式典の挙行が予定されていた。シンシナティ協会は、独立戦争に参加した士官たちの互助組織である。まだ体調が万全ではなかったワシントンは式典に参席できなかった。

シンシナティ協会の会員たちは、シティ亭に集合した後、砲兵連隊と軍楽隊をともなってセント・ポール教会に向かった。列の中にいたシュトイベンとハミルトンは、セント・ポール教会でグリーン将軍に捧げた弔辞を読み上げる前に大統領を表敬訪問しようと考えた。大統領官邸の前まで来た二人は、軍服を纏って玄関の前に立っていたワシントンを見て驚いた。大統領に就任して以来、ワシントンが進んで軍服を着用することは非常に稀であったからだ。それは若くして亡くなったグリーンへの哀悼の意を示すためであった。

炎症が完全に収まったのは九月初旬である。その少し前、フレデリックスバーグで母メアリが静かに息を引き取っていた。享年八一歳。当時のアメリカでは八〇歳まで存命する人の割合は八人に一人程度であったので長寿に恵まれたと言える。大統領官邸で個人秘書を務めていたロバート・ルイスは、メアリが亡くなった報せが届いた時の様子を次のように日記に記している。

九月一日、今日はシュトイベン男爵と［アーサー・］セント・クレア［北西部領地］長官が我々と一緒に食事を摂った。男爵は大統領の前でも非常に愉快な様子で滑稽だった。歓談の最中に私の叔父［ワシントン」は、長い間、予期されていた私の祖母［メアリ］の死を知らせる手紙を受け取った。この日記を書いた後、ルイスは母に宛てた手紙の中で「私の叔父はすぐに自室に引き下がってしばらく独りでそこにいました」と記している。その時、ワシントンがどのような表情をしていたのか知る者は誰もいない。

訃報が伝わってすぐに喪章が準備された。官邸内で働く者だけではなく政府の官吏も喪章を着用した。淑女たちは喪章の代わりに黒いリボンやネックレスを身に纏った。ニュー・ヨーク市は公式に喪に服した。臨時首都はすぐに日常の生活に戻ったが、ワシントンは少なくとも半年近く喪章を外さなかった。メアリの死についてワシントンは次のように長妹エリザベスに書き送っている。

親の死は恐ろしく痛ましいことですが、八〇歳を超えると普通は衰えがちな体も丈夫で精神能力も完全であったこと、そして、ほとんどの者が得られないほど長い年月を神が我々に与えてくれたことを慰めとします。こうした考えと彼女が天国に旅立ったという希望のもと、主の導きに適切に従うのが縁者の義務でしょう。私が最後にフレデリックスバーグに行った時、彼女にもう二度と会うことはないと思って最後の別れを告げました。

メアリが葬られたのは、遺言に従って娘婿の家の近くにある岩のかたわらである。そこでメアリは毎日、祈りを捧げていたという。墓標が置かれなかったせいで、いつしかメアリの墓の位置はわからなくなってしまった。後にニュー・ヨークの篤志家によって墓の位置が割り出された。記念碑の建立が始まったが、途中で頓挫して五〇年以上も放置された。独り静かに葬られることを望んだメアリにとってはそのほうが良かったのかもしれない。現代は十九世紀末に完成した記念碑が立っている。

人跡未踏の地

リンゴの木箱を作る職人に言わせれば、最も難しいのは一本目の釘を打つことだという。なぜなら一本目の釘をうまく打てたかどうかで木箱全体の善し悪しが決まるからである。下手に釘を打てば箱が歪んでしまい、積み重ねるとすぐに潰れてしまうそうだ。それは政治制度も同じことである。最初にどのような行動を選択するかで制度全体の運命が決定される。初めから間違いを犯して歪んでしまえば、後から修正するのは難しくなる。だからこそ第一歩が肝心である。

合衆国憲法は、大統領の義務と権限について概要しか定めていなかった。憲法の条文を読んでも、大統領が具体的にどのような役割を果たすべきかわからない。それにほぼ何もないところから新政府を組織しなければならない。アメリカのような広大な範囲で連邦共和制が存在した事例は世界史上、他にほとんど先例がなかった。このような困難な状況のもと、ワシントンは初代大統領を務めなければならなかった。もちろんワシントンは自分の行動が連邦政府の将来に大きな影響を与えることをよく認識していた。それは次のような言葉からわかる。

我々の新しい政府の樹立は、市民社会において合理的な契約によって人間の幸福を増進しようとする最後の実験のように思われます。［中略］。我々の政治的幸福に向けた歩みにおいて私の立場は新しいものです。もし比喩を使えば、私は人跡未踏の地を歩いているようなものです。私の行動の中でその動機について曖昧な解釈が許される行動などほとんどないでしょう。私の行動のほぼすべてが前例になるでしょう。［中略］。もしわが国と人類の幸福を推進しようと心から努力すれば、成功を収められるかもしれません。そうした希望は、私が人生の終盤で受け取れる唯一の真の慰めです。

まず新政府はできる限り多くの人民から支持を集めなければならない。人民は強大な中央政府に対して疑念を持っている。しかし、憲法で約束された「より完全な連邦」を実現するためには、強力な大統領制度を導入しなければならない。大統領は、人民の不信を買わないように細心の注意を払いながら新政府を主導していかなければならなかった。ワシントンの前に道はない。ワシントンが進んだ後に道ができる。

大統領という前例のない役職が創設されたことで一つの問題が生じる。どのように大統領を呼べばよいのか。この問題について憲法制定会議でも話し合われたが、最終案には何も記載されていない。君主であれば「陛下」である。しかし、大統領は君主ではない。そこで一七八九年四月二三日、大統領の呼称を決定するための両院合同委員会が設置された。五月五日、下院は両院合同委員会の勧告に従って大統領の呼称を「合衆国大統領」と決定した。

その一方、上院は大統領に威厳を与えたいと考えていた。上院の委員会が考案した称号は何とも仰々しい。列挙してみると、「合衆国大統領にしてその権利の擁護者閣下」、「優渥なる殿下」、「高貴な殿下」、「選ばれし陛下」、「選ばれし殿下」、「閣下」である。新しい時代のアメリカ人には形式張った称号など必要ないとウィリアム・マックレイ上院議員が訴えたにもかかわらず、上院は「合衆国大統領にしてその権利の擁護者閣下」を選んだ。上院の考えでは、外国に対する体面を保つためにも大統領にはふさわしい称号が必要であった。また副大統領として上院議長を務めていたアダムズも、外国政府に軽んじられないようにするために大統領に権威を与える必要があると考えていた。

マディソンを長とする下院委員会は上院の提案を拒否して「ミスター・プレジデント」という呼称を採用した。過度の装飾はかえって大統領の威厳を損なうとマディソンは考えたからだ。ある下院議員は、「「ヨーロッパの慣習に対する」猿真似の精神は、外国人の目の前で我々に威厳を与えるどころか、笑われるだけであり、わが国を破滅させる」と主張している。「ミスター・プレジデント」という呼称は今でも使われている。共和国の元首としてこれ以上にふさわしい呼称はないだろう。

ワシントンも下院委員会の決定に同意した。過度の装飾を大統領に与えようとして物議を醸すことは望ましくないとワシントンは考えていた。もちろん上院が自分を困らせようとして称号を与えようとしているわけではないとわかっていたが、ワシントンは困惑を隠せなかった。なぜなら政府に反感を持つ者が過剰な装飾を知れば、君主制の萌芽だと非難する恐れがあるからだ。どうやらワシントンはマディソンと相談のうえ大統領の呼称を決定したようだ。それはアダムズが後に回想していることからわかる。

マディソンはワシントンの意見を知るために［大統領官邸を］訪問した。［中略］。その場に居なかったので私はワシントンとマディソンの間で何があったのか詳しく知らないが、信頼できる情報によれば以下のことは真実だと思う。ワシントンは称号に関して何の反対も表明しなかった。彼は品位ある称号が大統領職にとって有用であり適切であると考えていたようだが、自分自身のためにはいかなる称号も求めていなかった。それにもし閣下という称号が大統領に与えられれば世論を掻き乱すことになり、その結果、連邦議会はその称号を撤回せざるを得なくなるか、連邦政府が有益なことよりも有害なことをしようとしているという偏見を生み出すことになると、会話を聞いたり新聞を読んだりして、彼は確信していたようだった。まさに［閣下という称号を撤回させたのは］マディソン氏であった。

マディソンには、いまだに合衆国憲法に敵意を抱く人びとを刺激しないようにするために簡素な称号を選ぶべきだという固い信念があった。マディソンは、「もし［上院の］提案が実現していれば、上院は大統領を窮地に追い込むことによって、我々の幼い政府に深い傷を与えただろう」と述べている。

大統領の呼び方が決まれば次は給料を決めなければならない。議会は大統領の年俸を二万五、〇〇〇ドル（六、四〇〇万円相当）と決定した。この額は多いのか。他の役職と比べると多い。大統領の次に高額な副大統領の給料の実に五倍である。ちなみに連邦議員の日当は一日六ドル（一万六、〇〇〇円相当）である。

実は大統領職は、高額の年俸を受け取っても割に合う仕事ではなかった。なぜなら大統領の職務に関する経費は支給されなかったからだ。議会が支出したのは建物の改修費くらいである。まずワシントンが大統領に就任した頃はホワイト・ハウスは存在しない。したがって、邸宅を借り上げなければならない。その費用は大統領の自腹だ。さらに大統領の邸宅を訪問する紳士貴顕の接待に要する費用も大統領持ちである。さらに秘書の給料も大統領が支払う。邸宅の運営に携わる一人の執事と十四人の召使いに関連する費用も捻出しなければならない。つまり、二万五、〇〇〇ドルという金額は、一国の元首に関わるすべての経費が含まれていたと考えてよい。そう考えると大統領の年俸は決して高額ではなく、むしろ少なすぎるくらいである。

もし今、あなたがホワイト・ハウスの前に行って「大統領に面会したい」と言えば会えるだろうか。エルヴィス・プレスリーのような有名人でなければ絶対に会えないだろう。現代では考えられないことだが、建国期の大統領は会おうと思えば誰でも気軽に会える存在であった。ワシントン自身があらゆる市民に対して常に門戸を開こうと考えていたからだ。しかし、ワシントンは、議員たち、求職者たち、退役軍人たち、その他の興味本位の者たちなどの絶え間のない訪問に悩まされた。

驚くべきことに大統領を警護する政府職員はいなかった。大統領個人が雇った護衛がいただけである。公式の護衛が初めて雇用されたのは第十代大統領のジョン・タイラーの時代である。さらに現代、アメリカ大統領の警護を二四時間態勢で担当しているシークレット・サービスが創設されたのはリンカンの時代である。ただシークレット・サービスの主目的は、大統領の警護ではなく偽造通貨の取り締まりであった。

なぜ建国期の大統領には警護役が配置されなかったのか。暗殺は暴君や独裁者を排除するために使われる手段であって、正当な選挙で選ばれた共和国の元首を排除するために使われる手段とは見なされていなかったからである。暗殺の代わりに用いられるのが憲法で規定された弾劾と罷免であり、再選という試練である。したがって、その当時、大統領が暗殺されるという事態を想定した者はほとんど誰もいなかった。

たとえ安全上の問題がなくても、訪問者があまりに多いと職務に支障が出る。ワシントンは、「自分の利益ばかり重視する人びとが、朝食の時から、しばしばその前から私が夕食の席に着くまで訪問してくるので私は少しも仕事ができません」と嘆いている。

紆余曲折を経て、毎週火曜日に午後三時から大統領の接見会が開かれることになった。紹介状を携えることが望ましいとされたものの、正装をした者であれば誰でも事前予約なしで大統領に面会できた。接見会はどのように実施されたのか。ある日の様子を見てみよう。

三時ちょうどになると、食堂の扉が開かれた。儀式めいたことは何もなく大統領が入室する。実は最初ないでほしい」とハンフリーズに注意したという。
の接見会が開かれた時、ワシントンの先触れを務めるデイヴィッド・ハンフリーズは「合衆国大統領」と大音声をあげた。訪問客が去った後、ワシントンは「君は私を驚かせたが、二度と驚かせるようなことはしないでほしい」とハンフリーズに注意したという。

入室後、ワシントンは暖炉のかたわらでまるで蠟人形のように直立不動でずっと待っていた。十五分が経過すると扉が閉じられた。さらなる訪問客の入室を謝絶するためである。訪問客は順番にワシントンの前に来てお辞儀する。訪問客に求められたことは、はっきりと自分の名前を発音することであった。ワシントンもお辞儀を返した。もちろんワシントンが名乗る必要はない。ワシントンは訪問客の名前を一度で覚えてしまったという。したがって、二度目に訪れる者は自分の名前を言わなくて済んだ。

興味深いことにワシントンは、訪問客と絶対に握手しなかった。ワシントンの手には、儀礼用の剣と帽子が握られ、握手を拒んでいることを暗示していた。実はワシントンは握手を嫌っていた。誰でも気軽に握手するという慣習はワシントンの辞書にはない。ワシントンが握手する相手はごく親しい友人に限られていた。ジェファソンによれば、ワシントンは人民に不信感を抱いていて、人民と深く接触せずに済むように接見会を堅苦しい儀式にしたという。好意的な見方をすれば、ワシントンは大統領の威厳を守ろうとしたと言えるだろう。

挨拶が済んだ後、ワシントンは訪問客の間をゆっくり回って軽い会話を楽しむ。いったいどのような会話をしていたのか。接見会に出席したマックレイが記録を残してくれている。まずワシントンがマックレイに尋ねる。

「最近の天候はあなたの地方の農業にとって良かったでしょうか」

「あまり良くはありません。これまで私が知っている中で最も季節の進行が遅れているようです。ここ最近は特にひどく、ペンシルヴェニアからの手紙によれば、植物の成長が遅れているそうです」

「おそらく果物は無事だと私は期待しています。季節の進行の遅れは果物にとって好都合ですが、私がヴァージニアを出発する前に、ヴァージニアでは果物はもう終わっていました」

「果樹園がどれくらい風雨にさらされているかによると思います。我々が発見した北部の気候の特徴によれば、果実が実るのは間違いないと思います」

「確かにそれは優れた観察だと思いますし、きっとそうなるでしょう」

農業に関心を持つワシントンらしい会話である。訪問客との会話を一通り済ませるとワシントンは、最初にいた暖炉のかたわらに戻った。それから訪問客は、ワシントンの前に再び出て一人ずつ挨拶した。四時の鐘が打つと接見会は終わりとなった。ある訪問客は、接見会について次のように記している。


丈高く男らしい姿のワシントンは、黒いビロードを纏っていた。彼の髪は整えられ、髪粉がまぶされていて、大きな絹の袋に後ろでまとめられていた。彼の手には黄色の手袋がはまっている。花形帽章がつけられ、一インチ［約二・五㎝］の幅で黒い羽によって縁取られた三角帽を握っていた。彼は、膝当てとみごとな造りで磨かれた鋼鉄の柄の長い剣を腰の左側に下げていた。剣の上に外套を着ているので剣の柄と外套の後ろの襞が見えた。剣の鞘は磨かれた白い革であった。

こうした装束はワシントンの正装である。いかにワシントンが接見会に気を使っていたかがわかる。このように気を使っていたにもかかわらず、接見会に対するマックレイの評価は非常に辛辣である。

君主を思わせるような振る舞いは共和主義に反している。これは誰にも免れられないことである。それ［接見会］において君主のような栄光が強くなっている。総じて共和主義者たちは、ワシントン将軍に対する敬意がないと非難される恐怖によって抑圧されている。たとえそれ［ワシントンに対する敬意］を見直したいという希望が反逆だと見なされても、神がワシントン将軍を天国に置いて下さればよいのに［死ぬの婉曲表現］と私は願う。そうなれば、我々は、彼があらゆる憲法に反する非共和主義的な行動を絶えず覆い隠そうとするのを止めさせられる。

こうしたマックレイの憤慨もまったく的外れというわけではない。事情を知らない者が当時の社交界を見れば宮廷のように見えただろう。実際、大統領が王のように宮廷を作ろうとしているという批判が数多く寄せられた。そうした批判を知ったワシントンは、「いったいどこに虚飾が見いだせるのか」と不満を述べている。

接見会のほかにも公式行事があった。毎週木曜日の午後四時から開かれる晩餐会である。招待されるのは政府の要人たちである。晩餐会は三つのコースで構成されるのが常であった。第一のコースでは、十種類程度の蟹や海老、魚料理などが同時に運ばれた。第二のコースに入る前にテーブルクロスと食器が交換された。第二のコースは肉料理とデザートである。そして、第三のコースは果物と木の実が供せられることが多かった。ある日の晩餐会のメニューを簡単に列記すると、メイン・ディッシュは焼き魚、茹でた牛肉、ベーコン、そして、鶏肉などであった。デザートはアイス・クリーム、ジャム、パイ、プディング、そして、メロンであった。それに加えてワシントンは一パイント（約四七〇㎖）のビールと二、三杯のワインを飲んだという。

マックレイの日記には晩餐会の様子が詳しく記録されている。

私が知っている中で最も厳粛な晩餐会であった。テーブルクロスが取り除かれるまで、乾杯もなく話される言葉もほとんどなかった。大統領はグラスにワインを満たすと、テーブルの周りにいる人びとをそれぞれ名前で呼んで堅苦しく乾杯した。すべての者が彼を見倣ってグラスを満たして「あなたに乾杯」や「奥様に乾杯」などと言い合い、「あなたに感謝を」や「奥様に感謝を」などと言い交した。［中略］。大統領は、ニュー・イングランドの聖職者がブランクス川と呼ばれる川を渡っている時に帽子と鬘をなくした話をした。彼が笑いを浮かべていたので、その他の者たちも笑っていた。それから彼はいくつかのありきたりな話題についてちょっと話したが、彼の言葉は無難なものであった。［中略］。テーブルクロスが片づけられた時、大統領はフォークをまだ握っていた。きっとそれは木の実を取るために違いないと私は思った。しかし、彼は木の実を食べず、フォークを弄んでテーブルの端を叩いていた。

おそらくワシントンの話はあまり面白くなかったのだろう。出席者が愛想笑いしている様子が目に浮かぶようだ。またほかの人びともさまざまな話題を披露したが、ワシントンがフォークで遊んでいるところを見ると、あまり関心を持てなかったらしい。それはいつものことらしく、別の機会にもマックレイは次のように記している。

大統領は憂鬱な表情を浮かべているようであった。生真面目が根を張ったような鬱々とした曇り空からは、陽気な太陽の喜ばしい光が溢れることなどなかった。食べたり飲んだりする合間に、大統領はテーブルの上でナイフとフォークを太鼓のばちのように弄んでいた。

ワシントンは、ごく内輪の人間に対しては闊達に話しかけたが、あまり親しくない人びとがいる場を持たせるのは得意ではなかった。それにマックレイによれば、ワシントンは耳が遠くなっていたようだ。ただそれはワシントンの演技であった可能性がある。しばしば大統領官邸に招かれたアッシュベル・グリーン牧師は、ある下院議員とワシントンのやり取りを記録している。

下院議員は、議会で議論が交わされている問題についてワシントンに意見を求めた。大統領から返ってきたのは曖昧な答えであった。きちんと聞こえなかったのではないかと思った下院議員は質問を繰り返した。返ってきた答えはやはり曖昧であった。それを横目で見ていたグリーンは、ワシントンが明言を避けようとしていると気づいた。しかし、下院議員はまったくそれに気づいていないようで再三、質問を繰り返した。するとそこへ誰かが入ってきた。ワシントンはこれ幸いとその者と話しに出て行ってしまった。そして、部屋に帰って来ると元の席には戻らずに反対側に席を占めた。

マックレイの辛辣な記録は少し割り引いて考える必要がある。なぜならマックレイは「晩餐会への出席を上院議員が従うべき義務だと考えていて、それが終わるととても嬉しかった」と皮肉たっぷりに書いているからだ。したがって、マックレイの目からすれば、大統領の行動は何でもかんでも気に食わなかった。

ある日の晩餐会でワシントンは、自分の前に置かれている皿から料理を取り分けようかとマックレイに礼儀正しく聞いた。心の中でマックレイは「そんな間が抜けたことがあるだろうか」と毒づいた。すでに満腹なので、もうこれ以上、何も必要ないとマックレイはワシントンに断ったばかりだった。それでもワシントンは懲りなかったようで、デザートが来た時にまたマックレイに勧めた。とうとうマックレイは断りきれずにしぶしぶプディングを腹に詰め込んだという。

接見会と晩餐会に加えて大統領夫人が主催する公式行事もあった。言うなれば大統領夫人のサロンである。毎週金曜日の夜に開かれた。いったいどのような場であったのか。当時の参加者の記録を見てみよう。

彼［ワシントン］は常に出席していた。若い淑女たちが彼の周りにいつも群がって彼と会話を楽しんだ。その当時のよく記憶に留められている美女たちが彼と特別にお近づきになりたいようであった。これは彼女たちが彼と話す唯一の機会だったので、彼女たちは機会を有効に使おうとしていた。もし彼が笑ったことがあり、顔に微笑を浮かべることがあったとすれば、一人の勇敢な兵士であり紳士でもある人物が、若く見目麗しい女性たちに囲まれてきっと愉快に感じているに違いないと思っただろう。しかし、そうではなかった。ワシントンの表情は決して緩まなかったし、いつものような荘重さを崩すこともなかった。

この会にはもちろん男性も参加できたが、上品な振る舞いを保つように求められた。政治の話題は忌避された。供せられる飲料も酒類はなく、コーヒー、紅茶、レモネードなどである。貴婦人たちのお茶会と言えばわかりやすいだろう。さらにイギリス人の旅行者による詳細な記録が残っている。

上質の服装を着た召使いが訪問者たちを扉で迎え、合衆国に仕える士官が彼らをワシントン夫人と数人の淑女たちが座っている応接間に案内した。大統領夫人よりも目立つ存在はほかに何もなかった。彼女は貫禄があって親切であり、非常に上品な育ちを示していた。すぐに彼女は打ち解けた会話に入って、どのくらいの期間、アメリカに滞在するのか、この国を気に入ったかどうかなど親しみやすくありきたりな質問をした。数分後、［ワシントン］将軍が部屋に入って来た。彼の名前を告げる必要はなかった。というのは、彼の特別な外見、秀でた額、高い鼻梁、そして、下顎の突出、身長によって、彼を仔細に見る者は誰も彼を見誤ることはなかったからだ。［中略］。ワシントン夫人が私を紹介した後、彼は私に座るように求め、それから自分も椅子に座ってすぐに会話に加わった。彼の礼儀は好感の持てるものであった。彼は、この国、そしてニュー・ヨーク市が気に入ったかどうか聞いた。アメリカの未発達な制度について、アメリカが持つ利点について、そして、アメリカと交流することによって他国が得られる利益について語った。彼の作法は丁重であったが、同時に気さくなものであった。彼の服は紫色のサテンであった。彼の外見には尊敬を抱かせるような雰囲気があり、自由気ままを許さないような

Daniel Huntington, “The Republican Court” (1861)

ところがあって、偉人が持つ精神的影響力の中でよく感じられる一種の畏敬が滲み出ていた。

こうした会に出るのはマーサの本意ではなかったが、大統領夫人の務めを忠実に果たした。そんなマーサをワシントンは「物静かな妻、物静かな人」と評している。しかし、新政府に懐疑的な新聞は、こうしたマーサの振る舞いを「軽薄でお上品ぶっている」と批判し、「まるで女王のような」振る舞いによってアメリカの共和主義を損なおうとしていると攻撃した。このような批判にもかかわらず、マーサが公式行事を取り止めなかった理由は、儀礼を通して大統領の威厳を高めることが大切だと考えていたからである。大統領としてあるべき前例を作ったのがワシントンであれば、ファースト・レディとしてあるべき先例を確立したのはマーサである。

ワシントンという名の少年

晴れた日の午後のことである。いつものように大統領が住む邸宅の扉が開き、三人の男たちが出てきた。先頭を歩く男はワシントンのようだ。その後に続く二人は秘書だろう。これから散歩に出かけるところらしい。何のために散歩するのだろうか。健康維持のための運動か。そうではない。なぜならワシントンは人目にあまりつかない早朝に乗馬を楽しむのが常であったからだ。健康維持のための運動であれば乗馬で事足りるだろう。ではなぜ人目に触れやすい午後に散歩に出かけるのか。市民に姿を見せるためである。散歩というのは市民の嗜みであって共和主義を体現する行為であった。階層の上下を問わず誰であれ散歩するためには歩かなくてはならない。

一人の召使いが通りを歩くワシントンの姿を見ていた。周りから少し頭が突き出たワシントンの姿は遠く

Frank T. Merrill, "The Great Washington Stooped down and Laid His Hand upon The Head of The Small Washington" (Before 1923)

からでもたやすく確認できた。やがてワシントンはある店の前で立ち止まると中に入った。召使いは一緒にいた少年の手を引くとその後を追った。少年は何とかして手を振りほどこうとしたが、ワシントンの姿を見ておとなしくなった。召使いがワシントンに声をかける。

「恐れ入りますが閣下、ここにいるのはあなたに因んで名づけられた少年です」

ワシントンは少年のほうを見て微笑んだ。召使いは少年の耳に口を寄せて囁いた。

「ワシントンです。教えたようにきちんと挨拶なさい。さあ、あなたの名前をはっきり言うんですよ」

突然のことに驚いた少年は一言も話せなかった。その様子を見ていたワシントンは少年に近寄ってただ優しく頭を撫でた。ワシントンと少年は互いに笑みを交わした。何か言い知れない感情が二人の間に生まれたかのようであった。

この少年こそ、後に文豪となるワシントン・アーヴィングその人であった。アーヴィングはこの出来事を生涯忘れることなく、畢生の大作であるワシントンの伝記を書くことになる。人と人との出会いは時に何か大きなものを生むことがある。「建国の父」ワシントンと「文学の父」アーヴィングの出会いもそうした出会いの一つであった。

各省の創設

政権発足時にワシントンが連合会議から引き継いだのは、給与の支払いがとどこおった十数人の事務官と空の国庫、莫大な負債、そして、六七二人の将兵だった。海軍はすでに解散されて存在していなかった。さらに司法府も紙の上では存在したが、実質的には存在していないに等しかった。

まったく救いがなかったわけではない。旧連合会議で外務長官を務めたジェイと陸軍長官を務めたノックスが留任して引き続き職務に当たっていた。ほかにも財政を管轄する理事会があった。それでも大統領の双肩にのしかかる仕事は多かった。ワシントンはすべての通信や文書に自ら目を通した。多くの場合、ワシントンは羽ペンを手にしながら手紙や文書を読み、それらを要約したり抜粋したり、さらに理路整然と並べたりした。これはワシントンが農園の管理や大陸軍の統率で身につけた情報整理の方法である。

なぜこのような方法をワシントンは好んだのか。目的は二つある。一つ目の目的は決断を下すための情報を得ることである。そして、二つ目の目的は、あらゆる点について熟考する時間を持つことである。したがって、ワシントンはまったく事情を知らずに決断を下すことも、決断を他人任せにすることもほとんどなかった。急がずに、しかし、考えられる中で最善の決断を下すように努めるというのがワシントンの特性であった。

もちろんワシントンは、大統領の執務を単独で担っていたわけではない。個人秘書たちが手助けしている。その中で最も重要な役割を果たしたのがマウント・ヴァーノンでも個人秘書を務めていたトバイアス・リアであった。リアはワシントンのために書簡を起草し、晩餐会の招待状を出し、書類を管理するだけではなく、ネリーとウォッシュの家庭教師を務め、散歩に同行し、マーサの買い物に付き添った。リアを信頼したワシントンは現金の出納まで任せている。リアもワシントンを敬愛していた。

リアのほかにもこれまでに何度か登場したデイヴィッド・ハンフリーズやワシントンの親戚などが個人秘書を務めた。大統領が個人秘書を重要な政務に携わらせる習慣は、ホワイト・ハウスのスタッフ制度が整備される二〇世紀に入るまで廃れなかった。秘書たちに加えてワシントンを補佐したのはマディソンである。先述のように就任演説を起草したのもマディソンであった。新政府を始動させるにあたって、ワシントンが憲法の解釈を相談するのにマディソン以上にふさわしい人物はいなかった。雑務であれば秘書たちに任せればよいが、大統領として判断を下すために的確な助言を求める顧問も必要である。それがマディソンであった。

政権発足当初、マディソンはワシントンに協力を惜しまず、実質的に立法府と行政府の橋渡しを務める「首相」の役割を果たしていた。そうした様子を身近で見ていたある下院議員は次のように友人に書き送っている。

マディソンは強力な政府の偉大な友人です。彼の偉大な才能は、彼自身に重みを与えるだけではなく［ワシントン］政権に重みを与えています。彼は大統領にかなり信頼されているようです。そして、いつか彼自身が大統領として立つ日も来るでしょう。

ただマディソンは本来、立法府の一員である。行政府の運営に協力しているのは一時的な措置である。一七八九年五月十九日、マディソンは、外務省（後の国務省）を創設する動議を下院に提出した。それは大統領を補佐する行政組織を作る試みであった。そうした組織が整備されれば、マディソンは議員の職務に専念できるだろう。

マディソンの提案は激しい議論を引き起こした。何が問題だったのか。外務長官の罷免権が争点となった。人事権を握ることはすなわち権力を握るのに等しい。大統領単独にすべての任命権を与えるのは独裁に至る危険性がある。それを避けるために特定の人事において大統領が指名し、それを上院が承認するという仕組みが憲法で導入されていた。では罷免権についてはどうか。任命と同じく罷免も上院の承認を必要とするべきである。

ワシントンはそうした提言に危機感を抱いた。もし大統領の一存で長官を罷免できなければ、職務の執行において支障をきたすことは間違いない。ワシントンの意を汲んだマディソンは、行政府の独立を守るために大統領単独に罷免権を与えるべきだと議会で主張した。幸いにも外務省の創設に関するマディソンの提案は、若干の修正が加えられただけで下院で可決された。

下院に続いて上院でも罷免権をめぐる論争が起きた。ウィリアム・マックレイ上院議員は、もし罷免権を大統領単独に与えれば、きっとそれを濫用するようになると警告した。罷免を恐れる官吏はあらゆる問題を大統領に諂るようになり、単なる奴隷になってしまうだろう。マックレイの考えでは、大統領単独に罷免権を与えることは上院から権力を簒奪しようとする試みにほかならない。マックレイの動議は、激しい議論を巻き起こした。その結果、上院の票決は均衡した。上院議長を務めるジョン・アダムズは、大統領単独の罷免権を認める側に一票を投じた。こうして官吏に対する大統領単独の罷免権が確立された。

議会の承認を経た後、七月二七日に外務省が創設された。同様な省庁は連合会議にもあったが、大きな違いは、省庁が立法府ではなく行政府のもとに置かれたという点である。発足したばかりの外務省の予算は八、〇〇〇ドル（二、二〇〇万円相当）にすぎない。人員もわずかに四人の事務員と一人の翻訳官だけである。外務省の主な職務は、各地に駐在する公使や領事への通信、外国公使との交渉であった。さらに司法省がまだ存在しなかったために、判事や執行官への通信も外務省の役割であった。

外務省に次いで八月七日、陸軍省が創設された。陸軍省は陸軍や防衛設備の管轄のほかにインディアン問題も扱った。創設当初、長官のもとに配属されたのは秘書官一人と事務員一人だけである。それだけ仕事がなかったということだ。連邦政府が管理すべき軍隊も小規模であり、インディアン問題もまだ方針が定まっていなかった。

そして、九月二日、財務省が創設された。財務省が発足した時、その職員数は三九人であった。財務省の責務は、国家の信用の維持、財政計画の調整、通貨の管理、関税の徴収、密輸の取り締まり、灯台業務の監督、航路標識の設置、国土の測量など多岐にわたる。広範な業務を遂行するために財務省の職員は次々に増員された。

当然、このように強力な財務省は議会の警戒を招いた。イギリスの歴史をひもとくと、大蔵卿が課した重税が暴動や内乱の引き金となっている。そのような轍を踏まないために、財務省に権限を集中させないようにしなければならない。こうした考えを持つ議員が権限を分散させる提案をおこなった。すなわち、財務省を一人の財務長官ではなく三人から構成される理事会に統括させるという案である。

そうした案に対してマディソンは、必要な権限をすべて備えた一人の財務長官が効率的に財務省を統括するべきだと唱えた。最終的に議会は、定期的な報告を議会に提出することを条件に単独の財務長官に財務省を統括させることを決定した。後にマディソンは自分の発言を悔いることになる。

こうした行政組織を運営するためにワシントンは、政権終了までに約四〇〇人の公職者を指名している。ワシントンが大統領に就任する前から公職を求める人びとの手紙が殺到した。ワシントンは友人や親戚を指名からわざと外した。人選は公正でなければならないというのがワシントンの固い信念であった。したがって、個人的な意向で公職者を選ぶのはもってのほかである。ワシントンは、「血縁や縁故が公的な性質を持つ決定にいかなる影響も与えないようにしなければならない」と断言している。人事の基準は、能力、年功、憲法への忠誠心、独立戦争時の貢献、そして、地域的な均衡に置かれた。公正な人事こそ人民の信頼を獲得する近道であり、新政府の正統性を確保する最善の方策だとワシントンは考えていた。

ワシントンの徹底ぶりを伝える話がある。ワシントンは甥のブッシュロッド・ワシントンに非常に目をかけていた。ある時、ブッシュロッドがヴァージニア州連邦地方検事の職を求めた。ワシントンは愛する甥に次のような手紙を送ってなだめた。

あなたが就きたいと希望した公職にあなたは十分にふさわしいかもしれませんが、法曹におけるあなたの立場だけでは私があなたを任命する正当な根拠とはなりません。［中略］。たとえ私が縁故主義から影響を受けなかったとしても、正当な批判に対して十分に耐えられるようにしなければなりません。というのは、アルゴス［ギリシア神話に登場する不眠の百眼巨人］の目が私に向けられていて、友人や親類に対する依怙贔屓だと誤解されるようなことを自ら戒めなければ、無事にすり抜けられないからです。

結局、ブッシュロッドは、叔父が大統領を退任するまで官職に就くことはなかった。後にブッシュロッドは、「偉大なる最高裁長官」ジョン・マーシャルとともに三〇年近くも連邦最高裁判事を務めることになる。漢語にも「大義親を滅す」という言葉がある。その言葉とワシントンの信念は同じである。すなわち、国家の大事のためには、たとえ親兄弟であっても恩愛に狎れず義理に溺れない。公職の斡旋を大統領に取り次ぐように依頼されたジョン・アダムズは、次のような謝絶の手紙を書いている。

私の影響力やその他の人びとの影響力に頼るべきではないとあなたに注意しなければなりません。私が思うに、誰も大統領に影響力を及ぼすことはできません。彼はあらゆる方面から情報を集め、私が知るどのような人物よりも独自の考えで判断を下します。

閣僚制度

各省の創設が終わったら次に考えなくてはならないのは長官の人選である。ワシントンは誰を選んだのか。まず陸軍長官から見てみよう。陸軍長官に任命されたのはヘンリー・ノックスである。独立戦争での活躍のおかげで軍部に強い影響力を持っている。連合会議でも陸軍長官を務めていたので新規の任命ではなく留任と言ったほうが適当だろう。ノックスが自ら意見を表明することはほとんどなく、どちらかと言えば大統領からの命令を待つようなところがあった。それでも問題はなかった。内治に専念すべき時に軍事はほとんど必要ないからだ。

次に財務長官の人選である。最初、ワシントンはロバート・モリスを財務長官に据えようと考えていた。独立戦争中にモリスの活躍によって財政破綻を免れたことは記憶に新しい。モリスは単なる財務官ではない。さまざまな顔を持つ大事業家である。交易船の船主であり、製鉄業の経営者であり、土地の投機家であり、銀行の創立者であり、アメリカの政財界に顔が利くだけではなく、その名はヨーロッパにまで轟いていた。モリス以上に財務長官に適任な者はいない。

就任式に向かう途中、フィラデルフィアのモリス邸に立ち寄ったワシントンは、邸宅の主に向かって次のように言ったという。

「モリス氏、財務はもちろんあなたのものだろう。革命の財政家としてのあなたの計り知れない貢献を知れば、誰も財務長官の座をあなたと争おうとはしないでしょう」

モリスは、自分が手がけている事業から目を離せないと言ってワシントンの打診を断った。それから一言付け加えた。

Jennie Brownscombe, “Washington's Cabinet” (Before 1936)

「しかし、将軍、私が財務長官を断っても、あなたは何も失うものはありません。というのは自分で財務長官にならなくても、はるかに賢明な人物、あなたのかつての副官であるハミルトン中佐を私は推薦できるからです」

　モリスの言葉に驚いてワシントンは呟いた。

「ハミルトン中佐が優れた才能の持ち主であることは私もかねがね承知していたが、彼に財政の知識があるとはちっとも知らなかった」

「彼は何でも知っていますよ。彼のような人間にはできないことなどないのです」

　かねてよりモリスは、ハミルトンと親しく手紙をやり取りして国立銀行の構想や国家財政の問題について話し合っていた。そして、ハミルトンの造詣（ぞうけい）の深さに舌を巻いていた。そうした経緯からモリスがハミルトンを推薦するのは当然と言える。この男に活躍の場を与えなければ国家の損失であるとモリスは信じた。モリスの推薦に加えてマディソンもハミルトンが適任であると太鼓判を押した。マディソンはそのことも後悔することになるが、それはまだ先の話である。

ハミルトン自身は自分が財務長官に任命されるとは思っていなかったらしい。ある日、ハミルトンは友人から「大佐、いったい誰が長官になるか私に教えてくれませんか」と声を掛けられた。それに対してハミルトンは、「誰が長官になるかあなたに教えられませんが、長官になれそうにない者なら教えられます。あなたの忠実な友ですよ」と答えた。「忠実な友」とはハミルトン自身である。

ハミルトンの言葉は謙遜である。ハミルトンは卓越した構想力、すなわち何らかの目的のためにそれを達成する仕組みを作る力を持っていた。そうしたハミルトンの才能は豊かな知識に支えられていた。常に学ぶことを忘れず、その該博な知識は世界各国の漁業、海運業、貿易、貨幣、製造業、鋳物業、土地、労働など多岐にわたった。一七七六年に発行されたばかりのアダム・スミスの『国富論』もいち早く入手して丹念に読み込んでいた。まさに「百門の大都」とでも言うべき博覧強記の経世家であった。

ハミルトンは、ワシントンと同様、否、それ以上に強力な中央政府の樹立を目指してきたが、今やそれを実現できる地位に就いた。ハミルトンが考案した政策は、アメリカが近代国家として進む方向を決定した第一歩だったと言える。そうした試みを成功に導くためには、憲法の原理を十分に理解したうえで現実に対応できる仕組みを作らなければならない。したがって、政治理論の知識と実務の才腕が同時に要求される。ハミルトンは両方の要求に応えられる稀有な人材であった。建国期という創造の時代にハミルトンという才器をアメリカが得たことはまさに幸運である。

ワシントンは、留任者や腹心であったという理由でノックスとハミルトンを長官に指名したわけではない。

ジェファソンによれば、「彼の心は愛情で温かかったが、彼はあらゆる人物の価値を計算し、それに応じた確固とした評価を与えた」という。つまり、ワシントンの人物鑑識眼は私情によって曇ることはなかった。それよりも政策について異なる観点から判断できるようにワシントンは留意した。要職に誰を就けるか判断する場合、候補となる人物の資質によって判断するべきであって、愛着によって判断するべきではない。愛着によって判断すればイエスマンばかりになってしまい、組織が危険な方向に傾いていても誰も気づけない。

三人の長官の中で残るはジェファソンである。ノックスとハミルトンと違ってジェファソンはワシントンのもとで働いたことはこれまでなかった。最初、ワシントンは連合会議で外務長官を務めていたジョン・ジェイを国務長官に任命しようとした。しかし、ジェイが連邦最高裁長官職を望んだのでジェファソンに白羽の矢が立った。独立戦争が勃発する前からワシントンとジェファソンは顔見知りであったが、ほとんど交流はなかった。共通の親しい友人としてマディソンがいたくらいである。国務長官に指名された時、ジェファソンは外交官としてヨーロッパに滞在中であった。そのためジェファソンが指名を知ったのは帰国後である。上院はすでにその指名を承認していた。

ジェファソンは、フランス革命の成り行きを見守るためにフランスにまた戻って、それ以後は公職から退きたいと手紙でワシントンに回答した。その回答を待たずしてワシントンから就任を要請する手紙が再び届いた。ワシントンによれば、ジェファソン以上に国務長官の重責を果たし得る人物はほかに見当たらないという。現代ではジェファソンは独立宣言の起草者としてその名を不朽のものとしているが、当時はそれほどでもなかった。それでもワシントンがジェファソンの才能を認めたのは慧眼と言えるだろう。

あらゆる分野に精通した万能のルネサンス人がジェファソンの理想であった。政治理論に関してはジョン・アダムズやマディソン、そして、ハミルトンに一歩譲るかもしれないが、植物学、農学、地理学、生物学、天文学、言語学、哲学など教養の幅の広さとなると、ジェファソンが建国の父祖たちの中で群を抜いていることは間違いない。ただジェファソンは「スフィンクス」と言われることもあるようにきわめて謎めいた人物である。ざっくばらんでいかにも庶民的というイメージを持ちながら、たくさんの奴隷にかしづかれながら壮麗な邸宅に住み、食通で買い物道楽に耽るというまるで貴族のような生活を送っていた。清廉な哲学者というイメージを世人に与えたいと思いながら、実は野心を抱いた如才ない政治家であった。ジェファソンについて書こうと思う者は、いったいどれがジェファソンの実像なのだろうかと惑わされてしまう。もしかしたらジェファソン自身にもわかっていなかったのかもしれない。

ジェファソンによれば、ワシントンはもし国務長官職が合わないと思えばフランスに戻ってもよいと約束したという。ワシントンはマディソンを派遣して「あなた以上に責務をうまく遂行できる人物はいない」とジェファソンに伝えた。大統領と同様に考えていたマディソンは自ら説得役を務めた。ジェファソンは国務長官の職務が重荷になるのではないかと危惧していた。それに対してマディソンは、国務長官の職務はそれほど難しくないと説いた。外交面において経験と能力を持つ人物はジェファソンをおいてほかにいない。さらにジェファソンがフランスに戻って達成しようとしている目的、つまり、フランスとアメリカの通商条約の締結は、海外で一外交官として事に当たるよりも国務長官として事に当たったほうがもっとうまくいくはずだ。したがって、大統領の要請を受けて国務長官に就任するべきである。

マディソンの熱心な勧めを受けたジェファソンは、「真に遺憾に思いながら」も一七九〇年二月十四日にようやく就任を受諾した。そして、三月二二日、ニュー・ヨークで国務長官に着任した。その途上、ジェファソンはフィラデルフィアで死の床にあったフランクリンを見舞っている。その前年にフランクリンは次のような手紙をワシントンに送っている。

私個人の安楽を考えれば、私は二年前に死んだほうがよかったかもしれません。その年月の間、私は耐え難い苦痛にさらされましたが、我々の現在の状況を見られるまで生き延びれて私は嬉しく思います。今、私は八四歳を終えるところですが、おそらくもうすぐ私の人生の旅路を終えることになるでしょう。しかし、今後、どのような状態で生きることになっても、もし通り過ぎる記憶を保持できれば、私はわが親愛なる友人であるあなたに長い間にわたって抱いてきた敬意と愛情とともに記憶を保持したいと思います。

ワシントンは次のように返信している。ワシントンがフランクリンに敬意を抱いていたことがわかる。これはワシントンからフランクリンに宛てた最後の手紙である。

あなたが苦しんでいる猛烈な苦痛がなくなったことを祝えるように、そして、あなたが安楽に暮らせるように神に祈っています。あなたが生き延びることはわが国にとって恩恵であるばかりではなく、人類にとって有用だからです。もし自由民の願いに加えて科学と人間性のあらゆる友人の真摯な祈りが苦痛や不調から身体を解放できるなら、当然ながらあなたは特別な扱いを受けるでしょう。たとえそうならなくても、我々が救済になると信じられる唯一の源泉である哲学者の精神をあなたは心の中に宿しています。もしその慈愛で崇拝されれば、もしその才能で尊敬されれば、もしその愛国主義で認められれば、そして、人類の精神に与えた博愛主義で愛されれば、自分が無駄に生きたわけではないと知って満足できる慰めをきっと得られるに違いありません。私があなたのことを記憶に留めている限り、あなたに対する愛情と敬意を抱いていると伝えることは、あなたの人生の中で無上の喜びとなると思っています。

四月二一日、フィラデルフィアでフランクリンの葬儀がおこなわれた。街中の教会の鐘が打ち鳴らされる中、二万人の市民が葬列を見送った。フランクリンの遺体は、先に亡くなった妻のデボラの隣に埋められた。簡素な墓石には「ベンジャミンとデボラ、一七九〇」としか記されていない。フランクリンのような高名な人物には、余計な説明文など不要かもしれない。もしほかにフランクリンの墓碑銘としてふさわしい言葉があるとすれば、フランクリン自身が若い頃に書いた次のような文句だろう。

印刷人のベンジャミン・フランクリンの身体は、古い本の表紙のようにその中身が擦り切れてしまった。そして、その活字と装飾を剥ぎ取った物がここに眠り、蛆虫の餌となっている。しかし、作品自体が失われることはない。というのは彼が信じていたように、それは書き手によって修正されて改善されたより優れた新しい版で再び現れるからである。

ジェファソンのことに話を戻す。就任の受諾から着任まで一ヶ月以上も時間が過ぎているのはなぜか。いくら交通事情が悪かったとはいえ、ヴァージニアからニュー・ヨークまで一ヶ月以上かかることはない。ジェファソンはフランクリンの見舞いのほかにいったい何をしていたのか。

まず借金である。外交官として留守にしている間、農園経営が不振に陥っていた。それにジェファソンには浪費癖がある。ジェファソンはニュー・ヨークに行くために二、〇〇〇ドル（五四〇万円相当）の借金をしなければならなかった。さらにジェファソンは、娘の結婚式の準備があるので遅れると大統領に伝えてほしいとマディソンに手紙で依頼している。まだ大統領の堪忍袋の緒が切れることはないだろうと思ったマディソンは、ジェファソンの手紙をワシントンに直接見せた。ジェファソンの就任を喜んでいたワシントンであったが、さすがに私事による公務の遅滞を快く思わなかった。

紆余曲折を経てようやく閣僚が顔を揃えた。閣僚制度の原型ができたのはワシントン政権である。ワシントンはこれまで行政府の長になった経験がないので、参考にできる経験は軍を統率した経験しかなかった。大陸軍総司令官として将軍たちと戦略を協議したように、ワシントンは大統領として閣僚にさまざまな政策提言を求めた。ワシントンは自分の考えを閣僚に押し付けようとはせず、むしろ閣僚が何を考えているのか聞き出そうとした。ワシントンは、必要に応じて閣僚一人ひとりに文書、もしくは面談で助言を求めるスタイルを好んだ。

ジェファソンによれば、大統領は「車輪の軸」であって閣僚は大統領を取り巻く輻(や)である。まず大統領のもとに各所から文書が寄せられる。大統領は、閣僚の管轄領域を考慮したうえで文書を分配して返答を吟味するように求める。その一方、閣僚も自分が担当する省庁から上がってきた文書を選別して大統領の承認を求める。

このような情報伝達の道筋を作ることによって大統領は重要な事実を認識でき、連邦政府の各部署で何が進行しているのか正確に把握できた。膨大な情報の中から必要な情報が届く仕組みがなければ、大統領は適切な判断を下せない。

歴代大統領の意思決定の仕組みは、主に競合型、階層型、同等型に分類される。ワシントンが採用した手法はどれに当てはまるのか。一つひとつ確認してみよう。

競合型は簡単に言えばコンペ方式である。例えば美術館を建築するにあたって設計案を公募する。つまり、一つの課題を決定して競合する複数のチームに案を出させる。この方式は大統領にさまざまな情報をもたらすが、競合するチームが対立する危険性もある。大統領はそうした対立を調停する能力に加えて、どのような課題が重要であるのか自身で見きわめる能力を求められる。

階層型はいわゆるトップ・ダウン方式である。情報は下から上に向かうにつれて徐々にまとめられて整理される。したがって、大統領は最終判断を下すだけでよい。しかし、大統領のもとに届く情報が限られ、場合によっては重要な情報が届かず大統領が孤立する恐れもある。

最後は同等型である。同等型は階層を持たない。特に与えられる課題は決定されず、構成員は自由に同等の立場で発言できる。三つの方式の中で最も多くの情報を大統領は得られる。しかし、情報はほとんど整理されず、何が重要であり、何を優先するべきなのか決定することが難しい。

ワシントンが採用した手法は同等型に分類されるだろう。ワシントンは閣僚が互いに自由に考えを交換して同僚意識を持つように求めた。そして、議論ができるように書類を必ず複写するだけではなく、他人にわかりやすいように記述するように求めた。見解の多様性を保つことは重要である。ワシントンによれば、他人の意見を知ることによって「自らの欠点を正すことができ、自らに備わる偏見を取り除けるから」である。

当初は書面、もしくは面談によって閣僚一人ひとりと対話する方式を採用していたワシントンであったが、徐々に閣議を開いて政策を議論するようになった。ワシントンは閣議で異なった意見を調整しようと努めたが、いったん大統領として決断を下した後はそれに従うように各人に求めた。ハミルトンによれば、ワシントンは「大いに相談し、十分に考え、ゆっくりと判断し、確かに決断した」という。

本来、閣僚は大統領に助言する単なる諮問機関である。しかし、ワシントンはイエスマンを揃えたわけではない。ジェファソン国務長官、ハミルトン財務長官、ノックス陸軍長官はそれぞれ異なった政治的見解を持っていた。ワシントンが指導者として優れていた点は、才能を持った人物を周囲に集め、その能力を十分に発揮させた点であった。それに先述のようにワシントンは、自分の意見を押し出す手法よりも他人から意見を引き出す手法を好んだ。そうした手法は、他人の才能にあまり嫉妬しないワシントンの性格にも合っていた。極言すれば指導者は、優秀な人物を受け入れる器になることが役目である。ワシントンの器のおかげで合衆国政府は、たぐいまれなる才知に富んだ顔触れで最初の一歩を踏み出せた。

大統領と議会

新しい連邦議会に集った議員たちは豊富な経験を持つ人びとであった。九割以上の議員が植民地議会議員や邦議会議員を務めた経験を持っていた。その他にも大陸会議や連合会議の代表を務めた者たちも多く含まれる。新政府はまるで二年前に開かれた憲法制定会議の続きのようであった。議長を務めたワシントンは大統領に就任している。憲法制定会議に出席した五五人の代表の中で十八人が再び同じ場に集っている。そのため歴史家の中には、一七八九年四月から一七九一年三月までの第一回連邦議会を「第二次憲法制定会議」と呼ぶ者もいる。憲法制定会議で不明確のままに残された多くの点が第一回連邦議会によって決定されたからである。

ワシントンは行政府の長として立法府とどのような関係を築くか慎重に行動しなければならなかった。憲法はおおまかな枠組みを決めているだけであり、具体的なことはほとんど何も書かれていない。三権分立の原理を守りながら、大統領と議会が円滑に連携していく先例を打ち立てる必要がある。

残念なことに大統領と議会の関係は滑り出しからつまづいたと言える。ワシントンはサヴァナ港の海軍士官としてベンジャミン・フィッシュバーンという男を指名した。上院は大統領の指名を承認しなかった。そこでワシントンは、議会が開かれているフェデラル・ホールに自ら乗り込んだ。大統領の予期しない登場によって議場は騒然となる。上院議長を務めていたジョン・アダムズは、とまどいながらも緋色のビロード張りの議長席をワシントンに譲った。ワシントンは苛立ちを隠そうともせずに上院が人事の承認を拒んだ理由を問い質した。

しばらく議場は静まり返った。するとサヴァナ港があるジョージア州選出のジェームズ・ガン上院議員が立ち上がって、「上院はその決定の理由をいちいち大統領に説明する義務はありません」と主張した。ワシントンは少し腹を立てたものの、上院の措置を認めて代わりの者を推薦することにした。

翌日、ワシントンはあらためて教書で人事の承認を拒んだ理由を説明するように上院に求めた。結局、上院はその理由を説明せず、拒否を撤回することもなかった。こうした経緯がきっかけとなって「上院儀礼」という慣習ができた。すなわち、上院議員が出身州に関する人事に口を挟んでも当然だと見なされるようになった。議会は大統領からみごとに一本取ったと言えるだろう。

憲法によって大統領に課される義務はあまり多くない。数少ない義務の中でも重要な義務とされるのが一般教書の送付である。わかりやすく言えば議会に対する業務報告である。ただどのように報告するか形式ははっきり定められていなかった。参考にすべき前例もない。そこでワシントンは一般教書を送付する形式を一から考えなければならなかった。最初の一般教書が送付されたのは一七九〇年一月八日である。その日の様子をワシントンは次のように日記に記している。

十一時、私は馬車で市庁舎［フェデラル・ホール］に向けて出発した。お仕着せを身につけたハンフリーズ大佐とジャクソン少佐が先触れを務め、その後に私の馬車に乗ったリア氏と［トマス・］ネルソン氏、そして、馬に乗った［ロバート・］ルイス氏［の三人の個人秘書たち］が続いた。彼らの後には連邦最高裁長官、財務長官、陸軍長官がそれぞれの馬車で名前を挙げた順番で並んだ。市庁舎の扉の外で私は議会の門衛の出迎えを受けて上院議場の扉まで案内された。そこを通って私は議長席を占めた。上院議員たちは右側に下院議員たちは左側にいた。私の随行者たちは上院議員たちの後ろに立った。私が入室すると、全員が起立した。私が席に座った後、両院の議員たちも座った。それから私は立ち上がって演説をおこなった。演説の写しを上院議長と下院議長に渡した。それからしばらく座った後、両側の議員たちにそれぞれ挨拶しながら私は議場を通り過ぎて下に降りた。それから私の家に戻った。

ワシントンが議会で演説した一般教書の内容は、産業の育成促進、国家の信用の確立、国防体制の整備、国立大学の設立、外国人の帰化、度量衡の統一、郵便制度の整備など多岐にわたる。大統領が議会で一般教書を読み上げる方式は、後にジェファソン大統領が一般教書を口頭ではなく文書で伝える形式を採用するまで続いた。ワシントンが始めた方式はその後、一〇〇年以上経ってウィルソン政権期に復活した。

一般教書によってワシントンは立法措置が求められる問題を議会に提示したが、それは具体的な法案提出ではなかった。ワシントンが法案提出をした機会は一度しかない。それは議会の立法過程に大統領が容喙（ようかい）することを慎重に避けた結果である。現代では大統領が自らの政策を実現するために議会に立法要請をするのが当然だとされているが、当時はまったく違っていた。大統領が議会に直接働き掛けることは議会の職分を侵害することであり、三権分立の原理を損なうと考えられていた。それに人民を代表するのは議会であるという考え方が強く、大統領は単なる行政府の管理人たるべきだと見なされていた。そうした考え方が根本的に変化するのは二〇世紀に入ってからである。

他にも議会と大統領の関係において決定しなければならない先例がある。議会と大統領のどちらが外交を取り仕切るべきなのか。憲法によれば、「大統領は、上院の助言に従い、その同意を得て、条約を締結する権限を有する」と定められている。では大統領はどのように助言に従って同意を得ればよいのか。先例ができるきっかけとなったのが連邦政府とクリーク族の交渉である。

フロンティアで入植者とインディアンが衝突する事件が相次いだ。何か対策を講じなければならない。そこでノックス陸軍長官はクリーク族と和解するために条約を締結する交渉を進めた。困ったことにジョージア州議会は、ワシントン政権の意向を無視してインディアンが領有を主張する土地を投機家に売却してしまった。

ノックスから報告を受けたワシントンは、何とか条約を成立させてジョージア州とクリーク族の争いを鎮めなければならないと考えた。そこで上院に助言と同意を求めることにした。ノックスを通じて上院に条約に関連する文書が提出された。しかし、上院はほかの問題の審議に忙しく、ようやく条約に関する審議が始まっても遅々として進まなかった。しびれを切らせたワシントンは上院に以下のような通告を送った。

上院議員各位。合衆国大統領は、翌日十一時半に上院議場において上院と会合し、南部インディアンと交渉すべき条約の条件について勧告します。ジョージ・ワシントン。

ニュー・ヨーク、一七八九年八月二二日。

翌日、ワシントンはノックスとともに上院議場に赴いた。守衛は緊張した面持ちで大統領と陸軍長官の到着を告げた。議場に案内されたワシントンは議長席に座った。そして、すぐに立ち上がると硬い表情のまま、「南部のインディアンと締結した条約のいくつかの条項について助言と同意を求めるために私はあなた方のもとをこうして訪問しています。問題について精通しているノックス将軍をともないました」と述べた。左側に座っていたノックスは条約案の写しを大統領に差し出した。それは大統領の手を経て上院議長を務めるアダムズの手に渡った。

条約案の写しを受け取ったアダムズは読み上げようとしたが往来の騒音に掻き消された。係員によって窓がすぐに閉じられ、アダムズは条約案を朗読し始めた。アダムズが条約案の第一項を読み終えた時、ロバート・モリス上院議員が立ち上がって、「騒音のせいでほとんど聞こえなかった」と述べた。モリスの言うように、上院議員たちは、条約がインディアンについて言及していることはわかっても詳しい内容まで聞き取れずにいた。アダムズはまた最初から条文を読み上げなければならなかった。やがて第一項の読み上げが終わる。アダムズの口から「あなた方は助言と同意を与えるか」という問い掛けが発せられた。しかし、その問い掛けに答える者は誰もいなかった。モリスは、隣に座っていたマックレイに「誰が最初に沈黙を破るだろうか」と囁いた。

アダムズはしばらく黙って事態の推移を見守っていたが、条約案の読み上げを再開した。マックレイがそれを制止して発言の許可を求める。アダムズは自らの言葉を呑み込んでマックレイの発言を聞く。

「議長、今、あなたが我々に読んで聞かせた文書は、南部のインディアンと合衆国、そして、ジョージア州、ノース・カロライナ州、サウス・カロライナ州などの間で交されたさまざまな条約と公的な交渉にもとづいているように思えます。そうした条約案の審議は上院にとって新しい議事です。それはとても重要な問題です。したがって、我々はできる限りその件について熟知するべきです。そこで我々に提出された文書で言及されている条約やその他の文書も朗読するように要求します」

ワシントンは眉をぴくりと動かすとマックレイをじろりと一瞥した。問題の検討が長引くことに苛立ちを感じたのだろう。ワシントンの表情は、何を余計なことをしゃべるのかとでも言いたげであった。

結局、マックレイの要求が通って、関連する文書の朗読が延々と続いた。ほかの上院議員もマックレイに倣って次々と文書の朗読を要求した。どうやら上院は審議の先延ばしを図っているようだ。

南西部から帰って来たばかりの使者から最新情報を確認するために第一項の検討を後回しにするべきだという提言が飛び出した。それを耳にしたワシントンは立ち上がって発言を求める。

「その条項の後回しに反対しませんし、すぐに使者が来るでしょう」

大統領の苛立ちを見て取ったマックレイは、検討委員会に条約案を付託するのはどうかとモリスに耳打ちする。大統領にこのまま居座られてはたまらない。上院議員の中には大統領の顔色をうかがいながら判断を下す者もいるだろう。立法府の独立を守るために断じてそのようなことを許してはならない。

マックレイの耳打ちに頷いたモリスは、ワシントンが提出した条約案を五人からなる検討委員会に付託するように提案した。モリスの提案に関する議論が続く中、ワシントンは低く静かな声で言った。

「それでは私がわざわざここに来た意味がなくなります」

それからワシントンは、審議の先延ばしには同意するが、検討委員会への付託には反対すると述べた。上院議員たちから忌憚ない意見を直接聴取したかったからである。発言を終えていったん座ったワシントンであったが、まだ言い足りなかったのか、再び立ち上がって「月曜日の十時まで先延ばしすることには反対しない」と念を押した。

大統領の言葉に答える者は誰もいなかった。これ以上、議場にいても仕方がないと判断したワシントンは、不服な表情をぶら下げて出て行った。その時、「死んでも二度とあそこに行くものか」と言ったという。それにもかかわらず、二日後、ワシントンは上院に再び姿を現した。一昨日とは違ってワシントンの表情は穏やかであり、冒頭で「条約案の修正に同意するつもりです」と言った。ワシントンは退屈な議論を倦むことなく見守った。最終的に上院はクリーク族との交渉役の指名を承認した。

これに懲りたのかワシントンは、それ以後、書面で同意と助言を求めるようになり、再び議場に出席することはなかった。こうした慣例は歴代大統領に踏襲され、上院は条約の締結交渉の実務に容喙せず、批准の諾否のみを判断するようになった。すなわち、大統領が外交交渉で主導的な役割を担い、上院が最終判断を下すという形式が定まった。

そうした方式には有利な点がある。外交はしばしば秘密の交渉を必要とする。したがって、多人数の議会よりも単独の大統領が交渉を進めたほうが秘密を保持しやすい。それに外交交渉が緊急を要した場合、大統領の即断で決定できるほうがよい。議会は常に開会しているわけではないし、決定に時間を要するからだ。それに上院が最終決定権を握っておけば大統領の独断専行を防止できるし、条約案を熟考する機会を持つこともできる。

東部巡行

一七八九年十月十五日朝九時、ワシントンは無蓋の馬車に揺られてニュー・ヨークを発った。朝から雲行きがあやしかったが、ついに雨が降り出した。北に向かう道の沿道に大統領一行を歓迎する人びとがいたかどうか伝える記録は残っていない。きっと沿道には誰もいなかっただろう。なぜならワシントンの出立はほとんど周知されていなかったからだ。

後顧の憂いはなかった。議会は最初の会期を終えている。首都には閣僚が残っている。課題が山積しているとはいえ、連邦政府は今のところ順風満帆。ただ国際情勢に不穏な動きがある。出発の前日、ワシントンはラファイエットに次のような手紙を送っている。

わが親愛なる侯爵よ、私がここに到着して以来、初めてあなたに手紙を送ります。そして、同じくらい長い間、私はあなたから手紙を一通も受け取っていません。我々のように絶えず手紙をやり取りする習慣を持つ二人の人間にとっては長すぎる沈黙です。しかし、我々がそれぞれ従事しなければならなくなった新しく骨の折れる状況が十分な釈明になるでしょう。[中略]。あなたのもとで起きている革命は非常に大きな影響と重大な性質を持つので、我々はそれについてどのように考えればよいのかわかりません。しかし、我々は、その結果が国民にとって良い結果に終わると信じていますし、そうなってほしいと真摯に祈っています。

フランス革命の第一報がすでにワシントンのもとに届いていたことがわかる。フランス革命の勃発を目撃したジェファソンはこの時はまだ帰国の途上にある。したがって、ワシントンが革命について詳しい話を聞くのは少し後である。現時点においてできることは何もない。

ワシントンが物思いに耽る間も馬車は進む。同行者は二人の秘書と六人の召使いだけである。見送りの者たちも何人かいたかもしれない。さて彼らは大統領とともにどこに行こうというのか。

アメリカ人は連邦政府という新たな枠組みを作って壮大な自治の実験を始めたばかりだ。各州の人民は連邦政府に統治されているという感覚がまだ希薄である。あるイギリス人は、「合衆国が一つの政府のもとでまとまるか、相争う複数の政府に分裂するか、それとも無政府状態になるか決定するのは現時点では難しい」と記している。アメリカ人にとって連邦政府はあくまで概念上の漠然とした存在にすぎない。連邦政府の存在を人民にはっきりと認識させなければ、

いずれアメリカはばらばらになってしまうだろう。ではどうすればそのような事態を避けられるのか。連邦政府に顔を持たせればよい。大統領が各地を回って顔を見せれば、人民は大統領を国家統合の象徴として仰ぐようになるだろう。ワシントンは、生まれたばかりの共和国において自分がどのような役割を果たすべきか強く意識していた。

連邦政府と人民の絆を結ぶためには、まず大統領が「新政府に対する住民の意向と農業、そして、成長に関する知識を得る」必要がある。ワシントンは、そうした知識を得るために東部巡行を実施したいと閣僚に諮った。東部諸州を優先したのはなぜか。ワシントンが南部出身であることを考えれば当然であった。もし南部を先に回れば依怙贔屓だと勘違いされるだろう。それにニュー・イングランドでは新政府に疑念を持つ者が多い。そうした疑念を払拭しなければならない。諸州を巡行することによって地方の「主要な特徴と内部の状況」を知ることができ、「有用な情報を持ち、政治的課題について助言できる優れた人物」と会うこともできる。運河や道路の建設に適切な土地を見きわめることも重要な目的であった。閣僚はワシントンの考えに同意し、南部にも巡行する機会を設けるべきだと述べた。また議会の会期を終えて帰郷の挨拶のために大統領邸を訪れたマディソンもワシントンの考えに特に不都合な点はないと進言した。

これからワシントンが周遊するのは、ニュー・イングランド諸州に点在する六〇近くの村や町である。憲法をまだ批准しておらず連邦に加わっていなかったロード・アイランドとヴァーモントは訪問先から外された。最初に向かう先はどこか。話をワシントンの旅程に戻そう。

ニュー・ヨーク市街を出てマンハッタン島を北に向かったワシントン一行は十一時頃、キングズ橋に到着した。キングズ橋はマンハッタン島と本土を結んでいる。おそらく見送りの者たちはここで引き返したはずだ。一行は東に進路を変えてコネティカット州を目指す。その道中、ワシントンはあまりの道の悪さに驚いた。主要な道路であるにもかかわらず、「ほぼ全行程がでこぼこで岩だらけ」という惨状であった。数日前にニュー・ヨークからボストンに向けて発ったジョン・アダムズも「路上には我々を妨害する岩がたくさんあった」と書いている。大統領一行は二日間の行程を踏破した後、コネティカット州フェアフィールドに到着した。

フェアフィールドでワシントンが目にしたものは、果樹園で収穫に勤しむ農民の姿であった。集められたリンゴは加工されて酒となる。小麦の作柄は好調であり、収穫量は例年の一・五倍近くに達した。フェアフィールドは戦争による荒廃の陰をまったく残していないかのように見えたが、焼き払われて無残な姿をさらしている家々の煙突がまだ随所に見られた。

今回、あらためて訪れたニュー・イングランドは南部とはまったく異なる社会であった。南部、特にヴァージニアでは郷紳を頂点とする社会階層が厳然と存在していたが、ワシントンの目から見ると、ニュー・イングランドの社会は「非常に平等」であり、「富裕な者は存在しないか、ごくわずかしか存在せず、貧者も存在しない」という社会であった。農園も小さく、その広さの平均は一〇〇エーカー（約四〇ha）を超えなかった。典型的な宿の朝食は「パンと肉のみ」であった。宿は「良い家」とは言えないが、「その人びとは私をもてなすためにできる限りのこと」をしているようだった。

翌朝、夜明けとともにワシントンはフェアフィールドを出発して、十マイル（約十六km）先にあるスタンフォードまで馬車を走らせ、そこで朝食を摂った。スタンフォードからさらに進んだミルフォードには美しい滝があった。ワシントンは、「ほぼ一〇〇ヤード［約九〇m］ほどの幅があり、水がちょうど良い高さから流れ落ち、我々が通り過ぎる時に陽光が差して逆巻く水にえも言われぬ効果を添えた」と記している。

次の目的地であるニュー・ヘイブンに到着したのは土曜日の午後である。ワシントンは、何とかして町の名士たちの仰々しい出迎えを避けたが、彼らの演説からは逃れられなかった。さらにコネティカット州知事やニュー・ヘイブン市長などが代わる代わる表敬訪問にやって来た。

翌日は日曜日だったので、ワシントンは午前中に監督派の教会、午後にコングリゲーション派の教会でそれぞれ過ごした。日曜日は安息日なので巡行を休まなければならない。厳格な信徒が多いニュー・イングランドでは、安息日を破れば非難される恐れがある。あるフランス人の旅人は、「通りでは誰にも会わず、もし誰かと出会っても立ち止まって話し掛けないほうがよい。家をのぞき込むと誰もが聖書を読んでいる」と記している。

大統領一行の旅が再開されたのは翌朝六時である。次の目的地はハートフォードである。ハートフォードには是非とも視察しておきたい場所がある。毛織物工場である。ハートフォードは、ハートフォード織の産地として知られ、国内産業育成の重要な拠点である。ワシントンが就任式で着ていたスーツもハートフォード産であった。

ハートフォードに入る前からワシントンはコネティカットの各地で織物産業の萌芽を見ている。そして、地元の人びとから産業の発展について熱心に聞き取っている。ワシントン自身は南部の農園主であったが、アメリカ全体の発展を考えると製造業の育成も必要だと考えるようになっていた。それに何よりも自前で織物を生産できなければ、いつまで経ってもイギリスの経済的支配から脱却できない。政治的独立だけではなく経済的独立も達成しなければ真の独立とは言えないだろう。

ハートフォードの毛織物工場は一七八八年にジェレマイア・ワーズワースという人物によって建設された。大陸軍で兵站総監を務めていたワーズワースは経理に明るい。独立戦争後、郷里に戻ったワーズワースはそうした才能を活かして出資者を募って事業を始めた。ワーズワースの案内で工場内を視察したワシントンは、自分のスーツ用にハートフォード織をさっそく注文した。ほかのアメリカ人もワーズワースに倣って事業を起こしてほしいという願いがこめられている。

ただ残念なことに、ハートフォードの毛織物工場はうまくいかなかった。まず十分な労働力を確保できなかった。工場で働いて賃金を稼ぐよりも自分の土地を耕すことを好む者が多かったからである。さらにコネティカット州では羊がうまく育たなかった。そこで遥かスペインから羊毛を輸入しなければならなかった。またワーズワースは廉価で毛織物を販売してイギリス製品に取って代わろうとしたが失敗した。品質で太刀打ちできなかったからである。ワーズワースの試みは無駄だったわけではない。どのような分野であれ先駆者の試行錯誤があってその後の発展に繋がるからだ。

十月二一日朝、大統領はスプリングフィールドに向けて北に進路をとった。ブルックフィールドという小さな村を通りかかった時、マサチューセッツ州知事のジョン・ハンコックから手紙が届いた。その手紙には、ハンコックの私邸を大統領の宿所に使ってほしいという申し出が述べられていた。一見すると大統領を歓迎する丁重な申し出のように思える。しかし、ワシントンは個人を煩わせたくないので私邸には泊まらないようにしていると断りの返事を送った。目に見えない争いが両者の間で始まろうとしている。

さらにハンコックは、私邸で歓迎の食事会を開きたいから是非とも大統領に出席してほしいと食い下がった。言い換えれば、まず大統領が州知事に表敬訪問に来るように要請したと言える。ワシントンは招待に応じる旨を返信したが、それをいつにするか明言を避けた。

十月二四日、ワシントン一行はケンブリッジに入った。今回の訪問の中で最大の都市であるボストンは目と鼻の先である。ケンブリッジまでジョン・アダムズとマサチューセッツ州副知事のサミュエル・アダムズが迎えに来ていた。二人を従えたワシントンはボストンに入ろうと地峡部に向けて進んだ。そこには町の代表たちが馬車を連ねて待っていた。何やら様子が険悪である。大統領一行を頑として通そうとしない。そして、大統領を歓迎する権利は市当局にあると強く主張した。州当局の代表としてサミュエル・アダムズがさっそく反論した。両者は互いにまったく譲ろうとせず、出発が遅れに遅れた。

ワシントン一行は寒空のもとで延々と待たされた。遅れに苛立ったワシントンは、「ほかの道から町に入れないのか」と秘書に聞いた。しかし、ボストンに入れる陸路はここだけだ。結局、サミュエル・アダムズが譲歩することで話し合いがつき、大統領一行は何事もなかったように前進を再開した。

ワシントンが向かう先にあるボストンはどのような様子になっていたのか。フランスから大西洋を渡ってアメリカにやって来た文筆家ジャック・ブリソがこの頃のボストンについて次のように記録している。

私は最初にイギリスの軛を払いのけたこの街［ボストン］を見た。この街は長い間にわたってすべての譲歩、すべての脅威、すべての内戦の恐怖に抵抗したのだ。長い通りを行ったり来たりするだけで私は非常に喜びを感じた。簡素な木製の家々がボストンのすばらしい運河沿いに建っている。そして、店内をのぞくと、私が目にしたためしがない［ヨーロッパ］大陸のあらゆる産物が見つかった。商人たち、職人たち、そして、水夫たちの活動を見ているだけで私は非常に楽しかった。パリの喧騒とは違っていた。フランス人のように気忙しい人びともいなかった。人びとは簡素だが威厳を備えていた。自由を感じ取り、全人類を同胞だと考えているかのようであった。通りのあらゆる物は、まだこの街が萌芽期にあることを示しているが、萌芽期でさえも大いに繁栄を享受している。

午後一時、堂々たる白馬に跨った軍服姿のワシントンが見えると、教会は一斉に鐘を打ち鳴らし、港に停泊していたフランス艦隊は祝砲を放った。さらにボストン解放の成功を記念するためにドーチェスター高地から祝砲が撃たれた。耳を聾するような砲声は十五分間も続いた。

どんよりと曇った寒い日だったにもかかわらず、出迎えた市民の数は二万人を超えたという。女たちは金文字で「G・W・」と縫い取りをした腰帯を身につけていた。市民は十日も前からいろいろと準備をしてこの日を待っていたのだ。大統領を一緒に迎えようと広告で同業者に呼びかける職人の組合もあった。

こうした歓迎の中で気掛かりなことがあった。ジョン・ハンコックの姿が見えない。州知事が大統領に敬意を払うために真っ先に町の入り口で歓迎の意を示すのが当然だろう。先に訪れたニュー・ヘイブンの町では、コネティカット州知事が真っ先に大統領を出迎えていた。

パレードは古い煉瓦造りの州議会議事堂の前で歩みを止めた。行く先には青く塗られた十三の星を戴く凱旋門が据えられていた。「みなの心を一つにした人物へ」、「コロンビアの最愛の息子へ」、「一七七六年三月十七日、ボストン解放」といった文字が月桂樹と花輪によって刻まれている。木製の凱旋門は高さ十八フィート（約五・四m）。中央に幅十四フィート（約四・二m）の大きな開口部があり、両脇に七フィート（約二・一m）の小さな開口部がある。さらにその上には二〇フィート（約六m）もの高さの天蓋が聳え、頂には飾り物の鷲が翼を大きく広げている。

凱旋門をくぐり、州議会議事堂の中を通って仮設のバルコニーに出たワシントンはハンコックの姿を探した。バルコニーで州知事と一緒に並べば群衆の歓呼を浴びる栄誉を分かちあえる。ところがここにもハンコックはいなかった。眼下は人の海である。家々の窓も屋根も人で溢れている。潮が引くように歓呼の声が静まると、大統領を称える歌声が響いてきた。その歌は、凱旋門に記された文句と同じく「コロンビアの最愛の息子へ」という題名であった。

「偉大なるワシントン、英雄が来ませり。みなの心は喜びに躍ってその響きを聞く。解放者のもとにあまたの人びとが集う。そして、彼を歓迎する声があらゆる所から聞こえる」

ここで群衆は声を揃えて「偉大なるワシントン」と歌う。歌は続く。

「コロンビアの最愛の息子を見よ。父にして、救世主にして、友にして、そして、導き手。不滅のワシントンを見よ。祖国の栄光にして、誇り、そして、矜恃。戦争の差し迫る嵐。厚い雲と暗闇が我々の前途を覆いし時。偉大なるワシントン、我々の北極星。立ち上がりて、すべてを昼間のように照らし出す。汝の勇気が示されたのはかなたの平原。炎のように人から人へ勇気が伝わる。[中略]。幾多の危険、苦難、そして、憂慮をくぐり抜け、英雄は我々を無事に導く。戦闘を指揮する比類なき才腕。約束の日が訪れたと勝利が叫ぶ時まで。祖国は救われ、戦いは終わった。甘美な平和は彼の労苦を王冠で報わんとす。戦士は故郷へ。彼の肥沃な大地へと帰って行った。しかし、コロンビアはすぐに彼を呼び戻す。失われようとしている彼女の名声を救わんと舵を再びとる。その真価によって彼女の名前を不滅にせんとす。[中略]。彼女は力強くトランペットを吹き鳴らす。ヨーロッパ、アフリカ、アジアに響きわたる。彼の功業を崇めよと」

この長い歌は八番まで続いてフル・コーラスで最高潮を迎えて終わる。群集は歌を聞く間、ハンカチで目を抑える大統領の姿を目にした。それを見ていた観衆の一人は、「すべての人びとから愛されて尊敬されているただ一人の不滅の大統領の堂々とした体軀と慈悲心に富んだ表情を私は見つめていた」と記している。

バルコニーを下りたワシントンのもとにハンコックから次のような書面が届けられた。それはこれまでの感動を一気に冷ますような文言であった。

知事は大統領に最大の敬意を払います。もし余裕があれば、知事は三〇分後に自宅で大統領に敬意を表します。健康の度合いに応じて、それはできる限りすばやくおこなわれるでしょう。望ましい目的のために健康に関して万難を排します。

この慇懃無礼な書面の目的は何かと言えば、大統領を私邸に呼びつけることで州知事の権威を示すことであった。州知事の権威を示すことは、州がそれぞれの領域内では連邦に対して優越することを象徴的に示すことに等しい。

ただ健康上の問題を理由にしているのは本当である。ハンコックは痛風を患っていた。自宅から出られないほどの病状であるか否かは本人以外は誰にもわからない。仮病ではないと言いたいところだが、「政敵を煙に巻きたくなるとハンコックは痛風になる」という冗談がよく囁かれていた。それにハンコックの心の中ではワシントンに対する個人的な感情が渦巻いていた。嫉妬である。

そもそも独立戦争の発端となったのはハンコックが愛するマサチューセッツである。レキシントン＝コンコードの戦いが起きたのもマサチューセッツである。イギリスの強圧的な政策の最大の犠牲者はボストンである。独立戦争においてマサチューセッツはどの邦よりも大きな役割を果たしている。それにもかかわらず、ヴァージニア出身のワシントンが大陸軍総司令官の栄誉を横取りし、憲法制定会議議長を務め、さらにあろうことか大統領にも就任した。ハンコックには副大統領のお鉢さえ回ってこなかった。虚栄心の怪物とも言えるハンコックは、この機会を利用して大統領を困らせてやれと考えた。

ハンコックには虚栄心に加えて頑固なところがある。ある時、ハンコックは白目の食器だけ使うと決めた。ほかの食器は使用禁止である。理由はわからない。とにかくそう決めた。それからしばらくしてハンコックの邸宅に友人がやって来て食事を摂った。別室にいたハンコックの耳に陶器がぶつかる音が入った。そこでハンコックは、召使いを呼んで問い質す。召使いはチーズを盛るのに陶器の皿を使ったと答える。すぐに白目の皿と取り替えて陶器の皿をここに持って来るようにハンコックは命じる。召使いは主人の指示に従って陶器の皿を持って来た。ハンコックは窓から投げ捨てるように言う。

召使いは思案する。きっと主人は興奮しているに違いない。言うことに逆らわないほうがよいが、陶器を壊したことを後悔するかもしれない。そこで主人が見ていないのを確認して、皿が割れないように草に覆われた斜面にそっと転がした。割れた音が聞こえなかったせいでハンコックは召使いの行動を見抜いてしまった。壁に叩きつけて粉々にするようにあらためて命じる。

この逸話からわかるようにハンコックは容易に引き下がるような男ではない。ワシントンに送りつけた慇懃無礼な書面は挑戦状だ。ハンコックの挑戦状に対してワシントンは秘書に託して手紙を返す。

> 合衆国大統領は知事に最大の敬意を示し、二時まで家にとどまるように伝えることを名誉に思います。大統領は、知事に面会する喜びを伝える必要はありませんし、今回、健康に関して万難を排さないように率直に願います。

あまりに丁重な言葉遣いで何を言っているのかわかりにくいが、面会に行くつもりはないという意思を伝えている。「合衆国大統領」とわざわざ言っている点に注目してほしい。ワシントンは、まず州知事が大統領に対して表敬訪問に来るべきだと公的な立場を明示して諭している。その日のワシントンの日記には、「もし私の宿所で面談しなければ、知事に会うつもりはないことをはっきりとした言葉でわからせた」と記されている。その言葉を聞いたのは、ハンコックの病状を伝えに来たサミュエル・アダムズと州の高官たちである。

その一方、ハンコック邸では、フランス艦隊の提督が招待を受けて晩餐を楽しんでいた。晩餐は豪華なものであったが、提督はどことなく気分が浮かない顔をしていた。大統領が晩餐会に出席しないのを知って残念に思っていたからだ。

夜十時頃、提督は艦船に戻るために案内人とともに埠頭に向かった。二人は大統領の宿所の前を通りかかった。周りがあまりにも静かなのに驚いた提督は案内人に向かって言った。

「どうやらここはあなたの国の首長の宿所だが、同胞市民の敬愛によって守られ安心して休めているようだ。そのような守りは銃剣による守りよりも格段に優れている。わが国では卑小な将軍が自宅の周囲を歩哨で固めている」

大統領と州知事のどちらが先に表敬訪問するべきか。結局、折れたのはハンコックであった。悪しき先例を作るのは良くないという友人たちの説得を受けて、ハンコックは一夜のうちに考え直した。それにボストン市民もなぜ州知事が姿を現さないのか不審に思い始めていた。これまでハンコックは高額な教会の鐘や消防用具を寄付したり、身銭を切って仕事がない者たちを救済したりと市民から人気を集めてきた。しかし、このまま意地を張れば市民から白い目を向けられかねない。「大統領の人気は嵐のようにすべてをなぎ倒した」とある者が言っているように、大統領の不興を買うような真似はあまりに危険であった。

十月二五日、赤いフランネルで下肢を包んだハンコックは、屈強な従僕と御者に抱えられてワシントンの前にようやく姿を現した。それを見たワシントンが涙を流したとハンコックの妻は述べているが、ほかにそれを裏づける史料はない。ただハンコックの苦痛を慮（おもんぱか）ったのか、両者の会見が短い時間で終わったことは確かなようだ。こうして儀礼における連邦の優越性の先例が確立された。つまり、ワシントンは、どのような場所であろうとも連邦の権威は尊重されなければならず、したがって、それを体現する大統領も相応の儀礼を受けなければならないことを示した。

ワシントンは十月二六日の日記に「寒気と左目の炎症などの不調」で悩まされたと書いている。同行者の記録によれば、ボストンに入る前に長い間、立ち往生させられたのが原因で風邪をひいたようである。ボストンでは「ワシントンの風邪」と呼ばれる感冒が流行していたらしい。そう呼ばれるのも無理はない。ある女は友人に次のように語っている。

大統領がボストンに入った日にパレードを見ていた人びとは全員風邪をひきました。窓のすぐ横に立って大統領の到着を六時間も待っていた人もいます。良い場所を占めていた者たちは、その場所を離れると取り戻せなくなるのではと恐れていました。その日はひどく寒く不快な日でした。

「ワシントンの風邪」は国中に蔓延した。インフルエンザの一種だと考えられる。十月二六日はレキシントンを訪問する予定であった。しかし、あまりに体調が悪かったうえに荒天だったために訪問は中止になった。その代わりにワシントンは、ハンコックとともに秘蔵の陶磁器で紅茶を楽しんだ。少しは州知事の機嫌をとっておく必要があると考えたのだろう。

十月二七日午前十時、聖職者たちがワシントンの宿所を訪問した。ワシントンは両アダムズとともに礼拝堂に向かった。礼拝堂で聖譚曲（オラトリオ）が披露された後、さまざまな儀式が続いた。そして、午後三時、三人は連れ立って晩餐会が開かれるファニエル・ホールに向かった。ファニエル・ホールに入ったジョン・アダムズは、観衆の一人が「見ろよ、革命を成し遂げた三人がいるぞ」と言うのを聞いて満足した。また別の観衆が「三人の革命の重鎮がいる」と囁くのも聞こえた。

翌日も多くの行事がワシントンを待っていた。その中でワシントンが多大な関心を寄せたのが帆布工場と梳毛(そもう)工場の視察である。ワシントンは、工場で働く人びとや生産能力について並々ならぬ熱心さで記録している。続いてフランス艦隊の旗艦に乗艦したワシントンは、王侯のみに許される儀礼を受けた。それはすべての船員が靴を脱ぎ、足を剥き出しにするという儀礼である。

夜になると祝宴が開かれた。ワシントンによれば、祝宴で見た淑女たちは「その多くが非常に美しかった」という。南北戦争の頃まで、かつてワシントンとメヌエットを踊る栄誉に浴したことを生涯最良の思い出とする老婆がどの町にも一人はいたものである。

十月二九日朝、オールド・サウス礼拝堂の時計塔が八時を打った。その時、ワシントンは馬に跨って出発の準備を終えていた。護衛役を務める騎兵たちは驚いた。出発時刻をあらかじめ聞いていたものの、まさか大統領が八時きっかりに出発するとは思っていなかったからである。四〇〇騎があわてて大統領の後を追った。街外れにある橋でワシントンは数分間、馬を止めた。騎兵たちが列を整えるのを見ていたワシントンは、その中に見知った顔があるのを見つけて「君は私の幕僚として長く一緒にいたのに、八時がいつかもわからなかったのか」と言ったという。

そのまま騎兵たちを引き連れてワシントン一行は海岸沿いに北上した。チャールズタウンを通ってケンブリッジに向かった。チャールズタウンに住む十二歳の少年は、大統領の訪問を知って次のような手紙を送っている。少年の純朴な気持ちが表れていて読む者を温かい気分にさせる。


合衆国大統領へ。お父さんは僕たちのような幼い者の耳にあなたの神聖なお名前を何度も何度も繰り返し聞かせています。僕たちの優しいお母さんは、ワシントンという名前を愛し、称え、従うように僕たちに何度も何度も教えてくれます。大変な時に僕たちが耐え忍べるようにしてくれるだけではなく、あなたの顔を平和に向けさせ、祖国の救世主に対して不滅の賞賛を与えてくれる宇宙の最高の支配者である神にいくら感謝を捧げても足りません。僕は大統領の幼い従僕である八人の兄弟姉妹を代表して書きました。

ケンブリッジでワシントンは、ハーバード大学の学長の案内で一万三、〇〇〇冊の蔵書を誇る図書館と博物館を見て回った。そして、リンを経て次の訪問地のマーブルヘッドに向かった。ボストンからマーブルヘッドに至る道は非常に快適だが、町自体は「古めかしい外見である。家々は古く、通りは汚なく、そして、一般人民はあまり清潔ではない」とワシントンは記している。マサチューセッツの道路は「非常に折れ曲がっていて、畑で働く人びとに都合が良いようにできているだけなので、人びとに道を聞いてみても要領を得ない」という。

絶え間なく繰り返される儀礼は、ワシントンにとってしだいに苦痛に変わった。「小綺麗な町」であるセイレムで歓迎を受けるワシントンの様子は、憂鬱ではないにしろ陽気にはほど遠かった。多くの人目が常に注がれれば、誰でも神経を擦り減らされるだろう。町役場でワシントンは群衆の歓呼に応えていたが、耐え切れなくなったのか深々とお辞儀をすると、すぐに踵を返して建物の中に身を隠した。

十月三〇日、騎兵隊に導かれてワシントンはセイレムの北にあるニューベリーポートに入った。十三発の礼砲が放たれ、町の紳士たちが一列に並んで歌を披露した。

「彼が来ませり。彼が来ませり。英雄が来ませり。トランペットを鳴らせ鳴らせ、太鼓を叩け叩け。港から港へ大砲を響かせよ。ニュー・イングランドの岸辺にようこそ。ようこそ、ようこそ、ようこそ、ようこそ、ニュー・イングランドの岸辺に。準備せよ、準備せよ、歌を準備せよ。空へ高く高く歌声を響かせよ。世界中に賞賛が響きわたる。栄冠とともに美徳あれ。美徳、美徳、美徳、美徳、栄冠とともに美徳あれ」

歌とともにトランペットが吹き鳴らされ、太鼓が打ち鳴らされ、再び礼砲が放たれた。そして、合唱は楽器の伴奏に乗って耳を聾するばかりの勢いになった。歌に包まれながらほかの住民は大統領一行が過ぎるのを見てからパレードの末尾に次々と加わった。最後尾は四二〇人の子供たちであった。子供たちは誇らしげに羽ペンを振りながら「僕たちは合衆国の自由民です」という標語を掲げてぞろぞろと歩いた。

ニューベリーポートでワシントンは一人の老兵と出会った。その老兵はフレンチ・アンド・インディアン戦争の時にワシントンのもとで戦ったことがあるという。大統領がいる部屋に招き入れられた老兵は一礼して言った。

「ワシントン少佐、ご機嫌いかが」

ワシントンはすぐに老兵が誰かを思い出した。そして、椅子から立ち上がって老兵の手をとって近況を尋ねた。老兵は感涙にむせびながら答えた。

「昔の指揮官に再会できる機会を持てたことを私は神に感謝しています。私はかつて苦境の中にいるあなたを見ていましたが、今は栄光の中にいるあなたを見ています。だから家に帰っても満足して死ねます」

翌朝、老兵はワシントンのもとに再びやって来て別れの挨拶をした。ワシントンは老兵に一枚の金貨を与えた。老兵は「指揮官の思い出の証として」金貨を受け取ると言うと、胸に金貨を吊るして、これから一生肌身離さず身につけると誓った。

部下の顔を覚えるという能力は人望を集めるために不可欠な資質である。ナポレオンも同様の能力を持っていたという。ナポレオンはしばしば古参兵を見かけては、その名前を呼んで「おおそうだ。アウステルリッツの戦いで一緒だったね」などと声を掛けた。我こそ次に声を掛けてもらおうと兵士たちはさらなる忠勤に励んだという。

十月三一日の訪問地はポーツマスである。ニュー・ハンプシャー州知事のジョン・サリヴァンをはじめ地元の名士がワシントンを出迎えた。もちろんポーツマスの市民の歓迎もほかの町の歓迎に劣るものではなかった。騎兵隊や民兵隊が大統領に挨拶するために近隣から集まり、教会の鐘が打ち鳴らされ、祝砲が放たれた。港に停泊する船舶は、この日のために装飾され、建物の扉という扉、窓という窓は大統領を一目でも見ようとする人びとで埋まった。

ワシントンが州議会議事堂に到着すると、ボストンと同様に特別に設けられたバルコニーに導かれた。その周りには多くの紳士たちが待っていて楽団の演奏とともに大統領に頌歌を捧げた。

歌の次は閲兵である。次から次にさまざまな部隊がワシントンの目の前で敬意を示しては通り過ぎた。ようやく閲兵が終わった後、州の高官たちと一隊の兵士に付き添われてワシントンはこの日の宿所に向かった。

少しでも喧騒を離れようと、ワシントンは地元の漁師と魚釣りに出た。ところが困ったことに大統領の釣り竿には一匹も魚がかからない。そこで一人の漁師が機転を利かせて魚が引いている自分の釣り竿を大統領に差し出した。ワシントンは何とも言えない複雑な表情で好意を受け取り、その漁師に銀貨を一枚与えた。潮目が悪かったのか、結局、釣れたのはタラが数匹だけであった。その日は疲労が溜まっていたのか、ワシントンは七時に宿所に引き取っている。

ニュー・ヨークに戻る前にワシントンは、エクセターとヘイヴァーヒルを経て不調のせいで訪問できなかったレキシントンに立ち寄った。世界に響きわたる銃声が放たれたあの日、まるで多くの落命を予感するように散っていた桜は、今は静かに葉を落として眠りに就いている。ワシントンはレキシントンの広場で十四年前に銃を取った者たちと言葉を交わした。

レキシントンを出たワシントンは、ウォータータウンに入って、そこで一夜を過ごした。翌日早朝から行程を稼いだワシントンは、夕刻にアクスブリッジにある宿屋に落ち着いた。実はアクスブリッジより五マイル（約八㎞）手前にあるメンダンの宿屋に泊まる予定であったが、主人が不在で女将も病気であることを知って、旅程を予定よりも先に進めることにした。

大統領が自分たちの町を通り過ぎてしまったことを知ったメンダンの住民は、アクスブリッジの宿屋までやって来た。すでに深更だったので就寝していたワシントンであったが、晩秋の肌寒い夜にはるばる馬を飛ばして訪ねて来てくれた人びとを無碍に帰すわけにもいかず、服を着替えて出迎えたという。

アクスブリッジの宿屋には、非常に気立ての良い美しい娘が二人いて大統領の無聊（ぶりょう）を慰めた。宿屋のもてなしに心から満足したワシントンは、後に主人に宛てて一通の手紙とともに贈り物が入った包みを送った。

あなたが私の名前をご子息に命名したことを知り、もう一人のご子息にもワシントン夫人の家族に因んで名前をつけたと知りました。さらに私の心を喜ばせたのは、パティとポリーという二人のご息女の慎み深く無邪気な様子です。こうした理由から私はご息女にインド更紗を送ろうと思います。ワシントン夫人の名前を持つパティには、ポリーよりもうまく給仕をしてくれたことから、五ギニー［六万三、〇〇〇円相当］をさらに与えたいと思います。それで彼女は自分の好きな装飾品を買えるでしょうし、自分にとってもっと好ましいような方法で使えるでしょう。このような物を差し上げたことをできれば誰にも話さず知らせないようにしてほしいのです。もし黙っておいていただければ、私の喜びになります。インド更紗とお金が安全に手元に届くと思いますが、きちんと届いたかどうかを「合衆国大統領、ニューヨーク」という宛名でパティの手で知らせてほしいのです。

十一月七日、アクスブリッジを出発したワシントンは、ポムフレット郊外に在住しているイズラエル・パトナムを表敬訪問しようかと考えた。バンカー丘陵の戦いの英雄は一七七九年に病気で倒れて軍を退いた後、隠棲していた。パトナムを高く評価していたワシントンは敬意を特別に示すべきだと考えた。しかし、パトナム邸に立ち寄れば五マイル（約八㎞）も本来の行程から外れることになる。そうなると旅程が遅れてしまう。結局、パトナムを訪問することを諦めたワシントンはそのままアッシュフォードに向かった。

その後の経路は往路とほぼ同じである。十一月十三日、ワシントンはニュー・ヨークに帰還して家族と再会した。その日の日記には、「二時から三時の間にニュー・ヨークのわが家に到着した。ワシントン夫人とその他の家族全員が健康であることを私は知った」と記されている。大統領として果たすべき責務がワシントンを待っている。

約一ヶ月を費やした巡行には大きな意義があった。ワシントンが世情をつぶさに知ることができただけではなく、連邦と人民の間に絆が育まれつつあるという希望が示された。それはまだ兆しにすぎなかったが、今後、どのように成長するかは連邦政府の一挙手一投足にかかっている。

まだ憲法を批准していなかったせいで一七八九年の東部巡行から外されたロード・アイランドであったが、

一七九〇年五月二九日になって連邦に加入した。そこで八月十五日、ワシントンは政府要人と秘書たちを引き連れてロード・アイランド州ニューポートに向けて出港した。

八月十七日午前八時、大統領一行を乗せた船がニューポート沖に姿を見せると、十三発の礼砲が轟いた。さらに大統領の上陸に合わせて十三発の礼砲が再び放たれた。市民は列をなして宿所に向かうワシントンの後に続いた。午後四時、州議会議事堂で晩餐会が開かれた。ロード・アイランドの連邦加入を祝って乾杯がおこなわれた。乾杯の音頭をとるように求められたワシントンは「我々に加わった州に繁栄あれ」と述べた。

ニューポートで一泊した後、大統領一行はプロヴィデンスを訪れた。その夜、ロード・アイランド・カレッジ（現ブラウン大学）の学生たちが大統領に敬意を示して大学の窓に灯りを飾りつけた。それを聞きつけたワシントンは、雨を気にかけずに見物に出掛けた。学生たちの好意を無駄にしたくないと考えたのだろう。

翌日、季節外れの寒さの中、ワシントンは大学の施設や港を見て回った。午後三時、二〇〇人の市民による歓迎会が催された。号砲とともに十三回の乾杯がおこなわれた。「プロヴィデンスの町のために」と言って最後の乾杯を終えたワシントンは、プロヴィデンスから出港してニュー・ヨークに向かった。ニュー・ヨークに船が到着したのは八月二二日のことである。ロード・アイランド州への訪問について『ペンシルヴェニア・パケット紙』は次のように報じている。

すべての人びとは、まるで友人や保護者、長い間にわたって不在であった父や兄弟を見るかのように大統領を見た。大統領は、放蕩息子［ロード・アイランド州］の帰還を迎える父のような喜びを感じているようであった。ロード・アイランド州への訪問が良い結果を生み出したことは疑いの余地がない。というのはこれまでこの州の市民たちがいかに新政府に対して嫌悪感を感じていたとしても、今、彼らは、彼らの敬意を一身に受ける人物の政権に信頼を感じている。

権利章典

上下両院を合わせても一〇〇人にも満たない議員たちは、世界でこれまで見られなかった政体を軌道に乗せるために多くの法律を制定しなければならなかった。そうした作業の中でも最も重要であったのは権利章典の制定である。

権利章典とは何か。憲法修正第一条から第十条を権利章典と呼んでいる。修正という名前がついているように、最初から合衆国憲法に盛り込まれていたわけではない。なぜだろうか。まず人民の基本的権利は政府によって与えられるものではなく、もともと人民が持っているものだ。したがって、政府が人民から基本的権利を奪えないことは自明の理であってわざわざ明記する必要はないと考えられた。

ワシントンが最も恐れたことは、憲法反対派が憲法修正を提案して混乱を引き起こし、発足したばかりの新政府を倒壊させることであった。そのような事態を避けるにはどうすればよいか。権利章典を採択すれば憲法反対派を宥められるだろう。

政権発足時にノース・カロライナとロード・アイランドは連邦に加わっていなかった。その主な原因は、合衆国憲法が権利章典を欠いていることであった。権利章典を認めればノース・カロライナとロード・アイランドも連邦に喜んで加わるだろう。

下院で権利章典の審議が始まる。審議はマディソンが権利章典の原案を提出することによって開始された。権利章典はすべて合わせても五〇〇語に届かない。その短い文言を起草するためにマディソンは各邦の憲法批准会議で提案された二〇〇以上もの修正を熟読した。つまり、権利章典はマディソンの頭の中だけで考案されたものではなく、憲法反対派が合衆国憲法に対して抱いていたさまざまな疑念を反映して作られている。もともとマディソンも権利章典を憲法に盛り込む必要はないと考えていた。しかし、下院議員選挙においてマディソンは、憲法反対派の支持を取りつけるために権利章典の採択を約束することで当選を果たした。最初から積極的に権利章典を採択しようとしたわけではないが、マディソンは「この憲法のもとで保障される人類の偉大な権利を明確に宣言する」ように下院に積極的に働き掛けた。

憲法支持派が多くを占める下院では権利章典の採択を蛇足だと考える議員が多く、強い抵抗が起きる。その一方で憲法反対派は、憲法に修正を加えることによって連邦政府による権限の拡大を防止しようと考えていた。その目的は主に二つである。連邦政府に託された権限を諸州に戻すこと、そして、連邦政府の干渉から人民の基本的権利を守ることである。その目的を達成するために憲法反対派が提言した修正は、連邦政府の課税権を制限すること、連邦議会選挙を州の管轄下に置くこと、連邦の司法制度を解体すること、大統領の権限を抑制すること、そして、常備軍を規制することなどであった。もし憲法反対派の提言が通れば、新政府は連合会議の時代に逆戻りしてしまう。それでは新たな憲法を制定した意義が失われてしまう。

権利章典の採択は、新政府の脆弱な基盤を固めるために是非とも必要であった。しかし、その実現は簡単なことではない。まず議会で三分の二の賛成票を集めて、その後、諸州に批准を求める必要がある。今、マディソンの提案は、憲法支持派にも憲法反対派にも完全に支持されているわけではない。言ってみれば孤立無援である。そのような状況で三分の二の賛成票を集めることは非常に難しい。マディソンの辣腕が試される時が来た。

マディソンは説得の対象を憲法支持派に絞った。憲法反対派を対象に含めなかったのは無視を決め込んだからではない。憲法反対派の中でも連邦政府の権限を徹底的に制限しようという強硬派と権利章典さえ採択されればよいとする穏健派がいた。つまり、権利章典を持ち出せば強硬派と穏健派が分裂して、ただでさえ少数の憲法反対派は議会で影響力を行使できなくなるはずだ。したがって、説得の対象は多数を占める憲法支持派だけでよい。それに彼らの中には、マディソンと同じく権利章典の採択を有権者に約束して当選した者が多い。

権利章典の採択が議題に挙がったのは五月四日である。それはまさに絶好のタイミングであった。なぜなら翌日、ヴァージニア州選出議員とニュー・ヨーク州選出議員が憲法制定会議を再び開催するように求める動議を提出したからである。それだけは何としても阻止しなければならないとマディソンは考えていた。もし彼らの動議が可決されれば、新政府は混乱に陥って頓挫してしまうだろう。

マディソンの不安をよそに、下院は予算の審議を優先するために権利章典の審議を先送りした。その間、マディソンは権利章典の原案をワシントンに送って支持を求めている。通常であればワシントンは、三権分立の原理を尊重して立法過程への介入と見なされることを避けたが、権利章典の重要性を認めてマディソンにお墨つきを与えた。

判断を下すために考える時間は限られていましたが、私は提案された修正案に非難すべき点を見つけられませんでした。いくつかの修正は私の意見では絶対に必要です。私の考えではその他の修正は不可欠ではないかもしれませんが、尊敬すべき善意ある人びとの不安を静めるために必要です。したがって、全体として修正案の採択から生じる悪い結果は特に見当たらず、両院がそれに賛同してくれるように私は願っています。

六月八日、マディソンは権利章典を議会に提出して審議の開始を求めた。どのような修正が含まれるか重要な部分を抜き出しながらまとめると以下のようになる。第一条は、憲法の前文に新しい文章を付け加えるという修正である。次のような文章である。

すべての権力は本来、必然的に人民に由来する。政府は人民の福利、すなわち生命と自由の享受、財産を獲得して使用する権利、あまねく幸福と安全を追求するために設立され、運営されるべきである。人民は、政府がその設立目的に反するか、不適切であると見なされる場合、彼らの政府を改革して変更できる疑う余地のない不可侵にして取り消されない権利を持つ。

これは革命権の肯定である。誰にとっても当たり前の話なのでいちいち言葉にすることさえ憚(はばか)られるほどだ。

第二条はあまり重要ではない。下院の議員定数に関する規程の修正を求めている。第三条も議員報酬に関する修正であり、特に重要な点はない。そして、最も重要であり、権利章典の中核をなすのが第四条である。現行の権利章典のほぼすべてが包含されている。簡単にまとめれば、信教の自由、国教の樹立の禁止、言論と出版の自由、集会の自由、議会への請願権の保障、人民の武装権、良心的兵役拒否の容認、重複処罰の禁止、正当な法の手続きの保障、残虐な刑罰の廃止、不当な令状による逮捕と押収の禁止、公平な陪審による裁判などである。

第五条もわずかな文言だが第四条に加えて重要である。

州は信教の平等の権利、出版の自由、刑事上の訴追において陪審による裁判を受ける権利を侵害できない。

この条項は、諸州が人民の基本的権利を侵害することを禁じた条文と言える。これはマディソンが切望しながらも憲法制定会議で実現しなかった連邦政府の州法に対する拒否権を間接的に実現する手段である。この条項がなければ、もし州政府が人民の基本的権利を侵害しても連邦政府は容易に掣肘できないだろう。第六条と第七条は司法手続きを規定する修正である。続いて第八条は次のように三権分立を明確に謳うともに、憲法によって連邦政府に委託されていない権限は州政府に留保されると断言している。

本憲法によって委任された権限は、それぞれ管轄を持つ各府に分与される。そのため立法府は、行政府や司法府に与えられた権限を決して行使できない。また行政府は、立法府や司法府に与えられた権限を行使できない。また司法府は、立法府や行政府に与えられた権限を行使できない。本憲法によって合衆国に委任されず、また各州に対して禁止されなかった権限は、各州それぞれに留保される。

憲法によって連邦政府に委託されていない権限は諸州に留保されるという規定は興味深い。一見すると、連邦制度を維持するために強力な中央政府が必要であるというマディソンの考え方に矛盾しているように見える。これは、州政府の弱体化を懸念する人びとを宥めるための方策だ。

最後の第九条は修正に関する技術的な示唆である。したがって、特に見るべき点はない。

マディソンは権利章典の原案を提出しただけではない。それだけでは議会は動かない。議場に立ったマディソンは、権利章典の審議を始めるように議員たちに強く迫った。

「当議会は、憲法案が合衆国の人民の多数に受け入れられたように、憲法を合衆国の人民全体に受け入れられるようにするために、憲法に付け加えるべき修正を州議会に提案してから会期を終えるべきです。その他にもするべきことは山積していますが、憲法反対派がこの憲法の採択は貴族制と専制の基礎を築くためだと憲法支持派を非難した時に、憲法支持派が［憲法反対派と］同じくらい真摯に共和政体に献身したと示せるようにしたいと思います。［中略］。偉大な才能と愛国心を持つ者たちの中には、依然として不完全な批准の形式に不満を抱く有権者が多くいますし、自由に対する彼らの警戒心を尊重するべきであり、その目的が誤っていたとしてもその動機を賞賛するべきです。非常に多くの人びとがこうした感情を持っていて、もし権利章典に満足できれば連邦主義を支持しようとしています。我々は、彼らの意向を否認するべきではなく、友愛と宥和の原理にもとづいて、彼らの希望に従って、この憲法のもとで人類の偉大な権利が保障されると高らかに宣言するべきでしょう。［中略］。もしすべての権力が濫用される運命にあれば、連邦政府による権限の濫用をより安全な方法で防止するべきです。その一方で連邦政府による権限の行使から生じる利益を何も損なわず、憲法の修正によって［憲法の理念自体を］脅かさないようにすることが可能です。［中略］。合衆国政府よりも州政府による立法権限の濫用のほうがより危険であると私は考えています。州政府が持つその他の権限についても同じことが言えるかもしれません。もし一般的な原理によって統制されなければ、共同体の権利を損なうような法律は違憲です。したがって、私は立法権限の濫用の禁止を拡大し、修正案の第五条で述べたように、いかなる州も、良心、出版の自由、もしくは犯罪において陪審を受ける平等な権利を侵害できないと付け加えたいと思います。そうした特別な権利を侵害しようとする権限をあらゆる政府から取り上げなければなりません」

演説の最後でマディソンは、憲法が改悪されるのではないかと心配する憲法支持派の議員たちに向かって「憲法の枠組みを損なうことなく、憲法反対派の意見を反映させたうえで憲法を改善できる」ようにするために権利章典を提案していると述べた。そして、議員たちにもっと広い視野を持って「我々の同胞市民の信頼を得る」ために修正案を支持するように求めた。

議員たちはマディソンの訴えかけに容易に動かされなかった。権利章典の審議を先送りするべきだという声が憲法支持派から次々に上がった。権利章典の審議自体が不要だという声さえあった。

憲法反対派の一人であるエルブリッジ・ゲリーも審議の延期を求めた。ゲリーの考えでは、今会期を終えてから改めて諸邦の憲法批准会議で提議されたすべての修正案を検討するべきである。さらにゲリーは、自分が憲法制定会議で憲法案に署名しなかった三人の中の一人であることを議員たちに思い出させ、「この制度の盲目的な崇拝者」ではないと断言した。

こうした反対に遭いながらもマディソンは諦めずに説得を続けた。今こそ修正案を審議する好機である。なぜなら「我々の有権者は自分たちが心に深く抱いている問題に我々が適切な注意を払うかどうか見守っている」からである。マディソンの強力な働き掛けにもかかわらず、それから六週間、議会は権利章典についてほとんど何も審議を進めなかった。

七月二一日、しびれを切らしたマディソンは、権利章典を審議するように議会に改めて迫った。それを聞いた一人の議員は、「単なる時間の無駄である」と吐き捨てるように言った。その一方でフィッシャー・エームズ下院議員は、各州の代表からなる十一人委員会を設置して権利章典を審議するべきだと提議した。

エームズの動議は可決され、十一人委員会が発足した。

十一人委員会には、十人の憲法支持派と一人の憲法反対派が加わった。もちろんマディソンもその中に入っている。十一人の顔触れを見ると、五人が憲法制定会議に出席した経験を持っている。下院は、権利章典の原案と諸邦の憲法批准会議で提案されたすべての修正を検討するように十一人委員会に命じたが、特に縛りを設けず適切だと判断した修正のみ報告するように求めた。

委員会内部でどのように検討が進んだのかについてはわからない。記録がほとんど残っていないからだ。しかし、一週間後に出された報告を見ると、マディソンの原案がほぼ手つかずで残されたことがわかる。ただ十三ヶ条に改変され、二つの修正が加えられている。まず前文の改訂を勧める第一条はほとんど削除された。さらに第四条で示された「何人も信教のゆえをもって市民権を制限されることはなく、いかなる国教も樹立されず、完全かつ平等な宗教の権利は、いかなる形態であろうとも、またはいかなる口実があろうとも侵害されない」という文言は、「法律によっていかなる国教も樹立されることはなく、平等な宗教の権利は侵害されない」という穏当な文言に変更された。

八月十三日、下院は十一人委員会の報告をもとに全体委員会で権利章典の審議を開始した。権利章典の是非をめぐる論議は激しいものであった。フレデリック・ミューレンバーグ下院議長は、「紳士たちが非常に興奮している」ために「静粛を命じることがしばしば絶対に必要であった」と述べている。それに現在のように冷房がない時代である。議員たちはもうこれ以上、蒸し暑い中で議論を続けたくないと思うようになった。閉会を求める声が高くなった。

その一方でゲリーを中心にする憲法反対派は、十一人委員会の報告が認められれば、諸邦で提案されたすべての修正が無視されると考えた。ある憲法反対派は、すべての修正の写しを議場に持ち込んで、議会がそれを完全に無視していると非難した。そして、マディソンの原案は無用の長物であって、暴風雨の中で「船荷を守って無事に航海できるように願って桶を鯨にぶつけているようなものだ」と嘲った。

権利章典自体の是非に加えて考えなければならない問題があった。憲法の本文自体を変更する必要があるのか。それともほかに適当な方法があるのか。

解決策を提示したのはロジャー・シャーマン下院議員である。シャーマンは、憲法の本文を変更すれば「全体構成が損なわれる」と述べて、末尾に修正を加えるように提案した。シャーマンの考えでは「そのような異質な条項［権利章典］を組み込むことは真鍮と鉄と粘土を混ぜるようなもの」であり、とうてい容認できない。

シャーマンの動議にマディソンはまっこうから反対した。マディソンの原案は本文を変更する形式になっているからだ。なぜ本文の末尾にわざわざ修正を加える必要があるのか。もし本文と修正に矛盾する点があれば、どのように解釈すればよいのか。下院はマディソンの意見を認めてシャーマンの動議を否決した。

さらにシャーマンは、信教の自由を規定する条文に噛みついた。そもそも憲法によって連邦政府は宗教に干渉する権限を与えられていない。したがって、信教の自由をわざわざ明文化する必要はない。したがって、そのような条項は削除するべきである。

シャーマンの意見に対してマディソンは、連邦政府が憲法を拡大解釈して国教を樹立するのではないかと多くの人びとが警戒心を抱いていると示唆した。そうした人びとの警戒心を解くためには信教の自由を規定する条文を欠くことはできない。

さらにニュー・ハンプシャー州選出のサミュエル・リヴァーモア下院議員が意見を表明する。「法律によっていかなる国教も樹立されることはなく、平等な宗教の権利は侵害されない」という文言は、まるで宗教自体の価値を否定しているように聞こえるので好ましくない。連邦政府が宗教に影響力を及ぼす権限を持たないと明言する形式に文言を改めるべきである。

リヴァーモアの主張は受け入れられ、信教の自由に関する条文は現在の形式、すなわち、連邦政府は国教を樹立したり自由な宗教活動を妨害したりする法律を制定できないという文言に改められた。その他の条文も同じような形式に調整され、その結果、権利章典は連邦政府が踏み入ってはならない領域を明示する形式になっている。

長引く議論に倦み始めた憲法支持派は審議を足早に進めようとした。しかし、憲法反対派はなおも食い下がろうとした。憲法反対派が攻撃を加えたのは、連邦政府の州法に対する拒否権である。連邦政府は州政府にできる限り干渉すべきではないと憲法反対派は主張した。

そうした主張に対してマディソンは、「［人民の］基本的権利を侵害しないように合衆国政府を抑制しなければならない理由があるなら、同じく州政府が［人民の］基本的権利を侵害しないようにする必要性もある」と反駁した。結局、マディソンの論が認められ、連邦政府の州法に対する拒否権はほかにほとんど異論もなく可決された。

八月十八日、審議の完了を目前に控えて憲法反対派は何とか審議を引き延ばそうとした。結論が出ないまま流会になることを狙った。そこで憲法反対派は、諸邦の憲法批准会議で提案された修正を一つひとつ審議して是非を問おうとした。そうした修正は二〇〇以上もあるので審議に多大な時間を要する。そうなれば憲法反対派の狙い通り時間切れになる。しかし、下院は憲法反対派の動議を否決した。

憲法反対派は戦略を変える。マディソンの原案に対抗すべく十七ヶ条の修正案を提出する。その内容はマディソンの考えと正反対の考えにもとづくものであった。最も注目すべき点は、公職者に宗教審査を課すべきだという条項である。その他の条文も連邦政府の権限を剥奪して、それを諸州に返還する意図で起草されていた。憲法支持派が圧倒的多数を占める下院は、新しい修正案を一顧だにしなかった。もちろん否決されることは憲法反対派にもわかっていた。遅延戦術の一環であることは明白だ。

さらに憲法反対派の抵抗が続く。マディソンにとって驚くべきことに、憲法反対派は、連邦議会の課税権を否定して拠出金を諸州に求める形式を採用しようとした。それは連合会議が過去に採用していた形式である。ゲリーに言わせれば、連邦議会の課税権は「諸州政府を絶滅」に追いやるので即刻、廃止すべきである。

この提案にはマディソンならずとも憲法支持派の誰もが反対であった。一人の憲法支持派は、諸邦が必ずしも規定通りに連合会議に拠出金を納めなかった事実を指摘した。そして、もし連邦議会から課税権を剥奪すれば、連邦政府は国家を守るどころか存続さえ危うくなる。

下院は圧倒的多数で憲法反対派の提案を却下した。これが憲法反対派の最後の抵抗になった。

審議の過程でマディソンに同調する議員がしだいに増えていたが、まだ憲法修正の発議に必要な三分の二には達していない。そのためマディソンは二つの譲歩を余儀なくされた。

一つ目の譲歩は、前文の修正を断念することだ。したがって、今でも合衆国憲法は最初に起草されたように「我々合衆国人民は」という有名な文句で始まっている。

二つ目の譲歩は、権利章典を本文の末尾に付け加えるという譲歩である。先述のようにシャーマンはそうした方式を提案していたが、いったん否決されていた。しかし、憲法修正の発議に賛成する議員を増やすためにシャーマンの提案が受け入れられた。その結果、権利章典は本文の後に独立した条項として付け加えられることになった。ほかの憲法修正も同様の方式を採用している。ただ権利章典はシャーマンが提案した方式に沿ったほうがよかったようだ。本文とは別に独立して扱われることでその存在が際立ったからである。

八月二五日、上院は下院がまとめた権利章典を受け取った。議席にいたマックレイは、原案が「軽蔑を込めて扱われた」と記録している。実際に上院議員の中には「憲法の修正に関する無駄な議論に時間を費やすべきではない」と考える者がいて、次会期まで審議を延長するように提案する者がいた。マディソンにとって幸いなことに、その提案は否決された。

その後、上院で審議が進んだ。原案には実に二六ヶ所もの変更が加えられた。そうした変更の中で重要な点は二つある。一つ目は、連邦政府の州法に対する拒否権を削除したことである。州議会によって選出される上院議員たちがその意向に反するような修正を認めるはずがない。二つ目は信教の自由に関する変更である。下院の原案では、国教の樹立が明確に否定されているが、上院はそれを「連邦議会は信仰や礼拝の形式に関する法律を制定できない」と変更した。なぜ上院はそのような変更をわざわざ加えようとしたのか。連邦政府が教会やその関連施設に資金を援助する抜け道を残しておきたかったからだ。州によって多くの教会が建設されていたことから考えると、それは特に奇異な考えではなかった。

もちろん上院でも憲法反対派の抵抗が皆無であったわけではない。二二人の上院議員の中で強硬な憲法反対派はヴァージニア州選出の二人だけであった。その一人がリチャード・リーである。リーは骨の髄から憲法反対派であった。憲法制定会議の後、連合会議の代表であったリーは、メイソンと共謀して憲法批准会議が開催される前に憲法に修正を加えようと画策した前歴がある。リーは、連邦政府の権限を制限する修正を提案したが、多数を占める憲法支持派によって否決された。ヴァージニアで憲法反対派の旗頭を務めていたパトリック・ヘンリーは、苛立ちを募らせたリーから次のような手紙を受け取っている。

自由の友人たちは、諸邦に属するあらゆる権利を強い警戒心をもって見守るだけではなく、そうした権利に対するあらゆる侵害に抵抗しなければなりません。

十月二日、両院合同委員会を経て発議された権利章典は諸州に送付された。ノース・カロライナとロード・アイランドはまだ憲法を批准していないので含まれていない。実はワシントンは憲法修正に署名していない。憲法修正は法案でも条約案でもない。したがって、大統領の署名は必要ないと考えたからだ。その結果、大統領の署名を経ずして憲法修正を諸州に送付するという先例が確立された。後に連邦最高裁は、憲法修正に大統領の承認を必要としないという判断を下している。

それから権利章典が成立するまでに二年二ヶ月の歳月を要した。そうした動きを知ったノース・カロライナとロード・アイランドは、権利章典が成立する前に連邦に加入した。権利章典がようやく成立したのは一七九一年十二月十五日である。

権利章典として連邦会議から発議された十二ヶ条の中で成立したのは十ヶ条である。不成立になった二ヶ条は、下院の議員定数に関する規則の修正と議員報酬の変更手続きに関する修正であり、本質的に重要なものではない。前者はいまだに成立していないが、後者は修正第二七条として一九九二年五月七日に成立している。

ワシントンは、権利章典の採択によって憲法反対派が勢いを失ったとガヴァニア・モリスに語っている。確かにワシントンの言っていることは正しい。大部分の憲法反対派は現行憲法を覆す試みを放棄してほぼ消滅した。

実は権利章典には、あまり言及されないがマディソンによって込められた特別な意味がある。権利章典は、連邦政府、もしくは州政府が人民の基本的権利と自由を侵害しないようにするために制定されたと考えられているが、実はマディソンの考えはそれだけにとどまらない。

人民の基本的権利を守るためには、まず「真の権力」がどこに存在するか理解することで「抑圧の危険性」の源を特定しなければならない。誰が誰の権利を侵害するのか。「真の権力を握るのは社会の多数者である」とマディソンは述べている。したがって、政府のみが「有権者の意思に反して」人民の権利や自由を侵害する存在ではない。本来、政府は「有権者の中における多数者の単なる道具」でしかない。

そうなると本質的な問題は、多数決の原理にもとづく制度の中でどのようにして多数者の暴走を抑えるかである。多数決の原理は、あくまで物事を決定する手段にすぎないので、導き出された結果が公正であるとは限らない。多数者が少数者の基本的権利を踏み躙(にじ)らないようにするためにはどうすればよいのか。その答えが権利章典である。一般的に権利章典は、政府の横暴から人民の基本的権利を守るものだと理解されている。それに加えてマディソンは、多数者の横暴から少数者の基本的権利を守るという役割を権利章典に持たせた。それは現代においてより重要な意味を持つ役割ではなかろうか。

司法府の発足

立法府、行政府の次に整備されたのが司法府である。連合会議のもとでは各邦に司法府はあっても連邦全体を管轄する司法府は存在していなかった。それに合衆国憲法は、司法府についてほとんど具体的に定めていない。したがって、連邦議会が立法によって司法府の具体的な構成を決定する必要があった。

一七八九年九月二四日、裁判所法が制定されて連邦裁判所が設置された。まず最高裁判所の構成員は、長官が一人、判事が五人の計六人と定められた。さらに十三の連邦地方裁判所と西部、中部、東部の三つの巡回裁判所からなる二重構造が採用されている。巡回裁判所は、連邦と州の均衡を保つために二人の最高裁判事と地方裁判所の判事からなる。

連邦裁判所はどのような役割を与えられたのか。裁判所法によって連邦裁判所は、連邦政府の権限と州政府の権限が衝突する訴訟事件に関して再審査する権限を与えられた。すなわち、連邦裁判所が州裁判所に対して優位性を持ち、州議会が制定した法律に対して違憲立法審査権を持つことが明確に規定されている。これは連邦政府と州政府が均衡を保ちつつ合衆国を発展させていくために不可欠な仕組みであった。

司法府の樹立にあたってワシントンは最高裁判事の指名を迅速に進めた。地域的な均衡に配慮して判事はそれぞれ異なる州から選ばれた。それは慣例として今でも続いている。指名は近年、時に激しい議論を呼ぶが、初めての指名は四八時間以内に終了した。最高裁判事を選ぶ基準についてワシントンは次のように記している。

適切な判事の選任は善良な政府の確固たる柱であるという信念を抱いて私は、最初の司法府の構成がわが国の幸福と政治制度の安定に必要不可欠であると考えた。したがって、法を解釈して正義をおこなうのに最も適した人物を判事に選ぶことが私が最も気に掛けるべき不変の目標である。

一七九〇年二月一日、ニュー・ヨークのロイヤル・エクスチェンジ・ビルで連邦最高裁の開廷式が催された。最初の法廷は十日間にわたって開かれた。一人の判事がイギリスの法官が使うような鬘を使っていたので群衆から野次を受けた。その判事は家に戻って別の鬘に付け替えなければならなかったという。発足したばかりの最高裁に寄せられる訴訟案件はほとんどなく、開店休業状態であった。

最高裁長官に指名された人物はジョン・ジェイである。鋭い眼光を持つ細身のジェイが法服に身を包む様子を見ると、いかにも法曹という感じがする。その職歴は、ニュー・ヨーク邦最高裁長官、大陸会議議長、連合会議の外務長官に至る。さらにハミルトンとマディソンとともに『フェデラリスト』を発表して憲法批准を後押ししたことも記憶に新しい。職歴の点からも知識の点からも最高裁長官にふさわしい人物である。

ジェイに関して一つの逸話が残っている。ジェイは、職権濫用である男を告発したことがあった。その後しばらくしてジェイと面談した男は、弁明の機会を与えられずに告発を受けるのは不当だと訴えた。そこでジェイは、男の言い分を静かに聞いた。聞き終えてその内容をよく吟味したジェイは、「あなたが正しくて私は間違っていました。お許し下さい」と言った。謝罪を受けた男は、「ジェイ氏は偉大な人物だとよく言われているのを聞きましたが、私も今、それがよくわかりました」と感心したという。ジェイとはそういう男である。

ワシントンは、最初に会った時からジェイに親しみを感じていた。最高裁長官としてジェイの指名が確定した時、「あなたを合衆国最高裁長官と呼べることは大変喜ばしいことです」と書き送っている。ワシントンはジェイが法曹から長い間、離れていることを十分に理解していたが、全国的な知名度を持つ人物を最高裁長官に指名するべきだと考えてジェイを指名した。前述のように当初は最高裁長官が務めるべき仕事が特になかったので、ジェイの主な仕事はワシントンの相談役であった。

連邦裁判所と同時に司法長官職も創設された。当時の司法長官は、便宜上、「司法長官」と呼んでいるものの、現代の司法長官とは異なる。そもそも司法省自体がまだ存在していないので「長官」とは言えない。当時の司法長官は、大統領や閣僚の単なる法律顧問であり、最高裁で政府の弁護人を務めた。初代の司法長官に任命されたのはエドモンド・ランドルフである。憲法制定会議においてランドルフは憲法案に批准しなかったが、ヴァージニア憲法批准会議で考えを変えて憲法案の支持に回っていた。

危機の予感

ワシントン政権を最初に襲った大きな危機がヌートカ危機である。ヌートカ危機は、北アメリカ大陸の北西部沿岸で商業帝国を拡大しようとするイギリスとスペインが衝突した事件である。

事の始まりは一七八九年である。かねてより大西洋沿岸に植民地を築いていたスペインは、イギリスの行動に警戒感を抱いた。ニュー・スペイン総督が派遣した海軍士官は、イギリスの毛皮商人がヴァンクーヴァー島西岸のヌートカ入江付近に交易所を建てた。イギリスの居住区を破壊し、二隻の船を拿捕したうえ、乗組員をメキシコに送った。イギリスは船舶と乗組員の即時解放と主権侵害の賠償に加えて、南北アメリカ海岸の入植権をスペイン政府に要求した。イギリスとスペインの緊張が高まり、開戦の危機が迫った。

もしイギリスとスペインの間で戦争が勃発すれば、アメリカは岐路に立たされる。北アメリカ大陸のスペイン領を攻撃するためにイギリスがアメリカに通行許可を求めてくるかもしれない。もしアメリカが通行許可をイギリスに与えれば、スペインと戦争になるかもしれない。その一方で通行許可を与えなければ、イギリスと戦争になるかもしれない。アメリカはイギリスとスペインのどちらに味方すべきか。

以前よりハミルトンはイギリスの密使と接触していた。密使はハミルトンにカナダ総督のガイ・カールトンの書状を示した。それはもし戦争になった場合、イギリスがアメリカの利益を尊重するという内容であった。ハミルトンは、書状をイギリスがアメリカとの同盟を望んでいる証と考えてワシントンにその旨を報告した。

その一方、ワシントンはイギリスに駐在するガヴァニア・モリスから報告を受け取っていた。モリスの報告によれば、イギリスは従来の敵対的な方針を改めるつもりはないという。ハミルトンの報告とは正反対の内容である。モリスの報告とハミルトンの報告はどちらが本当なのだろうか。

イギリスの密使がハミルトンに見せた書状はカールトンの偽計であった。カールトンが恐れていたことは、アメリカにカナダを攻撃されることであった。カナダの防衛はアメリカ人が思うほど強固なものではない。アメリカ人がスペイン人と手を組めば厄介なことになる。それよりもアメリカ人が西部や南部のスペイン領に目を向けてくれるほうがよい。そこでカールトンは具体的な譲歩を示さずに友好的な態度のみ示した。密使には、アメリカの政府高官と接触してアメリカに利益があるように見せかけよという命令が下されていた。

ハミルトンのような賢明な男が一杯食わされたのか。それともハミルトンは密使の策謀を見抜きながらもそれを利用したのか。どちらかはわからない。ただハミルトンがモリスの報告が嘘だという噂を流したことは間違いない。ハミルトンはなぜそのような詐術を弄したのか。アメリカ経済を発展させるためにはイギリスと通商条約を結ぶ必要があるとハミルトンは固く信じていた。ハミルトンは目的さえ正しいと信じればどのような策略も厭わない男だ。

一七九〇年八月、ワシントンは戦争が実際に勃発した場合に備えて、どのようにアメリカが行動するべきか閣僚に意見を求めた。この頃はまだ閣議が開かれておらず、大統領が閣僚一人ひとりから意見を徴する形式を採用していた。それぞれがどのように返答したのか順番に見ていこう。

まずハミルトンはどう答えたのか。アメリカはイギリス軍に通行許可を与えるべきである。なぜならアメリカにはイギリスの要請を拒む実力がないからだ。もし敢えてイギリスの要請を拒めば、戦争になる恐れがある。そして、戦争になればアメリカとイギリスの通商が途絶して連邦政府の歳入と信用は大きな打撃を受けるだろう。さらにイギリスがスペイン領を征服すれば、アメリカの安全保障にとって大きな懸念材料となるが、戦争の結果もたらされる破滅よりはましである。したがって、最善の策はイギリス軍に通行許可を与えることである。それだけではない。アメリカはイギリスに積極的に味方して、北アメリカ大陸のスペイン領を奪ってアメリカの版図に加えるべきである。

その一方、ジェファソンはアメリカは中立を保つべきだと主張した。とりあえず、イギリスが征服を企てず講和条約を誠実に遵守する限りアメリカは中立を守ると通告すればよい。もしイギリスがアメリカの通告を無視してスペイン領の征服に乗り出せばどうするべきか。イギリス軍がアメリカの領土を通行しようとすれば何としても阻止しなければならない。なぜならイギリスが北アメリカ大陸のスペイン領を獲得すれば、これまでアメリカ周辺で保たれてきた勢力均衡が崩れるからだ。それはアメリカの安全保障にとって深刻な影響を与えるだろう。ただイギリス軍が実際に通行許可を求めてきた場合、できる限り返答を先延ばしするべきである。要請を拒んでもイギリスが武力で要求を押し通せばアメリカは面目を失う。それよりも戦争になった場合に備えて時間を稼ぐべきである。

ノックスもイギリス軍の通行を認めるべきではないと主張したうえで、フランスの動きに注意を払うべきだと述べた。ノックスの考えでは、アメリカの同盟国であるフランスがもしスペイン側に立って参戦すれば、アメリカもその去就を決しなければならなくなる。

閣僚のほかにもジェイとアダムズがワシントンの求めに応じて意見を述べている。まずジェイは、イギリス軍の通行を認めるべきだと主張した。イギリス軍の通行を阻止しようとすれば、アメリカは準備が整わない状態で戦争に突入する恐れがある。そのような危険な状況に陥るのを避けるためにイギリス軍の通行を認めたほうがよい。

その一方でジョン・アダムズは、結果がどうであれ中立国の義務としてアメリカはイギリス軍の通行を認めるべきではないと回答した。それでもイギリス軍がアメリカの領土を押し通ろうとすれば、戦争を避けながら何とか交渉を続けるべきである。

このようにさまざまな意見が提出されたが、ワシントンは決断を下さずに済んだ。なぜならヌートカ危機は、一七九〇年十月二八日にイギリスとスペインの間で協定が結ばれることで終息したからである。こうして危機を無事に回避したワシントン政権であったが、課題が残った。つまり、たとえワシントンが中立の固守を基本方針だと考えていても、いったいそれをどのようにして実行するのかについて見解の一致が図れなかった。またヌートカ危機は、まだアメリカが弱小国家であるという認識をワシントンに改めて感じさせた。それに独立戦争中から継続しているフランスとの同盟関係がヨーロッパの紛争に巻き込まれる原因になり得ることが示された。もしスペインとイギリスの間で戦争が勃発してフランスが参戦した場合、アメリカも同盟にもとづいて参戦しなければならないのか。それとも局外中立を保てるのか。そうした懸念は、後にフランス革命戦争の勃発で現実のものになる。

ヌートカ危機のほかにワシントン政権が対処しなければならなかった外交問題があった。バーバリ諸国への対応である。バーバリ諸国とは、十六世紀から十九世紀にかけてのモロッコ、アルジェ、チュニス、トリポリである。ワシントン政権期以前からバーバリ諸国の海賊がアメリカ船を襲撃し、船員を捕虜にするという事件が相次いでいた。捕虜になった船員はイスラム教への改宗を強要されたという。

一七九〇年十二月三〇日、ワシントンは、議会の求めに応じてジェファソンが作成した事件に関する報告書を議会に提出した。しかし、議会は根本的な解決策を提示しなかった。バーバリ国家の海賊は猖獗（しょうけつ）をきわめ、囚われの身となったアメリカ人船員の数は増加の一途をたどった。

一七九二年二月二二日、上院はこの問題に関する助言を求めたワシントンの要請にようやく応じて、財政状態の許す限り艦船の建造を認めた。しかし、強い反対もあった。まず艦船を建造するには長い時間が掛かる。それに海軍を常時維持しようとすれば国家財政は破綻するだろう。それよりもお金で解決したほうが安上がりである。

お金で解決するとはどういうことか。もともとヨーロッパ諸国は、バーバリ諸国に貢納金を支払うことで襲撃を免れていた。それと同じくアメリカも貢納金を支払うことで手を打つ。さらに身代金を支払うことで捕虜を解放するように求める。

一七九五年九月五日、米阿平和友好条約が締結される。米阿平和友好条約は、アメリカがバーバリ国家に毎年、一定の海軍軍需品を支給する代わりに、アメリカ船を解放するという内容である。幸いにも捕らえられていた人びとは無事にアメリカに戻れたらしい。アダムズは妻のアビゲイルに手紙で次のように伝えている。


昨日［一七九七年二月八日］、この街［フィラデルフィア］にアルジェに捕らえられていた人びとが到着した。彼らの健康状態はとても良いように見えた。［中略］。一人の女が群衆の中から飛び出して彼女の夫を見つけた。彼女は夫に十二年間ぶりに会えた。

こうして虜囚が解放されたとはいえ、平和友好条約はアメリカにとって屈辱的な内容である。バーバリ国家への貢納を認めているからだ。国家の体面などまったく気にしない解決方法である。しかし、アメリカは地中海で自国の船舶を保護するために必要な海軍力をまったく持っていない。したがって、通商を円滑におこなうためには仕方がない措置であった。

貢納金を支払うほうがはるかに安上がりであることは確かだが、国家の威信が犠牲となったことは否めない。アメリカがバーバリ国家に対して国家の威信を取り戻せたのはジェファソン政権になってからである。それについてはまた語ることがあるだろう。

特殊な制度

奴隷制度は「特殊な制度」とよく言われる。それだけでは何を意味しているかわかりにくいが、憲法制定会議におけるやり取りを思い出すと、おおよその意味が浮かび上がってくる。特殊な制度である奴隷制度には触れるべきではないという含意だ。うかつに奴隷制度に手を触れれば、火を噴くような激しい対立が北部と南部の間に生じるだろうと誰もが思っていた。

ワシントンは奴隷制度に関してどのような考えを持っていたのか。大統領就任の少し前に書かれたと推定される「奴隷制度に関する省察」と題する一片の覚書がある。その覚書には以下のように記されている。


私がその労働力を部分的に使っている人びと［奴隷］の不運な状況は遺憾な課題であるだけではなく、避けられない唯一の課題である。彼らの中には将来の備えもなく無知な成人もいるが、その状況を安楽で快適なものにすること、そして、これからの世代を彼らが生まれた状況から異なった運命を求められるように備えさせる基礎を作ることは、私の心を満足させる。創造主の正義が蔑ろ（ないがし）にされないように願う。

この覚書からはワシントンが奴隷制度に関して罪の意識を持っていたことがわかる。しかし、これはあくまで個人的な見解であって、公にされることはなかった。

奴隷制度廃止の急先鋒になったのがクエーカー派である。クエーカー派は、その自由と平等の精神にもとづき奴隷を解放した。ワシントンはそうしたクエーカー派を「模範的で有用な市民」と賞賛している。しかし、信徒の代表が奴隷貿易廃止の陳情に訪れた時、ワシントンはいかなる言質も与えようとしなかった。

ワシントンは、連邦の統一を保つという目的のために奴隷制度に反対する内なる声を決して表に出そうとしなかった。それにワシントンは、大統領が奴隷制度を廃止する権限を持っているとはまったく思っていなかった。

一七九〇年二月、クエーカー派は奴隷貿易廃止の請願を議会に提出した。またペンシルヴェニア奴隷制度廃止促進協会は、奴隷制度自体を廃止せよという革新的な請願を提出した。南部の議員たちは激しい怒りをぶち撒けた。彼らは、もし請願が採択されれば南部は連邦から脱退すると仄めかした。彼らの考えでは、連邦政府が奴隷制度に干渉しないという約束で憲法案に批准したからだ。したがって、約束が守られなければ、連邦から脱退することも当然の権利だというわけである。

三月下旬、マディソンの主導のもと、議会は請願に関する審議を開始した。審議はすぐに終わった。憲法を忠実に解釈すると、連邦議会は一八〇八年以前に奴隷貿易を禁止できないからだ。ワシントンは議会の決定に異論を挟まなかった。なぜならワシントンが最も望んでいたことは、漸進的な奴隷制度の解体だったからだ。その一方で最も恐れていたことは、奴隷制度をめぐる激しい政争が起きたせいで連邦が崩壊することであった。しかし、サウス・カロライナ州議会が奴隷貿易を禁止する法律を否決した時に、ワシントンは州知事に以下のような手紙を送っている。ただ手紙はあくまで私信であり公文書ではなかった。

一七九三年三月以降の奴隷の輸入に関する問題について、あなたの州の立法府が下した決定について私は遺憾に思っていると言わなければなりません。現在も広まっている奴隷制度の悲惨な影響によって、政策の動機やそのほかの良識ある判断が奴隷輸入の完全な禁止に向かうように願っています。ほかの州でこうした問題が取り上げられた場合、きっと［サウス・カロライナ州の］措置は関心を呼ぶでしょう。

奴隷制度に関する問題はワシントンにとって個人的な問題でもあった。管理が大変なわりには農園経営から思ったような収益が上がらない。そこでワシントンは多くの農地を賃貸しようと考えた。そこで問題となるのが奴隷の処遇である。農園の借り手が奴隷を解放して労働者として再雇用することをワシントンは望んだ。しかし、それは虫の良い話であった。なぜならヴァージニアでは奴隷が解放されることは稀なことであったからだ。それにワシントン自身が奴隷を解放していないのに農園の借り手にそれを望むのは酷だろう。結局、農園を賃貸する計画は頓挫した。

ワシントンが奴隷解放を望んだのは経済的な動機なのか、それとも人道的な動機なのか。そのどちらか判別することは難しい。おそらく両方であった。

まず奴隷という労働形態は必ずしも経済的とは言えない。すべての奴隷を労働力として使えないからである。なぜなら奴隷の中には子供もいるからだ。そうした子供が労働に従事するのに適当な年齢になるまで奴隷主が衣食住を世話しなければならなかった。もちろん老齢に達して働けなくなった奴隷の衣食住を提供するのも奴隷主の責任である。ある農園主の見積もりでは、所有する奴隷の中で働いているのは三分の一程度であったという。事実、ある年の記録を見ると、ワシントンとマーサが所有する二七七人の奴隷の中で少なくとも九八人が十二歳以下であった。年少者に加えて老齢者を加えれば働ける奴隷の数はそれほど多くなかっただろう。では奴隷の代わりに自由労働者を農園経営に導入するのはどうか。ヴァージニアでは自由労働者の数がまったく足りず、しかも賃金は安くなかった。たとえ奴隷という労働形態が経済的と言えなくても、大農園主は農園経営を続けるために奴隷労働に頼らざるを得なかった。

ただ南部の農園主たちは奴隷人口の増加に神経を尖らせていた。あまりに奴隷が多くなりすぎると、反乱が起きた場合に収拾がつかなくなる。そうした懸念は、一七九一年にフランス領サント・ドマングで起きた大規模な奴隷の反乱で助長された。サント・ドマングの奴隷たちは、白人による支配構造を覆そうと決起した。それから激しい戦いが起きて数千人の死者が出た。

南部の奴隷主たちは、自分たちも同じような運命をたどるのではないかと恐怖に囚われた。アメリカ政府は、反乱の鎮圧にあたった地元当局に資金と武器を送った。さらにワシントンは、被害を受けた白人のために二五〇〇ドル（六八万円相当）を個人的に寄付した。しかし、そうしたアメリカ政府の支援は無駄になった。一七九四年二月、フランス政府はフランス統治下にある全植民地で奴隷解放を決定した。

南部の議員たちは、国内の奴隷制度を強化する策が必要だと考えて逃亡奴隷法を可決した。逃亡奴隷法は、逃亡した奴隷を州の境界を越えて捕えることを認める法である。さらに逃亡奴隷を隠匿したり、逮捕を妨害したりする者に罰金が課せられた。南部の人びとは、憲法で保障された財産権を侵害していると北部の人びとを批判した。

ワシントン自身も逃亡奴隷を積極的に捕らえようとした。しかし、北部の新聞、特に奴隷制度に強く反対するクエーカー派が多いフィラデルフィアの新聞にそれが掲載されて批判されるのをワシントンは恐れた。

そこで自分の名前を明かさずに逃亡奴隷を密かに捕らえようとしている。逃亡奴隷を捕らえることと奴隷解放を望むことは矛盾しないのか。あなたは疑問に思うかもしれない。その疑問に対する答えは、友人に送った手紙で示されている。

奴隷制度の漸進的な廃止やそうした種類の人びと［奴隷］の完全な解放が望ましいと私は考えていますが、早まった選択による不誠実な行動［逃亡］に対して［解放という措置で］報いることは賢明なことでも公正なことでもありません。そのようなことをすれば、彼女［逃亡奴隷］の仲間の召使いはどのように思うでしょうか。変わらない忠誠を抱いている彼らは、彼女よりも恩恵を与えるのに値するのではないでしょうか。

こう言っているものの、ワシントンはほかの奴隷に何か恩恵を与えたわけではなかった。『オーロラ紙』は、ワシントンが「五〇〇人もの人間を奴隷状態に置いている」と非難し、「自由の使徒が手に鎖を持って人間を束縛して現れるのは不適当に思える」と揶揄した。ジェファソンによれば、ワシントンは『オーロラ紙』を罵りながら床に投げ捨てたという。

ワシントンの時代は、大規模な内戦なしで奴隷制度を廃止できた最後の機会であった。しかし、一つの発明が奴隷制度を「特殊な制度」として南部に定着させた。もちろんその発明だけでその後の南部の命運がすべて決まったわけではないが、大きな影響を及ぼしたのは確かである。その発明とはイーライ・ホイットニーの綿繰り機である。綿繰り機とは綿花から種子を分離する機械である。綿繰り機の発明は、それ自体は小さな発明だが、社会に大きな影響を与えた革新的な発明であった。

ホイットニーはコネティカット出身で個人教師の働き口を探すためにジョージアに移ってきた。しかし、職が見つからず、グリーン将軍の未亡人の家に寄寓した。南部の人びとは、綿花と種を効率的に分離する方法を見つけられずに困っていた。それを見たグリーン夫人は「みなさん、私の若い友人であるホイットニー氏に出資して下さい。彼ならきっと何かできるはずです」と呼び掛けた。しかし、話を聞いたホイットニーは、綿花を見たことさえないと答えたが、グリーン夫人の熱誠に負けて綿繰り機の開発に着手した。綿繰り機が完成したという報せが伝わると、人びとはホイットニーのもとに殺到して機械を持ち去ってしまった。ホイットニーが特許を得るまでに多くの機械がすでに模造され出回っていた。

綿繰り機の普及によって何が変わったのか。イギリスの繊維産業の飛躍的な発展によって綿花の需要が急

J. Steeple Davis, "The Cotton Gin" (1905)

激に増加していた。しかし、その需要に応えるためには難点が一つあった。綿花を大量に栽培できても綿繰り作業が追いつかなかったからだ。著述家のエルケイナ・ワトソンは次のように記している。綿繰り機が発明される前の話である。

綿花がここ［サウス・カロライナのポート・ロイヤル島］で国内の用途に供するためにすぐに栽培されるようになったが、気候は栽培に適していたものの、繊維から種を取り除くことが難しかったので大規模な栽培は試みられなかった。

奴隷一人が一日の手作業でできる綿繰りは一ポンド（約〇・五kg）程度にすぎなかった。それがホイットニーの綿繰り機によって一日に五〇ポンド（約二三kg）まで増えた。ホイットニー自身の言葉によれば、綿繰り機は「数千人の合衆国市民の富の源泉になっていて、労働力を節減する機械は一、〇〇〇人分の仕事を一人でできるようにした」という。

綿繰りの問題が解決することで世界市場に向けて奴隷労働を利用した綿花の大量栽培が可能になった。そのせいで南部から奴隷制度を除去することは非常に困難になった。もしホイットニーの綿繰り機が発明されていなければ、南部は奴隷労働を必要としない経済構造へ変化していたかもしれない。

発明は本来、多くの人びとの生活を豊かにするべきものだと私は思うが、残念なことに時にそれは誰かの悲しみを生むこともある。もちろんホイットニーは、奴隷制度を定着させるために綿繰り機を発明したわけではない。しかし、しばしば発明は、発明者がまったく意図しない結果を生む。それが誰の責任かは永遠の課題である。

のちのちまで奴隷制度がアメリカの癌になったことを考えると、ワシントンが大統領としてリーダーシップを発揮して奴隷制度廃止に乗り出さなかったのは残念に思える。しかし、生まれたばかりの連邦政府が脆弱な基盤しか持たない時に、政治的激変をともなう奴隷解放を試みることはまったく現実的ではなかった。ワシントンが最も重視したのは連邦の統一である。

政治で重要なことは、さまざまな問題に優先順位をつけることだ。その優先順位にもとづいて何をすべきか、もしくは何をすべきではないか決定しなければならない。連邦の統一を最優先課題にすれば、必然的に奴隷廃止は推進すべきではない政治的課題になる。

確かに奴隷制度は、自由と平等という独立革命の理念に反している。たとえ奴隷制度廃止を理想として唱えても、それは実現不可能な夢でしかなかった。人種差別の意識をどのように払拭すればよいのか。奴隷主にどのような補償を与えればよいのか。その財源はどこから調達すればよいのか。解放奴隷が生計を立てられるようにするためにどのように教育や技術を施すのか。こうした課題が山積していた。

千里の道も一歩からと言うが、少なくとも現世代の間に目標にたどりつけそうになかった。ワシントンは十分にそのことをわきまえていた。公的な場面で奴隷制度について沈黙を保ったワシントンの姿勢は、政治的な観点からすればしごく妥当な選択であった。ワシントンは、まるでアメリカを待ち受ける運命を知っているかのように次のように述べている。

奴隷制度を根絶させなければ、わが連邦を永久に存続させられないと確かに私は予見しています。

いみじくもこの予見は、後にリンカンによって実現されることになる。ただそれがいかに多くの血でもって購われることになるのか想像できる者はこの時代にほとんど誰もいなかった。

あとがき

この巻では憲法制定会議を主に取り上げました。合衆国憲法の制定は世界の憲政史上、非常に重要な出来事であることは言うまでもありません。ただ残念なことに日本ではあまり研究が進んでいません。読者のみなさんは、まさかそんなことはあるまいと思うかもしれません。私も自分が研究を始めてみるまでそうでした。

もちろん日本でも合衆国憲法制定の過程を追った研究書は何冊か出ています。分厚いものもあります。ただ私が『ジェームズ・マディソン伝記事典』を上梓するまで「合衆国憲法の父」と呼ばれるジェームズ・マディソンを主眼に据えた邦書はありませんでした。またマックス・ファーランドという研究者が二〇世紀初頭に編纂した憲法制定会議に関する史料集成も邦訳されていません。独自に『アメリカ合衆国憲法制定会議実録』と題して翻訳に取り掛かっていますが、なにしろ四〇〇字詰め原稿用紙で二、〇〇〇枚以上の大部になるので完訳できても刊行できるかどうかわかりません。ただ本書でその成果の一部を紹介できて良かったと思います。

『アメリカ合衆国憲法制定会議実録』は、代表たちがどのような考えで合衆国憲法を作ったのか深く理解するのに非常に役立ちます。より良い統治とは何かという真理の追究にも有用な書籍です。いつか刊行できる日が来ればよいなと願っています。

さて合衆国憲法は無事に成立してワシントン政権が発足しましたが、新しい国家を建設するという壮大な実験はまだ道半ばです。続刊では引き続きワシントンが大統領として試行錯誤しながらアメリカ人を導きます。お楽しみに。

もはや悪しき恒例になってしまいましたが訂正のお知らせです。三巻二九二ページに「翌日、司令官の交代を告げるゲイルの最後の命令が出された」とありますが、「ゲイル」は誤植です。正しくは「ゲイツ」となります。まったく気づかず発売後に読者に教えていただきました。ありがとうございます。一度くらい訂正は一つもありませんと断言してみたいです。

411頁 ：Daniel Huntington, “The Republican Court” (1861)
413頁 ：Frank T. Merrill, “The Great Washington Stooped down and Laid His Hand upon The Head of The Small Washington” (Before 1923)
421頁 ：Jennie Brownscombe, “Washington's Cabinet” (Before 1936)
482頁 ：J. Steeple Davis, “The Cotton Gin” (1905)

［これらの図版は、パブリック・ドメインの扱いになっておりますので、どなたでも自由に使用できます。また、上記の図版に加えて、紙数の関係で収録しきれなかった多くの関連図版も弊社ホームページで、カラーで紹介しています。併せてご参照ください。］

図版一覧

1頁 : Jean L. G. Ferris, "The American Cincinnatus, 1783" (Circa 1919)
7頁上 : Hidekazu Nishikawa, Bowling green in front of Mount Vernon (2016)
7頁下 : Hidekazu Nishikawa, The Mount Vernon mansion (2016)
8頁 : Jean L. G. Ferris, "Washington's Silver Wedding Anniversary, 1784" (Circa 1913)
10頁 : Jean L. G. Ferris, "The Day's Beginning, 1786" (Circa 1919)
15頁 : N. C. Wyeth, "First Farmer of the Land" (1945)
20頁 : Jennie A. Brownscombe, "Washington Greeting Lafayette at Mount Vernon, 1784" (Before 1936)
21頁 : Jean L. G. Ferris, "Mount Vernon and Peace" (Circa 1930)
22頁 : Thomas Pritchard Rossiter, "Washington and Lafayette at Mount Vernon, 1784" (1859)
45頁 : Howard Pyle, Illustration from "Howard Pyle's Book of the American Spirit" (1923)
46頁 : Charles Wilson Peale, "James Madison" (1783)
69頁 : C. Kendrick, "Shay's Insurrection" (1905)
89頁 : Ferdinand Richardt, "Independence Hall in Philadelphia" (Circa 1858-1863)
97頁 : Hidekazu Nishikawa, Assembly Room of Independence Hall (2016)
101頁 : Howard C. Christy, "Scene at the Signing of the Constitution" (1940)
106頁 : Junius B. Stearns, "Washington at Constitutional Convention of 1787" (1856)
108頁 : The Virginia Plan (1787)
174頁 : Jennie A. Brownscombe, "The Great Convention" (Before 1936)
192頁 : Henry Bacon "Franklin and the Constitution" (Before 1913)
279頁 : John H. Hintermeister, "The Foundation of American Government" (1925)
283頁 : The Constitution of the United States (1787)
285頁 : Jean L. G. Ferris, "Dr. Franklin's Sedan Chair, 1787" (Circa 1919)
311頁 : The Centinel, Federal Edifice (August 2, 1788)
333頁 : John Trumbull "Official Presidential portrait of John Adams" (Circa 1793)
339頁 : Jean L. G. Ferris, "Washington's Farewell to His Mother, 1789" (Circa 1923)
341頁 : John W. Dunsmore, "Washington Receiving Notice of His Election as President, 1789" (1911)
347頁 : John W. Dunsmore, "Washington Leaving Mt. Vernon for his Inauguration, April 16, 1789" (1916)
355頁 : N. C. Wyeth, "General Wasington's Entrance into Trenton" (1930)
357頁 : Henry Brueckner, "First in Peace. Representing the Arrival of General George Washington at the Battery, New York, April 30, 1789" (Cirica 1866)
358頁 : Frederick C. Yohn, "George Washington landing at the foot of Wall Street" (Before 1933)
361頁 : Unknown, "The First Presidential Mansion" (1853)
367頁 : Engraving from "Harper's Encyclopedia of United States History" (1905)
369頁 : Ramon de Elorriaga, "George Washington's inauguration as the first President of the United States" (1889)
379頁 : Jennie Brownscomb, "George Washington at St. Paul's Chapel, 1789" (Before 1936)
381頁 : Howard Pyle, Illustration from "Howard Pyle's Book of the American Spirit" (1923)
383頁 : Eliphalet F. Andrews, "Martha Dandridge Custis Washington" (1878)
390頁 : Edward Savage, "The Washington Family" (Circa 1796)

西川秀和（にしかわ・ひでかず）
「アメリカ史の伝道師」を自ら名乗る。その使命は歴史の面白さを伝えること。現在、大阪大学外国語学部非常勤講師。ジョージ・ワシントンと「合衆国憲法の父」ジェームズ・マディソンに関する国内第一人者。ワシントンに傾倒して、同じ体格（身長183㎝・体重79kg）になるべくトレーニングに励む。主著に『アメリカ歴代大統領大全シリーズ』（大学教育出版、2012年〜）。最新情報はツイッター（西川秀和@ Poeta_Laureatus）で。『アメリカ人の物語』関連地図集（http://www.american-presidents.info/Maps.html）で掲載し切れなかった地理情報を公開しています。是非とも読書のお供に。

アメリカ人の物語
第4巻
建国の父　ジョージ・ワシントン（上）
George Washington : Father of His Country

2019年9月8日　初版発行

著　者　西川秀和
地図作成　岡崎幸恵
ブックデザイン　尾崎 美千子
発行者　長岡 正博
発行所　悠書館
〒113-0033 東京都文京区本郷3-37-3-303
TEL. 03-3812-6504
FAX. 03-3812-7504
http://www.yushokan.co.jp/

印　刷　㈱理想社
製　本　㈱新広社

Japanese Text © Hidekazu NISHIKAWA, 2019 printed in Japan
ISBN978-4-86582-023-2

定価はカバーに表示してあります

西川秀和［著］

アメリカ人の物語

第Ⅰ期　建国期の躍動

第1巻　『青年将校　ジョージ・ワシントン』
第2巻　『革命の剣　ジョージ・ワシントン』（上）
第3巻　『革命の剣　ジョージ・ワシントン』（下）
第4巻　『建国の父　ジョージ・ワシントン』（上）
第5巻　『建国の父　ジョージ・ワシントン』（下）

第Ⅱ期　大陸国家への道程

第6巻　『革命のペン　トマス・ジェファソン』
第7巻　『民主主義の哲学者　トマス・ジェファソン』
第8巻　『ニュー・オーリンズの英雄　アンドリュー・ジャクソン』
第9巻　『演壇のナポレオン　ジェームズ・ポーク』

第Ⅲ期　南北戦争の動乱

第10巻　『民衆の人　エイブラハム・リンカン』
第11巻　『スプリングフィールドの賢者　エイブラハム・リンカン』
第12巻　『偉大なる解放者　エイブラハム・リンカン』（上）
第13巻　『偉大なる解放者　エイブラハム・リンカン』（下）